제3판

가족복지론

이성희 · 한은주 · 왕석순 · 한희선

창지사

머리말

인류 역사상 가족은 가장 오래된 사회제도로서, 가족이 가지는 불안정성과 문제점에도 불구하고 여전히 대다수의 사람이 다양한 모습으로 가족을 구성하고 가족생활을 영위한다.

불확실성이 증대되는 미래의 사회에서도 자발적인 정서적 유대 관계를 핵심으로 하는 '가족'은 여전히 존속될 것임을 많은 학자가 예견하고 있다.

현재, 사회복지 관련 현장에서 가족에 대한 전문성은 필수적이다. 가족은 정적인 대상이 아니므로 사회의 변화에 따른 복지실천가들의 가족에 대한 민감성은 가족에 대한 통찰과 전문적 개입에 있어 중요한 과제이다.

현장에서 다양한 가족들과 만나는 가족복지실천가는 가족에 대한 폭넓은 개념적 이해와 가족의 인종적·문화적·계층적 다양성을 존중하면서 가족들에게 필요한 적절한 전문적 개입을 실천해 나가는 기술이 있어야 할 것이다. 즉, 가족복지실천가 역량의 세 요소는 가족에 대한 탄탄한 이론적 이해와 함께 가족의 변화에 대한 민감성과 통찰력을 가지고 실제 현장에서 필요한 기술들을 제공할 수 있는 것이라 하겠다.

〈가족복지〉라는 교과목은 가족과 관련된 실천학문의 가장 기초적이고 개론적인 성격을 가지므로, 현대사회의 변화하는 가족에 대해 어떻게 이해하고 나아갈 것인지에 대한 올바른 방향 형성과 다양한 가족에 대한 기본적인 학문적, 실천적 이해를 습득하는 데에 목표를 두었다.

이러한 특성을 염두에 두면서 본서는 크게 4부로 구성하였다. 제1부는 가족과 가족복지에 대한 기초적 이해를 위해 가족의 기초 개념, 가족의 변화와 가족복지에 대한 개념을 정리하였다. 제2부는 가족복지의 정책적 접근방법으로 가족복지와 정책의 개념과 가족복지정책의 현황, 가족복지전달체계를 다루었으며,

제3부에서는 가족복지의 실천적 접근방법으로 가족사정, 가족치료와 가족생활교육을 다루었다. 3판에서는 최근 가족센터에서 강조하고 있는 가족사례관리를 추가하여 설명하였다. 제4부에서는 다양한 가족의 이슈에 따른 가족복지의 실제를 다루었다. 3판에서는 전체적으로 변화된 내용을 수정, 보완했다. 특히 최근 중요한 이슈로 부각되고 있는 1인 가구를 포함시켰으며, 가족에 대한 전망과 제안을 추가하였다.

이를 위한 가족의 관점과 전체의 구성 및 맥락은 저자들의 합의를 통해 일치시켰다. 총 14장으로 구성하여 제1장, 제4장, 제5장, 제6장은 이성희 교수가 맡아서 집필하였으며, 제2장, 제9장, 제10장, 제13장은 한은주 교수가 맡아서 집필하였다, 제3장, 제8장, 제11장은 왕석순 교수가 맡아서 집필하였으며, 제7장, 제12장, 제14장은 한희선 교수가 맡아 집필하였다.

각 장마다 사전 점검을 위한 학습목표를 제시하였으며, 탐구과제 및 토론주제를 학습실천과제로 제시하여 학습자의 가족에 대한 실천적 능력을 배양하도록 하였다.

매 정부 개편에 따른 정책의 변화가 있으므로 제3판에서 이러한 정책 변화를 담으려는 노력을 하였다. 추후 이러한 부분을 지속적으로 채워 나가는 노력이 있어야 할 것이다.

끝으로, 늘 전공교재의 출간과 완성도를 높이기 위해 애쓰는 창지사 편집부 직원들께 감사의 마음을 전한다.

2025년 1월

저자 일동

목차

제1부

가족과 가족복지의 기초

제1장

가족의 이해

〈학습목표〉

1. 가족의 개념과 특성을 이해할 수 있다.
2. 가족의 형태와 기능을 이해할 수 있다.
3. 가족의 이론적 관점을 활용하여 가족을 기술할 수 있다.

가족은 사회를 이루는 가장 기본적인 제도로서 인류 역사상 가장 오랫동안 지속되어 온 제도이다. 가족은 개인에게 친밀하고 지속적인 상호작용을 통하여 개인의 발달과 성장에 필수적인 환경체계를 제공해 왔으며 가족은 사회를 구성하는 기초단위로서 사회의 구성원을 재생산하는 역할을 수행해 왔다. 그러나 가족은 시대와 사회에 따라 변화되는 특성을 가지게 되는 역동성이 있다. 특히 산업혁명 이후 급속하게 진전된 산업화와 그에 수반된 도시화는 전통적인 가족제도를 더 이상 유지할 수 없게 만들었으며 새로운 사회질서에 쉽게 적응하기 어렵게 만들고 있다. 이러한 시점에서 가족은 아직도 중요한가, 가족이 필요한가라는 본질적 문제에 직면하기도 한다. 가족의 기본적 이해를 위해 이 장에서는 가족의 정의와 특성, 가족의 이론적 관점, 가족의 형태, 기능 등을 살펴본다.

1. 가족의 기초적 이해

1) 가족의 정의와 특성

(1) 가족의 정의

가족은 모든 문화, 모든 사회에서 발견되는 보편적인 사회제도로 역사와 민족, 시대적 흐름에 따라 다양하게 변화되고, 한 국가 안에서도 사회경제적 요인에 따라 다양한 양상으로 나타난다. 가족은 개인과 사회의 중간에 위치하면서 사회에 대해서는 기본적 사회 단위·집단이며, 개인에 대해서는 인간의 근접환경으로 개인의 성장·발달에 영향을 미치는 일차적 집단체계이다. 현대사회로 진행되면서 여러 가지 환경적 변화가 가족에게도 영향을 미쳐 가족의 역할과 기능이 달라지고 가족에게 부여하는 개념들 또한 변화되고 있다.

가족의 사전적 정의를 보면, 한국어사전에서는 "부부를 중심으로 하여 그로부터 생긴 아들, 딸, 손자, 손녀들로 구성된 집단"이며, 한국가족문화대백과사전에는 "혈연(부모-자녀관계), 인연(부부관계), 입양으로 연결된 일정 범위의 사람들로 구성된 집단"이다. 이들의 정의를 보면, 가족의 개념을 주로 가족구성원의 범위를 중심으로 기술하고 있다. 한편, 전통적 관점의 연구자들(Murdock, Levi-Strauss)의 정의에서는 주로 공동거주, 자녀의 존재, 그리고 사회적으로 인정되는 부부의 성적 관계와 경제력 협력을 공통적으로 강조한다.

이러한 가족에 대한 고전적 정의는 현대의 모든 가족을 포함하지 못하며 어떤 가족은 다른 가족보다 정상적이고 우월한 것으로 여기게 되므로 가족에 대한 열린 정의가 필요하다. 사회변화에 따라 발생하는 다양한 가족을 편견 없이 바르게 이해하기 위해서는 가족을 어떤 '가족(the family)'이라는 시각에서 '가족들(families)'이라는 폭넓은 동적인 개념으로 재구성되어야 한다.

기든스(Giddens, 1992)는 이러한 근내적 경향을 반영하면서 혈연, 동거, 경제적 협력 등의 요인보다 가족원 간의 정서적 유대와 관계성에 기반한 가족정체성의 개념을 강조하였으며, 세이버트와 윌레트(Seibert & Willetts, 2000) 또한 가족은 동거이든 생물학적 결합체이든 정서적 지지와 빈번한 접촉을 개념화하면서 상호작용의 특성으로 가족을 정의(유영주 외, 2008. 재인용)하였다.

〈표 1-1〉 가족의 정의

구분	학자	가족의 정의
사전적 정의	한국어사전	부부를 중심으로 하여 그로부터 생긴 아들, 딸, 손자, 손녀 들로 구성된 집단
	한국가족문화대백과	혈연(부모-자녀관계), 인연(부부관계), 입양으로 연결된 일정 범위의 사람들로 구성된 집단
고전적 정의	머독 (Murdock, 1949)	가족은 공동의 거주, 경제적 협동, 생산(재생산)의 특징을 갖는 집단으로 사회적으로 인정받는 성관계를 유지하고 있는 최소한 두 명의 성인 남녀와 한 명 이상의 자녀로 이루어진 사회집단
	레비-스트라우스 (Levy-Strauss, 1969)	가족은 결혼에 의해 형성되고, 부부와 그들에 의해 출생한 자녀로 구성되며 법적 유대, 경제적, 종교적, 그리고 그 외 다른 권리와 의무, 성적 권리와 금지, 다양한 심리적 감정을 공유하는 집단
현대적 정의	기든스 (Giddens, 1992)	가족은 정서적이고 물질적인 지지에 기반을 둔 두 명 또는 그 이상의 사람들이 상호 간에 기대를 갖고 그들의 삶의 유형과 관계없이 상호 책임감과 친밀감, 계속적인 보호를 주고받는 구성체
	세이버트와 윌레트 (Seibert & Willetts, 2000)	동거를 통해 정서적 지지를 유지하거나 법적 혹은 생물학적 결합에 의해 빈번한 접촉을 유지하는 적어도 두 명 이상의 개인들

국내학자인 정현숙(2001)은 이러한 변화를 반영하는 기준으로 세 가지 규칙으로 설명하고 있다. 즉 가족을 정의하는 데 있어서 적용할 수 있는 규칙으로 첫째, 혈연, 이성 간 결혼 등의 자연적 법칙, 둘째, 관습, 행위의 규범, 전통 등 문화적

법칙, 셋째, 법에 의한 행위규범 등의 법적 법칙으로 제시하고 있다. 시대와 사회에 따라 이러한 규칙 등은 달라지므로 가족에 대한 변화된 개념이 필요하다.

유영주 외(2008)도 '가족은 부부와 그들의 자녀로 구성되는 기본적인 사회집단으로서 이들은 이익관계를 초월한 애정적인 혈연집단이며, 같은 장소에서 기거하고 취사하는 동거동재 집단이고, 그 가족만의 고유한 가풍을 갖는 문화집단이며, 양육과 사회화를 통하여 인격형성이 이루어지는 인간발달의 근원적 집단이다. 동시에, 사회변동과 함께 의도적인 정치적 개입에 의해 변화하며, 그러한 변화에 대하여 역동적으로 적응할 수 있는 사회제도의 하나'로 가족의 개념이 정적인 대상이 아님을 적시하였다. 또한 가족을 '인간의 본질적 특성인 개체성과 반개체성 즉 개인으로서의 나와 관계로서의 나의 욕구를 충족시킬 수 있도록 상호작용하는 생활공동체적 집단으로 보고 현대의 가족은 인간의 본질적 특성인 개인성과 공동체성의 욕구를 충족시킬 수 있는 상호작용적 체계임을 강조하면서 가족의 개념을 폭넓게 정의하고 있다.

(2) 가족의 특성

가족을 하나의 사회집단으로 보았을 때 다른 사회집단과 구별되는 특성은 다음과 같다.

① 가족은 일차적 집단이다

쿨리(cooley)가 인간의 접촉방식에 따라 일차적 집단과 이차적 집단으로 명명한 용어로 인간이 출생과 동시에 참여하는 일차적 집단으로 가족이 그 예이다. 일차적 집단에서는 구성원 상호 간의 관계가 직접적이고 친밀하며 그 관계가 항구적인 특성이 있다.

② 가족은 공동사회집단이다

공동사회는 퇴니스(Tonnis)가 사용한 개념으로 구성원 상호 간 애정과 이해로 결합되어 외부적 장애에 의해 결코 분열되지 않는 본질적 결합관계를 의미한다.

반면 이익사회는 어떠한 결합에도 본질적으로 분리되어 있는 사회를 의미하는 것으로 특정한 이익이나 목적을 달성하기 위해 수단을 사용하는 집단으로 정당, 사회, 조합 등이 그 예이다.

③ 가족은 폐쇄집단이다

폐쇄집단이란 구성원이 되기 위한 자격의 획득이나 포기가 용이하지 않은 집단을 의미하는 것으로 누구나 원한다고 해서 특정 가족의 구성원이 될 수 없으며 혈연으로 태어난 이상 그 가족관계를 자유롭게 넘나들 수 없다. 반면 개방집단은 소속성이 자유롭고 자격을 획득, 포기할 수 있는 집단으로 가족 이외의 집단은 대부분 개방집단이라 할 수 있다.

④ 가족은 형식적 집단이나 가족관계는 비형식적 집단이다

가족은 결혼이라는 일정한 법적 절차에 의하여 부부관계를 성립하는 면에서는 형식적이고 제도적 집단이다. 그러나 가족원 상호 간의 관계는 자유스럽고 솔직하며 형식보다는 인간적 감정과 정서로 연결되는 비형식적 관계의 특성을 가진다.

2) 가족의 형태와 기능

(1) 가족의 형태

가족의 형태는 가족의 크기, 가족의 구성, 부부의 권력, 가계계승, 거주형태, 가족관계 중심, 부부의 결합 형태 등에 따라 분류된다.

① 가족구성원 수와 혈연관계의 범위에 따른 분류

가족의 크기에 따른 유형은 가족원의 수로만 기준을 삼는 것으로 대가족(원칙적으로 다인수 가족으로 6인 이상)과 소가족(원칙적으로 소인수 가족으로 5인 이하)으로 나뉜다. 혈연관계에 따른 가족의 분류는 핵가족과 확대가족으로 나뉜다. 핵가족은 부부와 그들의 미혼직계자녀로 구성된 가족으로 가족구성은 부모와 자녀의 2세대로 한정되며, 요소가족 혹은 부부가족으로 불린다. 확대가족은 핵가족이 종적 또는 횡적으로 연결되어 형성되는 것으로서 자녀가 결혼 후에도 그들의 부모와 동거하는 가족형태이다. 확대가족 유형은 다시 장남이 가계를 계승하며 종적으로 확대된 직계가족, 횡적으로 확대되어 세대의 형제들이 모두 그들의 부모와 동거하는 방계가족, 부모가 사망하여도 형제들이 한 가족을 이루고 사는 복합가족 유형으로 구분된다.

② 가장권과 권위의 소재에 따른 분류

가장권은 가족의 대외적 관계에서의 대표권과 대내적 관계에서의 가정의 감독권 및 가사관리권으로 이루어지는데, 이것이 부부 중 어느 편에 속하느냐에 따라 분류된다. 가장의 권위가 부계에 속하면 부권제 혹은 가부장제라고 하고, 모계에 속하면 모권제, 양쪽에 공동으로 속하면 동권제이다.

③ 부부의 결합 형태에 따른 분류

결혼형태와 관련된 것으로 사회적으로 용인되는 배우자의 수, 가계의 계승방법, 결혼 후의 거주형태로 분류한다.

- 배우자의 수

부부가 각기 1인으로 결합되어 있는 형태인 단혼제 또는 일부일처제와 남편이나 아내가 동시에 한 사람 이상의 배우자를 허용하는 복혼제가 있다. 복혼제는 다시 남자가 1인이고 여자가 다수인 일부다처제와 여자가 1인이고 남자가 다수인 일처다부제로 분류된다.

- 가계의 계승

가명과 친족의 계보가 부의 혈통에 따라서 계승되는 경우 부계제라 하며, 모의 혈통을 따를 때는 모계제라 한다. 양계제에서는 어느 한 혈통에 치우치지 않고 친척의 범위와 비중이 양계 동격이거나 가명이나 가산의 상속이 혈통보다 개인

위주여서 형편에 따라 양계 어느 쪽에서 계승자를 선택할 수 있다.

• 거주제

결혼 후 부부가 어디서 새살림을 시작하느냐에 관련된다. 시가살이 또는 부거제는 혼인 후 남편의 집으로 입주하여 시가 식구들과 동거하거나 시가의 근처에 살면서 시부모의 지배와 간섭을 받는 형태이다. 처가살이 또는 모거제는 남편이 아내 집으로 입주하여 처가식구들과 동거하거나 처가의 근처에 살면서 처부모의 지배와 간섭을 받는 형태이다. 단거살이나 신거제는 결혼한 부부가 새로운 살림을 차려서 시가나 처가에 의존하지 않고 독립적으로 살아가는 형태이다. 양거제는 시가나 처가 어느 쪽이든 자유로이 선택하여 동거하는 것으로 제도상으로 양자택일을 허용하는 형태이다.

(2) 가족의 기능

가족의 기능 또한 가족의 개념과 마찬가지로 문화나 시대의 변천, 사회체제의 변화에 따라서 다르므로 이것을 동일하게 정의 내리기는 어렵다. 여기서는 가족기능에 관한 기초 개념과 현대사회에서의 가족기능에 대해 살펴본다.

① 가족기능의 개념

가족의 기능이란 가족이 수행하는 역할, 행위로서의 가족행동을 의미하는 것으로, 그 행동의 결과가 가족원의 욕구충족과 사회의 유지 존속에 어떠한 영향을 주느냐 하는 문제와 관련된 개념이다. 가족이란 개인과 사회의 중간에 위치한 체계로서 전체 사회에 대해서는 하위체계로, 개인에 대하여는 상위체계로서의 양면적인 특성을 가지고 있으므로, 가족의 기능은 개인적인 측면에서 수행되는 역할과 사회에 대하여 수행해야 하는 대내적, 대외적 역할 모두를 가지게 된다.

일반적으로 가족이 수행해야 하는 기능은 크게 가족만의 고유기능, 가족이 유지되기 위한 기초기능, 이로 인해 나타나는 부차적(파생적) 기능으로 나뉜다. 이러한 기능은 다시 대내적 기능, 대외적 기능을 가지면서 내적으로는 구성원의 욕구충족 등에 기여하며, 외적으로는 사회 안정 등에 기여하는 역할을 수행한다. 각각의 차원에서 대내외적인 기능의 측면은 다음과 같다(〈표 1-2〉).

〈표 1-2〉 가족기능의 유형과 상관관계

차원	(가족구성원 개개인에 대한) 대내적 기능	(사회 전체에 대한) 대외적 기능
고유기능	· 성·애정	· 성적 통제
	· 생식·양육	· 종족보존(자손의 재생산) · 사회구성원의 충족
기초기능	· 생산(고용충족·수입획득) · 소비(기본적·문화적 욕구 충족, 부양)	· 노동력 제공·분업에 참여 · 생활보장·경제질서의 유지
부차적 기능 (파생기능)	· 교육(개인의 사회화) · 보호 · 휴식 · 오락 · 종교	· 문화전달 · 사회의 안정화

출처: 유영주 외(2008). 가족관계학, p. 35.

조지 피터 머독(George Peter Murdock, 1949, 이성희 외, 2017. 재인용)은 인류사회의 존속을 위해서는 가족이 반드시 수행해야 하는 기능을 다음과 같이 제시하고 있다.

① 사회의 새로운 구성원을 출산하는 생식 기능, ② 성인들 사이의 성적 관계를 합법화시키는 성적 기능, ③ 가족집단과 더 큰 사회의 상호경제적인 관계를 유지시키는 경제적 기능, ④ 자녀양육과 사회화의 기능이다.

성적 기능과 생식 기능은 구성원을 재생산함으로써 인류사회를 존속시키며, 경제적 협동의 기능은 생존의 문제를 해결하기 위해 필요하며, 자녀양육과 사회화의 기능은 교육하고 문화를 계승시키는 기능이다. 이러한 기능은 가족의 본질적 기능으로서, 이 중 한 가지 기능이라도 수행되지 않으면 인류사회의 존속이 불가능하다는 가족기능의 고유성을 제시하였다.

사람들이 왜 가족 안에서 사는지에 대한 질문에 대한 답(Good, 1982, 정현숙 외, 2001. 재인용)에서 가족이 주는 혜택이 무엇인지 살펴볼 수 있다. 가족은 ① 가족이 인간관계의 영속성을 제공하는 점, ② 가족이 가족원들에게 물리적 근접성과 자원을 제공하는 점, ③ 가족이 오랜 기간에 걸쳐 친밀한 관계를 제공해 주는 점, ④ 가족은 경제적 효율성을 높이는 경제적 단위이다.

이러한 네 가지 혜택이 현대사회에서 지속되는 이유일 것이며, 가족이 다른 사회집단과는 구별되는 특성이라 하겠다. 가족은 가족원이라는 이름으로 자원을 공유하며, 친밀성과 지속성을 제공함으로써 여러 측면에서의 이득을 창출하는 제도이다. 물론 모든 가족이 이러한 장점을 제공하지는 않겠지만 대부분의 문화권에서 가족은 상호 간 의무와 애정에 근거한 집단인 만큼 어느 사회제도보다는 우리의 욕구를 충족시켜 줄 잠재력을 가지고 있다.

(3) 현대사회에서 가족의 기능

가족의 기능은 학자마다 조금씩 달리 분류되지만 현대사회에서 가족이 수행하고 있는 기능은 일반적으로 다음과 같이 요약할 수 있다.

① 성적 욕구의 충족 기능

성적인 기능은 성인들의 성생활과 관련된 기능을 가족이 수행하고 있는 것을 의미한다. 사회에 따라서 성적인 욕구를 충족시키는 방법과 통제의 정도에 차이가 있기는 하지만 어느 사회나 남녀의 무조건적인 성관계를 허용하지는 않는다. 대부분의 사회에서는 남녀 간의 사랑을 바탕으로 혼인이라는 제도적 통로를 통해 개인적으로 성적 욕구를 충족하면서 사회적으로는 성행위를 제도적으로 통제하고 규제한다.

② 자녀의 출산 기능

혼인에 의해 맺어진 부부간의 성관계를 통한 자녀출산을 비교적 정당한 방법으로 인정하고 있다. 부부간 성관계의 필연적인 결과로 자녀를 출산하는 생식의 기능은 사회의 다른 집단에서 대신할 수 없는 가족만의 고유하고 중요한 기능이다. 자녀출산의 기능은 사회구성원을 재생산하여 사회를 존속시키는 기능을 하며, 나아가 인간이라는 종을 유지시키는 역할을 한다.

③ 자녀양육과 사회화 기능

가족은 자녀출산이라는 재생산활동을 통해 단순히 사회구성원을 보충하는 데 그치지 않고 자녀가 스스로 독립할 수 있을 때까지 보호와 양육 기능을 담당한다. 자녀들은 가정생활을 통해 인격을 형성하게 되고, 그들이 사회에서 잘 적응하고 바람직한 인간으로 성장하도록 사회생활에 필요한 여러 가지 지식과 기능을 익히고 그 사회에서 통용되는 문화에 적응되도록 훈련을 받는다. 가정에서의 양육과 교육을 통하여 이루어지는 자녀의 사회화라는 기능을 사회적 측면에서 보면 자녀양육을 통하여 자녀가 그 사회에 적합하도록 하는 사회화가 이루어지는 것이고, 교육을 통하여 사회생활을 원만하게 해 나갈 수 있는 지식, 규범, 도덕을 익히는 것이고, 가정은 이러한 과정을 통하여 사회의 전통과 문화의 계승에 기여하는 것이다.

④ 생산 및 소비 기능

가족의 경제적 기능은 생산 기능과 소비 기능으로 구분된다. 과거 전통 사회에서의 가족은 생산과 소비의 기능을 함께 수행했지만 현대사회는 고도의 산업화와 상품의 대량생산으로 인해 생산 단위로서의 가족 기능은 축소된다. 대신 가족원 구성원은 산업사회에 노동력을 제공하고 그 대가로 임금을 받으며 이것으로 필요한 물자를 구입하는 소비 기능이 확대되었다. 따라서 현대 산업사회의 가족은 상품선택과 구매에 대한 현명한 소비자로서의 능력이 요구되며, 한정된 수입으로 온 가족원의 욕구를 충족시킬 수 있는 공평하고 합리적인 재정 관리가 요구된다.

⑤ 보호 및 휴식의 기능

가족은 질병과 위협으로부터 가족원과 재산을 보호해 준다. 예전에는 더위, 추위 등 사나운 기후와 맹수로부터 개인을 보호했고 오늘날은 외부환경의 위험으로부터 보호해 준다. 특히 가족은 노약자나 장애인에 대한 중요한 보호기능을 수행한다. 또한 가족은 가족원에 대하여 심신의 긴장이나 피로를 회복시켜 주는 휴식의 기능을 갖는다. 사회생활로 몸과 마음이 지칠 때 가정에 돌아와 쉬며 긴장을 풀고 다음 날 노동을 할 수 있도록 노동력을 재생산하게 한다. 이러한 면에서 가정은 단순한 거주지가 아니라 심신의 긴장과 피로를 회복시켜 주는 안식처로서의 중요한 기능을 한다.

⑥ 오락 및 여가 기능

가족은 또한 오락 및 여가의 기능을 가진다. 가족이 단위가 되어 여가를 즐길 때 부모와 자녀가 한자리에 모이게 되므로 교육적인 의미도 수반될 수 있으며, 가족원이 함께 모여 시간을 보내는 그 자체로써 마음이 열리고 대화를 하게 되므로 가족이 지니는 오락적 기능은 그 의의가 크다.

가족이 이러한 기능들을 어떻게 수행하느냐에 따라 가족의 질적 수준이 달라질 것이다. 한편, 가족의 기능은 시간적 조건, 지역과 문화배경에 따라 다르게 나타날 뿐만 아니라 개인차와 생활환경에 따라 달라지기도 한다. 문화와 사회구조가 단순하고 일터와 가정이 분리되지 않은 농경사회에서는 사람들의 요구와 필요성이 단순하고 소박하여 가족은 모든 욕구를 충족시킬 수 있는 집단이었으나, 산업화와 정보화에 따라 가족의 기능이 변화하였다. 산업사회의 가족은 전통사회에서 가졌던 많은 기능이 사회화되어 이전보다 줄어든 기능을 수행하지만 현대사회에 이르러 본질적인 애정의 기능과 정서적 안식처로서의 기능은 더욱 강조되고 있다.

3) 가족생활주기

가족생활주기란 사람이 가족생활에서 경험하는 미혼, 결혼, 출산, 육아, 노후의 각 단계에 걸친 시간적 연속을 말한다. 즉 가족이 결혼으로 형성되어 자녀출산, 자녀성장으로 확대되었다가 자녀의 결혼과 독립으로 축소되고 부부가 노후생활과 사망에 이르게 됨으로써 소멸하게 되는 가족의 변화 과정을 말한다. 이러한 가족생활주기는 가족생활에 대한 전반적인 장기적 안목을 취하는 방법으로 한 가족의 주기상에 나타나는 각 국면의 문제와 잠재적 문제, 취약점과 강점을 시간적 차원과 계속적인 발달의 과정으로 연구하는 데 도움을 준다.

가족생활주기단계를 구분하는 방법은 학자마다 차이가 있지만, 여기에서는 6단계의 가족생활주기모형을 사용하여 설명해 보도록 한다.

① 가족형성기: 결혼으로부터 첫 자녀출산 전까지

② 가족확대기(자녀출산 및 양육기): 첫 자녀출산으로부터 자녀가 초등학교에 입학할 때까지

③ 자녀교육기: 첫 자녀의 초등학교, 중학교, 고등학교 교육기

④ 자녀성년기: 첫 자녀가 대학에 다니거나 취업, 군 복무 중이며 가사를 협조하는 시기

⑤ 자녀결혼기: 첫 자녀의 결혼부터 막내 자녀 결혼까지

⑥ 노년기: 막내 자녀 결혼부터 배우자가 사망하고 본인이 사망할 때까지

이러한 가족생활주기는 시대에 따른 사회인구학적 특성에 따라 변화하게 되는데, 최근 출산율이 점차 낮아지고 단산연령이 낮아지고 마지막 자녀의 독립이 빨라지고 평균수명이 길어지고 있는 특성들이 반영된다.

따라서 전체적으로 보면 이전에 비해 가족형성기, 가족확대기는 짧아지고, 반면 부부만이 남는 시기부터 은퇴 후 부부 모두 사망하기 전까지의 기간이 전보다

훨씬 길어지고 있다. 즉 가족생활주기에서 전체 기간은 길어지고, 가족주기의 후기 부분은 연장되고 있어 이에 대한 관심이 필요하다.

2. 가족에 대한 이론적 관점

최근 들어 가족에 대한 관심은 가족학뿐만 아니라 사회학, 법학, 심리학, 인류학, 사회복지학 등의 여러 분야에서 활발하게 진행되고 있다. 이러한 가족에 대한 관심은 우리 사회에서 나타나는 가족문제를 해결하고자 하는 노력의 일환이라 하겠다. 그러나 가족에 대한 관심이 높아지고 있지만 가족을 연구하는 데에는 제한점이 있다. 우리는 늘 가족 안에 있기 때문에 오히려 가족에서 발생되는 문제를 등한시하거나 설령 연구관심이 주어진다 하더라도 연구자가 객관성을 확보하기 어려운 점이 있기 때문이다.

우리가 가족에 대한 인식의 틀, 즉 어떠한 관점(일련의 사고방식과 아이디어)을 가지고 있느냐는 가족을 이해하는 데에 있어서 중요한 첫걸음이다. 가족에 대한 인식의 틀인 관점은 가족의 본질에 대한 가정들과 개념들의 집합으로 구성되고 특정 현상에 대한 조망과 지향을 제시해 주며, 연구의 안내자 역할을 한다. 가족을 이해하는 데 국내 선행자료(정현숙 외, 2001; 유영주 외 2008; 이성희 외, 2012)에서 설명하고 있는 기준과 내용을 기초로 가족의 이론적 관점을 간략하게 살펴본다.

1) 구조기능론적 관점

대표적인 학자는 파슨스(Parsons)인데, 그는 가족을 사회체제 유지를 위한 중요한 기능 중 유형유지의 기능을 담당하는 제도로 본다. 개인들이 기존체제에 적응하는 동기를 조성해 주는 사회화의 기제를 가족이 담당하는 측면에 중요한 의의를 둔다. 즉 가족을 사회구성원을 재생산하고 전반적으로 공유된 가치를 재생산하는 단위로 보게 된다. 따라서 구조기능론자들은 사회의 균형유지와 안정, 그리고 사회집단의 목표달성에 도움이 되는 현상을 기능적이라고 하고 그렇지 않은 경우를 역기능적이라고 한다. 이를 위해 가족에서 전통적인 성별분업과 관련하여 남편은 도구적 역할, 아내는 표현적 역할을 하는 것이 가장 기능적인 것으로 본다.

이 관점은 요새나 안식처로서 가족의 기능을 강조하고 남녀가 전통적 역할을 수행하는 것을 기능적이라고 전제함으로써, 남녀역할을 이분법으로 구분하고 다양한 가족형태를 역기능적으로 간주하는 오류를 범하였다는 비판을 받는다.

2) 갈등론적 관점

갈등이론은 인간의 기본적 속성과 사회자원의 제한성 등으로 인하여 갈등은 피할 수 없는 것이며, 갈등은 사회적 진보를 위하여 필요한 것으로 본다. 스프레이(Sprey)는 사회에서는 세대 간 또는 이성 간의 끊임없는 대결과 충돌이 계속되는데 결혼과 가족은 그 대결과 충돌이 실제로 발생되는 주요 장으로서 가족 내에서 갈등이 어떻게 인식되는가, 어떤 갈등관리 방법을 사용하는가에 따라 가족이 유지되기도 하고 해체되기도 하는 것으로 본다. 따라서 가족을 이해하기 위해서는 갈등에 초점을 맞출 필요가 있음을 주장하며 가족갈등이론을 제시하였다.

이 관점은 구조기능론자들이 주장하는, 즉 가족은 기능적이기 때문에 존재한다는 입장이 아니라 가족제도를 통해서 희생될 수 있는 가족성원의 피해를 지적함으로써 가족이 가지고 있는 조화와 갈등의 양면성과 가족갈등문제를 공론화하는 데 기여하였다. 그러나 역할이나 권력과 같은 사회규범이 가족 간에는 경쟁적 갈등기제로만 작용되지 않은 점, 가족관계에 존재하는 사랑과 유대감, 희생 등의 가족정서에 대한 중요성을 간과한 점에서 비판을 받는다.

3) 상징적 상호작용론적 관점

가족 간의 상호작용 유형에 관심을 갖는 미시적 접근방법으로 인간행동은 인간상호 간의 사회적 상호작용을 통하여 결정되는 것으로 설명한다. 즉 개인이 주관적 입장에서 사회적 환경과의 상호작용을 통하여 가치를 파악하고 지위와 역할을 획득한다고 주장하면서 역할과 정체성, 자아개념, 의사소통의 개념을 강조한다. 주로 배우자 선택, 세대 간 가치전달, 역할과 지위관계, 결혼만족, 의사소통, 부모-자녀관계 등을 이해하는 데 유용하다.

이 관점은 결혼과 가족에 미치는 거시적 측면, 상호작용으로 해결할 수 없는 권력과 역할의 특성, 인간생활의 무의식적이면서 정서적 측면을 간과하였다는 점에서 비판을 받는다.

4) 사회교환론적 관점

이 관점에서의 전제는 인간은 누구나 타인과의 상호작용에서 보상을 극대화하고 비용을 최소화하여 가능한 한 가장 많은 이득을 얻을 수 있는 상황을 선택하는 합리적 존재인 것으로 본다. 사회적 관계가 왜 지속되고 왜 끝나는가를 설명하는 데 유용한 관점으로 보상, 비용, 이익, 비교수준, 대안, 호혜성 등의 개념을 강조하면서, 가족연구에서는 이성교제, 배우자 선택, 가족권력, 결혼만족도, 결혼안정성, 노부모-자녀와의 관계, 가정폭력을 이해하는 데 적용된다.

이 관점은 사회적 관계의 형성과 유지 및 해체를 매개하는 개인적, 관계적 요인을 설명하는 데에 기여하였으나, 보상과 비용의 가치 지각에 있어서의 개인차와 상호관계에 관심이 적다는 비판을 받고 있다.

5) 여권론적 관점

가족이 단일체가 아닌 권력단체의 구조임을 강조하면서, 가족은 가부장적 사회질서를 재생산하는 단위로서 남성에게만 기능적이며 여성들은 억압되어 있다고 분석한다. 현대가족의 세 가지 측면, 즉 주부역할을 우선적으로 취하게 함으로써 여성노동을 규제하고 있다는 점, 여성의 성과 출산에 대해 남성이 통제를 가하고 있다는 점, 성 정체감을 구조화해 남성우위의 성 역할 사회화를 유지시킨다는 점에서 가족은 여성을 억압하고 있다고 본다. 여성해방이 되기 위해서는 여성과 남성이 평등성을 성취하도록 하는 범위 내에서 가족구조를 수정해 나가야 한다는 온건한 관점과 전통적 가족의 질서와 구조를 전복시키고 다양한 결혼형태의 양식으로 대체하며 자녀출산 및 양육 등이 사회기관으로 이전되어야 한다는 급진적 관점이 있다.

이 관점은 가족 내 성의 불평등을 지적하고 여성의 사회적 지위향상과 남녀 간 평등하고 조화로운 삶과 인간해방운동을 실현하기 위한 실천적 방법을 제시하였다는 평가를 받는다. 그러나 이 관점에서 남성지배의 문제를 강조하고 남성과 여성의 이해관계가 갈등적이라는 것을 강조하고 있기는 하지만 성, 인종, 계급에 의해 억압받는 현실을 완화해 주며 빈곤문제를 완화하는 중요한 지지자원으로 가족을 꼽기도 한다. 갈등과 억압의 원천이 되는 가족과 협동과 유대의 원천이 되는 가족이라는 대립적인 이미지를 이론화하는 작업이 필요함이 지적된다.

6) 현상학적 관점

이 관점은 개인 자신의 주관적 경험을 강조한다. 즉 개인이 자기 자신과 주변 세계를 어떻게 지각하고 해석하는가에 따라 행동이 다르게 나타난다고 보는 관점에서의 접근방법이다. 여기에서는 구체적으로 경험하는 현상에 대한 아주 새로운 접근법으로 가능한 한 개념적 전제를 벗어던지고 그 현상을 충실히 기술하려는 시도로, 사회현실을 개인 외부에 존재하는 그 무엇으로 규정하지 않고 행위자의 주관적 세계 자체를 하나의 현실로 규정하고 있다.

이 관점에서는 사람들이 사회적 실재에 대한 주관적 상태나 감각을 어떻게 그리고 어떤 방법으로 구성하고 유지, 변경시켜 나가는가를 탐구하게 된다. 따라서 결혼관계에서 이들의 상이한 경험의 세계가 미치는 영향을 분석하며, 부모-자녀 간 사회화 과정에 미치는 영향을 탐색하기도 하며, 가족구성원의 일탈이나 폭력 등 부정적 행위에 대한 해석적 준거로도 사용된다.

이와 같이 가족에 대한 이론적 접근방식은 학자에 따라 차이가 있지만, 가족연구를 통해 궁극적으로 얻고자 하는 것은(Duvall, 1977, 유영주 외, 2008. 재인용) 다음과 같다.

첫째, 자신의 가족에서 얻은 경험과 지식보다 더 광범위한 것을 알기 위함이다.
둘째, 보편적으로 사회에서 인식되고 있는 왜곡된 사상이나 신념을 시정하기 위함이다.
셋째, 보다 빈번히 보고되고 있는 비정상적인 가족생활보다 가족의 정상적인 측면을 강조하기 위함이다.
넷째, 일반적인 상식이나 사실이 아닐 수도 있는 내용들을 보다 객관적으로 검증하기 위함이다.
다섯째, 사회적 조건의 변화에 따라 발생하는 가족의 다양한 변화에 부응하고 적응할 수 있는 능력을 개발하기 위함이다.
여섯째, 가족의 변화를 예견하고 대처능력 및 의사결정능력을 기르기 위해서 등이다.

가족복지실천가는 가족에 대한 다양한 이론적 관점의 이해와 객관적 지식을 통하여 변화하는 사회에서의 가족에 대한 민감성과 통찰력을 배양할 필요가 있다.

핵심용어

가족, 가족의 특성, 가족의 기능, 가족생활주기, 구조기능론적 관점, 갈등론적 관점, 상징적 상호작용론적 관점, 사회교환론적 관점, 여권론적 관점, 현상학적 관점

학습실천과제

1. 결혼과 가족이 가지고 있는 혜택과 더불어 비혼 인구가 많아지는 사회적 현상에 대하여 논하여 보시오.
2. 최근 신문기사, 드라마에서 묘사하고 있는 다양한 가족의 모습에 대한 사례를 수집하여 분석해 보시오.
3. 가족에 대한 인식의 틀이 무엇이냐에 따라 가족현상을 이해하는 방식이 달라질 수 있는데, 가족현상의 한 사례를 들어 이에 대하여 조망해 보시오.

제2장

한국가족의 변화와 쟁점

〈학습목표〉

1. 한국가족의 변화에 대해 설명할 수 있다.
2. 인구학적 변화를 통한 가족의 쟁점에 대해 추론할 수 있다.
3. 변화하고 있는 가족에 대한 관점과 도전에 대해 설명할 수 있다.

현재 한국의 가족은 단기간에 압축적인 산업화, 도시화 과정을 거치면서 급속한 인구학적 변화를 경험하고 있고, 이에 따른 새로운 형태의 가족들이 계속해서 출현하고 있다. 그러한 과정 속에서 과거의 가부장적 가치관의 잔존, 전통적 요소와 서구적 요소의 충돌, 사회변화에 대한 부적응 등으로 여러 가지 세대 간 또는 가족 내 문제들이 도출되고 있다. 그 결과 현재의 한국가족은 과거와 같이 국가의 복지 기능을 대행하기 어렵고, 가족들 스스로가 더 이상 국가와 시장의 요구에 부응하려 하지 않고 있다. 이처럼 가족의 위기가 사회적 위험으로 대두고 있는 현시점에서 가족복지의 새로운 패러다임이 계속해서 모색되고 있다. 본 장에서는 이러한 새로운 패러다임을 어떻게 모색해야 할지를 도출해 내기 위해 우선적으로 한국가족의 변화가 무엇이 있는지를 살펴보고, 현재 도출되고 있는 한국가족의 쟁점과 변화에 대한 관점 그리고 우리가 도전해야 할 것이 무엇인지를 살펴보고자 한다.

1. 한국가족의 변화

현재 한국 사회에서 가족을 둘러싼 환경의 변화는 가족에게 상당한 압력을 주고 있다. 생애과정의 변화에 따라 가족에게 체계적 지식 및 지속적 학습이 요구되고 있으며, 제반 구조 변동에 따른 복잡성의 증가는 가족문제 발생을 증가시켜 가족을 위기와 해체에 이르기 쉽게 만들고 있다. 현재 어느 나라에서도 유례가 없을 정도로 저출생 · 고령화 현상이 급격하게 진행되고 있는 가운데, 우리나라는 가족유형, 가족문화, 가족가치 등 여러 가지 급격한 변화를 경험하고 있다. 그럼에도 불구하고 가족은 사회적 구성의 기본 단위로서 재생산 기능과 사회화 기능을 유지하고 친밀성을 바탕으로 행복을 추구하는 원천이라는 점에서 그 중요성이 여전하다. 이를 입증하듯이 '2023년 가족실태조사'(여성가족부, 2024) 결과, '우리 가족은 서로 돕고 의지한다', '우리 가족은 상당히 친한 편이다' 문항에서 70% 이상이 동의를 하여, 10명 중 7명 이상은 가족관계를 긍정적으로 생각하는 것으로 나타났다. 또한 '가족이란 무엇이라고 생각하느냐'에 대해 질문하면, '따뜻한 안식처', '내가 쉴 보금자리', '최후의 보루' 등 늘 정형화된, 변화되지 않은 동일한 실체로 보는 경향이 높은 것으로 나타나고 있다. 그러나 가족은 서로 사랑하지만 가장 큰 상처를 주고받는 두 가지 얼굴을 갖고 있으며, 더불어 사회 환경과 끊임없이 역동적인 상호작용 관계를 가짐으로써 지속적으로 또는 급격한 변화를 다양하게 보여 주고 있다. 오늘날 한국의 가족이 당면하고 있는 쟁점들을 진단해 보기 위해 우선 한국가족이 경험하고 있는 변화들을 살펴보고자 한다.

1) 인구구조의 변화

우리나라의 저출생 · 고령화 현상은 세계에서 유례없이 빠르고 심각하게 진행되고 있다. 2023년 우리나라의 합계출산율은 0.72명으로 1970년 인구통계 작성 이후 가장 낮은 최저치를 보이고 있어, 앞으로 이대로 가면 곧 인구절벽에 도달할 것이라는 심각성이 매우 크다. 이에 저출생 추세 반전을 위한 여러 가지 정책들이 쏟아지고 있으나, 여선히 이를 반등시키지 못하고 있다. 또한 65세 이상 인구는 944만 명(18.2%, 2023년)으로 곧 초고령 사회 도입도 멀지 않음을 알 수 있다(통계청, 2024). 이에 따라 우리나라의 인구구조 변화는 이를 뚜렷하게 반영하고 있다.

현재 세계 인구는 2037년에 90억 명, 2058년에 100억 명을 돌파하고, 2070년에는 103억 명에 도달할 것으로 전망하고 있다. 그러나 우리나라 인구는 2020년을 정점으로 인구 자연감소가 현실화되는 시기가 시작되었으며, 2041년에는 4천만 명대에 진입하여 2011년 규모로 회귀하고, 2070년에는 3천 8백만 명으로 감소할 것으로 예측하고 있다(통계청, 2023). [그림 2-1]과 같이 2023년 현재 우리나라의 총인구는 5,171만 명이며, 0~14세는 571만 명(11.0%), 15~65세는 3,657만 명(70.7%), 65세 이상은 944만 명(18.2%)이나 2072년이 되면 0~14세는 238만 명(6.6%), 15~64세는 1,658만 명(45.8%), 65세 이상은 1,727만 명(47.4%)이 될 것으로 전망하여, 유소년인구나 생산가능인구보다 고령인구가 훨씬 더 많은 수를 차지하게 됨을 알 수 있다. 이러한 인구구조의 급격한 변화에 대한 고찰은 앞으로의 미래를 예측할 수 있는 도구라 할 수 있다. 이는 그동안 가족에게 요구되어 왔던 것들에 대한 변화가 매우 많아질 수밖에 없으며, 가족에 대한 가치 그리고 가족복지 및 정책에도 많은 영향을 미칠 수밖에 없는 주요 요인이 될 것이다.

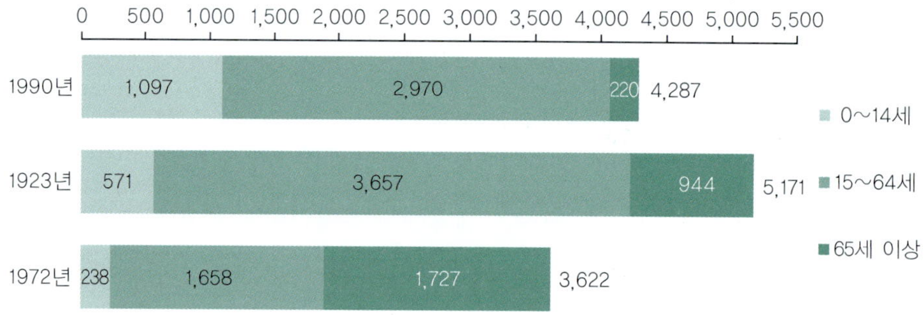

[그림 2-1] 총인구와 성장률

출처: 통계청(2024). 2023 한국의 사회지표 보도자료집(2024.3.26.), p. 5.

2) 가족구조의 축소

(1) 가구원의 소인수화 및 핵가족화 대두

인구구조의 변화와 더불어 가구원 수 역시 지속적으로 축소되고 있다. 2023년 기준 평균 가구원 수는 2.21명으로 계속해서 감소 추세를 보이고 있다. 이러한 가구원 수의 축소를 구체적으로 살펴보면(〈표 2-1〉 참조), 1990년 이후 가장 주된 유형의 가구로 나타난 4인 가구는 2005년까지 우위를 나타내다가, 2010년에 2인 가구가 주된 가구 유형으로 등장하였다. 그러나 2015년부터 현재까지 1인 가구가 가장 많은 수를 차지하고 있으며, 증가하는 속도 또한 다른 가구원 수보다 더 빠른 것으로 나타나고 있다.

〈표 2-1〉 가구원 수별 가구 (2000년~2023)

(단위 : 천 가구, (%))

구분		2000년	2005년	2010년	2015년	2020년	2022년 (A)	2023(B)	증감 (B-A)
가구	일반 가구 (계)	14,312 (100.0)	15,887 (100.0)	17,339 (100.0)	19,111 (100.0)	20,927 (100.0)	21,774 (100.0)	22,073 (100.0)	300
	1인	2,224 (15.5)	3,171 (20.0)	4,142 (23.9)	**5,203 (27.2)**	**6,643 (31.7)**	**7,052 (34.5)**	**7,829 (35.5)**	327
	2인	2,731 (19.1)	3,521 (22.2)	**4,205 (24.3)**	4,994 (26.1)	5,865 (28.0)	6,261 (28.8)	6,346 (28.8)	86
	3인	2,987 (20.9)	3,325 (20.9)	3,696 (21.3)	4,101 (21.5)	4,201 (20.1)	4,185 (19.2)	4,195 (19.0)	10
	4인	**4,447 (31.1)**	**4,289 (27.0)**	3,898 (22.5)	3,589 (18.8)	3,271 (15.6)	3,011 (13.8)	2,926 (13.3)	-84
	5인 이상	1,922 (13.4)	1,582 (10.0)	(1,398 (8.1)	1,224 (6.4)	947 (4.5)	815 (3.7)	777 (3.5)	38

출처: 통계청(2024). 2023년 인구주택총조사 결과 보도자료(2024.7.29.), p. 42.

그렇다면 1인 가구를 제외한 가구유형별 가구 구성비를 살펴보면(〈표 2-2〉 참조), 2022년 기준으로 친족가구가 62.1%로 가장 많은 수를 차지하고 있으나, 2010년 대비 계속해서 줄어들고 있음을 알 수 있다. 또한 세대별로 살펴보면, 2세대와 3세대 이상 가구 역시 계속해서 줄어들고 있고, 1세대 가구는 지속적으로 증가하고 있음을 알 수 있다. 반면 비친족가구의 비중은 높지는 않으나, 2010년부터 계속해서 증가하고 있어서 가족의 형태 역시 혈연 중심이 아닌 다양성이 내재되어 있음을 엿볼 수 있다.

〈표 2-2〉 가구유형별 가구 및 평균 가구원 수

(단위 : 천 가구 (%), 천 명, 명)

구분			2010년	2015년	2020년	2022년(A)	2022년(B)	증감(B-A)
가구	일반 가구(A)		17,339 (100.0)	19,111 (100.0)	20,927 (100.0)	21,774 (100.0)	22,073 (100.0)	300
	친족 가구		12,995 (74.9)	13,693 (71.7)	13,860 (66.2)	13,757 (63.2)	13,699 (62.1)	-58
		1세대	3,027	3,324	3,893	4,173	4,198	26
		2세대	8,892	9,328	9,202	8,918	8,857	-61
		3세대 이상	1,075	1,040	765	667	643	-23
	비친족 가구		202 (1.2)	214 (1.1)	423 (2.0)	514 (2.4)	545 (2.5)	31
	1인 가구		4,142 (23.9)	5,203 (27.2)	6,643 (31.7)	7,502 (34.5)	7,829 (35.5)	327
일반가구원(B)			46,651	48,340	49,029	48,885	48,870	-14
평균가구원 수(B/A)			2.69	2.53	2.34	2.25	2.21	-0.03

출처: 통계청(2024). 2023년 인구주택총조사 결과 보도자료집(2024.7.29.), p. 39.

이와 같이 가구원 수의 축소 및 세대구성이 점차 낮아지고 있는 가운데, 현재 주목할 가구유형은 1인 가구이다. 1인 가구의 증가율은 OECD 국가 중 가장 높고, 일시적 현상이 아닌 1인 가구 시대가 앞으로 대세일 것으로 예측되고 있다. 1인 가구의 연령별 분포를 살펴본 결과([그림 2-2] 참조) 20대(19.2%), 70세 이상(18.6%), 30대(17.3%) 순으로 나타났다. 이는 취학이나 취업에 의해 부모와 분리된 청년층 가구와 배우자와의 사별 또는 이혼 등에 의해 혼자 남은 노년층 가구의 증가에 의한 것으로 설명될 수 있다. 그러나 이를 성별에 따라 살펴보면 차이를 엿볼 수 있는데, 남성 1인 가구는 30대가 가장 많은 수를 차지하고 있고, 여성 1인 가구는 60대, 70대가 가장 많은 수를 차지하고 있어 1인 가구에 대한 복지 및 정책 접근은 연령뿐만 아니라 성별에 차이도 함께 살펴봐야 함을 알 수 있다.

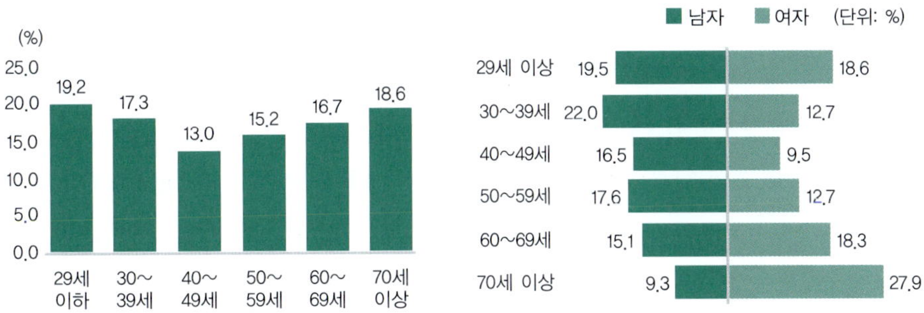

[그림 2-2] 연령대별, 성 · 연령대별 1인 가구 비중(2022년)

출처: 통계청(2023). 2023 통계로 보는 1인 가구 보도 자료집 (2023.12.12.). p. 8.

3) 가족형성 및 재구성의 변화

(1) 결혼과 이혼에 대한 태도의 변화

우리나라 가족의 형성 및 재구성과 관련된 가장 주목할 만한 변화는 혼인율 감소, 초혼연령 증가에 따른 만혼화, 이혼 양상의 변화 등이다. 총 혼인건수는 [그림 2-3]에서 보듯이 2023년 19만 건이며, 이는 10년 전인 2013년 33만 건에 비해 크게 줄어든 수치이다. 조혼인율 역시 크게 떨어져 2013년 6.4건에서 2023년 3.8건으로 줄었다.

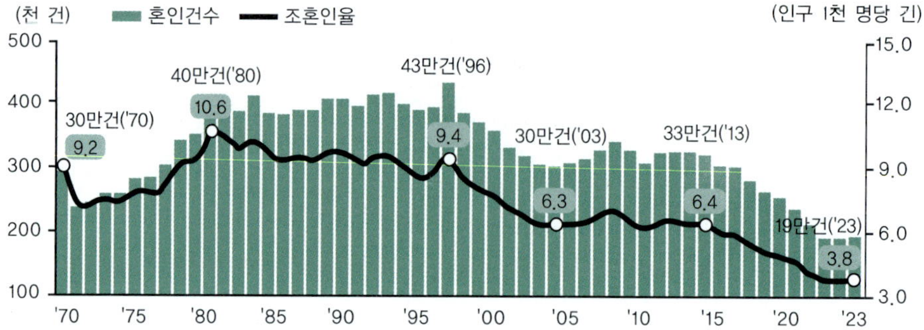

[그림 2-3] 연도별 혼인건수 및 조혼인율

출처: 통계청(2024). 2023 혼인 · 이혼 통계 보도자료집(2024. 3. 19.), p.1.

혼인만혼화는 단기간이 아닌 장기간에 걸쳐 진행되어 오고 있는 현상이나, 특히 1998년 경제 위기 이후에 크게 증가한 것으로 나타났다. 통계청(2024)에 따르면 초혼연령은 2003년에 남성은 평균 30.1세, 여성은 평균 27.3세였는데, 2023년에는 남성은 34.0세, 여성은 31.5세로 약 4세 정도 늦어졌고, 이를 10년 단위로 추이를 살펴보면 약 2세씩 늦어지고 있는 것으로 나타났다. 또한 [그림 2-4]를 살펴보면, 25~49세 인구 중 혼인 경험이 있는 남자는 52.9%이며, 여자는 67.1%로 나타났다. 이를 2010년과 비교하면 남자(64.7%)는 11.8%, 여자(77.4%)는 10.3% 감소하였음을 알 수 있다. 이러한 초혼 연령 상승뿐만 아니라, 결혼경험을 아예 하지 않는 인구 증가의 기여 요인으로 청년 실업과 취업난 가중으로 인한 결혼을 위한 경제적 기반 확보의 어려움 그리고 결혼적령기에 대한 사회적 규범의 약화 등이 꼽히고 있다.

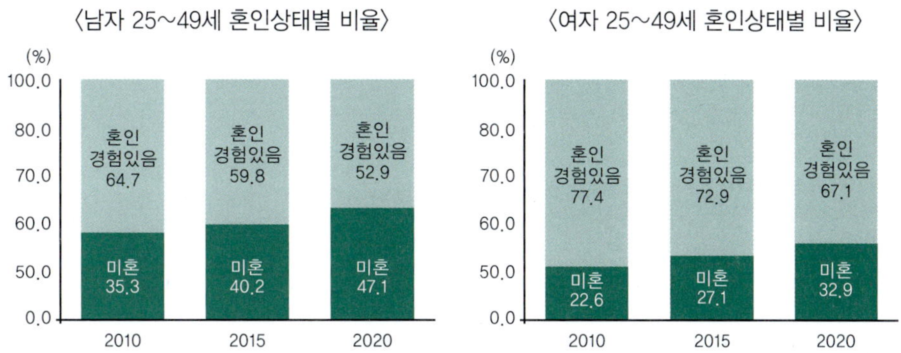

※ '혼인경험 있음'은 배우자 있음, 사별, 이혼을 의미함.

[그림 2-4] 남녀 25~49세의 혼인경험

출처: 통계청(2023). 저출산과 우리 사회의 변화 보도자료집(2023.7.21.), p.6.

지금까지 살펴본 혼인율과 만혼화는 가족형성이 지연됨을 보여주는 지표들이라면, 이혼율은 가족의 재구성을 보여주는 지표이다. 〈표 2-3〉과 같이 이혼 건수와 조이혼율은 2014년을 정점으로 10년 동안 조금씩 감소해 왔다. 현재 2023년 기준 이혼 건수는 약 9만 건이며, 조이혼율은 2023년 기준 1.8건이다. 그러나 이 수치를 기준으로 가족이 보다 안정되었다는 것으로 해석하는 것은 유의해야 할 것이다.

〈표 2-3〉 이혼 건수, 조이혼율 및 유배우 이혼율, 2013–2023

	2013	2014	2015	2016	2017	2018	2019	2020	2021	2022	2023
이혼 건수 (천 건)	115.3	115.5	109.2	107.3	106.0	108.7	110.8	106.5	101.7	93.2	92.4
증감(천 건)	1.0	0.2	-6.4	-1.8	-1.3	2.7	2.1	-4.3	-4.8	-8.4	-0.8
증감률(%)	0.9	0.2	-5.5	-1.7	-1.2	2.5	2.0	-3.9	-4.5	-8.3	-0.9
조이혼율*	2.3	2.3	2.1	2.1	2.1	2.1	2.2	2.1	2.0	1.8	1.8
유배우 이혼율*	4.8	4.8	4.5	4.4	4.4	4.5	4.5	4.2	4.0	3.7	3.7

* 인구 1천 명당 건, ** 15세 이상 유배우 인구 1천 명당 건

출처: 통계청(2024). 2023년 혼인·이혼통계 보도자료집(2024.3.19.), p.19.

이혼율과 이혼 양상의 변화에 있어 눈에 띄는 차이점은 결혼연령과 마찬가지로 이혼연령도 높아지고 있다는 점이다. 통계청의 '2023 한국의 사회지표'(2024)에 따르면, 2023년도 기준 남성의 평균 이혼연령은 49.9세로 2000년에 비해 약 10년 가까이 증가하였으며, 여성의 이혼 연령 역시 같은 시간에 36.5세에서 46.6세로 증가하였다. 이혼연령의 증가는 앞에서 살펴본 만혼화로 인해 결혼 연령 자체가 높아진 이유도 있으나, 한편으로는 결혼생활을 상대적으로 오래 한 중 · 장년층의 이혼율이 증가한 데 따른 것이기도 하다. [그림 2-5]에 따르면 혼인지속 기간이 25년 미만인 이혼은 감소하였으나, 25년 이상 이혼, 특히 30년 이상 이혼은 10년 동안 2배나 증가하고 있음을 볼 수 있다.

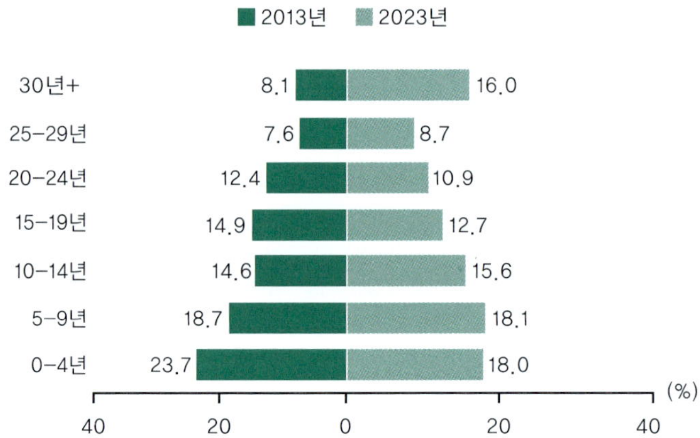

[그림 2-5] 혼인지속기간별 이혼구성비, 2013, 2023

출처: 통계청(2024). 2023년 혼인 · 이혼통계 보도자료집(2024.3.19.), p.2.

4) 다양한 가족의 또 다른 다양성

(1) 한부모가족의 다양성

2023년 관계부처합동에 의한 '제1차 한부모가족 기본정책' 자료집(〈표 2-4〉 참조)에 따르면, 2021년 기준 한부모가구는 151만 가구(이혼 81.6%, 사별 11.6%)로, 전체 가구(2,200여만 가구)의 7.0%를 차지하고 있는 것으로 나타났다. 해마다 한부모가구의 수가 증가하고 있는 것은 아니나, 세부적으로 19세 이상 자녀를 둔 한부모가구 수(총 114만 가구)가 전체 한부모가구의 75.6%로 18세 이하 자녀를 둔 한부모가구 수보다 더 많은 수를 차지하고 있음을 알 수 있다. 이는 혼인지속기간이 25년 이상 된 부부의 이혼율 증가와도 연관이 있을 것이며, 향후 중 · 노년기 1인 가구의 증가에도 영향을 미칠 것이라 예측할 수 있다. 또한 19세 이상 자녀를 둔 한부모가구 수보다 적지만 18세 이하 자녀를 양육하는 한부모가구의 50%가 저소득 가구(중위소득 60% 이하)로 나타나, 이들에 대한 복지 정책이 요구됨을 알 수 있다. 더불어 미혼모 · 부 인구는 2022년 기준 총 26,021명(전체 인구의 0.05%)으로 미혼모가 77.4%, 미혼부가 22.6%를 차지하고 있는 것으로 나타났다(통계청, 2023). 이들의 숫자가 해마다 증가하고 있는 추세는 아니나, 최근 정부는 '출생통보제와 위기임신지원제도' 시행을 통해 어려운 상황의 임산부와 아동을 보호하겠다는 정책을 도입하였다.

〈표 2-4〉 세대구성 및 자녀 연령별 한부모가구

계	부+미혼자녀	모+미혼자녀	부 및 미혼자녀와 기타가구원	모 및 미혼자녀와 기타가구원	계
한부모가구	278,039 (18.4%)	974,672 (64.5%)	95,697 (6.3%)	61,550 (10.6%)	1,509,958
18세 이하	75,337(20.4%)	196,459 (53.3%)	43,042 (11.6%)	53,710 (14.8%)	368,548 (24.4%)
18세 이상	202,702 (17.8%)	778,213 (68.2%)	52,655 (4.6%)	107,840 (9.4%)	

출처: 관계부처합동(2023). 2023~2027 제1차 한부모가족기본계획, p.2.

〈참고자료 2-1〉

출생통보제와 위기임신 지원제도로 어려운 상황의 임산부와 아동 보호

보건복지부는 2024년 7월 19일(금)부터 출생통보제와 위기 임신 지원 및 보호출산제가 동시 시행된다고 밝혔다. 두 제도는 2023년 6월 수원 영아사망사건이 발생한 이후, 출생미등록 아동 발생을 방지하고 아동을 보다 빈틈없이 보호하기 위해 마련된 제도이다.

출생통보제는 아동이 의료기관에서 태어나면 아동의 출생 사실과 출생 정보를 바로 지방자치단체에 통보하는 제도이다. 신고의무자가 출생신고를 해야만 아동을 출생 등록할 수 있는 현행 제도로는, 출생신고되지 않은 아동에 대해 국가에서 아동을 보호하기 어려웠다. 7월 19일부터 출생통보제가 시행되면 의료기관에서 태어난 모든 아동은 자동으로 시 · 읍 · 면에 출생 통보되어 공적 체계에서 보호될 수 있다. 다만, 임신과 출산 사실이 주변에 밝혀지는 것을 꺼리는 일부 임산부들은 출생통보제를 피하기 위해 의료기관 밖에서 아동을 출산하고 유기하는 사례가 증가할 수 있다는 우려가 제기되었다.

이에 도입된 보호출산제는, 경제적 · 사회적 상황 등 다양한 이유로 아이를 키우기 어려운 상황에 놓인 위기임산부가 가명으로 의료기관에서 산전 검진과 출산을 하고 출생통보까지 할 수 있도록 하여 산모와 아동의 생명과 건강을 보호하는 제도이다. 다만 이 제도는 최후의 수단이어야 하기 때문에, 위기임산부가 보호출산을 고려하기 전에 직접 아동을 양육하는 것을 선택할 수 있도록 맞춤형 상담을 지원하는 상담체계를 함께 구축하였다. 7월 19일부터 전국 16개 위기임산부 지역상담기관과 1308 상담전화가 운영된다. 또한 위기임산부들이 상담에 찾아오실 수 있도록 평소에 접하기 쉬운 장소를 중심으로 지역상담기관과 1308 상담전화를 적극적으로 알릴 예정이다.

출처: 보건복지부(2024). 출생통보제와 위기임신 지원제도 보도자료집(2024.7.18.).

(2) 고령자가족의 다양성

2022년 기준 고령인구 중 65~74세는 전체 고령인구의 58.1%, 75~84세는 31.7%, 85세 이상은 10.2%를 차지하고 있는 것으로 나타났으며, 전년 대비 85세 이상 인구가 6.0%로 가장 많이 늘어난 것으로 나타나(통계청, 2023), 초고령 인구수는 계속해서 빠르게 증가할 것이라 예측된다. 또한 지역별 고령인구의 편차 또한 있기 때문에([그림 2-6] 참조) 각 지자체별로 고령인구에 대한 여러 가지 정책과 대책들 역시 다양할 것이라 예측된다.

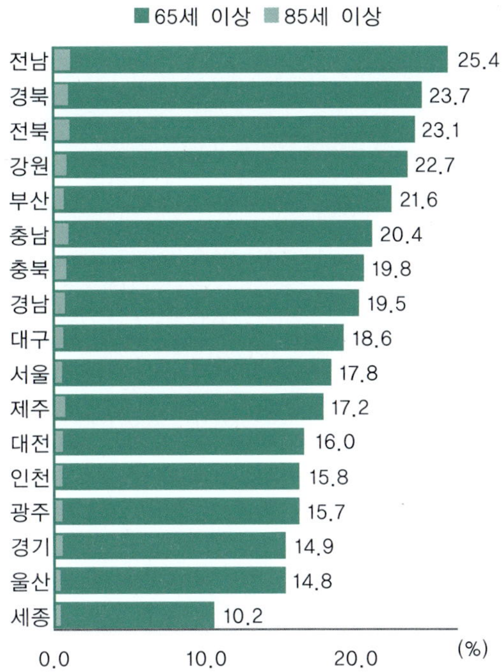

[그림 2-6] 시도별 고령인구 비율, 2022

출처: 통계청(2023). 2022년 인구주택총조사 결과 보도자료집(2023.7.27.), p.73.

고령자가족의 가구유형을 살펴보면(통계청, 2023), 2022년 기준 친족과 함께 거주하는 고령인구는 72.8%(6,589천명)이고, 1인 가구는 21.8%(1,973천명), 집단가구는 3.5%(313천 명)로 나타났다. 이를 연령별로 구분하여 살펴보면(〈표 2-5〉 참조), 65세 이상 고령인구 중 친족가구 비율은 65~74세(77.6%), 75~84세(69.7%), 85세 이상(55.2%)순으로 연령이 많아질수록 숫자가 줄어들고 있음을 알 수 있다. 1인 가구 비율은 75세 이상이 높고(75~84세 24.6%, 85세 이상 26.8%), 집단가구 거주 비율은 85세 이상이 16.2%로 가장 높은 것으로 나타났다. 집단가구 거주 고령인구의 성비를 보면 65~74세는 117.3으로 남자가 많지만, 이후 급격히 낮아져 75~84세 41.4, 85세 이상 17.6으로 낮아지고 있음을 알 수 있다.

〈표 2-5〉 고령가구 연령별 2022년

(단위 : 천 명, %, 여자 100명당)

구분	고령인구(계)			65~74세			75~84세			85세 이상		
	인구	구성비	성비	인구	구성비	성비	인구	구성비	성비	인구	구성비	성비
계	9,046	100.0	78.0	5,255	100.0	91.3	2,864	100.0	71.0	927	100.0	40.1
일반가구(계)	8,726	96.5	79.9	5,199	98.9	91.0	2,750	96.0	72.5	777	83.8	45.4
친족가구	6,589	72.8	95.4	4,080	77.6	100.1	1,997	69.7	96.7	512	55.2	61.3
비친족가구	163	1.8	72.5	99	1.9	97.6	47	1.7	51.5	17	1.8	26.3
1인 가구	1,973	21.8	42.5	1,020	19.4	61.0	705	24.6	28.8	248	26.8	21.9
집단가구	313	3.5	36.0	51	1.0	117.3	113	3.9	41.4	150	16.2	17.6
기타	7	0.1	322.6	5	0.1	367.3	1	0.0	300.4	0	0.0	84.8

* 집단가구는 남남끼리 함께 사는 6인 이상의 가구와 기숙사나 노인요양시설 등 사회시설에서 집단으로 살고 있는 가구를 의미.

** 특별조사구 등의 인구로 인구에는 포함되나, 가구에는 포함하지 않음.

출처: 통계청(2023). 2022년 인구주택총조사 결과 보도자료집(2023.7.27.), p.75.

(3) 다문화가족의 다양성

외국인과의 혼인(통계청, 2024)은 2023년 약 2만 건으로 전년 대비 18.3%(3천 건) 증가하였으며, 구체적으로 외국인 여자와의 혼인은 1만 5천 건으로 전년 대비 22.5% 증가하고, 외국인 남자와의 혼인은 5천 건으로 전년 대비 7.5% 증가하였다. 전체 혼인 중 외국인과의 혼인 비중은 10.2%로 전년보다 1.5% 증가하여, 코로나19 확산 시기(2020~2021년) 이후 주춤했던 비율이 다시 증가하기 시작했음을 알 수 있다.

제4차 다문화가족정책 기본계획(2023~2027) 자료집에 따르면, 현재 다문화 가구원 수는 2018년 1백만 명을 넘어 2021년 112만 명으로 증가하였으며, 15년 이상 장기 거주자와 고령층 비율이 지속적으로 증가하고 있는 것으로 나타났다. 즉

15년 이상 거주 결혼이민자 · 귀화자 비율이 2018년 27.6%에서 2021년 39.9%로 증가하였으며, 50대 이상 결혼이민자 · 귀화자 비율 역시 2015년 20%에서 2018년 21.5%, 2021년 25.2%로 증가하였다. 이와 같이 다문화가족의 정착이 장기화됨에 따라 만 7~18세 다문화가족 자녀 역시 빠르게 증가하고 있는 추세이다. 2017년 약 10.7만여 명에서 2021년 17.5만여 명으로 약 63% 증가한 것으로 나타났으며(관계기관 합동, 2023), 최근 5년간 전체 학생 수는 감소한 반면 다문화학생 수는 크게 증가하고 다문화가족 자녀 성장과 관련된 정책들이 더 많이 요구되고 있다 할 수 있다.

또한 가구 구성 역시 다양화되고 있는 것으로 나타났는데, 부부와 자녀로 구성된 가구가 35.5%, 부부가구는 30%, 다문화한부모가족 10.9%, 결혼이민자 · 귀화자 1인 가구가 8.3%로 다문화가족 역시 다변화되고 있음을 알 수 있다. 최근 이혼, 사별 등의 이유로 본국으로 귀환한 결혼이민자와 한국 국적 자녀(2021년 베트남 귀환 다문화가족은 약 3만 명으로 추정되고 있다) 역시 체류와 의료, 교육 등의 어려움이 큰 것으로 나타나(관계기관 합동, 2023) 이들에 대한 관심 역시 가져야 하는 것으로 보고되고 있다.

5) 돌봄 서비스의 공적 책임 강화 증대

소가족화 및 핵가족화, 맞벌이 부부의 증가와 가족 해체는 가족돌봄을 담당한 주체가 급속도로 감소되고, 매우 빠르게 돌봄 서비스의 변화를 꾀할 수밖에 없도록 하였다. 특히 과거 여성에 의해 전담되어 온 아동 및 노인 돌봄이 최근 맞벌이 가구의 증가로 더 이상 가족 내에서 수행될 수 없게 만들고 있으며, 이로 인한 스트레스를 증대시키고 있어 돌봄 서비스 사회화 이슈는 계속해서 주된 관심사가 될 수밖에 없다.

구체적으로 2023년 맞벌이가구는 유배우 가구의 48.2%를 차지하고 있으며(〈표 2-6〉 참조), 맞벌이 가구 중 13.3%는 비동거 맞벌이를 하는 것으로 나타났다. 이 숫자는 해마다 조금씩 증가(2022년도는 전체 맞벌이 가구의 12.3%였음)하고 있어, 직장으로 인한 분거가족 형태 역시 늘어나고 있음을 알 수 있다.

그중 18세 미만 자녀를 둔 가구만을 분석한 결과(통계청, 2024), 2023년 맞벌이가구는 유배우 가구의 56.8%로 과반수 이상이 부부 모두 일을 하고 있는 것으로 나타났다. 자녀의 연령대별로 살펴봤을 때도 '13세~17세' 자녀를 둔 맞벌이가구가 62.6%로 가장 높은 수를 차지하고 있었으나, '7세~12세'인 초등학교 이상 자녀를 두고 있는 경우 역시 58.6%로 과반수 이상이었으며, 모든 연령대가 전년도보다 그 수치가 증가한 것으로 나타났다.

이와 같이 미성년 자녀를 양육하는 맞벌이가구의 지속적인 증가로 돌봄 인프라가 계속해서 확대되고 있으나, 고용 친화적이지 못한 시스템으로 인해 돌봄 공백이 존재하고 있는 것으로 보고되고 있다. 2020년 발표된 제4차 저출산 · 고령사회 기본계획(2021~2025)에 따르면 영 · 유아기 자녀돌봄을 위한 국공립 어린이집, 유치원 확충 노력에도 불구하고 서비스 질에 대한 신뢰가 부족하며, 초등 저학년 대상 돌봄은 수요 대비 공급이 부족하여, 돌봄 공백의 우려가 높은 것으로 나타났다. 2023년 가족실태조사(여성가족부, 2024)에 따르면 초등학생들이 방과 후 주로 시간을 보내는 곳이 2020년에는 코로나19 요인으로 인해 '집'(42.1%)에서 지내는 비율이 높았으나, 2023년 코로나19 완화 이후 '학원'이 75.2%로 가장 많은 것으로 나타났다(여성가족부, 2024). 현재 돌봄공백 완화는 저출생 문제를 해결하는 주된 방법 중 하나로 자녀돌봄은 정부의 공적 책임이 보다 강화되고 있다.

〈표 2-6〉 유배우 가구의 맞벌이, 비맞벌이가구 현황

(단위: 천가구, %, %p)

	2022년		2023년		증감	
		비중		비중		비중
유배우 가구	12,691	100.0	12,687	100.0	-4	-
맞벌이 가구	5,846	46.1	6,115	48.2	268	2.1
비맞벌이 가구	6,845	53.9	6,572	51.8	-272	-2.1

출처: 통계청(2024). 맞벌이가구 및 1인 가구 취업현황 보도자료집(2024.6.18.), p.8.

또한 초고령사회 진입을 앞둔 현재 우리 사회는 점차 정부 · 국가의 도움과 더불어 자녀의 의존으로부터 벗어나 노인의 독립을 강조하는 방향으로 변화하고 있다. 그중 19세 이상 인구가 생각하는 노후를 위한 사회의 역할로 '노후소득지원(36.9%)', '의료 · 요양보호서비스(30.1%)' 순으로 나타났으나, 2021년 대비 2023년에 증가한 것은 '의료 · 요양보호서비스'([그림 2-7] 참조)로 고령노인의 돌봄에 대한 공적 책임 강화 역시 욕구가 높음을 알 수 있다.

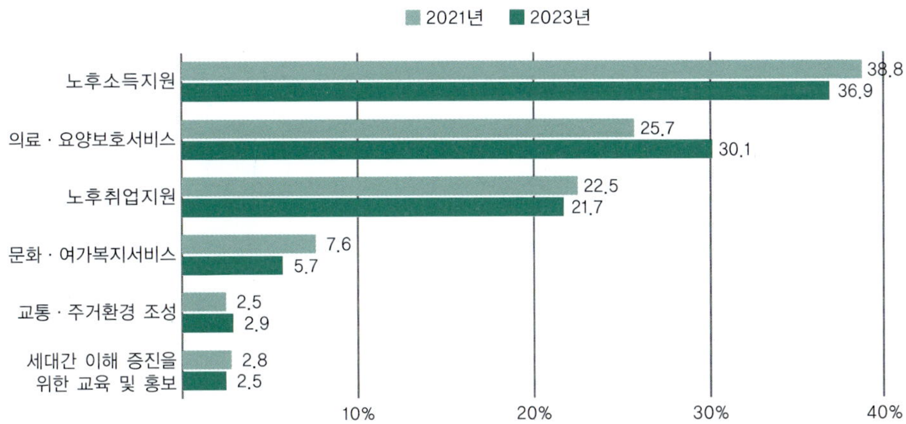

[그림 2-7] 노후를 위한 사회의 역할

출처: 통계청(2023). 2022년 인구주택총조사 결과 보도자료집(2023.7.27.), p.73.

6) 가족에 대한 가치 변화

[그림 2-8]에 따르면 결혼을 하지 않더라도 함께 살 수 있다고 생각하는 청년의 비중은 꾸준히 증가하여 2022년에는 80.9%의 청년이 비혼 동거에 동의를 하고 있는 것으로 나타났다. 또한 전체 인구의 65.2%가 비혼 동거에 동의하였고, 동의 비중은 꾸준히 증가(통계청, 2023)하고 있는 것으로 나타났다.

실제 1년 이상 동거하고 있는 30, 40대 남녀 대상 심층면접 조사결과(성미애, 2024), 이들은 젠더와 연령에 상관없이 결혼을 남녀 모두에게 불합리한 가부장적 제도로 인식하고 있는 것으로 나타났다. 특히 결혼으로 인해 인척까지 확대되면서 복잡해지는 가족관계를 부담스럽게 인식하여 동거를 선택하였다고 하며, 앞으로도 동거를 지속할 계획을 가지고 있었다. 이들은 동거관계를 친밀성이 전제된 '1:1의 심플한 관계', '너는 너, 나는 나'로 유지될 수 있는 느슨한 유대관계로 인식하면서 만족감을 보였다. 이들은 동거가 결혼의 과정이 아닌 결혼의 대안에 가까운 선택으로 보고 있고, 이들의 일상생활은 철저하게 '공평성'의 원칙에 따라 영위되고 있는 것으로 나타났다. 이들이 결혼 적령기에 있는 30, 40대인 점을 고려해 볼 때, 우리나라에서도 동거는 점차 확대될 것으로 예측해 볼 수 있다. 또한 이들은 동거를 출산할 수 있는 커플 관계 체계가 아니라는 인식도 나타나고 있어서 동거가 증가하면 한국의 출생률은 떨어질 것임을 예측해 볼 수 있다. 그럼에도 불구하고 2021년 혼인 외의 자 출생아 수와 비율은 7,682명(2.9%)으로, 2001년 7,119명(1.3%)보다 증가([그림 2-9] 참조)하였다. 따라서 출산친화적 제도를 마련할 때 동거 상황이 출산과 배타적으로 인식되지 않는 프레임 속에서 방안이 마련되어져야 할 것이다.

이러한 젊은 세대와 달리 50, 60대 동거자의 파트너십을 살펴본 연구(성미애, 2023)에 따르면, 이들은 동거하고 있음에도 불구하고, 젠더에 상관없이 정상가족이데올로기와 전통적 성 역할 태도를 내면화하고 있었으며, 특히 이전 이혼 경험에 따른 부정적 사고를 갖고 있거나 또는 성인자녀가 재혼의 장벽이 되는 경우 자신이 갖고 있는 이데올로기와는 무관하게 동거의 삶을 살고 있는 것으로 나타났다. 이처럼 50, 60대 동거자들은 결혼 및 동거에 대한 가치 변화가 아닌 현실적 상황 때문에 불완전하고 불안정하다고 인식하는 동거를 선택하는 것으로 나타나, 세대 간 동거 경험 및 가치에 대한 차이가 있음을 알 수 있다.

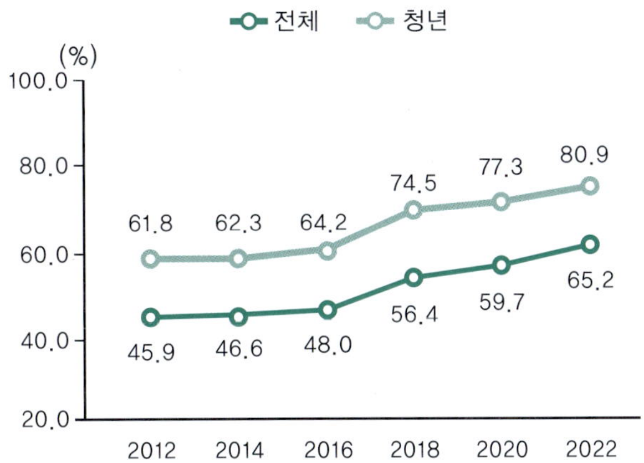

[그림 2-8] 비혼동거에 대한 '동의함' 비율

출처: 통계청(2023). 사회조사로 살펴본 청년의 의식변화 보도자료집(2023.8.28.), p.1.

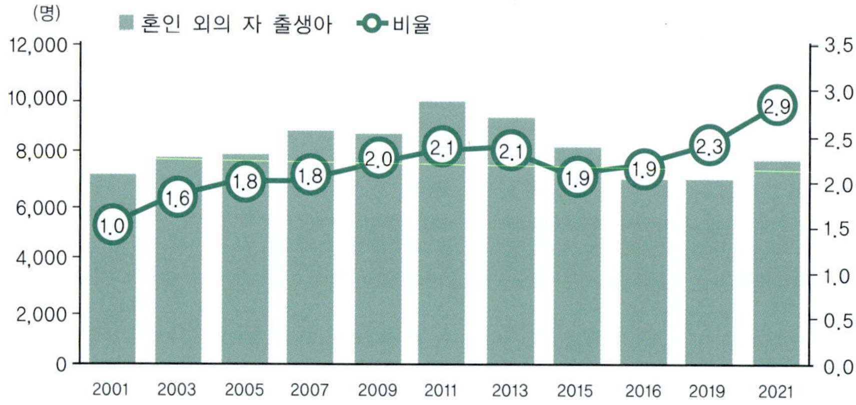

[그림 2-9] 혼인 외의 자 출생아 수 및 비율

출처: 통계청(2023). 저출산과 우리 사회의 변화 보도자료집(2023.7.21.), p. 6.

그 외 최근 조금씩 증가하고 있는 비친족가구 유형인 '생활공동체'나 '쉐어하우스' 역시 새로운 가구와 가족형태로 등장하고 있다. 함께 거주하는 이들은 혈연관계와 상관없이 커뮤니티 내에서 가족처럼 기능하고 생활한다. 서로 세밀한 생활규칙을 만들고 지키며, 월세, 생활비는 수입에 따라 차등 부담하고, 집안일도 확실하게 분담하며, 질병 등에 대비해 '기금'을 만들어 관리하기도 한다. 이들은 결혼이나 혈연관계는 아니지만 서로를 돌보고 이해하려는 사이로서 새로운 가족의 형태를 만들었으며, 독서, 공부 등 커뮤니티 운영을 함께 하기도 한다(윤소영 등, 2024). 이러한 공간 중심의 어울림은 젊은 층뿐만 아니라 노년층에도 인기를 끌고 있는데, 젊은 층과 같이 한 집에서 방 하나씩을 임대하여 같이 사는 형태는 아닐지라도, 노년층에서는 시설주거나 단독주택 형태의 코하우징이 있다. 우리나라는 아직까지 고령세대가 함께 거주하는 공간 쉐어링 형태는 많지는 않으나, 향후 건강한 노인들끼리 공공시설이 아닌 자신이 오랫동안 살던 지역의 주택에서 서로 협력하면서 공동체를 형성하며 살아가는 형태 역시 늘어날 것이라 예측된다.

2. 한국가족의 쟁점과 도전

1) 한국가족의 쟁점

현재 가족의 구조 및 관계 그리고 가치적 변화는 매우 급변하고 있으며, 이에 대한 해결책도 사회구조적으로 설정이 되어야 한다. 최근 급격하게 변화하고 있는 한국가족의 변화 양상에서 읽어낼 수 있는 중요한 쟁점은 무엇인가? 실제 산업화 이후 지속적으로 단순화되고 축소되어 전체 가구의 절반 이상이 1, 2인 가구에 달하게 되었으며, 직계가족의 형태뿐만 아니라 유자녀 가구의 비율은 매우 심각하게 감소되고 있다. 더불어 결혼과 가족생활의 유지가 쉽지 않음을 보여주는 예로 미혼집단이 계속해서 증가하고 있는 것 또는 친밀성이 전제된 느슨한 관계인 동거를 선호하는 젊은 세대의 증가를 들 수 있다. 또한 기혼여성의 취업이 증가하면서 기존의 성별 위계 구조 역시 그 적절성을 상실하고 있다. 이러한 변화에 대한 사회적 반응은 크게 두 가지로 나누어볼 수 있다. 하나는 가족의 기능 복원을 주장하며 가족 돌봄의 중요성과 필요성을 주장하는 것과, 또 다른 한 편에서는 가족 일방의 돌봄을 완화하기 위한 사회정책 마련의 시급성을 역설하는 것이다.

최연실(2015)은 현재 한국가족의 변화에서 발생하고 있는 현상들은 단순히 가족수준에서만이 아닌 사회적 수준에서 논의되어야 한다며 다음과 같은 여섯 가지 쟁점을 도출하였다.

첫째, 제도 대 자율이다. 한국가족의 변화 중 눈에 띄는 현상은 결혼제도의 안정성 약화이다. 이것은 제도로서 가족이나 결혼에 대한 긍정과 수용이 이루어지는 가운데에서도 결혼을 미루거나 기피하고 출산을 포기하거나 지연하는 현상들은 전반적으로 자기 선택 또는 자기 주체성의 의지가 강화되고 있음을 알 수 있다.

둘째, 위계 대 평등이다. 한국가족에서 현재 가장 첨예하게 부각되는 갈등의 주요 제공요인은 성과 세대이다. 성평등은 이제 한국사회의 가족영역에서 이상적으로 추구해야 할 아젠더이며, 가부장적 위계질서 내에서 강조된 '권위 있는 가장'의 모습보다는 '민주적이고 헌신적인 가장'의 모습이 이상화되고 있다.

셋째, 공동체주의 대 개인주의이다. 현재 한국가족은 공동체주의 의식과 개인주의화 성향이 동시에 공존하고 있다. 즉 궁극적인 행복 추구를 위해 어느 것이 좀 더 기여할 수 있는가가 중요해지게 되었다.

넷째, 폐쇄성 대 개방성이다. 한국사회에서는 아직도 '가족의 안녕이 사회적 안녕에 우선한다'는 생각이 지배적이면서도 가족을 단위로 한 네트워킹이나 취약계층 가족을 지원하려는 노력이 모색되기도 하는 등 가족의 폐쇄성에 대한 도전 역시 이루어지고 있다.

다섯째, 획일성 대 다양성이다. 지금까지 하나의 '표준화된 가족' 이미지에 고착되는 사람들도 많았으나, 다양한 가치를 받아들이고 자기 방식으로 '남과 다르게' 사는 삶에 대해서도 존중하도록 분위기를 형성해 가고 있다.

여섯째, 도구성 대 친밀성이다. 한국가족은 가족을 자원화하고 사회 속에서 생존해 내는 기본적인 안정장치로 활용하려는 친밀성과 도구성, 양면의 모습을 함께 보여준다. 예를 들어 부모에 대한 정서적 의지나 본연적인 효의식을 지니고 있으면서도, 다른 한편으로는 자기가 자립하고 정착하기까지 부모의 힘과 자원을 최대한으로 빌고 부모의 경제적 자원을 활용하려는 기대를 양가적으로 갖고 있다는 것이다. 즉 한국가족은 현실적 필요나 이해관계의 문제가 발생할 때는 가족주의를 벗어나 행동할 때가 있지만, 제도로서의 가족에 대한 인식이나 가치관, 가족이념의 측면에서는 아직도 전통적인 색채를 띠고 있어서 한국가족을 둘러싼 쟁점들은 한국사회의 여러 가지 분석 틀에 의해 탐색되는 것이 필요하다.

실제 결혼과 가족이 필요할까 하는 의문점에도 불구하고 가족은 지속될 것이라 여긴다. 근대화 과정을 거치면서 한국가족에게 과중하게 부과되었던 물질적, 도구적 가치에서 정신적, 정서적 가치 중심으로 전환되고 있으며, 국민이 미래의 가족 시나리오에서 희구하는 것 중 가장 높은 비율을 차지하는 '친밀하지만 느슨한' 가족구조와 관계(장혜경 외, 2011)를 반영하면서, 친밀감 증진, 소통, 가족유대가 강조되는 동시에 개인적 가치와 권리가 존중되는 '열린 가족주의'의 대안적 방향이 계속해서 주장되고 있다. 현재 우리는 '소확행(소소하지만 확실한 행복)' 등을 추구하며 행복에 대한 갈망이 어느 때보다 큰 시기이다. 따라서 가족은 개인이 좀 더 행복해지기 위한 과정의 선택 형태로서, 4인용 식탁을 채우는 것만이 이상적인 가족이 아닌 1인의 나 홀로 가족이든 한부모가족이든, 조손가족이든 다양한 가족 형태에서 좀 더 행복해지기 위한 과정들이 계속 지속되지 않을까 여긴다.

따라서 저출생 · 고령화, 경제불안 증폭, 여성의 경제활동 증가, 복지수요의 증가 및 정책 확대, 과학기술의 융 · 복합 발전 등이 가족구조 및 가치에 미치는 영향을 충분히 이해하고, 이러한 여러 가지 변화가 가족정책 및 복지에 있어 주요 핵심 이슈로 고려되어야 할 것이다.

2) 가족변화의 관점과 도전

현재 급격하게 변화하고 있는 가족의 변화를 두 가지의 관점(조흥식 외, 2010)으로 바라볼 수 있다. 하나는 가족의 변화를 가족 붕괴로 보는 가족위기론 관점과, 또 다른 하나는 가족 다양화 등의 변화는 사회변화에 따른 불가피한 재구성으로 보는 가족진보론 관점이다.

가족위기론자들은 정서직 유대와 상호 의존성에 기초한 전통적 가족구조를 강조하며, 그 외 한부모가족, 동거 등과 같은 새로운 가족형태는 극단적인 일탈 혹은 병리적인 현상으로 간주한다. 반면 가족진보론자들은 전통적 가족의 위계를 거부하고 민주적인 가족관계를 형성하고자 하는 의지를 성숙시켜 나가고 있으며, 이에 따라 가족구조는 변화하고 다양화되어 간다고 주장한다. 이들은 이상적 가족형태로서 갖는 정상가족 이데올로기 신화에 전면적인 비판을 하며, 위기론자들이 정상가족의 밝은 면만 부각함으로써 가족의 현실인 복잡성, 유동성, 다양성을 비정상가족으로 범주화하는 것에 비판한다.

어느 사회에서나 가족은 가장 중요한 사회제도 중 하나이다. 가족의 변화에 대한 관점이 무엇이냐에 따라서 가족정책도 매우 다른 양상으로 구현이 될 것이다. 현재 우리나라는 매우 빠른 가족의 변화를 경험하고 있다. 따라서 이러한 변화하고 있는 가족을 수용할 수 있는 가족정책도 그만큼 다양성을 포함해야 할 것으로 여긴다.

이에 앞으로 가족이 안고 있는 도전에 따른 과제로 다음과 같은 면을 고려해 볼 수 있다.

첫 번째 도전은 정상가족 이데올로기를 해체하고 가족의 다양성을 수용하고 차별하지 않는 시각으로 확대되어야 한다. 여전히 우리 사회에서 가족정책은 성인부모와 혈연으로 맺어진 자녀를 '정상가족'으로 규정하고 이들 가족원의 보호와 육성, 가족관계의 회복을 중점으로 시행되어 오고 있다. 그러나 이런 가족보다는 다른 형태의 다양한 가족이 더 급증하고 있는 현재의 상황을 고려한다면 무엇보다 가족에 대한 시각이 확대되어야 하고, 그런 만큼 보편주의에 근거한 정책으로 나아가야 한다. 현재 시행 중인 제4차 건강가정기본계획(2021~2025)에서도 '세상 모든 가족을 포용'한다는 기본 방향을 첫 번째로 두고 모든 가족이 차별

없이 존중받으며 정책에서 배제되지 않는 여건 조성에 초점을 두겠다는 의지를 표방하고 있으나, 이 또한 아직 초기 수준에 머무르고 있다고 할 수 있다. 이를 위한 다양한 방식의 노력이 이루어져야 할 것이다.

두 번째 도전은 양성평등 의식의 수용이다. 높은 출산율과 여성 경제활동 참여율의 두 마리 토끼를 잡은 국가들의 공통점은 일과 가족생활의 양립을 지원하는 정책이 성공한 결과라고 한다(최선화 외, 2022). 특히 프랑스와 호주의 정책 변화를 보면 '여성의 노동'을 지원하는 방향에서 '남성의 육아'를 지원하는 방향으로 전환하여 여성과 남성 모두에게 노동권과 부모권을 보장하고 있다. 육아휴직제에 '아버지 쿼터(daddy-quota)'제도를 도입하여 남성의 육아참여를 적극적으로 지원하고 있으며, 나아가 평등한 부모관계를 유도하고 있다. 현재 우리나라 역시 남성 육아휴직제도 이용 권장과 일과 가정의 양립을 위한 가족친화문화 양성을 위한 노력이 진행 중이나, 아직까지 일반적인 정책이라 하기에는 매우 미흡하다. 이를 위한 좀 더 적극적이면서도 다양한 방식으로 모두가 활용할 수 있는 정책 및 서비스 제공이 이루어져야 할 것이다.

세 번째 도전은 가족의 다양한 변화를 고려하여 가족정책을 수립할 때 대상별 가족에 대한 지원을 강화해야 한다. 현재 1인 가구와 고령자가구는 급증하고 있으며 성별, 세대별, 계층별 구성에 따라 이들의 욕구와 문제도 다르게 나타난다. 그 외 한부모가족, 다문화가족, 맞벌이가족 등도 하나의 동일한 특성이 아닌 매우 다양하면서도 이질적인 특성들을 갖고 있기 때문에, 이들의 욕구를 고려하여 고용문제, 자녀양육지원, 주거문제 등을 보다 다양하면서도 구체적으로 접근해야 할 것이다.

핵심용어

인구구조의 변화(저출생 · 고령화), 가족구성 및 규모의 변화(1인 가구), 가족형성 및 재구성의 변화, 다양한 가족의 다양성, 돌봄서비스의 사회화, 가족변화의 관점

학습실천과제

1. 한국가족의 변화 중 가장 관심 있는 것을 택하여 이것이 개인과 가족 그리고 사회에 어떤 영향을 미치는지 분석해 보시오.
2. 현재 한국가족의 변화를 반영한 정책을 찾아보고, 이의 장점과 한계점에 대해 정리해 보시오.
3. 가족의 변화는 위기인가 그렇지 않은가에 대한 나의 생각을 정리해 보시오.

제3장

가족복지의 이해

〈학습목표〉

1. 가족복지의 개념과 필요성을 현대사회의 변화와 연계하여 설명할 수 있다.
2. 가족복지의 목표와 기능에 대하여 설명할 수 있다.
3. 가족복지의 대상영역을 파악하고, 가족의 욕구 충족과 기능 수행을 지원하기 위한 가족복지의 거시적, 미시적 접근방법의 필요성을 이해할 수 있다.

가족은 시대와 사회의 변화에 따라 구조와 형태, 기능이 변화하는 역동성을 가지지만, 모든 시대와 사회에서 해당 사회의 안정성을 담보하는 기본적인 사회집단으로서의 기능을 발휘해 온 사회제도이다. 그러나 21세기 현대사회는 AI · 디지털 기술 혁명으로 인한 사회 · 경제 구조의 변화, 저출생, 초고령화 문제와 같은 인구 구조의 변화, 그리고 인간 평등에 대한 인식 확대와 같은 가치관의 급격한 변화로 인해, 세계 어느 사회에서나 다양한 차원의 가족 변화가 나타나고 있다. 가족의 급격한 변화는 성별분업구조에 의한 사적인 가족집단의 수행으로 인해 잠재되었던 다양한 개인 및 가족의 문제들, 즉 출산과 양육문제, 노부모 부양문제, 양육과 부양을 둘러싼 역할 부담과 분담갈등 문제 등을 표면화시키며 여러 가지 가족문제를 파생시키고 있다. 현대사회에서 급격한 가족의 변화와 맞물린 다양한 가족문제는 가족의 자생적 문제해결 역량으로는 임계치를 이미 오래 전에 넘어서게 되었고, 이로 인해 개인과 가족은 물론 사회의 치명적인 문제로 확대되면서, 세계의 어느 사회를 막론하고 가족에 대한 관심을 키우며 가족복지의 필요성이 커지고 있다.

이 장에서는 제1부의 1장과 2장에서 가지게 된 가족에 대한 기본적인 이해에 더하여, 현대가족에게 필요성이 대두된 가족복지에 대한 전반적인 이해를 위해 가족복지의 개념과 필요성, 가족복지의 목표와 기능, 그리고 가족복지에서 다루는 대상영역과 가족복지의 접근방법에 대하여 살펴본다.

1. 가족복지의 개념과 필요성

1) 가족복지의 개념

가족복지는 영어로 family social work, family social welfare, family welfare, family service 등으로 자주 표현되지만, 영국에서는 'welfare'가 가지는 복지 수혜라는 어의의 부정적 의미를 줄이기 위해 'family action'이라는 용어로 대체하여 사용하기도 한다. 가족복지의 개념을 구체화하기 위해 우선 사전적 정의를 찾아보면, 국립국어원(2024)의 표준국어대사전에서는 '복지(福祉)'는 명사로 '행복한 삶'으로 정의되어 있다. 웹스터 대사전(Merriam Websters' Dictionary, 2024)에서는 '복지(welfare)'를, "the state of doing well especially in respect to good fortune, happiness, well-being, or prosperity"라고 정의하고 있다. 이 같은 '복지'의 사전적 정의를 따르면, 복지의 개념은 추상적인 목적 개념으로 생각할 수 있다. 그러나 조흥식 외(2011)는 "복지는 추상적 목적 개념이 아니라 복지라는 목적 달성을 위한 현실적 수단으로서 실체 개념을 갖는다"고 하였다. 따라서 가족복지도 '가족'이라는 대상에 대하여 복지라는 목적 달성을 위해 현실적인 수단을 적용하는 보다 구체적인 개념으로 정의해야 할 것이다.

그러나 가족복지의 개념은 복지의 대상인 '가족'이 나타내는 복합성 혹은 포괄성과 '복지'라는 고도의 추상성 내지 양면성 때문에 개념적으로 고정화하기가 매우 어렵다(이정숙, 1984). 특히 현대가족의 다양성으로 인해 가족복지의 개념은 명확하게 정의하기 더욱 어렵다. 이에 가족복지의 개념에 대한 학자들의 여러 가지 정의를 〈표 3-1〉에 정리해 본다.

〈표 3-1〉 가족복지에 대한 정의

학자	정의
짐머맨 (Zimmerman, 1995)	첫째, 건강, 행복, 결핍으로부터 자유로운 상태이다. 둘째, 사회화의 발달적 과정과 현대의 환경적 조건에 따른 산물이다. 셋째, 생활영역(결혼, 가족, 노동, 여가 주택, 이웃 등)에서 만족을 이루는 것이다. 넷째, 사람들 간에 공유되는 삶에 대한 광범위한 태도 혹은 증후군이다. 다섯째, 생존을 위한 기본적인 요구 충족이나 생활상의 위험에서 탈피할 수 있는 적절한 기능을 수행할 수 있도록 하는 것으로, 가치이면서 가족정책의 목표가 되는 것이다.
펠드만과 슈허츠 (Feldman & Scherz, 1968)	전체로서의 가족은 물론 그 구성원들의 사회적 기능수행을 효과적으로 증진함으로써 가족구성원들 모두에게 행복을 도모하도록 하기 위한 사회복지의 한 분야이다.
콜린스, 조단, 콜만 (Colins, Jordan, & Coleman, 1999)	모든 가족구성원이 각자의 발달적·정서적 욕구를 충족하면서 가족이 보다 유능하게 기능하는 것을 배울 수 있도록 돕는 것이다.
이정숙(1984)	문화적 양상에 따라 다양하게 의미 될 수 있다고 전제하면, 전체로서의 가족은 물론 그 구성원들의 사회적 기능을 효과적으로 증진함으로써 가족구성원들 모두에게 행복을 도모하도록 하기 위한 사회복지의 한 분야이다.
김영모(1999)	가족의 생활을 강화하고, 가족 내의 관계를 강화하며 가족구성원의 사회적응 기능을 강화하기 위하여 정부와 민간이 개입을 행하는 사회적 대책이다.
권진숙 외(2008)	가족의 욕구와 문제를 가족 스스로 충족시킬 수 있도록 잠재력을 개발하고 역할과 기능을 활성화하며, 생활의 질적 향상을 위해 여러 가지 형태로 사회가 개입하기 위해 마련한 가족 관련 복지정책과 서비스가 가족복지이다.
이성희 외(2012)	가족을 보호, 성장, 강화할 뿐만 아니라 개별 가족구성원의 사회적 역할과 행복을 도모하는 데 의의를 두고, 가족의 전 생애에 걸쳐서 행복하고 안정된 바람직한 삶을 추구하는 사회구성원 전체의 집단적 노력을 말한다.
김윤재 외(2015)	한 단위로서 가족의 전체성에 주목하면서 가족과 가족성원이 경험하는 문제를 예방하고 해결하여 가족이 건강하고 행복한 상태를 유지할 수 있도록 하는 제도적·정책적·기술적 서비스로, 가족구성원 전체에 관심을 두는 과정이다.

학자	정의
김혜경 외(2017)	가족의 욕구를 자력으로 충족할 수 있도록 그 잠재력을 개발해 주거나 가족문제의 예방 및 해결, 가족원의 사회적 기능 수행의 활성화와 생활의 질적 향상 등에 전문적 지식과 기술을 동원한 제도적·정책적·기술적 서비스로, 가족구성원 개인이나 가족 전체에 관심을 두는 과정이다.

〈표 3-1〉에서 보듯이 가족복지는 사회복지의 다른 분야인 아동복지나 노인복지의 개념과 그 관점을 분명히 달리한다. 즉 가족복지는 가족의 한 구성원이 당면하고 있는 문제를 해결하거나 발달의 촉진을 위한 대책이 아니고, 가족구성원 전체(family as a whole)를 지향하는 복지라는 차별성을 가진다. 이를 위해 가족복지는 개별 가족구성원의 안녕과 행복에 관심을 둔 정책의 중요성을 강조함과 동시에, 가족이 한 단위로서 효율적 기능을 할 수 있도록 하는 정책이 맞물려 진행되어야 할 것을 강조하는 복지이다. 일본 현대복지학총람에서는 "가족복지란 개인생활상의 모든 욕구 충족이 그 사람의 가족생활의 양태에 의하여 규정됨에 착안하여, 가족원으로서 개인의 가족집단에의 적응이나 가족생활 그 자체의 유지 및 질적 향상을 도모함을 목적으로 하는 사회복지의 한 분야"라고 정의하였다(김혜경 외, 2017). 즉, 가족복지의 목적은 개인의 가족생활 적응은 물론, 가족생활 그 자체의 질적 향상을 목적으로 하는 복지라는 점을 강조하였다.

현대 가족의 다양성으로 인해, 가족의 행복과 개인의 가족 적응은 시대와 문화적 양상에 따라 다양할 수 있다. 또, 가족복지의 목적인 개인과 가족의 행복에 대해서도 다양한 정의가 있기 때문에 가족복지를 정의하기 더욱 어려워진다. 사회복지용어대백과사전(2024)에서는, 가족복지를 가족복지의 목적, 주체, 대상, 수단, 범위로 나누어 보다 구체적으로 정의하였다. 즉 "가족복지의 목적을 국민의 생활권의 기본이념에 입각하여 가족의 행복을 유지시키고자 하는 것"으로 구체적으로 정의하였다. 「대한민국헌법」 전문에서는 "우리들과 우리들의 자손의 안전과 자유와 행복을 영원히 확보"하는 것으로 고시하고 있다. 따라서 가족복지의 기본 이념도 "안전, 자유, 행복"을 기반으로 함을 알 수 있다. 또 사회복지용어대백과사전(2024)에서는 "가족복지의 주체를 가족을 포함한 사회구성원 전체로, 대상을 가족구성원 개개인을 포함한 '한 단위로서의 가족 전체'로, 또 가족복지의 수단을 제도적·정책적·기술적 서비스 등 조직적인 제반 활동으로, 범위를 사회복지의 한 분야"로 정의하였다.

이상의 가족복지에 대한 다양한 개념 정의를 바탕으로, "가족복지란, 가족생활의 안전, 자유, 행복의 이상(理想)을 의미하는 상태의 개념이며 동시에 전체로서의 가족은 물론 가족구성원 개인에게도 관심을 두는 과정의 개념이며, 또 이를 거시적 접근방법과 미시적 접근방법에 의해 지향하는 구체적인 실천활동까지 포함하는 개념이다"로 정의한다.

2) 가족복지의 필요성

산업혁명 이후의 급격한 가족의 변화가 가족복지의 필요성을 강화하여서, 이념으로서의 가족복지는 산업혁명 이후 영국과 프랑스, 스칸디나비아에서 시작되었다(이정숙, 1984). 가족복지의 필요성을 증가시킨 이유를 설명하면 다음과 같다.

첫째, 가족구조의 변화와 기능 변화에 대응하기 위해서이다.

농경사회의 가족은 집약적인 노동을 필요로 하여 농사에 유리한 대가족체제를 유지하며 공동생산을 하는 경제공동체였다. 개인은 가족 안에서 보호받으며 다양한 개인적 욕구를 가족 안에서 모두 해결하였기에, 가족의 대표인 가장은 막강한 권한을 가졌고 그 권한은 주로 남자의 가장에게 집중되는 가부장적 가족구조를 가졌었다. 그러나 생산 공동체로서의 기능이 소멸되어, 직주분리(職住分離)가 이루어진 산업화 이후의 가족은 소인수 가족으로 급격하게 변화했고, 대가족에서 자연스럽게 해결되었던 취약한 가족성원(예: 어린 자녀, 노인, 심신의 어려움을 가진 가족성원 등)에 대한 보호와 부양이 더 이상 가족 집단 스스로의 힘으로 해결할 수 없어지면서, 다양한 가족문제(예: 가족유기, 가정폭력, 가족해체 등)가 나타나며 가족복지의 필요성이 대두되었다.

한편 산업화 이전의 가족이 수행했던 여러 기능들은, 산업화 이후 사회의 보다 전문적인 다른 기관으로 빠르게 이관되어 수행되기 시작했다. 그러나 지친 개인이 진정한 휴식을 얻어 정서적 안정을 이루고 가족원으로서의 유대감을 나눌 수 있는 기능은 오히려 강화되었다. 정서적 안식처로서의 기능은 개인의 전인격적 성장을 위해 중요하고, 가족이 아닌 다른 어떤 사회적 기관에서도 대체하여 수행하기 어렵다. 그러나 다양한 가치의 공존으로 행복의 개념이 다원화되는 현대사회에서 무엇이 안식이며 행복인가를 하나의 잣대로 설명하기 어렵다. 특히 현대 가족은 아직까지도 가족성원 중 한 사람, 주로 여성의 희생이 담보되어 안식처로서의 가족기능이 수행되어 온 취약성을 나타내고 있다. 따라서 어느 한 개인의 일방적인 희생이 아니라 가족성원 모두가 서로 돕는 것이 필요하다는 가치의 변화를 유도하며, 가족 스스로의 힘으로 부족한 것은 제도적이며 실천적인 가족복지로 지원해 줄 필요성이 발생했다. 즉, 문제가족이라는 편협한 관점에서 벗어나, 도움을 필요로 하는 모든 개인과 모든 가족을 대상으로 하는 복지적 접근으로서 가족복지의 필요성이 강화된 것이다.

둘째, 가족에 대한 사회적 개입의 필요성이 인식되었기 때문이다.

과거에는 가족구성원의 보호는 가족의 책임으로 간주하여 국가가 가족에 개입하는 것이 오히려 문제를 일으킨다는 입장을 취했다. 또한 사적 영역의 가족문제에 대한 공적 개입은 개인의 자유에 대한 침해라는 관점도 존재하였다. 그러나 기혼의 취업여성 증가는 가족에 대한 국가 개입을 꺼리는 사회에서조차 가족에 대한 국가 개입의 필요성을 촉발한 계기이다(김윤재 외, 2015). 가족은 사적 집단이면서 동시에 사회적인 공적 집단이므로 가족이 가진 어려움은 가족의 사적 문제이기도 하지만 종종 사회적 문제가 반영된 것이기도 하다. 동시에 가족의 어려움은 가족 집단에서 끝나는 것이 아니라 대개는 사회적 문제로 확대된다.

또 현대 가족은 가족을 둘러싼 사회와 긴밀한 상호작용을 통해서만 생존할 수 있고 삶의 질을 높일 수 있다. 따라서 현대사회에서 가족에 대한 사회적 개입은 개인의 사적 영역에 대한 침해가 아니라, 오히려 가족의 취약점을 보완해 주고 가족의 생활을 한 차원 더 높게 향상시키기 위한 필수적인 국가의 의무라는 관점이 강화되고 있는데, 이같은 국가의 개입이 바로 가족복지이다. 최근 우리나라를 비롯한 세계 여러 국가들은 GDP 중심의 경제 지표가 가지는 한계를 보완하기 위해 국민의 '삶의 질' 개선을 국가 정책의 중요한 방향으로 확대, 강화하고 있다.

〈참고자료 3-1〉

코로나19 이후의 '한국인의 삶의 질' 변화와 가족복지의 접근 미래 전망

* GDP 중심의 경제 지표의 한계를 보완하기 위해, 21세기 이후 국가 정책의 관심이 국민의 '삶의 질' 개선으로 전환하고 있다. 특히 증거 기반 정책을 위한 중요한 근거로 개인과 사회의 '삶의 질 측정'에 대한 중요성이 전 세계적으로 확산되며, OECD는 2004년부터 글로벌 프로젝트의 성과로 '보다 나은 삶 지수(Better Life Index, BLI)'를 개발하여 제시했고, "How's Life?"를 2011년부터 발간하여 웰빙에 대한 광범위한 국제비교 통계를 제시해 왔다. 우리 정부도 11개 영역별 총 71개 지표로 구분된 '삶의 질' 척도를 기준으로([그림 3-1]참조)) 2017년부터 '국민 삶의 질' 보고서를 매해 발간해 오고 있다.

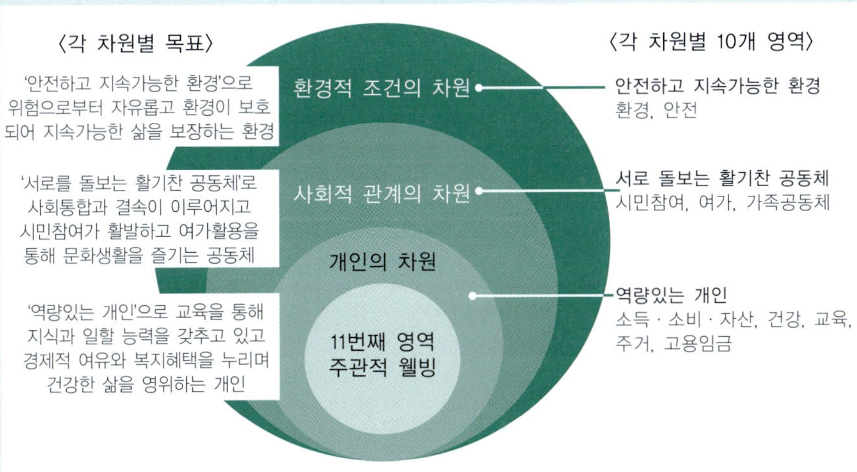

[그림 3-1] '삶의 질'의 3개 차원 11개 영역과 차원별 목표

> 우리나라는 국제 비교에서 지속적으로 1인당 GDP 규모에 비해 '삶의 만족도'와 '사회적 관계' 차원의 사회적 고립도 측면에서 매해 매우 낮은 결과가 나타나 우려되었다. OECD의 BLI의 결과를 기준으로 분석하면, 시민참여(2위), 주거(7위), 교육(11위)은 상위권을 차지하지만, 건강(37위), 공동체(38위), 환경(38위) 등의 영역은 최하위 수준을 보이며, 종합적으로 전체 41개 대상 국가 중 32위를 나타냈다. 특히 주관적 지표만으로 보고하는 세계행복보고서의 결과와 비교하면 더욱 암울하다. OECD 38개국 중 36위를 차지하는 것으로 나타나서, 튀르키예와 콜롬비아만이 우리나라보다 낮은 나라로 나타났다.

출처: 통계청 통계개발연구원(2024). 보고서 '국민 삶의 질 2023'. 재구성.

셋째, 사회문제 예방 및 해결의 단위로서, 사회의 기본단위인 '가족의 유용성'에 대한 인식이 강화되었기 때문이다.

가족을 부정하였던 사회주의 국가에서 가족을 대신하는 공동체(예: 인민공사, 집단농장 등)를 건설하려던 시도는 경제적 비효율성과 아동을 건강하게 양육하는 것에 대한 실패로 얼마 못 가서 가족보호로 후퇴하게 되었다(장경섭, 1994). 가족이 사회체계의 핵심적 단위이자, 문제해결을 위한 효과적 단위임을 인정한 사례이다. 한편 20세기 중반 이후부터 인간이 가진 심리적 어려움을 해결하고자 할 때 개인을 대상으로 한 개별적인 접근보다 가족을 단위로 한 문제해결인 가족상담이 보다 효과적이라는 결과가 나오고 있다(김윤재 외, 2015). 또한 사회적인 다양한 범죄를 일으키는 사람들이 성장과정의 잘못된 양육으로 인한 영향이 중요한 원인이라는 통찰이 생기며, 이들 개인에 대한 치료나 갱생에 소요되는 예산이 가족을 단위로 한 여러 예방적인 접근(예: 부모교육, 가족폭력예방교육 등)을 위해 투입하는 예산에 비해 오히려 크다는 경제적 효율성의 측면에서도 최근에 가족복지에 대한 관심이 강화되고 있다.

2. 가족복지의 목표와 기능

1) 가족복지의 목표

가족복지의 목적은 「대한민국헌법」 전문에서 '안전, 자유, 행복'을 국민의 생활권의 기본이념으로 제시한 것에 입각하여 가족의 행복을 유지시키고자 하는 것이다. 그러나 추상적인 이념으로서의 목적이 아니라, 목적 달성을 위한 보다 구체적이며 실천 가능한 현실적 수단으로서의 가족복지의 목표는 일반적으로 다음과 같은 것들이 언급되고 있다(성영혜 외, 1997; 김윤재 외, 2015; 김혜경 외, 2017; 홍봉수 외, 2018).

첫째, 가족의 안녕 도모에 목표를 둔다.

가족복지는 개인 및 가족의 안녕을 도모해야 한다. 즉, 가족의 문제와 욕구를 해결하는 것을 목표로 해야 한다.

둘째, 가족원 간의 권리 보장과 평등 증진에 둔다.

다양한 가족원 간의 문제를 해결하고 예방할 수 있는 법적·제도적 장치를 보장하는 데 목표를 둔 정책이 되어야 한다.

셋째, 새로운 가족형태의 다양성 존중에 목표를 둔다.

전통적인 가부장적 직계가족이나 핵가족뿐만 아니라 새로이 나타나고 있는 다양한 가족형태의 가족을 존중하여, 모든 가족의 안전, 자유, 행복을 도모하기 위한 정책과 서비스적 실천을 시행해 나가는 것이다.

넷째, 사회문제의 근원적인 해결에 기여한다.

가족복지는 사회문제 해결에 기여하며, 사회의 변화를 유도할 수 있어야 한다. 「대한민국헌법」의 국민 생활권의 이념인 '안전, 자유, 행복'을 실현하기 위한 다양한 예방적, 해결적 수단을 개인과 가족에게 제공하는 것이 가족복지의 목표이다. 가족의 역기능은 종종 사회문제로 확대되므로, 가족 역기능의 예방과 해결은 사회문제의 근원적인 예방과 해결에 해당한다. 따라서 가족복지의 목표는 근원적인 사회문제의 해결이기도 하다.

2) 가족복지의 기능

기능이란, 어떤 기관이나 단체가 가지는 고유하고 특수한 역할을 말하는 것이므로, 가족복지의 기능은 가족복지의 고유하고 특수한 역할을 의미한다. 가족복지의 복합성과 포괄성으로 인해, 가족복지의 기능에 대해서는 학자들마다 다양한 견해를 보인다. 서병숙 외(2002)는 가족복지의 기능을 예방, 치료, 재활로 나누어서, 가족구성원이 가지고 있는 잠재력을 최대화시켜서 가족의 생활주기에서 부딪칠 위험과 긴장에 잘 대처할 수 있는 능력을 증진시키는 예방적 기능, 발생한 문제를 해결하는 치료적 기능, 파괴 또는 손상된 가족의 기능을 이전의 형태로 환원시키기 위한 재활적 기능으로 제시하였다. 이소희 외(2004)는 생활자원을 연결하고 조정하는 기능, 일반 주민의 연대성을 강화하는 정보적 기능, 가족의 문제해결 능력을 보강하는 서비스 기능, 새로운 생활자원을 창조하는 개발적 기능이 가족복지의 기능이라고 하였다. 이경희 외(2004)는 이러한 기능을 가족전체에 영향을 주는 가족 외적인 원인에 대응하는 거시적인 기능과 가족 내적인 원인에 대응하는 미시적인 기능으로 나누고, 거시적인 기능에는 경제적 대책(아동수당, 모자복지자금, 노후소득보장, 실업보험 등의 사회보험)이나 직업대책(조산시설, 직업훈련기관, 여성노동대책), 주택대책(공영주택, 주택자금 대부금의 활용, 구호시설의 활용) 등을 제시하였다. 미시적인 기능으로 가족 내 관계의 부적응·긴장관계(가족개별사회사업, 결혼상담, 가사심판제도), 가족기능 수행상의 문제(가족개별사회사업, 가족생활교육, 복지시설보호나 지도 기능), 가족성원의 결손(복지시설에 입소·자원·제도의 이용), 가족성원의 심신장애(장애인복지기관, 장애인복지시설) 등의 측면에서 대응하는 기능이라 하였다.

홍봉수 외(2018)는 가족복지의 기능에 관한 여러 학자의 견해는 몇 가지 공통점을 지니고 있다고 하며, 가족복지의 기능을 의뢰적 기능, 조정적 기능, 개발적 기능, 회복적 기능의 네 가지로 제시하였다. 여기서 의뢰적 기능은 가족문제의 진단에 기초하여 그 문제에 대해 가장 효과적인 서비스를 줄 수 있는 지역사회의 자원을 발견하여 사례를 소개하고 활용하도록 돕는 것이다. 조정적 기능은 가족복지기관이 가족전체를 서비스 단위로 하여 가족전체가 가족으로서의 기능을 발휘하는 데 목적을 두고 원조하는 것이어서, 동일 가족에 대해 가족복지관 이외에 다른 전문 분업적 기관인 의료기관, 아동상담소, 부녀상담소, 보건소, 학교, 직업안정기관에서 가족생활의 일부 혹은 가족의 일원을 대상으로 원조하는 것이다. 개발적 기능은 지역사회활동이나 소집단활동, 그리고 개별 활동을 통하여 각 가족에 있어서 모든 가족구성원이 그 지위에 맞는 역할을 수행하는 기회·능력·태도를 발전·촉진시키는 기능이다. 회복적 기능은 가족이 정상적 기능을 발휘하도록 하는데 장애요인이 되는, 빈곤, 실업, 질병, 신체적 · 정신적 장애, 중독, 양친의 장시간 노동 등의 환경적 요인과, 부부불화, 형제간의 갈등 등 인간관계의 문제를 보이는 가족구성원 및 가족을 직접 원조함으로써, 가족역할과 책임을 수행하도록 하여 가족기능을 회복시키는 것이다.

여기서는 여러 학자의 가족복지의 기능을 종합하여 가족복지의 기능을 다음과 같이 재정의하고자 한다. 즉, 가족복지의 기능이란, 가족기능의 전체 혹은 일부분을 수행할 수 없게 된 경우 이를 보완하거나 대체해 주는 '가족보호 기능'을 포괄하는 것으로, 가족생활과 관련하여 사후 문제해결을 위해 기능하는 것뿐 아니라 문제를 경험하기 이전의 예방 차원의 가족복지와 가족의 성장을 위해 가족 스스로가 수행하는 모든 종류의 활동을 포함하는 광의의 개념으로 확대한다. 이러한 정의에 기초하여 가족복지를 구체적으로 실천할 수 있는 가족복지의 접근방법과 연계하여 다음의 2가지로 가족복지의 기능을 나누어 제시한다.

첫째, 가족복지의 거시적인 기능이다.

개인과 가족의 문제는 사회전체의 문제를 반영한 결과가 많다. 이처럼 가족 외적인 원인에 의하여 발생하였지만, 가족 전체에 영향을 주는 가족문제에 대응하기 위하여 수행하는 가족복지를 거시적인 기능이라 한다. 거시적 기능은 개인 및 가족의 욕구를 사회 제도 및 정책의 활용을 통해서 해결에 이르도록 접근하는 방식이다. 즉, 가족생활을 영위하기 위해 기본적으로 필요한 주거지 확보, 고용안정, 교육보장, 생계보장 등과 연결되어 있는 문제들에 대응하기 위한 기능들이다.

둘째, 미시적인 기능이다.

가족은 일상생활을 기반으로 가족 상호 간의 기대를 나누며 상호 밀접하게 작용하며 가족원으로서의 유대감을 공유하며 성장하기도 하지만, 갈등으로 인한 부적응과 긴장이 가족기능 수행상의 큰 문제를 나타내며 가족문제는 물론 가족해체에 이르게 되기도 한다. 이처럼 가족생활의 주체가 되는 가족원 간의 정서적 유대 및 만족감 등에 영향을 끼치는 가족 내적인 원인에 대응하기 위한 가족복지의 기능을 미시적 기능으로 분류한다. 여기에서는 가족 내 관계의 부적응·긴장관계의 예방과 해결, 가족기능 수행상의 문제에 대응하는 기능, 가족을 성장시키며 더 큰 삶의 질을 성취하기 위해 하는 다양한 활동들을 포함한다. 즉, 가족에게 직접적으로 개입하여 문제를 예방 또는 해결하기 위해 작용하는 기능들로, 가족문제의 예방 및 해결은 물론, 궁극적으로 가족의 성장에 기여할 수 있는 다양한 가족복지의 기능들을 의미한다.

3. 가족복지의 대상과 가족복지의 접근방법

1) 가족복지의 대상과 대상 영역

가족복지의 대상은 물론 가족이며, 가족구성원 개개인을 포함한 '한 단위로서의 가족 전체'이다. 2005년부터 시행된 「건강가정기본법」은 여러 논란에도 불구하고 포괄적이고, 명시적인 가족복지정책이 부재했던 우리 사회에 체계적이고 통합적인 가족복지서비스를 위한 제도적인 기틀을 마련해 주었다는 점에서 의의가 있는 기본법이다. 즉, 가정을 한 단위로 한 통합적 가족정책과 관련 서비스를 제공할 수 있는 행정적 제도적 기틀을 마련했다. 또 건강가정사업을 수행하는 전담 실행기관(건강가정지원센터, 현시점의 실천 현장에서는 '가족센터'로 변화중)과 행정부서(여성가족부)에 대한 규정을 둠으로써 그동안 산발적으로 행해지던 가정생활 관련 사업들이 통합성과 효율성을 갖고 행해지도록 기틀을 마련한 법안이다.

가족과 가정의 개념 관계가 모호하고, '건강가정'에 대한 개념 정의와 관련한 쟁점사항이 있는 것도 사실이지만, 「건강가정기본법」에서는 가정을 단위로 한 통합적 복지서비스를 제공하기 위해 가족의 욕구와 가족의 기능을 그 대상 영역으로 한다. 그런데 현대사회는 다양한 가족 형태와 구조가 나타나고 있어 가족의 기능 수행에 변화가 초래되었고, 어떠한 가족의 형태라도 과거와 다른 새로운 가족성원들의 요구가 나타나고 있다. 이러한 가족과 가족성원의 다양한 욕구와 욕구의 불충분한 만족은 가족의 문제는 물론 사회문제로 확대되어 표출된다. 최근 우리나라의 최현안이 되고 있는 초저출생의 문제도 사회변화로 새로이 출현한 핵가족과 맞벌이 가족구조에서 필요로 하는 가족의 욕구에 대한 사회의 불충분한 대응, 즉 이들 가족에 대한 가족의 욕구분석과 기능 수행을 위한 가족복지의 대응이 충분하지 못한 것에서 여전히 미완의 문제로 남아 있다. 이처럼 가족복지의 대상은 모든 유형의 가족과 가족성원들이지만, 가족복지의 구체적인 대상 영역은 가족이 가지는 욕구와 기능 수행으로 접근해야 한다.

우선 가족복지의 대상영역이 되는 가족의 욕구는 가족이 지닌 물질적·정신적 욕구로서 소득, 보건, 주택, 교육 및 기타 문화적 욕구와 사회참여 등의 사회적 욕구가 있으며, 정신적 욕구는 가족이 지닌 정신적 갈등 및 역기능 등으로 인한 가족위기 등을 들 수 있다. 가족의 문제는 이러한 가족의 욕구가 충족되지 않은 상태에서 가족이 당면하게 되는 빈곤, 실업, 분배의 불평등 문제, 기회의 불평등 문제 및 비행, 범죄, 약물중독, 가족결손 및 해체, 가족갈등 등을 들 수 있다(김혜경 외, 2017). 이처럼 가족복지의 대상 영역은 모든 유형의 가족이 가지는 가족의 욕구와 욕구 충족의 어려움으로 나타나는 가족의 문제를 포함한다. 다음의 〈표 3-2〉는 가족복지의 대상 영역을 보여 준다.

〈표 3-2〉 가족의 욕구와 가족복지의 대상 영역

구분		가족복지의 대상 영역
소득 안정		소득보장제도, 소득공제제도, 고용보험과 산재보험의 소득보장 관련 급여, 가족(아동)수당
건강 및 보건		건강보장제도
보호 및 양육	부양의 욕구	노인복지서비스 프로그램
	양육의 욕구	아동 양육 서비스 프로그램
주거 보장		주택 프로그램과 주거 관련 급여
심리·정서적 안정		대인 서비스 프로그램(상담, 치료, 가족복지 사업 등)

출처: 변화순 외(2001). 가족유형에 따른 생활실태와 복지 욕구에 관한 연구., 최경석 외(2001). 한국 가족복지의 이해., 조희금 외(2009). 건강가정론. 재구성.

한편 가족의 기능 수행을 대상으로 하는 가족복지의 대상 영역은 가족이 수행하기를 기대하는 가족 기능과 관련되어 이러한 기능을 잘 수행할 수 있도록 하는 예방 프로그램과 다양한 이유로 인해 이러한 기능을 잘 수행하지 못하는 경우에 사후에 이를 지원, 보완, 대리하여 주는 프로그램을 말한다(조흥식 외, 2011). 과거 전통사회에서는 가족이 많은 기능과 역할을 수행했지만, 현대가족에는 많은 기능들이 사회의 다른 전문적인 사회기관으로 이관되어 수행되고 있다. 그럼에도 불구하고 현대가족이 수행하기를 기대하는 기능은 대개 애정부여의 기능, 아동 양육의 기능, 경제적 기능, 보호기능 등으로 설명하는데, 이러한 기능 수행을 지원, 보완, 대리해 주는 프로그램과 잘 수행하도록 제공되는 예방 프로그램은 모두 가족복지의 대상 영역이라고 할 수 있다. 다음의 〈표 3-3〉은 가족복지의 대상 영역을 보여 준다.

〈표 3-3〉 가족의 기능과 가족복지의 대상 영역

구분		가족복지의 대상 영역
아동 양육의 기능	· 대내적: 생식, 양육 · 대외적: 사회구성원 보충, 아동의 건전한 사회화	· 예방: 근로복지(탄력근무, 시간제근무, 육아휴가, 휴직, 재가근무), 아동보육제도, 가족(아동, 모성)수당, 주택보조금, 출산보조, 장애아동 치료보조금 · 사후: 가정위탁보호, 입양, 단기보호시설, 그룹홈
경제적 기능	· 대내적: 경제적 협동 · 대외적: 노동력 제공, 생활보장	· 예방: 각종 사회보험(연금, 의료, 고용, 신재), 소득세 정책 · 사후: 「국민기초생활 보장법」(생활보호), 가족소득 보조, 의료보호, 재해구호
애정부여의 기능	· 대내적: 애정, 성 · 대외적: 성적 통제, 부부관계의 안정화	· 예방: 가족생활교육, 부부관계개선교육, 가족법(상속, 증여, 이혼 등) · 사후: 가족(부부)상담치료, 성치료
보호 기능	· 대내적: 보호, 사회화 · 대외적: 가족해체 예방, 복지비용의 절감, 시설문제 감소	· 예방: 「가정폭력방지법」, 재가복지, 다양한 가족형태의 인정, 보육서비스, 가족생활교육, 그룹홈 · 사후: 각종 치료프로그램, 단기 쉼터

출처: 조흥식 외(2011). 가족복지학, 조희금 외(2009). 건강가정론. 재구성.

2) 가족복지의 접근방법

가족복지의 실천을 위한 수단은 거시적 측면에서의 제도·정책적 접근방법과 미시적 측면에서의 가족복지서비스적 접근방법으로 나눌 수 있다. 제도·정책적 접근방법은 가족이 전체사회와의 관계 속에서 하나의 제도로 잘 존속하거나 기능할 수 있도록 사회적 조건 혹은 환경을 조성해 가는 것으로, 가족에게 직접적으로 개입하기보다는 간접적으로 혹은 법과 제도를 통해 거시적인 방법으로 접근하는 것을 의미한다. 반면에 가족복지서비스적 접근방법은 가족에 직접적으로 개입하여 심리적 프로그램을 제공하고 지역사회 정보와의 연계를 활성화시켜 미시적이고 개별적인 방법으로 접근하는 것을 말한다.

(1) 거시적 접근방법: 가족복지의 정책적 접근방법

가족복지의 정책적 접근이란 그 대상을 가족 전체, 즉 국민으로 보고 사회구조적 문제를 개인의 책임이 아닌 사회적 책임 내지 국가책임으로 보면서 접근한다. 이 접근은 정부가 어떻게 대응해야 하는가에 대한 논의에서부터 시작하지만, 가족복지의 정책은 그 사회가 어떤 이념(보수주의, 진보주의, 여권론)을 지향하는가에 따라 그 방향이 달라질 수 있다(홍봉수 외, 2018).

가족복지정책의 영역은 일반적으로 명시적 가족복지정책과 묵시적 가족복지정책의 두 가지 영역으로 분류된다. 명시적 가족복지정책은 정부가 특정한 기획과 정책을 행할 때 그것이 가족에게 분명하게 영향을 끼치는 것이어서, 가족복지의 목표라는 것으로 귀결되어 가족복지정책이라고 분명하게 분류할 수 있는 정책이다. 예를 들면 아동복지서비스, 가족상담, 가족계획, 각종 조세혜택, 주택정책 등을 들 수 있다. 반면에 묵시적 가족복지정책은 직접 또는 일차적으로 가족에 관여하는 것이 아니라 정부나 행정기관이 행하는 활동이 간접적으로 가족을 위해 사회적 중요성을 가지는 것이다. 예를 들면 학교를 어디에 짓는가? 지하철과 버스 정류장을 어떻게 배치해야 하는가? 등을 들 수 있다.

가족복지정책은 그 사회가 추구하는 국가의 비전과 목표를 바탕으로 결정되지만, 실제 가족복지정책을 실시하고자 할 때는 다양한 장애요소가 존재한다(홍봉수 외, 2018). 구체적으로 다음과 같은 여섯 가지를 들 수 있다.

첫째, 비용문제이다. 많은 명시적 가족복지정책은 고비용을 전제로 한다.

둘째, 가치 차이의 문제이다. 계층, 인종, 종교, 성별, 연령 등에 따라 가족에 대한 관점이 상이하므로 가족정책을 수립하는 것이 어렵다.

셋째, 정부의 역할에 대한 다양한 견해 차이 문제이다. '정부는 가족에 어느 정도 개입할 수 있는가?'에 대하여 많은 상이한 견해가 존재한다.

넷째, 가족복지정책과 프로그램이 오히려 악영향을 준다는 견해의 문제이다. 가족복지정책이 부모의 자녀양육책임을 감소시키며, 다문화 가정에 대한 편견을 더욱 강화할 수 있다. 전문가의 개입은 부모에게 무력감을 줄 수 있다.

다섯째, 가족 안에는 여성, 아동, 노인, 청소년 등이 포함되어 있어 가족정책의 대상이 단일하지 않기 때문에 가족에 대한 정책적 접근의 어려움이 따른다.

여섯째, 가족복지정책에 대한 과학적인 예측이 가능하지 않다는 데에서 오는 문제이다. 인간은 예측불가능의 존재이므로 가족에 대한 가족복지정책에 대한 개입의 결과는 예측이 어렵다.

(2) 미시적 접근방법: 가족복지의 실천적 접근방법

가족복지의 실천적 접근방법은 각 나라마다 다양한 형태의 프로그램이 존재하고, 또 아동, 노인, 장애인, 여성 등을 위한 대인서비스(personal service) 중심으로 구축되어 개별복지 영역과 중복되기도 하여, 어느 하나로 정의하기 어렵다.

미국의 경우 가족을 공공정책의 대상으로 삼지 않으려는 경향이 있어서 가족복지서비스나 프로그램보다는 빈곤계층에 대한 선별적인 지원 정책을 가족복지의 실천적 접근으로 대신한다. 반면 스웨덴은 아동수당제도와 보육서비스를 포함한 다양한 사회보호 프로그램 등으로 가족중심의 전형적인 가족복지의 실천적 접근을 확립해 왔다. 프랑스와 네덜란드 등도 가족과 여성들이 사회참여와 가사를 자유롭게 선택할 수 있도록 가족수당, 공공보육 프로그램이 활성화되었으며, 독일과 일본은 노인보호를 위한 장기요양관련 보험을 추가적으로 개발하였다(김영화 외, 2019).

그러나 가족복지가 가족전체 단위를 대상으로 수행되는 정책과 사업을 목적으로 하고 있듯이, 가족복지의 실천적 접근방법 역시 다양한 가족계층과 가족원을 대상으로 제공한 서비스의 내용과 수혜에서 얻게 되는 효과가 개별 가족성원의 범위를 넘어 가족 전체에 긍정적인 영향을 미치도록 프로그램 및 정책의 방향을 중시한다(이성희 외, 2019). 이에 가족복지의 실천적 접근방법을 가족복지의 대상 영역이 되는 가족 기능의 특성에 따라 가족기능 지원서비스, 가족기능 보충서비스, 가족기능 대리서비스로 구분하기도 한다(김혜경 외, 2017).

첫째, 가족기능 지원서비스이다.

이는 가족에 대한 지지적 서비스(supportive service)로, 가족이 생활하고 있는 시대와 사회가 요구하는 가족의 기능을 보다 잘 수행할 수 있도록 기능의 일부를 지지하는 서비스이다. 보편주의적 관점에서 제공되는 각종 가족정책(소득보장, 주택보장, 교육보장, 보건 및 의료보장), 가족상담과 가족치료서비스, 가족생활교육 및 부모교육서비스, 문화 또는 여가생활 및 각종 생활정보를 제공하는 서비스 등이 있다.

최근 한국사회에서는 가족문제가 복잡해지고 확대되면서 가족상담 및 가족치료 서비스가 확대되고 있다. 가족상담과 가족치료는 다루는 문제의 심각성 내지 개입의 수준 및 방법에 따라 차이를 두는 개념이지만, 개인중심의 문제해결 과정에서 벗어나 가족을 단위로 보고 가족 내에 존재하는 문제를 해결하고자 하는 접근방법이라는 점에서는 동일하다. 어떠한 접근방법을 취하는가에 따라 달라지겠지만, 가족상담에서는 가족을 하나의 체계로 보며, 그 체계 속의 상호교류 양상에 개입함으로써 개인의 증상이나 행동에 변화를 불러오도록 하는 치료적 접근법을 중요시한다. 한편 가족생활교육은 가족문제 발생을 줄이고 가족원 스스로가 문제해결 능력을 기르도록 함으로써 가족의 위기 및 해체를 막기 위해 널리 활용되고 있는 가족복지서비스 영역이다. 가족생활교육은 개인의 인성을 개발하여 그들이 갖고 있는 능력을 최대한 성장 발달시켜 가족구성원으로서 직면하게 되는 현재와 미래의 문제들을 건설적으로 해결할 수 있도록 의도적이고 계획적으로 도와주는 교육 활동으로 정의되고 있다(송정아 · 전영자 · 김득성, 2001). 가족생활교육의 주요 내용은 평생발달적 차원에서 대인관계, 자기 이해, 인간의 성장과 발달, 결혼준비 교육, 부모교육, 자녀양육, 성 역할에 대한 준비와 학습, 의사결정, 인간의 성, 자원관리, 개인과 가족과 지역사회의 건강, 가족과 지역사회의 상호작용, 문화양식의 변화 등이 포함되며, 결혼준비교육, 의사소통 교육, 성교육, 부모-자녀관계 향상을 위한 부모교육, 고부교육, 치매교육 등이 포함된다.

둘째, 가족기능 보충 서비스이다.

가족의 내부적 원인이나 가족을 둘러싼 여러 가지 사회환경 때문에 가족 스스로가 가족의 기능을 원활하게 수행하지 못할 때 가족문제가 발생하게 되는데, 이렇게 발생된 가족문제를 해결하여 가족이 안정을 찾을 수 있도록 사회가 가족의 기능을 일부 보충해 주는 서비스(supplementary service)를 말한다. 여기에는 보육서비스, 노인과 장애인을 위한 재가서비스 혹은 케어(care)서비스, 가정조성사업서비스(home maker service), 노인보호서비스 등이 포함된다. 여기에서 가정조성서비스는 가족의 가족구성원을 양육, 보호, 부양하거나 가사일을 적절히 처리하는 기능을 제대로 수행할 수 없을 때 사회복지기관에서 파견된 가정조성원을 통하여 적절한 도움을 제공하는 것을 말한다(김윤재 외, 2015). 가정조성서비스는 가족을 양육, 보호, 부양해야 하는 가족구성원이 요양, 취업, 수형 및 기타 가정 내의 일 등으로 잠시 떠나 있어야 하는 경우, 혹은 집에 거주하더라도 질병의 회복기에 있거나 질병을 앓고 있는 경우, 심신에 장애를 가졌거나 현재 심한 질병을 앓고 있는 가족구성원이 있어서 가족의 손길을 과중하게 필요로 하는 경우, 또는 사망이나 이혼, 별거 및 능력 부족으로 가사노동을 적절히 처리하지 못할 경우 지원되는 서비스이다. 한편 가족기능 보충 서비스에는 각종 사회보장, 즉 「국민기초생활 보장법」에 의한 저소득층 가정에 제공되는 보호도 포함한다.

셋째, 가족기능 대리 서비스이다.

가족 스스로가 가족이 당면한 문제를 도저히 극복하거나 해결할 수 없을 때에 가족의 기능을 전적으로 대리하는 서비스(substitute service)를 말하는 것으로, 일시 또는 장기간의 가정위탁보호, 입양, 노인 및 장애인이나 아동을 수용하는 시설보호 등이 여기에 해당한다.

핵심용어

가족복지의 개념, 가족복지의 필요성, 가족복지의 기능, 가족복지의 목표, 가족복지의 기능, 가족복지의 대상, 가족복지의 거시적 접근방법, 가족복지의 미시적 접근방법

학습실천과제

1. 제3장을 모두 학습한 이후, 내가 생각하는 가족복지의 개념을 '한 줄 정의'로 써보시오. (예: 가족복지는 사회가 가족에게 씌워주는 우산이다.)
2. 제3장의 〈참고자료 3-1〉을 참고하여, '한국인의 삶의 질' 변화에 대한 더 많은 결과들을 찾아 한국가족이 원하는 가족의 욕구와 가족의 기능이 무엇이 될지 추론해 보시오.
3. 디지털 사회로의 기술문명 변화에 따라 가족복지의 대상이 대응적으로 변화해 가야 한다면, 미래 한국 사회에서는 가족복지의 어떤 대상이 더 발생할지 추론해 보시오.

제2부

가족복지의 정책적 접근방법

제4장

가족복지와 정책

〈학습목표〉

1. 가족복지정책의 개념을 이해할 수 있다.
2. 가족복지정책의 관점과 모델을 서술할 수 있다.
3. 한국의 가족복지정책의 현황에 대해 정리할 수 있다.

오늘날 사회가 분화되고 빠르게 변화되면서 가족 스스로 문제를 해결할 수 없거나 개인의 변화에 미처 따라가지 못하는 제도적 지체 현상으로 인한 개인, 가족의 문제가 야기될 수 있다. 따라서 개인과 가족이 건강하고 행복한 삶을 영위하고, 가족생활과 관련된 삶의 질을 높이기 위해서는 사회와 국가의 정책적 지원이 필요하다.

이 장에서는 가족복지의 정책적 접근방법에 대한 이해를 위한 가족복지정책의 개념 및 가족복지정책의 관점과 모델, 한국의 가족복지정책의 현황에 대해 살펴본다. 또한 가족에 대한 여러 제도적, 정책적 서비스나 실천적 개입은 가족복지 전달체계를 통해 제공되므로 이에 대한 이해를 높이도록 한다.

1. 가족복지정책의 개념과 특성

1) 가족정책과 가족복지정책의 정의

가족정책(family policy)은 국가가 가족의 역할을 가진 모든 사람들에게 영향을 미치는 정책을 뜻한다. 즉 일반적으로 국가가 가족이라는 사회적 구성단위의 기능이나 역할에 직·간접적으로 영향을 미침으로써 원하는 방향으로의 변화를 의도하는 모든 체계적인 개입활동이다. 따라서 가족정책은 가족문제에 대한 인식과 해결방식에 대한 인식의 변화로 특징적인 형태로 발전된다.

역사적으로 보면, 가족정책의 용어는 다음과 같이 변화되었다(조흥식, 2002).

첫째, 유럽에서 처음 사용될 때 가족정책은 가족에 대한 수당, 가족급여, 소득세제 등과 같은 가족에 대한 소득 재분배의 의미로 주로 사용되었다.

둘째, 가족계획과 같은 장기간에 걸친 인구정책의 맥락에서 사용되었다.

셋째, 결손가족, 장애가족, 빈곤가족, 무주택 가족 등과 같이 부적응 가족에 대한 활동의 맥락에서 사용되었다.

넷째, 20세기 말부터 최근에는 아동과 일하는 여성을 위한 정책의 맥락에서 사용되고 있다.

캐머만과 칸(Kamerman & Kahn, 1978)은 가족정책을 하나의 정책분야, 정책의 수단, 정책결정을 위한 관점 등의 세 가지 차원에서 접근하고 있다.

첫째, 정책분야로서의 가족정책이다. 가족정책은 가족에 대해 어떤 구체적인 목표를 설정하고 있는 하나의 정책분야로 의미를 갖는다. 다양한 사회정책 중에서 가족을 위한 소득재분배정책, 인구정책, 요보호가족원과 피부양자를 위한 지원적·보충적·대체적 보호정책으로서의 의미이다. 구체적으로 보면, 출산율 증가, 아동발달 증진, 양육부담의 감소, 여성고용 증대 등의 목표 달성을 위해서 가족계획, 아동보호 및 양육서비스, 영양과 보건, 육아지원제도, 여성정책 등을 살펴볼 수 있다. 국가마다 차이는 있지만 가족정책의 분야는 대체적으로 소득보장, 인구계획, 고용, 주택, 아동양육, 보건과 의료보호, 사회서비스 등의 7개 영역으로 분류된다.

둘째, 정책수단으로서의 가족정책이다. 가족정책을 다른 사회정책의 목적을 달성하기 위한 일종의 수단으로 보는 접근방법이다, 즉 가족정책을 가족의 행위를 변화시킴으로써 더 넓은 사회적·정책적 목적을 달성하려는 사회 통제수단으로 보는 관점이다. 동유럽 국가의 경우, 아동보육시설의 확대와 모성수당제도, 육아지원제도 등을 통해 여성들의 경제활동을 촉진시키고자 하는 의도가 있다. 이는 노동력 수급과 관련된 고용정책의 목적을 달성하기 위해 가족정책을 수단으로 이용하는 예이다.

셋째, 정책결정을 위한 관점으로서의 가족정책이다. 모든 사회정책이 가족에게 직·간접적으로 영향을 주기 때문에 가족정책의 관점에서 보아야 한다는 접근이다. 이러한 경우 가족정책은 사회정책들과 다르지 않으며, 다른 사회정책이 추구해야 할 하나의 당위적 목적이 된다는 것이다. 따라서 모든 사회정책의 형성과 결정 및 집행의 중심에 가족이 단위로서 위치하게 되며, 이는 가족에게 부당하고 비합리적이며 불이익을 주지 않는 관점에서 의식적으로 노력해야 한다는 기준을 제시하게 된다.

최근 가족정책은 가족구성원 개인을 집합적으로 다루거나 가족과 연계해서만 보지 않고 있다. 개별 가족들이 타 가족들과 상이한 독자적인 이해와 욕구가 있는 단위로서 다양성이 있으며, 또한 동일가족의 구성원 또한 다른 가족구성원과 서로 다른 독립적인 이해와 욕구를 가지고 있는 단위로서 접근하는 경향이다.

가족정책과 가족복지정책의 개념을 구분한다는 것은 사실 명확하지는 않다. 가족복지정책은 가족정책의 한 영역이면서 동시에 가족을 위한 복지정책이라는 면에서 약간의 차이가 있기는 하지만 일반적으로 혼용되며, 가족정책의 궁극적 목적은 가족의 복지를 향상시키는 데에 있으므로 가족정책은 곧 가족복지정책이라고 해도 무리가 없다는 주장이 있다.

이러한 특성이 있기는 해도 가족복지정책의 개념을 정리해 보는 것은 필요하다. 가족복지정책은 가족정책의 한 영역이면서 동시에 가족의 안녕과 복지달성이라는 당위적 목표를 지향하므로(최경석 외, 2003), 개별 가족구성원과 가족 단위에서 나타나는 욕구를 지원, 보충하는 기능 등을 달성하는 국가개입적 활동으로 정의할 수 있다. 따라서 가족복지정책은 가족을 위해 일반적·통일적·종합적 관점에서 가족의 기능·구조 및 역할을 바람직한 방향으로 이루어질 수 있도록 국가가 가족원의 다양한 욕구와 문제를 해결하고, 가족기능을 지원, 보충, 대체하는 일련의 광범위한 개입 활동인 것이다. 이러한 기능들은 구체적으로 가족복지관련 프로그램이나 서비스 실천과정을 통해 실현된다.

2) 가족복지정책의 범주

가족복지정책의 개념과 더불어 논쟁이 될 수 있는 또 다른 하나는 가족복지정책의 범위설정이다. 정책의 목표와 대상이 뚜렷하지 않거나 다른 정책 영역과 중첩되어 나타나기 때문에, 가족복지정책에 포함되는 구체적 범주의 파악은 쉽지 않다.

가족복지정책이 가족복지를 도모하는 국가개입과 그 이상의 목적을 가지고 지향되는 국가개입으로 양분하여 범위를 고찰하게 되면, 대부분의 국가정책은 가족에게 영향을 미친다는 점에서 가족복지정책의 범위에 포함될 수 있다. 이러한 점에서 볼 때 가족복지정책은 가족을 위한 소득재분배정책, 가족을 위한 인구정책, 의존적 가족에 대한 지지적 또는 대리적 서비스, 아동에 영향을 미치는 공공 정책, 여성을 위한 정책 등이 모두 포함될 수 있다.

그러나 실제로 가족복지정책을 분석할 때에는 모든 차원의 포괄적인 개념으로서보다는 비교적 한정적인 개념 틀 내에서 접근하는 경향이 있다. 앨더스와 듀맨(Aldous & Duman, 1990)은 가족복지정책을 다음과 같이 경제적으로 가족을 강화하려는 목적을 가지는 정책, 치료정책, 대리정책 등으로 나누고 있다.

첫째, 유럽 가족복지정책의 핵심을 이루고 있는 경제적 복지수단들로 대부분의 국가들에서 아동수당과 소득세 공제를 실시하고 있다.

둘째, 가족구성원 상호작용의 질을 증진시키려는 정부의 노력은 치료조치로 드러난다. 결혼, 부부상담, 가족교육 프로그램 등이 여기에 속한다.

셋째, 가족복지정책에서 직접적인 가족보호에 대한 대안을 제공하는 대리서비스가 있다. 여기에는 보육관련지원이 포함되며, 질병·장애 상태에 있는 여성을 돕기 위한 가정지원 프로그램이 있다. 이러한 대리정책들은 여성들이 가사에만 얽매여 수행하기 어려웠던 다른 역할들을 가능하게 한다.

캐머만과 칸(Kamerman & Kahn, 1978, 이성희 외, 2012, 재인용)은 가족복지정책을 선택하는 기준유형으로 판단되는 요인을 다음의 네 가지로 제시한다.

① 아동과 가족을 단위로 한 정책의 유효성에 관한 요인, ② 재정적 비용에 관한 요인, ③ 가족의 집단으로서의 우선성, ④ 역사적 전통성과 국가이데올로기 등으로 제시하였다. 특히 이들은 가족복지정책의 발달을 '여성과 노동' 또는 '유아보호 및 탁아'라고 하는 문제를 중심으로 분석하였다. 즉, 가족복지정책의 범위로서 가장 중요한 선택기준은 아동과 가족, 여성과 노동의 문제라는 것이다.

국내의 가족복지정책이나 프로그램들을 보면, 가족이 수행하는 대외적 기능에 따라 다음과 같은 범주로 분류될 수 있다.

〈표 4-1〉 가족복지정책의 범주

가족의 기능	가족복지정책의 범주
경제적 기능	사회보험, 공공부조, 가족수당, 조세감면 등 소득보장, 주택관련 지원
노동력 재생산 기능	임신, 출산급여, 출산휴가, 건강보장 프로그램
양육·보호기능	아동수당, 육아휴직, 양육비 지원, 보육서비스, 모자보건, 가족간병휴가, 노인·아동·장애인부양 지원서비스
심리적·정서적 기능	가족상담 및 치료적 서비스, 가정폭력지원서비스, 부부상담, 기타 대인서비스
사회질서 유지 기능	가족에 대한 사회적 규범과 관련된 법, 제도

출처: 권진숙 외(2008). 가족복지론, p. 41. 재구성.

3) 가족복지정책의 관점과 모델

(1) 가족복지정책의 관점

가족은 국가사회의 가장 기본적이고 핵심적인 체계로서 사회를 유지하고 발전시키기 위한 여러 가지 과업을 수행하는 한편, 그 자체의 생존과 발전을 위하여 그 기능과 구조를 변화시키기도 하고 복지를 위한 조치를 국가에 요청하기도 한다. 즉 가족은 국가사회가 생존하기 위해 필수 불가결인 여러 가지 기능을 수행하고 있기 때문에 국가는 가족을 잘 보호·유지할 수 있도록 함으로써 사회의 안정과 발전을 도모할 수 있다.

가족복지정책은 가족에 대하여 정부가 어떻게 대응해야 하는가에 대해 보수주의적, 진보주의적, 여권론적 시각으로 나누어진다. 이러한 네 가지 관점에 따라 가족에 대한 정책의 방향이 달라진다(조흥식, 2002; 성정현 외, 2011).

첫째, 보수주의적 또는 자유주의적 시각에서는 가족에 대한 구조주의적 시각을 담고 있는 것으로 현재의 변화하는 가족의 형태를 병리적인 가족해체로 보고 전통적인 가족유형이 붕괴되는 것에 대해 두려워하는 입장이다. 이들은 가족이 사회통제를 하는 가장 중요한 제도이기 때문에 가족이 붕괴되면 사회도 위협받는다고 보고 다양한 가족을 위한 가족복지정책은 오히려 가족의 붕괴를 조장한다고 본다. 정부가 마련한 제반정책 프로그램들이 국민들을 빈곤에서 벗어나도록 하는 것이 본래의 목적이었지만 결과적으로 국민들은 빈곤에서 벗어나지 못하도록 하고 있다는 관점이다.

둘째, 진보적 시각에서 현재 가족은 변화하고 있는 것이지 붕괴되는 것이 아니라고 보는 입장이다. 가족은 계속해서 일차적이고 친밀한 관계를 유지하는 조직이므로 변화하는 가족의 요구에 대응해서 현존의 가족복지정책을 바꿀 필요가 있다고 보는 시각이다. 이러한 관점에서 주된 관심은 아동의 이해와 성인의 이해가 균형을 이루도록 하는 정책의 개발이다. 특히 여성의 경제적 자립을 인정하고 이를 위해서는 남성들이 가사노동과 육아책임을 공평하게 분담하는 등의 권리와 책임을 공평하게 분배하는 정책이 필요함을 강조한다. 또한 다양한 가족을 인정하면서 한부모가족, 독신가구 등이 가지기 쉬운 취약점을 국가가 법, 경제적, 물질적 지원 등의 정책을 통해 지지, 보완해 주어야 함을 주장하고 있다.

셋째, 여성주의적 시각이다. 여성주의적 시각은 앞에 제시된 두 시각의 쟁점인 가족의 복지증진에 정부가 개입해야 한다는 것을 전제로 하되, 어떤 영역에 개입해야 하는가에 더 큰 관심이 있다. 즉 정책방향이 성평등적이어야 하며, 여성이 불이익을 당하는 구조적 측면을 개선해야 한다는 데 중점을 둔다. 여성주의적 시각은 기존의 가족복지정책이 여성의 전통적 역할인 재생산 기능을 보호하는 데에 중점을 두고 있음을 비판한다. 가족과 관련한 정책은 여성의 삶과 복지와 밀접히 관련되어 있기 때문에 가족정책의 의미와 효과를 평가하고 정책을 입안하는 데 있어서 여성의 가족 내 경험과 지위를 반영한 젠더관점의 도입을 강조한다.

이러한 시각의 차이는 그 사회의 가족복지정책의 방향과 이념, 목표, 정책의 내용에 직·간접적으로 영향을 미친다. 가족에 대한 국가 개입에 대한 이러한 논쟁은 정치적, 문화적, 도덕적 측면에서 폭넓은 논의와 쟁점이 되기도 한다.

(2) 가족복지정책의 모델

짐머만(Zimmerman, 1988)은 가족복지정책의 발달은 사회변화의 반영이라고 주장한다. 사회 내에서 새로운 다른 현상의 도입으로 나타나는 사회구조적 변화는 기존의 상황에 대해 모순적이고 갈등적인 경험을 겪게 한다. 즉 사회구조적 변화가 시작될 초기에는 새로운 사회적 현상에 의미를 부여하는 과정이 복잡하기 때문에 갈등을 초래할 수 있다. 결국에는 이러한 갈등에 따라 새로운 상황을 재정리하려는 많은 경쟁적인 상황과 정의가 나타나고 그에 대한 대응으로 사회적 행동이 창출된다고 본다. 즉 경쟁적인 활동들이 발생한 후에 가장 적합한 정의가 정책에 반영됨으로써 하나의 사회적 행동으로서 새로운 정책이 만들어지게 된다.

가족복지정책 또한 다양한 시각에 따라 역점을 두는 초점과 특징이 달라질 수 있다. 학자에 따른 가족복지정책의 모델을 살펴보기로 한다.

4) 에힐러(Eichler) 모델

에힐러(Eichler, 1987, 조추용 외,2011. 재인용)는 가족복지정책의 근거가 되는 세 가지 모델로서 가부장제 모델, 개인책임 모델, 사회책임 모델을 제시하고 있다.

첫째, 가부장제 모델에서는 남편, 부인, 자녀들로 구성된 가족을 가정하고, 남편과 아내 사이의 성불평등한 엄격한 노동의 구분을 기초로 한다. 남편은 가족의 경제적 복지에 책임을 지고, 부인은 가정관리와 가족원의 보호에 대해 책임을 진다. 부인들은 직업을 가지지 않거나 이차적 소득원으로서 일을 하게 된다.

둘째, 개인책임 모델에서는 성평등과 모든 역할에 대한 공유된 책임감을 가지고 맞벌이가족과 한부모가족 형태 모두를 인정한다. 남편과 부인은 모두 자신의 경제적 복지에, 가족의 경제적 복지에 기여하는 책임을 진다. 그리고 두 사람은 가정관리와 가족원의 보호에 대해 함께 책임을 진다.

셋째, 사회책임 모델에서는 모든 가족형태를 인정하고 성평등의 개념에 근거를 두고서 가족원에 의해 제공되는 의존적인 보호에 대한 사회적 가치를 인정해준다. 그리고 개인들이 도움을 받지 않고 모든 역할을 수행할 수 있다는 생각을 거부한다. 이 모델은 성인은 자신의 경제적 복지에 책임이 있다는 견해에 동조하지만, 그들이 보호를 필요로 한다면 가족보다는 오히려 국가가 그러한 보호에 책임이 있다고 본다.

결국 이러한 모델을 가족복지정책의 시각과 관련시켜 보면 가부장제 모델은 보수적 시각을 전제로 하고 있고, 개인책임 모델은 보수적 시각과 진보적 시각을 공유하고 있으며, 사회책임 모델은 진보적 시각을 전제로 한다.

5) 하딩(Harding) 모델

하딩(Harding)은 가족의 책임에 대한 국가의 지원방식이나 정도에 따라 즉, '가족에 대한 통제정도'라는 측면에서 연속적 스펙트럼상의 모델을 제시하고 있다(성정현 외, 2011). 실제 현실적으로 존재하지 않은 양극단 모델인 가족에 대한 국가통제가 매우 높은 권위주의 모델과 국가가 간섭을 전혀 하지 않는 자유방임 모델을 제시하고 중간개입 모델로서 가족에 대한 국가의 통제정도에 따른 다섯 가지 유형, 총 일곱 가지 유형을 제시하였다.

하딩의 유형화는 광범위한 가족복지정책들의 특성을 다차원에서 볼 수 있게 하며, 실제 일련의 정책들이 배타적으로 나타나는 것이 아니라 여러 가지 모델들의 요소가 복합적으로 나타나는 것으로 봄이 더 적절함을 보여 주고 있다.

〈표 4-2〉 하딩의 가족복지정책 모델

유형	특징	가족통제 정도
권위주의 모델 (authoritarian model)	· 국가는 특정 선호하는 가족유형과 가족행위를 장려하고 여타의 것을 금지하는 통제정책을 펼침 · 개인과 가족의 개별적 욕구나 선택은 무시됨 예 피임이나 낙태행위 금지, 사회복지수급권이나 투표권, 상속제도, 공직 참여 등의 허용 여부에 따라 특정 가족유형(비합법적 동거, 미혼모, 이혼 등)을 억압	통제적 ↑
특정 영역에서 가족 책임의 강제 (the enforcement of responsibilities in specific areas)	· 특정 영역에 있어서 가족생활 통제 예 민법(가족법)이나 형법 혹은 재정적 제재 등을 통해 가족에 대한 상호 부양책임, 결혼의 유지 등 특정 책임 강제	
긍정적 인센티브를 사용한 조정 (the manipulation of incentives)	· 국가가 선호하는 가족행동 패턴을 조장하기 위해 조세나 급여 체계 등의 경제적 유인책 병행 예 합법적으로 결혼한 가족에게는 수당이나 서비스를 제공하고, 동거가족에게는 제공하지 않음	
암묵적인 정책의 전제로 영향력 발휘 (working within constraining assumption)	· 구체적인 어떤 행동유형을 통제하거나 부정적 제재를 가하는 통제적 가족정책은 없음 · 암묵적으로 정책에서 어떤 가족유형을 가정함으로써 결과적으로 특정 가족유형을 조장 예 조세라든가 사회보장체계 속에 남성을 생계 부양자로 그리고 여성을 가사노동자로 전제함으로써 결과적으로 남성 부양자 가족을 지지하거나 조장	
가족을 대체하거나 지원 (substituting for and supporting families)	· 가족행위에 대해 의도적으로 영향을 미치고자 하는 국가정책은 없으며, 현존 가족역할이나 행위가 지속되기를 바람 · 다만 가족이 실패할 경우 이를 지원하거나, 혹은 대체하는 서비스 제공 예 아동보육서비스, 취약계층에 대한 현금지원	
가족 수요와 욕구에 반응 (responding to needs and demands)	· 국가는 특정 가족유형에 대한 가정이나 선호가 없으며, 가족의 변화에 따라 나타나는 가족의 욕구에 수동적으로 반응 · 가족유형에 상관없이 모든 가족이 필요한 서비스를 이용할 수 있음 예 의료서비스, 교육제도, 사회보험 등 급여	
자유방임 모델 (laissez-faire model)	· 가족은 개인의 자유영역이고 사적 선택의 영역으로 간주됨 · 국가는 가족생활에 대해 어떠한 영향력도 행사하지 않음 · 가족에 대한 정책목표는 없으며, 선호하는 가족유형이나 행위, 가치, 성도덕 등은 존재하지 않음. 가족정책은 '무정책(no policy)'이 정책임 · 국가는 가족을 매개하지 않고 단지 개인으로서 사회구성원과 관계함 예 개인별 분리과세, 개인 단위로 급여되는 사회보장급여	↓ 방임적

출처: 성정현 외(2011). 가족복지론, p. 61.

6) 고티에(Gauthier) 모델

고티에(Gauthier, 1996, 양옥경 외, 2008. 재인용)는 가족복지정책이 출산과 고령화, 여성의 노동시장 참여 확대 등과 같은 인구사회학적 변화에 대한 국가의 대응으로 나타나는 것으로 보고 있다.

고티에는 유럽과 미국가족을 가족의 현금급여(가족수당, 주거수당, 학비지원, 세금혜택 등), 취업지원급여(모성휴가, 부성휴가, 육아휴직), 보육제도, 피임과 낙태에 관한 입법 등을 중심으로 가족복지정책 모델을 다음의 네 가지로 구분하였다.

첫째, 전통주의적 모델이다. 이 모델에서 말하는 '전통'은 남성생계부양제도를 말한다. 즉 전통적인 남성생계부양제도를 유지하는 것이 정부의 정책적 관심사이다. 전통적인 가족유형을 지지하고 전통적 성 역할 구분을 선호한다. 따라서 여성의 노동시장 참여를 촉진하는 공보육시설의 확대보다는 가정 내에서 여성이 아이를 양육할 수 있도록 지원하는 것을 더 선호하며 이는 출산을 장려하기 위해서가 아니라 전통적 가족을 지지하기 위한 정책의 의도이다. 독일이 대표적인 국가이다.

둘째, 가족친화적·출산장려주의적 모델이다. 이 모델에서의 궁극적 관심은 저출산이다. 출산장려와 관련하여 가족을 지원하는 것을 정부의 중요한 책임으로 간주한다. 출산에 방해가 되는 요소들을 제거하는 것에 관심이 있으며, 특히 일과 가족의 병행이 출산을 방해하지 않도록 제반 조치를 강구한다. 즉 대가족을 바람직하게 보고 있지만 출산에 대한 가족의 자율권을 보장하고자 하는 원칙을 가진다. 이 모델의 대표적인 국가는 프랑스이다. 우리 사회도 일·가정 양립정책 및 출산지원 제도 등 가족친화적·출산장려주의적 접근을 도입하여 정책을 추진하였다.

셋째, 성평등주의적 모델이다. 이 모델에서는 가족정책의 지향을 남녀 간 평등 성취에 두기 때문에 전통적 가족형태보다는 평등한 성 역할 모델을 추구한다. 남녀 모두가 가족에서의 양육과 시장에서의 노동을 병행할 수 있도록 제도적으로 지원한다. 여성이 일·가정 양립을 할 수 있도록 지원하며, 아버지가 양육활동에 많이 참여할 수 있도록 조장하는 것이 주요 이슈이다. 따라서 모성휴가와 달리 부모휴가가 주요 정책의 하나이며 아동간호제도, 포괄적 아동보호 급여 등이 있다. 스웨덴과 덴마크를 대표적 국가로 들고 있다. 최근 우리나라도 점차 이 부분의 강조점을 두고 있는 경향이 높아지고 있다.

넷째, 가족친화적이지만 비개입주의적인 모델이다. 이 모델은 국가의 가족에 대한 책임은 인정하지만, 그 책임의 범위는 보호를 요청하는 가족에 한정한다. 전통적 가족유형을 선호하며, 가족의 자립, 일과 가족의 병행에 대한 정부의 개입을 최소한으로 한다. 요보호가족에 대한 제한적 급여체계, 고용주의 부담을 최소화하기 위해 모성휴가, 아동보육서비스 등도 낮은 수준에서 이루어지며, 이러한 급여의 책임도 국가가 아닌 사적 기업주 혹은 민간의 역할로 본다. 미국과 영국이 이 모델의 대표적 국가이다.

이와 같은 가족정책의 여러 모델들은 국가마다 다양하게 이루어지고 있으며, 가족정책의 범주도 그 국가의 현실과 인식이 변화하면서 복잡하게 조합 또는 구성될 수 있다.

〈표 4-3〉 고티에의 가족복지정책 모델

정책분류	주요 정책적 관심	구체적 정책 프로그램	해당국가
전통주의 모델	전통적, 가족친화적 정책목표 유지, 가족지원의 국가개입은 중간 정도	취업모 세제 지원, 휴가급여(전통적 가족유형 지지), 보육정책 미진	독일
가족친화적/ 출산장려주의 모델	저출산 문제해결을 위한 출산장려정책	자녀수당, 모성휴가, 보육시설 지원, 낙태 관대	프랑스
성평등주의 모델	남녀평등 증진, 취업부모에 대한 국가의 지원	모성휴가, 부성휴가, 자녀 간병휴가, 아동수당, 낙태 관대	덴마크 스웨덴
가족친화적이나 비개입주의 모델	국가의 최소한 개입(요보호가족)	낮은 수준의 모성휴가, 보육지원	미국 영국

출처: 권진숙 외(2008). 가족복지론 2판, p. 43.

2. 한국의 가족복지정책의 현황

최근 우리 사회는 가족의 역할과 기능, 형태, 가족가치관의 변화에 따른 가족 변화들을 경험한다. 가족과 개인의 삶에 선택권의 증가, 가족전체의 복지와 개인 권리의 충돌 가능성, 유대감과 소속감의 욕구를 충족시키기 위한 가족비용의 지속적인 증가로 인한 변화로 갈등이 증대되고 있다. 또한 고령사회로의 급속한 진입으로 인한 돌봄노동의 수요증가는 가족구조의 취약성과 기혼여성의 취업증가로 개별 가족이나 여성의 돌봄 역할에 더 이상 의존하기 어렵게 만들고 있다. 가족경제기반의 취약성과 더불어 여성의 사회참여 증가는 가족 내 돌봄의 역할을 둘러싼 기존의 성별분업방식의 변화를 요구하고 있고 그에 따른 갈등도 높아지고 있는 상황이다.

이는 한국가족의 근간이 되어 왔던 가부장적 질서의 변화를 의미하는 것으로 가족 내 남녀 간 상호 독립성 증가, 세대 간 독립성의 증가, 그리고 개인 중심적 사고 증대와 권위주의적 의식의 감소로 나타난 결과이기도 하다. 이러한 가족의 변화를 사회변화와 개인주의의 신장에 의한 필연적 결과로 보아야 할 것인지, 또는 가족제도가 무너지는 해체의 문제로 보아야 할 것인지에 대해서는 학문적 관점에 따라 다양하게 논의될 수 있다. 그러나 이러한 논의를 떠나서 가족의 변화는 사회구조와 유기적으로 연결되어 있으므로 가족의 안정과 행복의 도모를 위해서 국가적 차원의 접근은 당연히 필요하다.

한국의 가족복지정책은 그동안 가족 스스로의 책임을 강조하는 가족주의에 기반하고 특정문제에 대해 특히, 빈곤문제를 중심으로 한 단편적 접근으로 구성되어 왔다. 가족의 복지향상을 위한 포괄적 정책의 틀이 마련된 것은 2004년 「건강가정기본법」의 제정이다. 2005년 가족업무가 '여성부'로 이관되면서 부처명이 '여성가족부'로 개편되었고 이로써 가족정책 전담부서가 탄생했다. 2008년에는 여성가족부의 가족 및 보육정책기능이 '보건복지가족부'로 이관, 개편되었다가 2010년 다시 여성가족부로 이관, 개편되어 현재, 여성가족부로 그 기능을 수행하고 있다.

한국의 가족복지정책 현황을 취약가족 대상의 정책, 모든 가족 대상의 정책으로 분류하여 간략하게 살펴보도록 한다.

1) 취약가족을 대상으로 하는 정책

(1) 국민기초생활보장제도

개별가구의 소득이 국가가 정한 일정 기준선에 미달하는 층을 대상으로 생계, 의료, 주거, 교육 등 기초적인 생활을 영위할 수 있도록 현금 또는 현물제도를 지원하는 복지제도를 지칭한다.

이 제도는 1997년 외환위기를 경험하면서 증가한 가족의 경제적 파탄으로 인한 가족의 일시적, 장기적 빈곤문제를 포함, 모든 생활주기에서 발생할 수 있는 가족의 빈곤문제를 포괄하는 「국민기초생활 보장법」이 1999년 9월 7일 제정, 2000년 10월 1일 시행되었다. 「기초생활보장법」에서는 연령, 노동능력 유무와 관계없이 일정 소득 및 자산 기준에 못 미치는 빈곤가족에게 소득보장을 하도록 규정하고 있다. 기준 중위소득을 기준으로 하여 생계급여, 의료급여, 주거급여, 교육급여로 나뉘어져 시행되고 있다.

(2) 한부모가족지원법

한부모가족이란 이혼, 사별, 별거, 유기, 미혼모/부 등 다양한 이유로 18세 미만의 자녀와 부모 중 한 사람과 구성된 가정을 뜻한다. 한부모가족은 경제적 어려움, 가족이나 이웃과의 관계망의 단절, 자녀교육 등의 어려움을 많이 겪게 된다. 「한부모가족지원법」은 이러한 어려움에 직면해 있는 한부모가족들에게 소득보장과 취업알선, 주거보장, 의료보건 지원, 보육지원 등을 통해 국가적인 지원을 하기 위한 법이다. 「한부모가족지원법」은 1989년 「모자복지법」으로 제정되었다가 점차 늘어나는 부자가정의 보호를 위해 2002년 12월 18일 자로 「모자복지법」을 개정하여, 이를 「모·부자복지법」으로 명칭을 개정하였다. 또한, 65세 이상의 고령자들과 손자녀로 구성되어 있는 조손가족이 늘어나면서 이들까지 보호대상자로 확대하여 생활안정과 복지증진을 함께 도모하기 위하여 2007년 10월 17일 「한부모가족지원법」으로 또다시 제명을 개정하였고, 2008년 1월 18일부터 시행에 들어갔다. 현재 한부모가정을 위한 지원혜택은 저소득 한부모가족과 청소년 한부모가족으로 나뉘어져 시행되고 있다. 2015년에는 양육비이행관리원을 설치하였고, 2024년 9월에 기존 한국건강가정진흥원 산하기관에서 독립법인으로 출발하였으며, '양육비 선지급제'도 도입할 예정에 있다.

(3) 다문화가족지원법

다문화가족에 대한 사회적 관심이 고조된 것은 2005년 전후, 동남아시아계 여성과 한국남성과의 혼인으로 이루어진 국제결혼가정의 증가에 있다. 이는 농어촌지역의 미혼남성 증가와 지역별 저출산, 고령화 문제, 외국인 유입과 관련되어 있다. 이에 늘어나는 다문화가족에 대한 사회적 지원의 인식과 필요에 따라 2008년 3월 21일 다문화가족지원법을 제정, 2008년 9월 22일부터 시행하였다. 다문화가족이란 대한민국 국민과 혼인한 적이 있거나 혼인관계에 있는 재한 외국인과 국적법에 의해 대한민국 국적을 취득한 자로 이루어진 가족을 말한다. 국가와 지방자치단체는 다문화가족 구성원이 안정적인 가족생활을 영위할 수 있도록 필요한 제도와 여건 조성과 이를 위한 시책을 수립하여야 한다. 다문화가족지원을 위해 5년마다 다문화가족정책에 대한 기본계획을 수립하고, 다문화가족지원을 위한 정책수립에 활용하기 위해 3년마다 다문화가족에 대한 실태조사를 실시하도록 되어 있다.

다문화가족의 건강한 생활을 지원하는 정책사업으로 첫째, 지역사회 다문화가족을 대상으로 다문화가족의 안정적인 정착과 아동양육을 포함한 가족생활의 지원, 가족역량강화 지원과 상담, 번역 등의 종합적인 서비스를 제공하는 다문화가족지원센터 운영, 둘째, 국제결혼피해상담 및 구조로 국제결혼 추진 중에 불법적인 영업 행위로 피해를 보았을 경우 각종 지원서비스를 제공하고 있으며, 셋째, 다누리 콜센터 운영(1577-1366)으로 한국생활정보부터 부부상담, 폭력피해 등 긴급한 구조가 필요할 때 지원까지 원스톱 서비스로 제공하고 있다.

2) 전체 가족을 대상으로 한 정책

(1) 포괄적 가족지원제도

최근 우리 사회의 가족환경 변화와 양육 및 보호기능에 대한 사회적 지원의 필요성에 따라 2004년 「건강가정기본법」이 제정되었다. 이를 바탕으로 저소득가정 중심으로 제한적이고 소극적이었던 가족지원의 통합적 지원 및 서비스 미비 등에 대한 제도적 틀을 개선하게 되었다. 이로써 가족문제에 대한 국가책임을 명시하게 되었다. 주요 사업내용으로는 가족실태조사, 가족의 건강지원, 모성 및 부성보호 지원, 요보호가성 지원, 양육 및 보호부담 지원, 가족문제 상담 및 치료지원, 이혼가족 지원, 가족문화 지원, 가족교육 지원 등 지역사회의 모든 가족을 중심으로 예방적 · 치료적 지원과 교육지원을 포괄적으로 담고 있다.

제1차 건강가정기본계획(2006~2010), 제2차 건강가정기본계획(2011~2015), 제3차 건강가정기본계획(2016~2020)에 이어 제4차 건강가정기본계획(2021~2025)이 수립 실행되고 있다. 제4차의 주요 정책목표는 가족다양성 인정과 평등하게 돌보는 사회를 목표로 설정하고 세상 모든 가족을 포용하는 사회기반 구축, 모든 가족의 안정적 생활여건 보장, 가족다양성에 대응하는 사회적 돌봄체계 강화, 함께 일하고 돌보는 사회환경 조성이다. 총 4개 영역별 과제와 11개 세부정책과제는 〈표 4-4〉와 같다.

〈표 4-4〉 제4차 건강가정기본계획 6대 과제

<table>
<tr><th colspan="3">정책과제</th></tr>
<tr><td>비전</td><td colspan="2">"2025 세상모든가족함께"
모든 가족, 모든 가족구성원을 존중하는 사회</td></tr>
<tr><td rowspan="5">영역별 과제</td><td>영역 (4개)</td><td>정책과제 (11개)</td></tr>
<tr><td>1. 세상 모든 가족을 포용하는 사회 기반 구축</td><td>1. 가족 다양성을 수용하는 법 · 제도 마련
2. 가족 다양성 인식과 평등한 가족문화 확산
3. 가정폭력 대응 강화 등 가족 구성원 인권 보호</td></tr>
<tr><td>2. 모든 가족의 안정적 생활 여건 보장</td><td>1. 가족 변화에 대응하는 경제적 기반 강화
2. 가족 특성을 고려한 자녀양육 여건 조성
3. 지역 중심의 통합적 가족서비스 체계 구축</td></tr>
<tr><td>3. 가족 다양성에 대응하는 사회적 돌봄 체계 강화</td><td>1. 지역 기반 다양한 가족의 돌봄지원 확대
2. 안전하고 촘촘한 돌봄 체계 구축
3. 가족 돌봄 지원의 양적 · 질적 강화</td></tr>
<tr><td>4. 함께 일하고 돌보는 사회 환경 조성</td><td>1. 남녀 모두의 일하면서 돌볼 수 있는 권리 보장
2. 성평등 돌봄 정착 및 돌봄 친화적 지역사회 조성</td></tr>
</table>

출처: 여성가족부 제4차 건강가정기본계획(2021~2025).

(2) 보육정책

1980년대에 여성취업률이 증가하면서 취업모의 탁아요구가 늘어났고 도시 저소득층 아동 및 농어촌 지역 아동의 방치문제가 사회문제로 나타났다. 이에 늘어나는 보육수요에 대처하고 아동의 건전한 육성과 맞벌이 가정의 경제적·사회적 지원을 위하여 1991년 1월 「영유아보육법」이 제정·공포되었다. 「영유아보육법」은 일하는 여성뿐만 아니라 양육에 어려움을 겪고 있는 모든 양육자들을 대상으로 일과시간에 보육을 제공함으로써 영유아의 성장발달과 보호, 부모의 경제활동을 지원하는 중요한 가족복지정책으로 한국 보육사업이 체계적으로 발전할 수 있게 된 출발점이기도 하다. 기존 '탁아'와 '보호'라는 개념에 전인적 발달을 위한 '교육'을 포함시켜 보호와 교육이 통합된 '보육'이라는 개념을 사용하였고, 이를 통하여 보육은 가정복지와 지역복지라는 광의의 개념을 포함하였다. 또한 그 이전까지 노동부, 내무부, 문교부 등으로 분산되어 있던 보육업무가 보건복지부로 일원화되었다.

주요 정책으로 영유아보육료 및 가정양육수당 지원, 아동수당(만 8세 미만 대상), 육아휴직 및 출산휴가제도, 아이돌봄서비스 지원, 교육, 돌봄의 통합시스템인 늘봄학교 추진 등이 있다.

(3) 모자보건정책

모자보건정책의 근거가 되는 「모자보건법」은 1960년대 산아제한이 목표였던 국가가 임신중절을 합법화하고자 1973년 제정되었다. 1986년 5월에 개정되었으며, 모성의 생명과 건강을 보호하고 건전한 자녀의 출산과 양육을 도모함으로써 국민보건 향상에 이바지함을 목적으로 하고 있다. 2006년부터는 저출산 대응책으로서 아동건강에 대한 국가책임을 강화하기 위해 만 6세 미만 아동이 입원 시 본인부담 진료비를 면제하며, 저소득 미숙아 의료비 지원을 확대하고 신생아 장애예방 검사항목 확대 및 임산부·영유아 건강검진 대상자를 확대하였다. 또한 임신·출산을 지원하기 위해 중산층 이하 출산 희망 난임부부에 대해 시술비 일부를 지원하며, 저소득 출산가정에 내해 산모·신생아 도우미 가정방문 서비스를 실시하고 있으며, 「건강가정지원법」에 근거하여 2006년부터 아이돌봄지원사업을 실시하고 있다. 주된 사업으로 모성건강지원, 난임부부, 고위험임산부 의료비 지원, 청소년산모, 청소년 산모 임신 · 출산 의료비 지원 등이 있다.

(4) 모성보호제도

모성보호제도란 여성의 생리, 임신, 출산, 육아 등 여성 고유의 본성에 근거하여 모체를 보호하고 다음 세대의 사회성원을 건강하게 재생산할 수 있도록 보장하기 위한 사회적 제도이다. 이에는 임신, 출산 기능과 직접적으로 관련된 직접적 모성보호와 직접 관련되지는 않았으나 이를 보호하기 위해 필요한 간접적 모성보호로 나뉠 수 있다. 우리나라의 모성보호제도는 1953년 근로기준법에 유급보호휴가(출산 전후 휴가)로 60일을 규정한 것이 최초로 꼽힌다. 1998년 「남녀고용평등법」을 근거로 여성노동자에게 출산 전후 휴가를 포함해 1년의 육아휴직을 부여하는 내용으로 개정하였다. 1995년 최초로 남성노동자의 육아휴직을 법에 명시하였다. 2001년 고용보험법에 육아휴직급여와 출산 전후 휴가 급여의 근거를 마련하였다. 2024년 9월, '모성보호 3법(남녀고용평등법, 고용보험법, 근로기준법 개정안)'이 통과하여 배우자 출산휴가기간 연장(10일→20일), 육아기근로시간 단축 대상자녀연령 상향 조정(8세→12세), 육아휴직기간 증가(2년→부모별 1년 6개월 총 3년), 난임치료 휴가기간이 증가(연간 3일→6일)한다.

모성보호 제도의 실현성을 위해서는 남성도 출산과 육아 과정에서 책임을 실질적으로 분담할 의식확산과 여건조성이 필요할 것이다.

(5) 노인부양지원제도

노인을 부양하는 가족을 지원할 수 있는 국가의 대책으로는 노인을 부양하는 가족에게 경제적 지원이나 교육 혹은 상담을 제공하여 가족의 능력을 강화하는 정책과 노인에게 재가복지서비스나 시설보호 등을 제공하여 노인의 가족에 대한 부양욕구를 경감시킴으로써 가족을 간접적으로 지원하는 정책을 들 수 있다.

노인부양지원프로그램의 대표적인 제도로 기초노령연금제도와 노인장기요양보험제도를 들 수 있다.

기초노령연금은 노인에게 안정적인 소득기반을 제공함으로써 생활안정을 지원하고 복지를 증진하기 위한 제도이다. 65세 이상의 전체 노인 중 소득과 재산이 일정기준 이하(24년 기준, 단독가구 2,130,000원 이하, 부부가구 3,408,000원)인 노인에게 매달 일정액의 연금을 지급하는 제도이다. 2007년 4월25일 제정, 2008년 1월 1일부터 만 70세 이상 노인을 대상으로 시행되었다가 그 해, 7월부터는 65세 이상으로 확대되었다. 가구 소득산정액이 산정기준액이하일 경우에 받을 수 있으며, 부부일 경우에는 부부 중 한 사람만 신청을 해도 부부가구에 해당되어 부부가구로서 지급받을 수 있다.

노인장기요양보험제도는 고령이나 노인성 질병 등의 사유로 다른 사람의 도움을 받지 않고서는 생활하기 어려운 노인들에게 신체 활동 또는 가사지원 등의 장기요양급여를 사회적 연대원리에 의해 제공하는 사회보험 제도이다. 고령화 사회가 급속하게 진전함에 따라 요양보호가 필요한 노인의 생활 자립을 지원함으로써 가족의 부담을 줄여 주고, 늘어나는 노인 요양비와 의료비 문제에 적절하게 대처하고자 도입된 공적 제도이다. 2007년 4월 「노인장기요양보험법」이 제정되어 2008년 7월부터 노인장기요양 보험제도가 시행되었다. 이 제도는 신체적·정신적 기능장애를 기준으로 수발 비용을 지급하며, 주로 비의료적 서비스로 구성되어 있다는 점에서 질병치료를 목적으로 하는 건강보험과 차이가 있다. 장기요양 신청 대상은 스스로 일상생활이 곤란한 65세 이상 노인과 치매, 뇌혈관성 질환, 파킨슨병 등 노인성 질환을 가진 65세 미만자이며, 신청접수는 국민보험공단 지사에 설치된 장기요양보험 운영센터와 시·군·구·읍·면 사무소, 동 주민센터에서 할 수 있다. 신청인의 심신상태를 조사하여 '장기요양인정점수'를 산정하여 등급을 판정하며 요양 1~5등급으로 판정받을 경우 시설급여, 재가급여로 선택하여 장기요양급여 서비스를 받을 수 있다.

3. 가족복지전달체계

가족복지전달체계는 가족복지정책과 서비스를 수급자나 이용자에게 원활하게 전달하기 위하여 마련된 조직체계이다. 가족복지정책의 주체는 정부(중앙정부와 지자체)이지만 전달체계는 공공조직과 민간 사회복지기관 및 조직이 모두 포함된다. 따라서 우리나라의 가족복지정책 전달체계는 중앙정부의 보건복지부와 여성가족부, 지자체의 가족 및 복지 관련 주무 부서, 건강가정지원센터와 다문화가족지원센터를 비롯한 공공 및 민간 가족복지 관련 기관과 시설이 모두 포함된다. 가족복지정책의 주체인 중앙정부와 지방자치단체와 가족복지정책의 핵심전달체계인 가족센터(기존의 건강가정지원센터와 다문화가족지원센터 통합 명칭 변경) 역할과 사업에 대해 살펴보도록 한다.

1) 중앙정부

중앙정부의 가족정책 주무 부서는 여성가족부이며 그 외, 보건복지부, 고용노동부가 있다. 2005년에 가족 관련 업무가 여성가족부로 이관되기 전까지 가족복지를 주관하던 행정부서는 보건복지부였다. 보건복지부 내에서 가족복지 업무는 요보호가족에 대한 사후지원서비스 제공이나 가정의례 보급이나 홍보와 같은 지엽적인 업무에 치중되었다. 가족복지 업무는 보건복지부 내에서 주요업무로서 위상을 갖지 못하고 사회적 상황이나 정권 변화에 따라 부처 이동을 거듭하였다. 한부모가족지원 업무는 보건복지부에서 담당하다가 2004년에 여성가족부로 이관되었고, 2008년에 보건복지부가 보건복지가족부로 개편되면서 보건복지가족부로 이관되었으며, 2010년에는 정부 조직의 개편으로 다시 여성가족부로 이관되었다. 이처럼 우리나라의 가족정책은 전체를 총괄하는 주무부처가 부재되어 있다는 점과 거듭된 변동으로 인한 정책 집행의 어려움과 한계가 있다. 현재 여성가족부에서는 가족정책관의 업무가 가족정책과 관련되며, 가족정책관에서는 가족정책과, 가족지원과, 가족문화과, 다문화가족과를 두고 관련 업무를 총괄한다.

보건복지부에서의 가족정책은 인구정책실의 업무와 관련되어,산하에 인구아동정책관, 노인정책관, 보육정책관을 두고, 아동, 노인,보육 관련 업무를 시행한다. 고용노동부에서는 남녀고용평등과 일 · 가정 양립 지원에 관한 법률에 근거, 여성고용 업무로 관할하여 근로자지원과 사업자지원으로 시행하고 있다.

2) 지방자치단체

지방자치단체에서 광역시 또는 도·시·군·구 단위의 가족정책 업무는 광역시에서, 도의 경우 여성가족정책실이나 여성가족국에서, 시·군·구 의 경우에는 사회복지과나 여성가족과, 여성정책과, 가정복지과 등에서 이루어진다. 서울특별시의 경우에는 여성가족정책실에서 가족담당관을 두고 가족정책팀, 출산장려팀, 아동친화도시팀으로 업무를 담당한다. 그러나 지자체마다 가족정책관련 부서의 위상이 정확하지 않고, 업무가 여러 과에 분산되어 있어 가족정책 업무의 통합성과 체계성 부족이 지적된다. 가족정책이 추구하는 목표를 효과적으로 실현할 수 있는 통합적이고 포괄적인 전달체계의 구축이 필요할 것으로 보인다.

중앙정부 및 지자체의 전달체계와 별도로 가족관련 서비스는 민간사회복지 및 가족 관련기관과 시설이 가족정책의 전달체계에 포함된다. 가족정책의 전달체계로서 사회복지관, 가족센터(건강가정지원센터, 다문화가족지원센터), 노인 및 아동, 장애인, 정신장애인 복지시설, 모자복지시설, 보육시설, 가정폭력상담소 및 보호시설 등이 있다. 이들 기관들은 관련 가족정책에 따라 대상별로 특성화된 서비스를 제공하고 있는데, 대표적인 가족복지 관련기관은 가족센터(건강가정지원센터와 다문화가족지원센터)이다.

3) 가족센터(건강가정지원센터, 다문화가족지원센터)

건강가정지원센터와 다문화가족지원센터는 가족정책의 핵심전달체계이다.

건강가정지원센터는 2004년에 3개소 설립으로 시작되었으며, 다문화가족지원센터는 2006년에 '결혼이민자가족지원센터'라는 명칭으로 21개소로 시작되어 2008년의 「다문화가족지원법」 제정 이후에는 '다문화가족지원센터'로 변경, 2016년부터 건강가정지원센터 및 다문화가족지원센터의 통합서비스가 실시되었다. 2021년부터는 건강가정, 다문화가족지원센터 명칭을 '가족센터'로 변경 운영하고 있다. 통합 운영하고 있는 가족센터는 24년 현재 기준 212개소이며, 다문화가족지원센터는 22개, 건강가정지원센터는 13개소이다. 이들은 건강가정기본법과 다문화가족지원법에 근거, 관련 사업을 수행하도록 되어있다.

가족센터(건강가정 · 다문화가족지원센터)는 「건강가정기본법」 제35조에 따른 '건강가정지원센터'와 「다문화가족지원법」 제12조에 따른 '다문화가족지원센터'의 기능을 통합해 운영하는 곳으로, 가족형태, 가족관계 특성 등을 고려한 가족교육, 가족상담과 다문화가족을 위한 한국어교육, 자녀방문교육 등 종합 서비스를 제공하고 있다. 또한 아이돌봄서비스, 공동육아나눔터 운영 등을 통해 지역사회 돌봄 사각지대 해소에 큰 기여를 하고 있으며, 22년부터는 1인 가구 사회관계망 지원사업을 실시하였으며, 24년부터는 취약위기가족지원사업을 강화하고 있다.

가족센터에서 시행되는 사업을 간략하게 살펴보면 다음과 같다(한국건강가정진흥원의 가족센터 사업안내 24년 9월 홈페이지 검색자료 참고).

(1) 가족센터사업

가족 내에서 발생하는 문제를 예방하고 가족관계향상과 가족구성원의 역량을 강화하기 위한 부모, 부부, 조부모, 자녀 등 가족을 대상으로 한 생애주기별 다양한 교육을 시행, 운영한다.

(2) 가족상담

부부관계 회복을 위한 부부상담, 부모-자녀 간 발생할 수 있는 문제 해결을 위한 부모-자녀 상담, 임신 · 출산 · 양육에 따른 갈등상담, 이혼 전 · 후 갈등상담 등 생애주기에 따라 발생하는 가족 내 다양한 갈등과 문제에 대한 상담사업을 운영한다.

(3) 온가족보듬사업(취약위기가족지원 사업)

경제, 심리 · 정서, 양육 등 다양한 어려움을 겪고 있는 취약가족, 사회적 외상으로 인해 직 · 간접적으로 피해를 경험한 위기가족 등 다양한 가족을 대상으로 맞춤형 서비스를 제공하는 사업으로 부모-자녀상담, 부부상담 등의 가족상담, 가족사례관리, 가족관계 향상 및 사회적 관계망 형성을 지원하는 교육 · 문화프로그램 및 자조모임, 긴급위기 상황을 직면한 가족에 대한 심리 · 정서지원 및 긴급돌봄 등의 긴급위기 지원을 시행한다.

(4) 다양한 가족지원(다문화가족 특성화 사업)

다문화가족 자녀 언어발달지원사업, 결혼이민자 통 · 번역서비스 사업, 이중언어교육지원, 결혼이민자 역량강화지원, 진로설계지원, 기초학습지원, 다문화가족 자녀 교육활동비 지원, 결혼이민자 직업훈련 프로그램의 운영으로 다양한 가족지원 서비스를 제공한다.

(5) 공동육아나눔터

부모 등 양육자들이 모여 양육과 관련된 정보를 공유하고 자녀를 함께 돌보는 활동을 통해 가족 기능을 강화해 나갈 수 있도록 공간을 마련하고 제공하는 사업으로, 가족품앗이 활동 및 공동육아 지원 및 놀이활동 지원을 하는 사업이다.

(6) 아이돌봄지원사업

부모의 출장, 야근 또는 아동의 질병 등으로 발생하는 일시적인 양육공백에 따른 돌봄지원과 1:1 개별보육을 선호하는 취업부모에게 가정 내 12세 이하 아동을 대상으로 돌봄서비스 지원 제공을 하는 사업이다.

현재 가족센터는 기존 건강가정지원센터와 다문화가족지원센터를 통합 운영하고 있지만, 각각의 법령(건강가정기본법, 다문화가족지원법)의 근거에 따라 사업이 시행됨으로 통합사업보다는 여전히 대상별에 따른 사업이 이루어지는 부분이 있으며, 사업의 내용이 방대하다는 것이 현실적 과제다.

핵심용어

가족정책, 가족복지정책, 가족복지 모델, 가족복지서비스전달체계, 가족센터, 건강가정지원센터, 다문화가족지원센터

학습실천과제

1. 고티에의 가족복지정책 모델에 의거하여 현재 우리 사회의 가족복지 지원 정책을 분석해 보시오.
2. 가족복지서비스 주요 전달체계인 건강가정지원센터와 다문화가족지원센터의 가족복지 서비스 전달체계도를 조사해 보시오.
3. 본인이 거주하고 있는 지역의 가족센터 프로그램이나 서비스를 조사, 분석해 보시오.

제3부

가족복지의 실천적 접근방법

제5장

가족복지 실천의 이해

〈학습목표〉

1. 가족복지 실천의 이론적 관점으로서 가족체계론적, 가족발달론적, 가족건강론적 관점을 설명할 수 있다.
2. 가족복지 실천과정의 이론적 관점에 따른 가족사정의 내용과 방법을 서술할 수 있다.
3. 객관적 가족사정의 도구들을 활용할 수 있다.

가족복지 실천은 가족구성원 각 개개인의 정서적, 발달적 욕구를 충족하면서 동시에 가족이 좀 더 기능적이 되도록 지원하는 과정이다. 이 장에서는 가족복지를 실천하는 이론적 관점으로 첫째, 가족을 구성원 각 개인으로 보는 것이 아닌 한 단위로 보는 체계론적 관점, 둘째, 가족의 문제와 특성을 생활주기상에서 발달시켜야 하는 과제로 접근하는 발달론적인 관점, 셋째, 가족의 잠재력과 강점을 중심으로 접근하는 건강가족론적 관점을 선택하여 이들의 유용성과 내용을 살펴보도록 한다.

1. 가족복지 실천의 이론적 관점

1) 가족체계론적 관점

체계이론에서는 '전체는 부분의 합 이상의 것'으로 바라보며 각 체계, 즉 부분들의 상호작용과 교류의 양상이 포함된 전체를 주목한다. 체계는 단순한 부분들의 합이 아니라 부분 간 상호작용에 의하여 체계 자체의 독특한 성격을 가지게 된다. 또한 각 부분들은 체계 내 다른 부분에 대하여 상호의존적 속성으로 한 부분의 변화나 긴장은 전체 체계에 파급 효과를 가지게 된다. 이러한 시각은 문제에 대한 사정과 개입에 있어서 한 요소의 변화가 체계의 다른 요소의 변화에 기여하며, 다시 전체 체계의 변화에 영향을 미치는 순환적 상호성과 전체성을 볼 수 있도록 한다.

가족체계는 균형을 유지하려는 항상성의 특성이 있으며, 변화하는 사회체계와 상호작용하는 역동성을 가지며 기능한다. 한편, 사회체계는 가족체계에 영향을 주고 가족성원에게도 영향을 미치게 되며, 가족체계는 지역사회, 문화 등의 체계를 통하여 기능하면서 변화에 대항하거나 촉진된다.

가족복지실천을 담당하는 전문가는 가족이 사회의 큰 체계 속에서 영향을 받으면서 변화되는 과정 및 가족체계 내에서의 상호작용 패턴에 관심을 가짐으로써, 개입의 관점 확장과 초점의 다양화를 가져야 할 것이다.

2) 가족발달론적 관점

사회 속의 개인과 가족은 가족주기가 변화함에 따라 지속적으로 영향을 주고받기 때문에 가족발달론적 관점에서의 이해는 가족실천적 접근방식으로 유용하다. 이 관점에서는 가족생활주기의 각 단계별에 따른 가족의 역할과 발달과업을 가족원들이 제대로 실행하고 있는지에 관심을 둔다. 즉 시간에 따른 변화의 과정에 초점을 두게 되며, 가족이 각 단계 과업을 효과적으로 달성할수록 가족의 기능이 보다 성공적으로 유지되고 있는 것으로 본다. 가족발달론적 관점을 적용하는 데 있어서의 장점은 많은 사람들이 대부분 비슷한 가족발달주기를 갖고 생애주기 동안의 경험도 유사하기 때문에, 다음 발달단계로의 전이기에 겪을 수 있는 문제를 예상하고 대처할 수 있다는 것이다. 가족복지실천가는 가족이 발달단계에 따라 적절한 기능을 수행할 수 있도록 지원한다.

가족발달론적 접근성의 유용성은 다음과 같은 가족발달론적 접근법의 기본가정(Hill & Hanson, 1960; Aldous, 1978; 정현숙, 2016. 재인용)에서 찾을 수 있다.

첫째, 가족의 행동은 현재뿐만 아니라 과거의 목표, 기대 등을 통한 가족구성원들의 경험들이 축적되어 나타난다.

둘째, 각 가족구성원들 간의 상호작용에서는 연령에 따라 독특한 역할이 부여되므로 인간의 행위는 인간의 발달과 연결 지어서 이해해야 한다.

셋째, 비록 체계로서의 가족도 중요하지만 인간은 행위자인 동시에 반응하는 주체이기 때문에 가족구조 내에서 개인이 중심이 된다. 이러한 개인은 그들이 성숙해 감에 따라 타인과의 상호관계에서 행동을 주도하기도 하고, 환경에서의 자극에 적절히 반응하기도 하고, 가족구성원에게 의존적인 방식으로도 반응하기도 한다.

넷째, 가족과 그 구성원들은 가족의 발달수준에 따라 그들 스스로 혹은 더 큰 사회의 집단 구성원에 의해 규정된 발달과업을 수행해 나가야만 한다. 그러므로 개인과 집단의 발달은 사회환경으로부터의 자극과 잠재적인(혹은 발달된) 능력들로부터 알 수 있다.

다섯째, 가족들은 비슷하고 일관적인 유형으로 시간에 따라 변화해 나가는 특성을 가지고 있다.

3) 건강가족론적 관점

건강가족론적 관점은 가족복지실천에 있어서 중요한 이론적 근거를 제시해 준다. 이 관점에서는 가족의 문제보다는 가족의 잠재력 개발과 성장에 초점을 두고 있다. 즉, 개인과 가족의 강점을 지지하고 강화함으로써 그들의 잠재력을 개발하고 문제해결 능력을 증진시킨다. 모든 가족은 잠재적인 성장영역을 가지고 있으며, 가정의 건강성은 가족의 구조나 형태가 아니라 그것의 기능성이다. 따라서 건강한 한부모가족, 건강한 계부모가족, 건강한 핵가족, 건강한 양부모가족 등 무수히 많은 건강한 가족이 있을 수 있다. 가족체계를 건강하게 유지함으로써 가족원 개개인을 건강하게 육성시키고, 사회 전체를 건강하게 유지할 수 있으므로 가족의 강점에 초점을 두는 가족의 건강성 개발은 중요하다.

건강가정 개념은 1960년대 미국에서 시작되었으며, 가족에 대한 연구가 가족문제의 원인이나 병리현상에 초점을 맞추는 대신에 가족이 가진 긍정적인 측면에 초점을 맞추면서 가족의 강점을 보려고 하는 관점이다. 즉 '가족이 왜 실패하는가' 하는 것보다 '가족들이 어떻게 하면 성공적인 삶을 살아갈 수 있는가'를 강조하는 측면이다. 모든 가족은 강점과 더불어 도전과 잠재적 성장의 역량을 가지고 있으므로 가족이 그들의 문제가 아닌 강점을 보려 한다면 강점을 찾게 될 것이며, 이러한 강점은 개발될 수 있다고 본다. 건강가족적 관점에서 특히 중요시하는 주제는 개인적 차원의 긍정적인 사고와 책임감, 가족관계적 차원에서의 응집력과 기능적인 적응력 강화, 효율적인 의사소통, 그리고 사회적 차원에서는 건전한 시민의식 양성 등을 강조한다. 즉 가족원이 건강한 역할수행을 할 수 있는 잠재력을 개발시켜 주어 가족구성원 개개인의 성장과 더불어 가족전체가 성장하고 가족역량 강화로 가족문제를 기능적으로 대처하여 가족위기 및 해체를 예방할 수 있도록 한다.

종합하여 보면, 가족을 하나의 단위인 체계로서 전체성을 가지고 파악하며, 발달론적 관점에서의 과업수행 여부와 동시에 그들이 가지고 있는 강점과 자원을 파악하고자 하는 통합적인 접근이 가족복지 실천의 유용한 이론적 관점이라 하겠다.

2. 가족복지 실천과정: 가족사정

가족복지를 실천하는 과정으로서 가족사정이 필요하다. 가족사정은 가족에 대한 실천적 개입을 하기 전에 가족을 단위로 파악하여 이에 대한 자료를 조사, 수집, 분석함으로써 개입계획을 마련하는 과정이다. 여기에서는 가족사정의 개념, 가족사정의 내용과 방법을 살펴보도록 한다.

1) 가족사정의 개념과 과정

(1) 가족사정의 개념

가족사정의 개념은 가족사정이 지니고 있는 목적에 대한 이해와 가족사정의 과정들에 대한 이해를 통해 이루어질 수 있다.

전반적으로 사정은(Hepworth & Larsen, 1993; 조흥식 외, 2011. 재인용) ① 내담자의 본질, ② 내담자 및 중요한 타인의 대처능력, ③ 내담자 문제와 관련된 체계 및 이들 체계와 내담자 간의 상호작용 ④ 내담자의 문제해결을 위해 이용 가능한 자원, ⑤ 문제를 해결하는 동기 등의 사항을 파악하는 과정이다.

김유숙 외(2008)는 가족사정이라는 용어 대신에 가족평가라는 용어를 사용하고 있으며 이의 목적을 다음과 같이 제시한다.

첫째, 가족이 가지고 있는 문제를 이해하기 위함이다.

둘째, 치료적 개입을 계획할 수 있도록 상담자가 가족정보를 조직화하고 통합하여 적절한 개입을 위한 초점을 맞출 수 있도록 함이다.

셋째, 가족이 필요한 자원과 지원체계를 규명하기 위해 필요한 과정이라고 하였다.

이 과정에서 숙지해야 할 사실은 전통적인 정신의학 모델에서의 진단과 가족복지실천현장에서의 가족사정은 차이가 있다는 것이다. 가족사정의 단위는 개인이 아닌 가족 전체이며, 정신의학 치료현장에서보다 사정에 비중을 두는 정도가 상대적으로 덜하며, 또한 어떠한 이론적 모델을 가지고 진행하느냐에 따라서도 가족사정의 틀과 비중은 달라진다.

실제 가족복지실천 현장에서는 점차 전문가 중심관점의 사정에 치중하기보다 내담자 가족 스스로 지각하고 느끼는 가족문제에 대한 주관적 사정을 중시하고 있다. 또한 가족의 스트레스와 스트레스에 대한 가족의 반응뿐만 아니라 가족의 자원과 강점을 사정하여 치료계획에 반영하며, 사정은 초기 단계에서의 사정뿐만 아니라 내담자에게 제공되는 서비스의 전 과정을 통해 이루어져야 함이 강조된다. 가족복지실천현장에서 가족사정은 가족의 기능성을 보다 효율적으로 향상시키기 위해 사용되는 절차의 과정일 뿐, 결코 전체가 아니며 가족사정 자체가 목적이 되어서도 안 될 것이다.

상담자인 가족복지실천가는 이러한 측면에 주목하면서 초기 가족사정단계에 너무 머물러서도 안 되며, 전체 과정에서 초기 사정계획을 언제든지 수정할 수 있으며 재사정될 수 있는 유연성을 지녀야 한다.

(2) 가족사정의 과정

사실 가족을 사정한다는 것은 쉬운 일은 아니다. 가장 큰 어려움이 되고 있는 가족의 복잡성을 어떻게 포착할 것인가의 측면뿐만 아니라 기능적, 역기능적 가족평가에 대한 철학적 근거의 차이, 가족평가의 단위 및 정보를 누구로부터 얻느냐에 따라 달라지는 측면, 가족치료의 이론적 모델에 따른 사정의 필요성 정도와 관점의 차이 등으로 가족사정의 과정과 방법 및 가족사정 도구는 달라진다.

이러한 차이점은 있지만 전 과정을 통해 이루어지는 과정으로서의 접근법은 일반적으로 초기, 중기, 종결의 세 단계(김유숙 외, 2008; 정문자 외, 2012)로 크게 나뉘어져 진행되는 것이 일반적이다.

초기 단계에서의 사정은 개입 계획을 수립하는 단계로 치료자와 내담자 가족 간 친밀감과 신뢰감 형성이 중요하다. 이 단계에서 내담자의 인구학적 특성 등을 확인하기도 하고 가족과 개인의 발달단계 및 관련정보, 가족의 문제, 가족의 강점과 자원의 탐색이 필요하다. 상담에 오게 된 계기와 관계망에 대한 정보도 얻을 수 있으며, 문제에 대한 가족성원들의 반응과 문제해결을 위해 어떤 노력을 시도했는지를 파악해 볼 수 있다.

중기 단계는 사정과 치료적 개입이 반복하여 이루어지는 것으로 치료자는 내담자 가족이 자신을 표현하고 의사소통하는 가족상호작용 방식의 파악에 많은 부분을 할애하는 단계가 된다. 이러한 상담 중간과정에서 새롭게 직면되는 문제들이 생기면 개입계획을 수정하도록 한다. 또한 이 과정은 치료과정에 참여하는 가족에게 효과적인 시간으로 활용해 볼 수 있다. 이 과정을 통해 가족이 자신의 가족역동성을 다루는 방법을 알게 되고, 가족구성원 각자가 가족을 바라보는 눈이 다르다는 것을 인식하게 되는 시간이 될 수 있으므로 치료자가 사정하는 과정 자체가 곧 치료적 개입이 될 수 있는 단계이다.

종결 단계에서는 가족의 문제가 어느 정도 해결되었는지 파악하는 것이 주요한 평가내용이다. 가족이 목표를 이루었다고 느끼고, 상담자가 횟수를 줄이거나 회기 간격을 늘리는 것이 좋겠다는 생각이 든다면 종결의 신호로 볼 수 있다. 이 단계에서 내담자 가족의 정서적 반응과 변화된 가족관계 유형을 확인하며, 재사정하는 작업이 이루어질 수도 있다. 또한 치료자는 종결과 관련된 내담자들의 감정을 다루어야 하며, 질문을 던짐으로써 종결 후의 문제들을 가족들이 다룰 수 있도록 준비시키는 것이 필요하다(조흥식 외, 2011). 종결단계의 사정은 상담의 효과를 평가할 수 있는 근거이며, 추후상담 계획의 기준이 되기도 한다.

2) 가족사정의 내용과 방법

가족을 평가하고 사정하기 위하여 사정도구의 사용과 별도로 기본적으로 고려해야 하는 접근방식에 대한 이해가 더 중요하다. 여기에서는 앞서 가족복지실천의 이론적 관점으로 채택한 체계론적 관점, 가족생활주기론적 관점, 건강가족론적 관점에 따른 사정의 내용과 방법을 숙지해 보도록 한다.

(1) 체계론적 관점에서의 가족사정

가족을 사정할 때, 가족의 내부기능과 가족 역동의 파악은 기본적 과제이다. 이를 위한 사정의 틀로서 '가족을 체계론적 관점(family as system)'에서 이해하는 개념들의 숙지가 필요하다. 가족을 체계로 이해하며 평가할 수 있는 기본적 개념들을 살펴본다.

① 가족항상성

모든 체계는 일정한 상태나 바람직한 균형을 유지하려고 노력하는 경향이 있으며 체계가 어떤 일정한 상태를 유지하는 데는 피드백 망이 큰 역할을 하게 된다. 바람직한 목표를 가진 가족은 가족성원이 서로 건전한 성장을 도모하는 상호

교류를 통하여 관계의 균형을 유지한다. 그러나 어떤 가족의 경우는 유연한 피드백 과정을 갖지 못하고 가족의 기존 관계 유형을 유지하기 위해 가족 내 증상을 가진 누군가를 필요로 한다. 가족치료자는 이런 측면에 주목을 하면서, 가족항상성을 유지하기 위한 희생자가 없는지, 병리적 원인이 있는 가정에서 변화가 필요함에도 가족이 완고하게 기존의 친숙한 유형의 상호작용을 고집하고 있는 패턴을 찾는다.

② 의사소통 방식

가족을 체계론적 관점에서 이해할 때, 개인의 병리적 행동은 가족원 간의 관계, 특히 의사소통 맥락에서 본다. 가족의 의사소통방식에 대한 사정 시, 의사소통의 일치성, 명확성 및 의사소통의 수용성, 표현성과 의사소통의 방해요인 등을 고려한다.

가족 안에서 얼마나 자신이 느끼고 생각한 것을 자유롭게 표현할 수 있는가도 중요한 기준이 된다. 기능적인 가족은 가족원들이 서로의 느낌과 생각을 자유롭게 표현하고 실수에 대해 사과할 수 있고 수용된다. 역기능적 가족에서는 의사소통이 간접적이고 모호하며 상대방 탓을 하며 서로를 부정적으로 평가한다.

③ 가족규칙

가족은 규칙에 지배되는 체계로서 가족성원들은 서로 조직화되고 반복적인 상호작용 유형으로 행동한다. 결혼생활에서는 부부가 여러 가지의 다양한 역할 - 돈벌이, 살림살이, 사회생활, 성생활, 자녀양육 -에 협동할 요청을 받으면서 각 개인에게 적절한 활동이 분담되면서 부부가 가족생활이라는 삶을 운영하게 된다. 규칙은 가족체계 내에서 상호작용하는 역동적인 역할을 한다. 이러한 가족규칙이 논의와 협의 및 변화의 가능성을 개방적으로 수용하여 성립된 것일 수 있지만, 때로는 경직된 가족규칙이 가족 내에 존재하면서 가족을 구속하는 경우가 있다. 역기능적인 가족은 역기능적인 규칙을 따르고 있는 것일 수 있으므로 가족들에게 성장과 성숙을 저해하는 불문의 규칙을 일깨워 이를 수정시킬 필요가 있다.

④ 가족신화

가족신화는 가족의 의식, 역할, 규칙의 상호작용으로 전개되는 가족이데올로기의 한 부분이다. 즉 가족구성원 개개인 그리고 그들 사이의 관계에 대한 기대와 공유된 믿음으로 구성되는 것으로 이의 특징은 모든 가족성원이 아무런 의심 없이 공유하는 믿음과 기대라는 점이다. 예를 들어 '전통사회의 가족은 현대사회의 가족보다 더 안정적이고 화목한 집단이다', '정상가족과 이상가족이 따로 있다', '부부일심동체' 등이 있다. 이러한 가족신화는 가족항상성을 유지하는 데 기여하기도 하나 때로는 가족관계를 파괴할 정도로 위협적이고 강도가 높은 긴장을 유발하면서, 가족의 역기능을 초래하기도 한다.

⑤ 가족의례

가족의례의 질적인 측면을 측정하는 것은 가족사정의 또 다른 중요한 측면이다. 의례란 가족문화의 핵심적 요소로서 대부분 세대를 통하여 전수된다. 여기에는 역기능적 가정에서 보이는 일상적인 상호작용 양상과 생일날, 명절 등에 전형적으로 보여 주는 활동이 포함된다. 명절 등에 가족이 모이게 되면 항상 싸우게 되는 가족이 있다면 그것은 전형적으로 역기능적 가족의 징후이며, 해결되지 않는 감정의 징후이다. 가족 간 상호작용의 질이 떨어지면 생일, 기념일 등이 무시되기도 한다. 가족의례를 파악하기 위하여 함께 찍은 가족사진을 가져오도록 해 점검해 볼 수도 있다. 중요한 날에 빠져 있는 가족구성원을 중심으로 관련된 상황과 사건을 추적해 보면, 가족의 역기능을 파악하는 단서가 될 수 있다.

⑥ 격리와 밀착(유리와 속박)

이는 가족이 서로 얼마나 관여되어 있는지의 여부를 파악하는 개념으로 가족성원의 개인적 정체감의 강도와 가족의 친밀함의 수준을 알려 주는 지표이다. 가족성원이 모든 문제에 관해서 서로가 지나치게 얽혀 필요 이상으로 관여하게 되는 밀착(속박)된 가족이 있다. 이러한 경우에서는 가족들 간 구분이 모호하며, 가족에 대한 소속감이 모든 경험을 지배하여 가족 각자가 독립된 자기의식을 발달시길 수 없게 된다. 반대로 가족성원이 지나치게 흩어져 있는 격리(유리)된 가족이 있다. 이러한 가족에서는 부모와 연합하는 정도가 낮아서 부모에 대한 존중감이 낮고, 가족끼리의 소속감과 상호의존성이 없고, 필요할 때에 가족들에게 도움을 요청하지 않거나 못한다. 이러한 가정에서의 가족성원들은 가정 내에서 친근한 관계를 맺지 못하기 때문에 바깥 세계에서도 남과 관계를 맺는 데에 어려움을 겪게 된다. 대체로 비행아동이 있는 가족환경은 극단적으로 속박된 가정이거나 유리된 가정의 특성을 보이며, 속박된 가정의 아동에게서는 정신·신체적 증상이 나타나는 경우가 많다.

⑦ 부모화

이는 가족을 사정할 때 자주 사용되는 개념으로 어떤 자녀가 가족 내에서 부모나 배우자의 역할을 대신 수행하는 것을 의미한다. 부모화된 아이는 체계가 잘 기능하지 못하는 가족에서 자신의 나이에 걸맞지 않게 지나친 책임감, 능력, 자율성 등을 발전시킨다. 이러한 경우는 대부분 자신들에게 기대되는 역할이 그 자녀가 아이로서 가지고 있는 욕구와 서로 상충될 수 있다. 이러한 요구는 그가 가진 능력으로는 달성할 수 없을 때도 있다. 결과적으로 심리적 압박감을 느끼며, 아이가 달성해야 할 다른 측면의 발달과업은 제대로 수행하지 못하게 되는 위험성을 가진다. 부모화는 다양한 상황에서 일어날 수 있는데, 부모가 병에 걸리거나 죽거나 알코올중독으로 가족을 방치할 때 이러한 현상이 더 많이 일어난다. 이러한 경우 부모의 유용성이 떨어짐으로써 자녀에게 신체적으로나 심리적으로 부모의 역할을 떠맡게 되는 것이다.

(2) 가족생활주기론적 관점에서의 가족사정

치료자가 '체계로서 가족'을 이해하는 것이 중요한 만큼 또 염두에 두어야 할 점은 가족이 시간에 따라 변화하는 체계라는 것이다. 가족은 개인보다 복잡하지만, 한 단위로서의 가족도 시간의 경과에 따라 생활의 일정한 경로를 지나게 되는데 이것을 가족생활주기라고 한다. 이 단계들의 진행은 규범적인 변화로서 어느 정도의 스트레스를 수반하기 마련이지만, 만일 다른 예측하지 못한 스트레스와 겹쳐 가족생활주기의 진행이 방해를 받거나 진로에서 벗어나면 증상이 발생할 수 있다. 가족이 특정 발달단계에서 요구되는 가족발달과업을 제대로 달성하고 있는지 또는 어느 단계에서 고착되었는지, 전이기의 스트레스가 발생하고 있는지, 가족성원의 역할기대가 잘 이루어지고 있는지를 평가해 볼 수 있다.

가족생활주기에 따라서 수행되어야 하는 과제가 있는데, 이러한 과제들이 적절히 수행되면 가족은 안정되고 가족원은 충족감을 느끼며 살아갈 수 있다. 가족생활주기는 일반적으로 결혼전기, 가족형성기(결혼적응기), 자녀아동기, 자녀청소년기, 자녀독립기, 노년기 등으로 나뉜다. 이 단계에 따른 발달적 과제와 각 단계에서 나타날 수 있는 특징적 문제들(김유숙, 2006; 정문자 외, 2012)을 살펴보도록 한다.

① 결혼전기

이 단계는 자신의 원가족과 앞으로 자신이 만들어 갈 가족의 중간에 있으며 자신의 원가족에서 분리되어 어떤 가족에게도 소속되지 않는 성인기이다. 결혼전기 또는 구애단계로 명명되는 시기로 이 단계는 앞으로 진행될 가족의 형성의 기초가 된다. 이 단계에서 이루어야 할 발달과제는 자신에 대한 정서적, 애정적 수용과 원가족으로부터의 자기분화의식, 적절한 직업선택, 그리고 그 속에서 동료와 친밀한 관계를 발전시키는 능력과 친밀한 이성관계 발달, 일과 경제적 독립확립이다. 특히 부모와의 정서적 독립은 이 시기의 가장 중요한 과제라 하겠다.

결혼에 의한 새로운 부부체계가 바람직하게 형성되기 위해서는 성숙한 남녀의 결합이 중요하고 이에 따라 가족생활주기의 출발점에 서 있는 첫 단계에서 개인의 성숙의 요소는 무엇보다도 중요하다. 이를 위하여 원가족과의 해결되지 못한 문제들이 미치는 영향에 대한 통찰이 필요하다. 이성희 외(2009)는 결혼하기 전에 다루어야 할 정서적 영역들로 분노조절 미숙, 자기도취성, 정신적 침체와 주기적 성격장애, 중독증, 부모와의 문제 등을 제시하고 있다.

② 가족형성기

결혼적응기 또는 결혼초기 단계라고도 하는 이 단계는 결혼에 의한 가족의 결합을 축으로 한다. 이 과정에서 두 사람은 서로에 대한 헌신이 필요하며 그 결과 새로운 부부체계가 형성된다. 부부는 커플로서의 충분한 기능을 수행하기 위해서 기본적인 규칙과 유형을 만들어 갈 필요가 있다. 이러한 규칙은 상대의 욕구에 맞추는 것, 의견이나 사고의 차이를 조정하는 것, 집안일이나 수입과 지출 등의 일상생활을 하는 데 필요한 여러 가지 활동을 어떻게 조화시킬지에 대한 합의를 포함한다. 또한 개인의 독자성을 손상시키지 않으면서 부부로서의 일체감을 느낄 수 있어야 하며 동시에 명확한 경계를 만드는 것이 필요하다. 각자의 원가족과 배우자의 관계에서는 적절한 균형을 유지하는 것이 중요하다.

이러한 시기에 자주 보이게 되는 갈등은 이전 단계의 해결되지 않은 문제를 암암리에 신혼생활까지 끌고 들어오는 것이다. 특히 신혼기의 위기 극복은 미래의 행복한 결혼생활에 결정적 영향을 미친다. 이 시기의 위기를 잘 극복하지 못하면 서로가 주고받는 상처 때문에 결혼생활은 흔들리기 쉬우며 가정이 안식과 사랑과 힘을 공급받는 장소가 아니라 갈등과 분노와 고통의 전쟁터가 되고 만다. 결혼생활에서 가장 처음 일어나는 과도기적인 단계에서 신혼의 위기를 잘 알고 지혜롭게 대처하는 것을 배우는 것이야말로 가장 현명한 결혼 준비이며 행복한 결혼생활을 위한 첩경이라 하겠다.

③ 자녀아동기

이 단계는 첫아이의 출생과 태어난 아이가 전적으로 부모에게 의존하는 상태에서 출발한다. 이 단계에서는 부부의 적응을 기초로 자녀를 낳아 자녀의 성장과 더불어 부모로서 양육의 책임과 의무를 위한 정서적, 물질적 기반이 필요한 시기이다. 자녀의 출산과 자녀양육에 따른 경제적 비용을 마련하고 아내의 가사일 증가로 인한 가사분담 및 자녀와의 생활을 위한 공간을 재구조화해야 한다.

부부체계 안에 아이가 들어오면서 여러 가지 변화로 인한 서로의 역할에 대한 논쟁이 벌어질 수 있다. 누구의 생활을 가장 많이 변화시켜야 하는가, 누가 일을 그만두고 쉴 것인가, 원가족에서의 자녀양육에 대한 역할과 규칙은 무엇이었는가, 분명 이것은 많은 부부들에게 중요한 도전이 될 수 있으며, 역할분담 문제 등에 압박이 있게 된다.

이 단계에서는 남편과 아내 각각의 원가족과의 갈등, 습관적인 역기능적 의사소통 유형, 세대 간 연합으로 인한 가족의 경계선 문제, 새로운 가족구성원을 수용하지 못하는 데에서 오는 문제, 자녀들의 정서장애문제 등이 있을 수 있다.

④ 자녀청소년기

자녀가 청소년이 되었을 때 가족은 또 한 번 중요한 도전이 발생한다. 어린 자녀를 양육하고 보호하던 역할과는 달리 자녀가 책임감을 가지도록 가족의 구조와 조직을 변화시켜야 하는 단계이다. 가족 내의 자녀에 대한 규정뿐 아니라 자녀의 발달과 관심의 변화에 대응하여 부모의 역할도 변해야 한다. 청소년은 한계와 규칙에 도전하고자 하는 욕구가 있고 자신의 정체감을 발달시키고자 한다. 이런 점에서 청소년은 종종 부모를 심하게 압박하곤 한다. 이와 동시에 부모는 대개 중년의 위기를 경험하고 직업적으로 성공해야 한다는 엄청난 압력을 받는다. 이러한 압력에 더해 노부모가 나이가 들어 건강관리에 위기를 맞을 수도 있다. '샌드위치 세대'라는 새로운 용어는 청소년 자녀와 부모님 문제의 중간에 낀 느낌을 갖기 시작하는 중년의 부부를 잘 묘사해 준다.

이 단계에서 청소년 자녀의 학업부진, 부모와의 대립갈등, 가출, 비행 등 심각한 정도의 자녀문제가 표출되기도 하며 부부가 주도권을 얻기 위한 권력투쟁 결과로 생기는 문제, 가족경계의 경직성으로 인한 문제 등이 보일 수 있다.

⑤ 자녀독립기

자녀독립기는 자녀가 독립을 꾀하는 시기로 부모의 품에서 떠나 독립된 사람으로서 자율성을 확립하는 단계이다. 이 단계의 특징은 가족구성원이 가족체계에 들어오거나 나가는 것이다. 성장한 자녀는 집을 떠나 학업, 입대, 취직을 하기도 하고 결혼한 자녀는 배우자가 새로운 가족구성원으로 들어오게 된다. 부부는 부부체계를 이인군 관계로 재조정해야 하며 성장한 자녀와 부모와의 관계를 성인 대 성인의 관계로 발전시켜야 한다. 자녀의 배우자로 인해 며느리, 사위, 사돈, 손자녀가 생기므로 이들이 모두 가족체계에 포함되도록 가족관계를 재정비하고 부모나 조부모의 무능력과 죽음도 준비해야 한다.

이 시기는 빈 둥지 시기로 여성은 이제까지 기능해 왔던 어머니 역할이 줄어들고 폐경기의 경험을 하고 남성은 경제적 활동으로 그동안 소홀히 했던 인간관계와 친밀감의 중요성을 발견하기도 한다. 자녀의 독립은 부모에게 인생에서 새로운 의미를 갖게 하는데 이 시기에 부모가 조기퇴직을 할 경우 어떻게 대처하는가가 부모의 부부관계에 영향을 미친다.

이 단계에서 주로 나타나는 문제로는 자녀의 독립으로 가족의 안정성이 깨지면서 나타나는 문제, 자녀에 대한 과보호로 인해 부모-자녀관계가 동료관계로 옮겨지는 것을 방해함으로써 발생하는 문제 그리고 가족구성원의 증감을 수용하지 못하는 데서 오는 문제 등이 있다.

⑥ 노년기

이 시기의 주제가 되는 '상실'을 최소화하며 역할의 변화를 수용해야 하는 단계이다. 상실은 신체적 쇠퇴를 비롯하여 경제적, 사회적 상실 외 배우자, 형제, 친구, 친지의 상실에 대처해야 하며 자신의 죽음에도 대비해야 하는 과제이다. 이 단계에서의 노인은 신체적으로 쇠퇴 과정에 있지만 각자의 기능과 관심사를 얼마나 유지할 수 있느냐가 중요한 과제이다. 이 단계에서는 은퇴에 따른 역할상실감, 부부가 함께 한 공간에 있음으로써 생기는 문제 혹은 배우자의 상실에 따른 정서적 문제 그리고 세대 간 역할변화를 수용하지 못하는 것에서 야기되는 문제 등이 주로 나타날 수 있다.

〈표 5-1〉 가족생활주기의 단계와 발달과제

가족생활주기의 단계	이행에 동반된 특징적 원리	발달과제
결혼전기 가족과 가족 사이의 중간적 존재: 어떤 가족에게도 소속되지 않은 젊은 성인	부모에게서 분리	· 가족과의 관계에서 자기 확립 · 친밀한 또래관계의 발달 · 직업상의 정체감 확립
가족형성기 결혼에 의한 가족결합: 새로운 신혼부부의 탄생	새로운 가족체계의 출발	· 부부체계의 형성 · 확대가족이나 친구들이 배우자를 수용
자녀아동기 어린 자녀를 둔 가족	가족체계 내의 새로운 구성원 수용	· 자녀를 포함한 부부체계의 재구성 · 부모로서의 역할수행 · 부모 또는 조부모의 역할을 포함하는 확대가족관계 회복
자녀청소년기 사춘기의 자녀를 둔 가족	자녀의 자립을 인정하는 가족경계의 확대	· 사춘기 자녀가 가족체계 안과 밖을 자유롭게 드나드는 것을 허용하는 형태로 부모-자녀관계가 이행 · 중년의 부부문제나 직업 등의 발달과제에 대한 재인식 · 노년세대에 대해 배려하는 방향으로의 관심 이행
자녀독립기 자립하는 자녀를 둔 가족	가족체계 밖에서 생활하거나 가족체계에 새롭게 참가하는 가족의 다양화 현상	· 부부체계의 새로운 협력 · 성장한 자녀와 부모 간의 성인으로서 맺는 관계로 이행 · 자녀의 배우자와 손자를 포함한 형태의 가족관계 회복 · 부모 또는 조부모의 신체적 · 정신적 장애나 죽음에 대한 대처
노년기 노년기를 보내는 가족	세대에 다른 역할변화의 수용	· 자신 또는 부부의 기능 유지와 육체적 쇠약에 대한 관심 · 새로운 가족관계 또는 사회적인 역할 탐색 · 중년세대가 보다 중심적인 역할을 하도록 지지 · 연장자의 지혜와 경험을 가족체계 속에서 살리는 기회를 형성 · 배우자, 형제, 동료의 상실에 대응, 자신의 죽음을 준비, 인생의 통합

출처: Carter, E. A., & McGoldrick, M.(Eds.)(1980), 김유숙(2006). 가족상담 2판, p. 73. 재인용.

오늘날 많은 가족들은 이혼이나 재혼 또는 사별 등으로 다른 인생주기를 경험한다. 이러한 가족들에서는 앞서 제시된 질서정연하게 가게 되는 발달과제가 아닌 다른 발달과제들의 단계가 요구되므로 실천가들은 이에 대한 이해가 첨가되어야 할 것이다.

이와 관련, 카터와 맥골드릭(Carter & McGoldrick, 1988 ; 박태영, 2003. 재인용)은 이혼과 재혼가족의 생활주기를 제시한 바 있다.

이혼가족의 경우에는 ① 이혼에 대한 결정, ② 가족체계의 해체를 계획, ③ 별거, ④ 이혼, ⑤ 이혼 후 한부모의 단계를 경험한다. 이혼과정은 부부 두 사람만 아니라 자녀가 있을 경우 가족원 모두가 아픔을 경험하는 중대한 생활사건이다. 이혼으로 인한 과업을 원만히 처리하지 못할 경우, 그 피해는 자녀들의 삶에 부정적으로 나타날 수 있을 것이다.

재혼가정의 경우에는 ① 새로운 관계의 시작, ② 새로운 결혼생활과 가족에 대한 개념화와 계획, ③ 재혼과 가족의 재구성이라는 단계를 밟는다. 재혼가족은 관계 상실로 인한 상처를 다루는 것과 두 개의 가족체계 내에서 겪는 두려움, 충성심에 대한 갈등, 소속감 등의 문제 등이 중요하게 다루어져야 할 것이다.

이 외 가족복지실천 현장에서 가족생활주기를 평가하는 데 있어서 함께 고려되어야 할 측면은 상담자 자신의 생활주기와 내담자 가족의 생활주기가 있다. 이는 상담자와 내담자 간의 적합도(Carter & MaGoldrick, 김유숙 외, 2008. 재인용) 측면으로 ① 상담자가 내담자 가족의 생활주기를 경험하지 못한 경우, ② 상담자가 내담자 가족과 같은 생활주기에 있는 경우, ③ 상담자가 내담자 가족의 생활주기를 이미 경험한 경우일 것이다.

이러한 적합도 문제는 각 경우에 나타날 수 있는 이점과 한계점을 인식하면서, 적절한 슈퍼비전과 상담자 자신의 원가족에 대한 통찰과 평가로 극복하도록 한다.

(3) 원조수준에 따른 강점관점에서의 가족사정

가족의 강점은 기능적인 가족뿐 아니라 역기능적인 가족에게도 있으며 어떤 관점에서 보느냐에 따라 부정적 측면이 강점으로 변화될 수도 있다. 가족들에게 필요한 도움과 강점은 제각기 다른 수준에 따라 다르다는 사실을 인식하는 것이 유용하다. 인간발달과 관련한 욕구 단계가 있듯이 가족문제의 수준도 욕구의 위계로 파악할 필요가 있다. 웰트너(Weltner, 1985)는 도움이 필요한 가족의 욕구를 생존 수준에서 가족 간 정신적 충족인 자기실현에 이르기까지의 위계로 본다. 웰트너의 이론을 기초로 원조수준에 따른 가족사정의 내용과 이슈들을 살펴보도록 한다.

① 수준 1: 기본적 생존 확보와 지원이 필요한 수준

이 수준에서는 가족이 생존의 기본적 확보가 필요한 단계이다. 직업상실, 심한 질병 같은 위기로 자포자기해 버리면서 방임이나 가정을 조직할 수 없는 상태로서 기본적 양육능력이 부족한 가족이 이에 해당한다. 기본적인 의식주 문제를 해결하지 못하고 다른 가족원을 보호할 힘도 상실하면서 가족을 이끌어 갈 지도력이나 통제에 결함이 생긴다. 경제적으로 낮은 계층의 가정과 완전히 무기력해진 한부모 가정, 학대나 방임이 자주 일어나게 되는 가정의 유형이 이에 속한다. 가족의 중심을 이루고 있던 구성원이 질병이나 알코올 또는 약물로 인하여 무능력해지거나 자연재해나 지속적으로 신체적, 정서적 자원을 고갈시켜 온 생활스트레스 등도 대표적인 사례에 속한다.

이들에게는 가족사정 시, 가족 강점이나 탄력성, 자원을 찾는 작업과 함께 현실적으로 필요한 의료적 의뢰, 시설입소 등의 자원연결 등의 사례관리와 이를 위한 법적 자원의 검토가 우선적일 수 있다. 때로는 이들을 도울 수 있는 복지기관이나 학교와 같은 다른 전문가와 연계하는 것이 더 유용할 수 있다.

② 수준 2: 제한과 안전이 필요한 수준

이 수준에서의 가족은 최소한의 의식주는 해결되고 있으나 부모 권위의 유지 및 한계 설정이 주요 이슈가 된다. 아동의 행동이 부모의 통제를 벗어난 수준이거나 일탈한 청소년, 부모의 약물남용, 도박중독 등 가족구조에서 중요한 부분의 실패로 가족의 중심을 유지할 수가 없는 경우이다. 또한 스스로 해결할 수 있는 수준의 통제와 조절의 범위를 넘어선 결혼갈등이 있으며, 가정 내 폭력이 발생하기도 하나 가족구성원들이 이에 대한 인식이 결여되어 있을 수 있다.

수준 1과 마찬가지로 강점, 탄력성, 자원을 찾는 것부터 시작하면서 가족의 구조를 바꿀 수 있도록 도와주어야 한다. 가족구조에 대한 이해를 통해 어떻게 가족구성원이 연합되었고, 무엇이 필요한 통제와 조절을 방해하는지를 찾는 것이 필요하다. 가족을 이끌어가는 부모체계에서 그들이 가진 강점이나 가능성을 발견해 주며, 부모로서의 연합을 촉진시켜 가족의 기능을 활성화되도록 돕는다.

③ 수준 3: 경계설정과 통제방식의 변화가 필요한 수준

가정을 조직화하지 못한 수준 1, 2의 가족과는 달리 자신들의 문제에 어떻게 대처해야 하는지에 대한 검토와 나름의 대처방식이 있는 수준이다. 이들의 가족문제는 복잡하게 나타나면서 외형적으로 볼 때는 가족구조와 생활방식이 기능적으로 보이기도 한다. 이러한 구조와 생활방식은 3세대에 걸쳐 전수된 것일 수도 있으며, 일종의 가족문화로 형성되면서 특유의 가족 방어기제로 작용하므로 외부의 개입과 지원에 대한 저항이 강할 수 있다. 저항을 누그러뜨리는 것이 중요한 과제이며, 이 수준에서의 개입은 모든 구성원들이 적절한 공간과 거리, 사생활을 가질 수 있도록 도와야 한다.

상담 초기에 정서체계, 세대 간 명확한 경계, 의사소통이나 문제를 둘러싼 권력구조 탐색 등이 필요한 수준으로 가족정서체계 치료적 개입이나 해결중심가족치료 개입의 적용으로 접근해 볼 수 있다.

④ 수준 4: 개인의 자아실현과 가족의 성장이 주된 이슈

이 수준에서는 기본적 필요는 충족되며 구조적 경계도 비교적 명료하며 만족한다는 강점과 자원을 가지고 있다. 이들의 문제는 보다 풍부한 친밀감, 자존감, 자율성의 열망, 영적 성장과 관련되어 있는 것으로 보다 나은 삶의 기술과 각 가족구성원의 잠재력 향상과 성장과 관련이 있는 수준이다.

여기에서는 문제 중심이 아닌 내면의 갈등, 친밀감, 자기실현, 통찰, 열망과 같은 보다 근본적인 문제에 집중된다. 치료자는 보다 자유로운 관점을 가지고, 강요된 개인적 결론에 구애받지 않도록 하면서 가족 스스로가 자신의 탁월한 면을 발견해 나갈 수 있도록 돕는다. 이 수준의 가족에게는 문제해결이 아니라 진정한 만남에 초점을 맞추는 것이 필요하다.

이 외에도 객관식 사정인 자기보고식 질문지법으로 가족문제를 목록화하는 방법이 있다. 이를 위해, 맥매스터 모델, 가족환경척도, 가족순환 모델, 비버즈체계 모델 등을 활용해 볼 수 있다(이현경, 2010).

앱스테인(Epstein)은 체계이론을 바탕으로 가족의 기능을 평가하고 진단하기 위한 맥매스터(McMaster) 모델을 개발하였으며, 일곱 가지 척도의 내용으로 문제해결, 의사소통, 가족역할, 정서적 반응, 정서적 관여, 행동통제, 일반적 기능을 측정하는 총 34문항으로 구성되어 있다(〈표 5-2〉 참고).

가족환경척도는 심리측정의 평가 차원에서 가족환경이 개인과 가족의 기능에 미치는 영향을 측정하기 위해 무스와 무스(Moos & Moos)가 개발한 객관적 사정 영역으로 관계영역, 개인의 성장영역, 체계유지영역으로 총 90문항이다.

가족순환 모델은 두 차원에 해당하는 가족응집성과 가족적응성을 측정하는 검사로 각각 10문항씩 총 20문항으로 구성되었다.

정신과 의사 비버즈(Bevers)에 의해 개발된 총 37문항인 비버즈체계 모델은 가족구조, 신념, 목표지향적 협상, 자율성, 가족정서 등을 평가하여, 가족이 서로 관여하는 유형과 가족 유능성이라는 두 가지 개념으로 가족체계를 총 아홉 가지로 분류하고 있는 평가도구이다.

〈표 5-2〉 맥매스터(McMaster)의 가족사정척도(The Family Assessment Device)

내 용	매우 그렇다	약간 그렇다	다소 그렇지 않다	전혀 그렇지 않다
1. (우리 가족은) 서로를 잘 이해하지 못하기 때문에 우리가 해야 할 일을 계획하지 못한다.	①	②	③	④
2. 누군가가 기분이 나쁘면 왜 그런지를 안다.	④	③	②	①
3. 위기가 닥치면 서로에게 도와 달라고 부탁할 수 있다.	④	③	②	①
4. 갑자기 큰일을 맞게 되면 어떻게 할 바를 모른다.	①	②	③	④
5. 서로에 대한 애정표현을 하지 않으려고 한다.	①	②	③	④
6. 슬픈 일이 있어도 서로에게 이야기를 하지 않는다.	①	②	③	④
7. 자신에게 중요한 일이 있을 때만 서로에게 관심을 가진다.	①	②	③	④
8. 우리 가족은 집에서 할 일이 충분히 구분되어 있지 않다.	①	②	③	④
9. 규칙을 어길 경우 관여하지 않는다.	①	②	③	④
10. 빗대어서 말하기보다는 직접 솔직하게 이야기한다.	④	③	②	①
11. 감정적으로 반응하는 가족이 있다.	①	②	③	④
12. 두려워하는 일이나 걱정에 대해 우리 가족은 이야기를 꺼린다.	①	②	③	④
13. 각자의 역할을 다하지 못한다.	①	②	③	④
14. 가족문제를 해결하려고 애쓴 후에 그것이 잘 되었는지 아닌지에 대해 가족이 이야기하곤 한다.	④	③	②	①
15. 지나치게 자기중심적이다.	①	②	③	④
16. 서로에게 감정을 표현할 수가 있다.	④	③	②	①
17. 화장실을 사용하는 방식이 정해져 있지 않다.	①	②	③	④
18. 우리에게 관계있는 일이 있으면 서로 관여하게 된다.	④	③	②	①
19. 서로에 대한 사랑을 표현하지 않는다.	①	②	③	④
20. 가족이 개인적 관심사를 알려고 하는 시간이 거의 없다.	①	②	③	④
21. 개인적으로 얻는 것이 있다고 생각할 때 서로에게 관심을 보인다.	①	②	③	④

내 용	매우 그렇다	약간 그렇다	다소 그렇지 않다	전혀 그렇지 않다
22. 나쁜 감정문제가 나타나면 거의 풀고 지나간다.	④	③	②	①
23. 다정다감한 편은 아니다.	①	②	③	④
24. 어떤 이득이 있을 때만 가족 서로에게 관심이 있다.	①	②	③	④
25. 서로에게 솔직하다.	④	③	②	①
26. 어떤 규칙이나 기준을 고집하지 않는다.	④	③	②	①
27. 어떠한 일을 부탁하고 나서 나중에 다시 일러 주어야 한다.	①	②	③	④
28. 집에서 지켜야 할 약속을 어기면 어떻게 되는 건지 잘 모른다.	①	②	③	④
29. 함께 있으면 잘 지내지 못한다.	①	②	③	④
30. 가족으로서 각자가 해야 할 일에 대해 불만을 가지고 있다.	①	②	③	④
31. 무엇이나 서로 좋자고 하는 것이지만 서로의 생활에 너무 많이 개입한다.	①	②	③	④
32. 서로를 믿는다.	④	③	②	①
33. 누가 해 놓은 일이 마음에 들지 않으면 그 사람에게 말한다.	④	③	②	①
34. 문세를 해결하려고 할 때 여러 가지 방법을 생각해 본다.	④	③	②	①

※ 총합한 점수가 높을수록 가족기능은 높은 것으로 볼 수 있다.

출처: 이현경(2010). 가족상담과 치료, p. 329.

핵심용어

가족사정, 가족체계론적 관점, 가족발달론적 관점, 가족건강론적 관점, 원조수준, 객관식 사정

학습실천과제

1. 가족치료의 이론적 모델에 따라 달라질 수 있는 가족사정의 내용과 방법에 대하여 논하여 보시오.
2. 각자 자신의 가족을 가족생활주기론적 관점에서 발달단계의 특성과 과제들에 대하여 분석해 보시오.
3. 위에서 제시하고 있는 객관적 가족사정의 도구들을 학습해 보도록 하시오.

제6장

가족복지 실천기술: 가족상담, 가족생활교육, 가족사례관리

〈학습목표〉

1. 가족복지 실천접근법으로써의 가족상담의 기본개념과 특성을 정의할 수 있다.
2. 가족복지 실천접근법으로써의 가족생활교육의 정의와 내용을 정의할 수 있다.
3. 가족복지 실천접근법으로써의 가족사례관리를 활용하여 가족복지를 실천할 수 있다.

최근 급변하는 우리 사회에서 나타나는 가족문제들은 다양성과 심각성을 보여 주고 있다. 이혼율 증가로 인한 한부모가족들이 경험하고 있는 다양한 가족문제들, 경제적인 어려움으로 인한 가족동반 자살, 가족의 해체로 인한 미성년자녀들에 대한 돌봄부재, 맞벌이가족이 직면하는 어려움 등 다양한 가족문제들이 출현되고 있다. 우리 사회에서 나타나고 있는 가족의 다양한 문제들은 가족구조 변화와 다양한 가족유형 증가와 더불어 가족 개인화에 따른 새로운 가치체계와 생활양식이 급속하게 진행되어 감에 따라 점차 심각해지고 있다. 따라서 이러한 가족문제에 적절하게 대처할 수 있는 새로운 가족 가치를 만들고, 다양한 가족들이 건강하게 기능할 수 있는 실천적 접근이 필요하다. 이를 위해 현재 대표적 가족복지실천현장인 가족센터(건강가정지원센터, 다문화가족지원센터)에서는 가족복지를 실현하기 위한 주요 접근법으로 가족상담, 가족생활교육과 최근에는 가족사례관리가 강조되고 있다. 가족상담은 가족을 전체로 보고 역동성을 파악하는 가족체계적 관점이 유효한 것으로 보며, 가족생활교육은 문제예방적 성격으로 가족의 기능을 지지, 강화하는 데에 활용도가 높은 것으로 평가되고 있다. 실제 현장에서의 경험을 보면, 가족상담과 가족생활교육은 유기적인 관계에 있다. 가족치료를 받으러 온 내담자가 상담 후, 좀 더 기능적인 역할수행을 위하여 가족생활교육의 대상자로 참여할 수 있으며, 가족생활교육의 대상자가 자연스럽게 상담을 자청하기도 한다. 따라서 가족상담과 가족생활교육은 가족복지를 향상시키기 위한 실제적인 주요 접근방법으로 타당하다. 최근에는 가족센터에서는 취약가족, 위기가족을 대상으로 한 가족사례관리를 주요 가족복지 접근법으로 강조한다.

1. 가족상담의 이해

1) 가족상담의 기본적 관점

가정은 하나의 자연적인 사회체계로서 각 가정마다 고유한 특성을 지니고 있으며 일단의 규칙과 역할, 권력구조와 커뮤니케이션 유형 및 여러 가지 과업을 효과적으로 수행할 수 있는 협상과 문제해결방법을 발달시킨다. 한 인간을 이해하기 위해서는 내적인 과정만 보아서는 안 되고 다른 사람들과 맺고 있는 여러 관계, 특히 가족들과 맺고 있는 관계를 살펴보아야 한다.

인간은 자기 가족, 자기 주위의 사람, 그리고 현재의 자기 자신을 있게 한 여러 세대에 걸친 과거와 떼어 놓을 수 없다는 관점, 모든 인간의 정체감이 준거집단, 특히 가족이나 가족집단의 인정에 의해 형성된다는 관점은 가족의 상호작용 방식이 각 가족구성원의 심리적 성장의 기반이 되고 있음을 말해 준다. 여러 가지 심리적 장애, 문제행동 등의 원인을 환자 개인으로만 보았던 관점에서 이러한 원인으로 가족관계나 가족의 정서적 환경의 영향력이 큼을 인식하는 것이 가족치료의 기본관점이다. 즉 가족을 하나의 체계로 보고 그 체계 속 상호작용 양상에 변화를 줌으로써 개인의 증상이나 행동에 변화를 가져오도록 하는 개입방법이다. 사실 전통적인 심리치료자들도 환자 또는 내담자의 어릴 때 가족들과 어떤 관계를 맺었는지 관심을 두었다. 프로이트(Freud)가 초기에 정신분석적 이론을 형성시킬 때부터도 가족 간의 갈등과 동맹이 개인의 성격발달에 영향을 미친다는 사실에 주목하였다. 그러나 프로이트는 가족관계가 미치는 영향은 인정하면서도 인간의 개인적인 내적 갈등을 해소시키는 데에만 주력하여 가족체계의 특성을 변화시키는 데에는 관심을 두지 않았다. 프로이트는 환자 개인의 정신적 조직을 변화시킨다면 타인에 대한 환자의 반응을 포함한 여러 행동에 변화가 일어나게 되고, 그 결과 환자에 대한 타인들의 행동도 궁극적으로 바뀌리라 기대하였던 것이다.

프로이트의 입장을 따르는 대부분의 심리치료자들도 부부 중 환자 한 사람만 변화시키면 그 환자 배우자의 행동도 변화되리라 생각하여 환자 한 사람만 치료하였다. 그러나 항상 그러한 결과가 나타나는 것은 아니었다. 한 사람이 좋아지면 다른 사람은 더 나빠지거나 한 증상이 없어지면 다른 증상이 나타나기도 하였다. 이로써 개인의 역기능적 행동(예: 과도한 불안, 우울, 알코올중독, 성적 장애, 조현병)은 바로 가족의 그릇된 체계가 반영된 것임을 인식하게 되었다. 즉 정신병질성 또는 역기능적 행동을 한 개인의 내적갈등보다 인간 간 갈등에서 빚어지는 것으로 보게 되었다. 따라서 가족상담을 진행할 때는 가족을 체계론적 관점에서 접근할 필요가 있다. 전통적 개인치료와 다른 체계론적 속성은 다음과 같다.

첫째, 가족문제의 원인을 개인과 그 개인의 정신내면의 과정에 둔 전통적인 개인치료와는 달리 가족원간에 발생하는 문제의 초점을 개인을 둘러싼 가족이나 사회체계까지 확장하여 보도록 한다.

둘째, 가족상담을 진행할 때, 증상(문제)을 가지고 있는 환자의 가족체계를 변화대상으로 삼아야 한다. 가족 안에서 증상을 앓고 있는 사람은 진짜 환자가 아닌 단지 가족내에서 지적된 환자(IP, Identified Patient)일 수 있다. 가족상담자는 지적된 환자와 다른 가족과의 관계 변화에 관심을 둘 필요가 있다.

셋째, 가족상담에서는 체계의 많은 구성원이 상담의 단위가 될 수 있다. 문제시되는 개인을 둘러싼 맥락 속에서 구성원들 간 관계를 강조하는 대인관계적 관점으로 가족전체론적인 관점을 취하도록 한다.

넷째, 가족상담자는 개인의 오래된 갈등을 해결하기보다는 개인을 둘러싼 역기능의 상호작용에 의한 역기능을 해결하는 것에 초점을 둠으로써 가족원에게 부담이 될 수 있는 상담기간을 단축하도록 한다.

2) 가족상담의 이론적 모델

가족상담의 이론적 모델에서 가장 중요한 것은 가족을 전체, 체계(system)로 보면서 접근하는 것이다. 가족 내 역동에 개입하기 위한 접근으로 여러 가지 이론적 모델이 있다. 대표적인 가족상담 치료모델을 중심으로 각각의 특성과 치료기법에 대하여 간략하게 살펴보도록 한다.

(1) 구조주의적 모델

구조적 가족치료의 대표 연구자는 미뉴친(Salvador Minuchin)으로 구조적 가족치료에서의 핵심개념은 가족구조이며, 하위체계, 경계선, 위계구조 등의 하위개념이 있다. 가족구조란 가족성원들 간에 보이지 않는 일련의 기능적 요구나 상호작용 방법으로 가족 내에서 연속, 반복, 예측되는 가족행동이다. 가족을 하나의 체계로 볼 때 가족 안에는 다양한 하위체계가 존재한다. 대표적인 하위체계로 부부, 부모, 부모-자녀, 형제자매 하위체계를 들 수 있다. 건강한 가족에서는 하위제계의 구성원이 고유의 역할과 기능을 충실히 수행하는 것이다. 이 모델에서는 가족의 하위체계가 제 기능을 다하지 못하면 역기능적 가족이 되어 문제나 증상이 발생하는 것으로 본다. 경계선은 눈에 보이지는 않지만 가족원 개인과 하위체계의 안팎을 구분하는 선으로 가족원 사이에 접촉의 양과 종류를 규정한다. 즉 경직된, 명확한, 밀착된 경계선이라는 세 가지 범주로 제시되고 있으며, 개별성과 연대성이 적절하게 균형 잡힌 명확한 경계선을 기능적으로 본다. 가족의 기능을 위해서는 효율적인 위계구조가 필요하며, 기능적인 가족 위계는 부모와 자녀가 분화된 권위를 가지며, 자녀의 성장과 발달에 책임을 가지는 부모 하위체계가 자녀 하위체계보다 위계구조의 위에 위치하는 것이다. 특징적 기법은 '실연'으로 치료사가 상담현장에서 가족구성원들로 하여금 직접 상호작용을 해 보도록 함으로써 가족의 상호작용을 관찰하고 변화하도록 한다.

(2) 다세대 정서체계 모델(보웬 모델)

부모에 대해 충동적인 반응을 보이는 경향은 우리 삶에서 해결하지 못한 가장 중요한 문제로 보고 있다. 보웬(Murray Bowen)은 인간관계는 개별성과 연합성이라는 균형을 이루려는 두 세력의 지배를 받는 것으로 이 두 세력 간에 조화를 이루기 위해서는 감정조절능력이 필요하다고 본다. 보웬은 이를 자아분화의 개념으로 설명하고 있다. 가족은 일련의 상호관련된 체계와 하위체계로 이루어진 복합적 총체이며 생물학적 본성에 근원을 두고 있는 정서적 관계로 보며, 정신역동적인 접근법과 체계이론을 연결시키는 포괄적인 관점을 가진다. 개인이나 부부를 대상으로 치료하면서도 언제나 다세대 가족체계에 관심을 가지고 진행한다. 현재의 가족을 이해하고 치료하기 위해서 원가족을 아는 것이 중요하며 최소한 3세대에 걸친 가족력 조사를 통해 가족자아군에 관한 전반적 기능형태를 파악해야 함을 강조한다. 최상의 가족발달은 가족구성원의 자아가 잘 분화되었고 불안수준이 낮으며, 부부 각자가 자신이 태어난 가정의 가족들과 정서적으로 좋은 관계를 맺을 때 가능하다고 본다.

(3) 경험주의적 모델

경험적 가족치료는 즉각적이고 지금-여기의 경험을 중시하는 인본주의 심리학에 뿌리를 두고 있다. 대표적인 학자는 휘태커(Carl Whitaker)와 새티어(Virginia Satir)로 특히 새티어는 치료란 성장과정의 체험 연습으로 가족이 성숙한 인간으로 성장할 수 있도록 도와야 한다는 성장 모델을 개발하였다. 인간의 역기능과 문제의 근원을 자아존중감의 결여, 경직되고 비합리적인 가족규칙, 의사소통 및 대처유형의 문제로 보았다. 내담자의 자아존중감을 높이고 자기 인생에 대한 선택권을 스스로 갖도록 하며 가족 규칙을 합리적, 현실적, 인간적이도록 바꿈과 동시에 내담자의 의사소통 유형을 일치적으로 만드는 것이다.

(4) 해결중심적 모델

해결중심적 모델은 드 쉐이저(Steve de Shazer)와 김인수가 개발한 모델로 문제보다는 내담자가 원하는 것과 해결에 초점을 맞추고 내담자의 자원과 성공의 경험, 강점을 활용하여 치료를 진행한다. 치료목표는 가족이 호소하고 있는 문제의 해결이며, 치료자는 모든 사람은 이미 자신의 문제를 해결할 능력을 가지고 있다고 믿고, 내담자가 상실한 이러한 능력을 찾아내어 이를 효과적으로 사용할 수 있도록 돕는다. 이를 위해 과거에 이미 성공했던 해결방안에 관해 이야기함으로써 문제에만 몰두해 있는 가족의 생각을 바꾸도록 하는 것이다. 이를 위해 치료자는 내담자가 변화되어야 한다는 생각이나 기대보다는 내담자의 행동과 말을 좀 더 많이 알고 싶어 하며, 항상 더 많은 정보를 얻고자 하는 자세인 '알지 못함(더 알고 싶어 함)의 자세'를 가지고 해결지향적 질문을 하도록 한다.

내담자가 문제중심적 시각에서 벗어나도록 과거의 성공 경험(문제가 일어나지 않았던 경험)을 찾아내어 이를 확대하고 강화하는 데에 초점을 맞춘다.

(5) 현실치료적 모델

현실치료는 윌리엄 글라서(William Glasser)가 창안한 상담기법이다. 내담자의 행동을 이해하기 위해 선택이론의 기본개념이 되는 인간의 다섯 가지 기본적 욕구, 전행동, 좋은 세계를 이해하도록 한다. 이러한 개념으로 내담자의 마음을 들여다보며, 현재 내담자가 하고 있는 행동이 그가 원하는 것을 얻는 데에 도움이 되는가에 초점을 맞춘다. 현실치료에서는 효율적이거나 효율적이지 않는 것에 관계없이 모든 선택한 행동이 자신에게 있다는 내부통제의 개념이 강조된다. 내담자가 주변사람을 포함한 환경의 탓으로 혹은 그로 인한 희생자라는 변명을 받아들이지 않으며, 효율적인 행동을 실행하도록 돕는다.

이 모델에서는 가족들의 결정을 돕기 위해 그리고 문제해결과 더 효과적인 의사소통을 위해 WDEP 공식을 배우도록 돕는다.

이상으로 주요한 가족치료 접근법을 살펴보았다. 가족이 경험하고 있는 문제의 특성과 역사성, 맥락 등에 따라 가족의 역동성을 재구성하기 위한 접근 모델이 달라져야 할 것이다. 대부분의 가족치료 관점에서는 특히 전통적 가족치료 모델에서는 가족의 건강성과 기능성 증진을 위해서 먼저 부부체계의 강화와 함께 부모역할의 중요성이 선행되어야 함을 일차적으로 강조하고 있다. 그러나 가족복지실천가들은 가족의 건강성과 기능성 수준을 파악하는 기준들에 있어서 현대사회에서 나타나는 다양한 가족형태에 따라 달리 적용할 수 있는 유연성을 지녀야 할 것이다. 어떤 정형화된 틀이 아니라 개별가족의 상황에 적절한 가족상호작용을 파악할 수 있는 적용과 접근방식이 필요함을 인식하면서 가족상담을 전개해 나가도록 해야 한다.

2. 가족생활교육에 대한 이해

급격한 사회적 변화가 가족에게 미치는 영향을 고려해 볼 때, 건강한 가족을 유지하기 위해서는 끊임없이 변화에 대응하여야 한다. 따라서 가족의 기능적인 역할을 강화시키는 결혼과 가족생활교육에 대한 관심이 높아지고 있다. 가족생활교육은 가족문제가 발생하기 이전의 예방 차원에서 이루어지는 실천적 접근방법이다.

1) 가족생활교육의 정의

우리나라의 가족생활교육은 1982년 12월 31일에 제정된 「사회교육법」 제2조에서 "다른 법률에 의한 학교교육을 제외하고 국민의 평생교육을 위한 모든 형태의 조직적인 교육활동을 말한다"라고 사회교육 및 평생교육에 대한 정의가 내려졌다. 이어서 1983년 9월 10일 공포된 대통령령의 같은 법 시행령에서 사회교육의 10개 영역 중 4번째로 명시가 됨으로써 법적 기반이 마련되었다. 이러한 법으로 구성되기 전에는 국가위원회(1969)에서 특수하고 새로우며 다학문적인 연구분야로서 가족생활교육에 대한 요구도가 증가하고 있음을 우선적으로 강조하기도 하였다.

가족생활교육이 본격적으로 우리나라에서 교육프로그램으로서 체계를 갖추고 적용된 것은 2005년 「건강가정기본법」의 시행과 함께 전국에 건강가정지원센터를 설치하면서부터라고 볼 수 있다. 「건강가정기본법」의 목적은 '건강한 가정생활의 영위와 가족의 유지 및 발전을 위한 국민의 권리·의무와 국가 및 지방자치단체 등의 책임을 명백히 밝히고, 가정문제의 적절한 해결방안을 강구하며 가족구성원의 복지증진에 이바지할 수 있는 지원 정책을 강화함으로써 건강가정 구현에 기여하는 것을 목적(「건강가정기본법」 제1조)'으로 하고 있어서 국민의 자질을 향상시킨다는 점에서 평생교육적 관점과 유사하다. 「건강가정기본법」은 기본이념(제2조)에서 가정은 개인의 기본적인 욕구를 충족시키고 사회통합을 위하여 기능할 수 있도록 유지·발전되어야 한다고 밝히고 있어서 가정이란 집단의 기능과 건강한 가정생활을 위한 국가의 책임을 강조하고 있다(이성희 외, 2018).

가족생활교육은 가족센터에서 가족복지를 실천하는 기본적인 주요한 접근법이다. 가족들이 경험하는 어려움과 새로운 변화에 대한 가족들의 욕구해결을 위한 적절하고 기능적인 가족수행을 이루기 위해 가족생활교육이라는 접근방법은 가족복지실천 현장에서 중요하게 다루어지고 있다. 「건강가정기본법」이 제정되기 전에는 가족생활교육이 산발적으로 각계각층에서 다양한 모습으로 진행이 되었으며 적극적인 국가의 책임으로 보지는 않았다고 할 수 있다. 그러나 사회 전반의 문제들이 심각해지고 그 문제의 근원이 가정이라는 점에서 건강가족에 대한 관심이 커지고 가족생활교육에 대한 필요성이 여러 분야에서 제기되었다.

이에 따라 가족서비스 수행기관인 가족센터에서는 가족 내에서 발생하는 문제를 예방함과 동시에 가족관계 향상, 의사소통 방법, 구성원의 역량을 강화시키기 위한 부모, 부부, 자녀 등 가족을 대상으로 생애주기별 다양한 교육을 운영하고 있다.

토마스와 아쿠스(Thomas & Arcus, 1992, 이성희 외, 2012. 재인용)는 가족생활교육의 원칙을 다음과 같이 제시하고 있다.

첫째, 가족생활교육은 그 시대의 사회문제에 대한 관심과 사회변화를 다루면서 가족을 침해하는 사회문제에 대한 답을 찾는 질문을 하도록 한다.

둘째, 가족생활교육은 가족문제를 다루는 것만이 아니라 그 예방과 개선에 관심을 둔다.

셋째, 가족생활교육은 개인 및 가족 스스로가 '삶의 안정성 확보'라는 방향을 향해 나아가는 것에 초점을 두는 것으로 그들이 가진 '잠재력'을 개발해 주도록 한다.

가족생활교육은 이 세 측면에 관심을 가지면서, 가족문제의 해결방법, 가족문제의 예방과 개선효과, 개인 및 잠재력 개발 등을 고려한 실천 전략을 수립할 수 있도록 한다.

2) 가족생활교육의 내용과 운영

가족생활교육의 목적과 목표들을 성공적으로 성취하기 위해서는 실시대상의 욕구에 부응하는 효율적인 가족생활교육의 내용이 구성되어야 한다. 가족생활교육의 내용은 개인 혹은 가족의 발달단계와 가족관계 주제에 따라 정해질 수 있다.

(1) 가족생활교육의 내용

가족생활교육에서 다루어야 하는 내용과 특성으로 '미국가족생활교육 인정기준과 표준에 대한 미국국립가족관계협의회'가 작성한 '생애주기별 가족생활교육 기본안'에 제시되어 있다. 여기에서는 4단계의 발달단계(아동, 청소년, 성인전기, 성인후기)와 9개의 주제영역(가족과 사회, 가족상호작용, 인간발달, 성, 대인관계, 가족자원관리, 부모교육, 가족법과 정책, 직업윤리)으로 구성되어 있다.

〈표 6-1〉 가족생활교육의 주제와 내용

구분 주제	내 용	예 시
가족과 사회	· 가족과 다른 조직(교육, 정부, 종교, 의료 등)과의 관계에 대한 이해	· 구조와 기능 · 문화적 다양성(가족문화, 사회적 지위, 민족, 인종과 종교) · 데이트, 결혼 선택 · 혈연관계 · 교차문화와 소수민족(소수민족 가족의 가족생활에 대한 이해) · 성 역할 변화(배우자와 자녀, 형제자매 등의 역할 기대와 행동) · 인구학적 경향 · 역사적 이슈 · 일·여가와 가족의 관계 · 사회적 관계

구분 주제	내 용	예 시
가족 상호작용	· 가족의 강점과 약점을 이해하고, 가족구성원들이 서로 어떻게 관계가 있는지에 대해 이해하기	· 의사소통(스트레스와 갈등관리를 포함한 부부관계와 부모-자녀관계의 패턴과 문제) · 갈등관리 · 의사결정 및 목표설정 · 가족스트레스(가족생활주기 전환기, 3세대, 노인 돌보기) · 가족스트레스와 위기(이혼, 재혼, 사망, 경제적 불확실성, 폭력, 물질 남용) · 가족의 특별한 요구(입양, 위탁, 이주, 저소득, 군대 및 혼합가족 등)
인간발달	· 생애주기 동안 가족 내 개인의 발달변화(전형적, 비전형적)에 대한 이해. · 신체적, 정서적, 인지적, 사회적, 도덕적, 인격적 측면에 대한 기초적 지식	· 태아기 · 영아기 · 아동기 · 청소년기 · 성인기 · 노년기
성	· 성발달의 생리적, 심리적, 사회적 측면을 이해함으로써 건강한 성적 적응을 성취	· 생식 생리학 · 생물학적 결정자 · 성행위의 정서적, 심리적 측면 · 성행동 · 성적 가치와 의사결정 · 가족계획 · 성적 반응의 생리학적, 심리적 측면 · 성행위가 대인관계에 미치는 영향
대인관계	· 대인관계의 발전과 유지에 대한 이해	· 자기와 타인 · 의사소통 기술(듣기, 공감, 의사결정, 문제해결 및 갈등해결) · 친밀감, 사랑 · 존중, 책임감을 가지고 타인과 관계 맺기
가족 자원관리	· 가족과 개인이 시간, 돈, 물질적 자산, 에너지, 친구, 이웃 및 공간 등의 자원을 개발하고 배분하는 결정에 대한 이해	· 목표설정 및 의사결정 · 자원개발과 할당 · 사회환경 영향 · 생애주기와 가족구조의 영향 · 소비자 이슈와 결정

구분 주제	내 용	예 시
부모교육	· 부모가 자녀를 어떻게 가르치고, 인도하고 영향을 미치는지에 대한 이해 · 생애주기에 따른 부모-자녀관계의 변화와 요구	· 양육권과 책임 · 부모됨 연습 · 부모-자녀관계 · 양육문제의 변화 · 생애주기에 따른 부모역할 변화
가족법과 정책	· 가족복지에 영향을 미치는 법적 문제, 정책과 법에 대한 이해	· 가족과 법(결혼, 이혼, 가족 지원, 양육권, 아동보호 및 권리, 가족계획) · 가족과 사회서비스 · 가족과 교육 · 가족과 경제 · 가족과 종교 · 정책과 가족(세금, 사회보장, 경제지원, 규정 등 가족에 영향을 미치는 공공정책)
직업윤리	· 인간의 사회적 행동의 특성과 질에 대한 이해 · 전문적인 실무와 관련된 윤리적 질문과 이슈를 비판적으로 검토할 수 있는 능력	· 사회적 태도와 가치 형성 · 다원적 사회에서 가치의 다양성과 가치선택의 복잡성을 인정하고 존중하기 · 가치체계와 이데올로기를 체계적이고 객관적으로 확인 · 가치선택의 사회적 결과 · 사회적, 기술적 변화의 윤리적 의미 · 전문직업 윤리 인식

출처: NCFR(2014). Family Life Education Content Areas.
이성희 외(2018). 가족생활교육론, pp. 86-87 재인용.

이 기본안을 초점으로 하여 다양한 형태의 가족생활교육프로그램을 구성해 볼 수 있으며, 프로그램 대상자 욕구에 따라 내용과 주제를 선정하여 가족생활교육 프로그램을 실행한다. 프로그램 실행수립을 위해 고려되어야 하는 요소를 구조화해 보면 〈표 6-2〉와 같다.

〈표 6-2〉 실행수립의 구조화

내용	실행 계획 수립의 주요 요소
누가	· 누가 프로그램을 실행하는가? - 프로그램 주최와 주관자는 누구인가? - 프로그램 실행을 준비하는 사람은 누구인가? - 프로그램 담당자, 외부 전문가, 자원봉사자는 누구인가?
언제	· 언제 프로그램을 실행하는가? - 프로그램 실행 예정 일시 - 프로그램 실행 기간
어디서	· 어디서 프로그램을 실행하는가? - 가장 적합한 장소
무엇을	· 무슨 프로그램을 실행하는가? - 프로그램 형태와 제목 - 프로그램의 핵심적 요소
왜	· 어떤 목적으로 프로그램을 실행하는가? - 프로그램의 목적은 무엇인가? - 프로그램의 주제는 무엇인가? - 프로그램의 강조점은 무엇인가?
어떻게	· 어떻게 프로그램이 실행되는가? - 프로그램 구조와 절차 - 예산과 인력 준비 - 홍보와 프로그램 수단

출처: 중앙건강가정지원센터(2012). 2011 프로그램 기획 및 운영교육. p. 22.

(2) 가족생활교육의 운영

현재 대표적인 가족복지실천기관인 가족센터에서 이루어지고 있는 실천서비스 사업내용을 보면 〈표 6-3〉과 같다.

이러한 실천서비스 내용 중 중요한 범주를 차지하고 있는 것이 가족생활교육영역이다. 최근에는 가족생활교육을 가족교육이라는 용어로 변경하여 사용되고 있다. 가족을 대상으로 하는 교육은 가족구성원의 잠재적 강점을 발현, 역량을 강화함으로써 문제의 사전 예방과 가족의 기능성 향상을 도모하는 데에 목적을 둔다.

〈표 6-3〉 가족센터 영역별 사업의 내용

영역	기본사업	접근방법
가족관계	부모역할 지원(임신출산(부모)지원, 영유아기 부모지원, 학부모지원, 가족가치교육, 아버지 역할 지원), 부부역할지원(부부갈등예방 · 해결지원, 노년기 부부지원), 이혼 전 · 후가족지원, 다문화가족관계향상지원, 이중언어 가족환경조성, 다문화가족자녀성장지원, 가족상담	교육, 상담(정보제공 및 초기상담), 문화프로그램 등
가족돌봄	취약 · 위기가족 지원(가족상담, 사례관리, 교육 · 문화프로그램 및 자조모임, 긴급위기지원)	교육, 상담(정보제공+초기상담→전문상담) 돌보미 파견, 사례관리 등
가족생활	맞벌이가정 일가정양립지원, 다문화가족 초기정착지원, 결혼이민자 취업지원(기존), 결혼이민자 취업지원(신규, 특화 직업훈련), 다문화가족 자녀지원 사업(기초학습지원, 진로설계지원, 저소득 다문화가족 자녀 교육활동비 지원)	교육, 상담, 정보제공, 문화프로그램 등
가족과 함께하는 지역공동체	가족봉사단(다문화가족나눔봉사단), 공동육아나눔터, 다문화가족 교류 · 소통공간 운영, 가족사랑의 날, 결혼이민자 정착단계별 지원 패키지, 인식개선 및 공동체 의식, 가족친화문화프로그램, 다 함께 프로그램, 기타(사업 영역에 속하지 않는 사업)	모임, 활동, 문화프로그램 등

출처: 여성가족부(2024). 2024년 가족사업안내(I). p. 94.

실제 현장의 경험을 볼 때, 신혼기 부부교육은 성공적인 결혼생활과 부부적응 과정을 순조롭게 시작하는 데에 그 필요성이 증대된다. 중년기 이후의 교육이나 부모교육 등은 가족관계의 강화를 위한 기술의 증진과 더불어 지역사회의 여성들의 역량을 강화하고 삶의 의미를 찾는 데에도 큰 가교역할을 하고 있다. 남성 대상의 아버지 교육 또한 대상자모집이나 교육시간의 제한 등으로 인한 어려움이 존재하지만 교육을 받은 남성들의 효과는 그 어떤 교육보다도 크다.

최근 가족센터에서 제공되는 가족복지 실천서비스로써의 변화된 가족교육과 관련된 내용을 요약해 보면 다음과 같다.

첫째, 부모역할 및 가족관계 개선, 가족의사소통, 가족구성원의 역량강화를 위해 가족형태 · 생애주기 · 문제유형별 가족 갈등과 문제 해결, 평등 · 인권 의식 고취를 위한 교육을 운영하도록 한다.

둘째, 부모역할지원을 위해 영유아기-아동청소년기-성년기 자녀를 둔 부모의 생애주기 및 가족특성에 따른 부모 됨의 의미, 올바른 부모역할 및 부모자녀 간 관계 형성 방법, 자아존중감 향상, 역량강화 지원, 아버지 역할지원 등을 위한 교육을 진행하도록 한다

셋째, 부부역할 지원을 위해 부부의 생애주기에 따른 평등한 부부역할,부부갈등해결 등을 위한 생애주기별 부부교육, 배우자 이해 등에 대한 교육을 진행한다.

넷째, 노년기 부부지원을 위해 노년기의 발달 및 가족관계의 특성 이해하기, 부부 및 부모역할 재조정하기, 가정자원관리(가계재무, 시간관리 등)과 관련된 지원을 위한 교육을 진행한다. 이와 함께 손자녀 돌봄을 하고 있는 조부모 역할 지원을 위한 교육과 노부모 부양가족을 위한 노부모 케어 교육 등을 실시한다.

다섯째, 이혼 전 · 후 가족지원을 위해 18세 미만의 자녀의 관점에서 이혼신청 가족 및 이혼전 · 후 가족 대상 가족기능 강화를 위한 상담뿐 아니라 교육을 제공하도록 한다.

여섯째, 다문화가족관계 향상지원을 위해 다문화가족 부부간의 평등, 다문화 이해 교육 및 인권감수성 교육, 학령기 다문화가족 자녀 및 부모 대상관계 향상 프로그램 등을 진행한다.

3) 가족생활교육의 활성화 방안

가족생활교육의 취지에 부합하도록 결혼과 가족생활교육을 활성화시키는 방안을 내용 면, 방법론적인 면, 제도적인 면의 세 가지 측면에서 간단하게 제시해 보도록 한다.

첫째, 가족생활교육은 예방적 성격을 가지는 만큼 그 내용 구성에 있어서 미래의 가족생활 변화 국면을 수용할 수 있는 폭넓은 내용으로 다양화시켜야 한다. 현재 가족생활교육은 주로 이혼가족, 한부모가족, 재혼가족을 중심으로 실시되고 있으나, 점차 증가하고 있는 독신·동거가족·싱글맘 가족을 위한 프로그램 개발도 필요할 것이다. 프로그램 내용이 포괄적인 성격을 가지기보다는 특성화되고 개별적인 가족형태에 맞추어 보다 효과적이면서 구체화된 내용으로 구성하려는 노력이 필요하다.

둘째, 교육 방법의 다양성과 전문성이 요구된다. 가족대상 교육은 단순히 정보와 지식 전달 위주인 교육자 주도형 방법이 아니라 스스로 가족들과 교육생들의 참여와 경험을 통한 역동적 방식의 접근법으로 진행되어야 한다. 가족교육의 목적인 가족문제의 예방적 측면과 구성원의 성장과 변화의 효과를 달성하기 위해서는 소규모 단위의 집단상담프로그램 형태의 진행이 필수적이다. 이를 위해서는 가족생활교육을 진행하는 교육자가 집단의 역동을 다룰 수 있는 전문성과 가족에 대한 올바른 개념을 지니고 있어야 한다.

셋째, 가족생활교육의 장이 확대되고 제도화되는 측면이다. 즉, 가족생활교육에 대한 참여 대상의 확대 및 교육 정책의 지원과 대책이 병행되어야 한다.

현재 가족생활교육이 이루어지는 장을 보면, 지역 내 가족센터와 대학교육 내에서 전공 또는 교양 선택과목으로 이수되고 있거나, 사회나 종교 기관을 통해 교양교육의 성격을 띠고 있다. 뿐만 아니라 대부분의 경우 소정의 교육 프로그램을 이수한 후 가족발달의 다음 단계나 내용의 심화 단계로 이어지는 경향이 드물고, 일회성으로 그치는 경우가 대부분으로 가족복지관련 기관에서 진행되는 교육과정의 전문성과 연속성에 대한 고려가 필요하다. 이와 함께 관련 교육과정을 이수한 대상자들에 대한 지역사회 중심의 인센티브 부여 등을 통해 가족생활교육에 대한 범국민적인 인식을 촉진해 볼 수 있다.

3. 가족사례관리

1) 사례관리의 개념과 관점

사례관리는 대상자가 최적의 사회적 기능을 수행할 수 있도록 하기 위한 절차로 지역단위 복지자원의 연계, 조정 등을 기반으로 제공 주체 간의 협력, 욕구에 맞춘 자원확충 계획 및 확대를 시행해 나가는 효율적인 방안이다.

사례관리의 목표(NASW, 2013)는 다층적 복합적 욕구를 가진 개인에게 가능한 한 가장 효과적이고 효율적인 방법으로 질 높은 서비스를 조정하고 재조정 함으로써 클라이언트가 기능하도록 하고 그들의 웰빙을 강조하는 것이다.

이와 관련, 통합사례관리는 개별 기관단위의 사례관리가 갖는 지역사회자원 연계와 서비스 조정의 한계를 극복하고 개별기관들 간의 네트워크 구축 또는 지역기반의 네트워크형 사례관리 체계와 공공 및 민간서비스의 통합과 자원조정을 적극적으로 유지하는 수준에서 클라이언트 욕구 중심의 통합적인 서비스 연계 효과를 강조하는 방법이다.

사례관리의 주요 실천관점(한국사회복지관 협회, 2012)으로써 대상자의 역량강화는 개인의 병리적 측면보다는 강점에 초점화된 시각에 의해 임파워먼트를 기반으로 얻어지는 것으로 보았다. 즉, 대상자에게 내재 된 잠재력, 강점을 인지하여 실현할 수 있도록 돕는 강점관점에서 실천개입의 전략으로 임파워먼트(권한 부여, empowerment)를 강조하는 것이다.

이를 위하여서는 사례 대상자의 수용과 협력 및 파트너십 유지가 필수적이다.

대상자를 수용한다는 것은 인간으로서의 절대적 가치 인정, 클라이언트의 내적관점, 인식에 대한 정확한 공감, 강점과 노력을 추구하는 것의 인정, 각 개인의 자율성을 존중하는 태도를 의미한다.

대상자와의 협력 및 파트너십 유지를 위해서는 대상자를 단순히 치료의 대상으로만 보는 것이 아니라 그 문제를 해결할 수 있는 파트너로서의 전문성을 존중하고, 충분한 라포형성과 신뢰를 강화하며, 그들의 경험과 관점에 토대를 두는 것이 필수적이다.

2) 가족사례관리

(1) 가족사례관리 개념과 대상

가족사례관리는 사례관리의 개념을 가족체계를 대상으로 시행하는 것이므로 사례관리의 이해뿐만 아니라 기본적으로 가족과 가족체계에 대한 이해와 접근방법에 대한 실천기술이 수반되어야 한다(이윤정 외, 2024).

사회복지실천현장에서도 사례관리에서 가족관점의 중요성이 이미 강조되고 있으며 특히 한부모가족, 조손가족, 장애를 가진 가족원을 둔 가족에게 가족기능을 중심으로 한 사례관리시행이 바람직하다는 결과(김성천, 박지영, 2012)는 이미 오래전 일이다. 영국, 미국, 캐나다 등의 국가에서도 이미 가족중심사례관리 또는 가족사례관리 방법이 정부와 민간차원에서 활발히 진행되고 있다.

'2024 가족센터의 사업내용'에서도 가족사례관리 시행의 중요성을 강조하고 있다. 가족사례관리의 목적으로 취약, 위기가족이 가진 복합적 문제해결 및 욕구 해소를 위해 지속적인 상담과 사례관리를 통해 가족기능 회복과 정서, 경제적 자립역량 강화를 도모하는 것으로 제시하고 있다(2024년 가족사업안내 II, 여성가족부 2024).

가족센터에서 시행되는 가족사례관리의 지원대상으로 취약가족과 긴급위기가족을 구분하여 명시하고 있다.

먼저 취약가족으로 한부모가족, 조손가족, 노부모부양가족, 손자녀돌봄조부모, 청소년(한)부모, 1인 가구, 다문화가족, 방임(보호)아동 및 원가정, 이혼위기가족 등 가족기능 및 역량강화를 위해 지원이 필요한 모든 가족으로 명시되어 있다.

긴급, 위기가족은 재난, 사고 등 경제적 사회적 위기사건을 직면한 가족으로 위기사건으로 긴급지원이 필요하다고 판단되는 경우, 사례관리 대상자 중 긴급위기 상황이 발생한 경우, 가족의 생계를 책임지고 있거나 가족구성원에 돌봄을 제공하는 청소년, 질병, 위기상황 등으로 도움이 필요한 1인 가구로 명시되어 있다.

(2) 가족사례관리 지원 과정

가족사례관리 지원 과정 파악을 위해 현재, 가족센터에서 시행하고 있는 가족사례관리 지원 과정을 중심으로 살펴본다(2024년 가족센터사업안내 II, 여성가족부 2024 참조).

> ① 대상자 발굴과 연결→② 초기상담→③ 사례관리 등록→④ 욕구 및 강점사정→⑤ 서비스 계획 → ⑥ 서비스 제공→⑦ 서비스 점검→⑧ 서비스 평가→⑨ 서비스 종결→⑩ 사후관리

① 대상자 발굴 : 대상자 선정기준에 맞는 사례발굴과 연결을 위해 지역사회 다양한 기관과 협조를 통한 사례 대상자를 발굴한다.

② 초기상담 : 주요 문제나 욕구의 확인을 통해 사례관리 대상자로서의 적격성을 평가하는 과정이다.

- 초기상담은 의뢰기관이 제공한 정보를 포함하며, 이미 수집된 정보가 있다면 이를 적극적으로 활용.
- 사례회의를 통해 복합적 문제 해결을 위한 역량, 자원과 정보가 부족한 가족을 대상자로 선정하며, 일회성 상담이 아니라 몇 차례의 추후 상담을 통해 필요한 정보 보완.

* 취약가정 : 자기효능감척도 및 가족기능 척도 사전조사 실시(1인 가구의 경우 가족기능 척도 사전조사 선택 사항).
* 긴급위기가족 : 개인 및 가족 위기성 진단 척도, 외상후스트레스 진단 척도, 우울 척도, 사건충격 척도 활용.

③ 사례관리 등록 : 사례관리 서비스에 대한 서면동의를 통해 사례관리 대상자로 등록 절차를 갖는다.

- 대상자에게 사례관리의 의미, 주요 진행방식 등에 대한 구체적 설명
- 협력적인 노력에 대한 동의 및 계약.

④ 욕구 및 강점사정 : 사례관리자와 대상자가 함께 대상자의 욕구에 관한 정보를 수집, 분석하고 서비스의 우선순위 및 대상자의 강점을 사정한다.

⑤ 서비스 계획: 대상자의 서비스 욕구, 문제 해결 방향에 대한 구체적 계획을 수립한다.

- 사정단계에서 파악된 사례관리 대상자와 그 가족이 처한 상황과 서비스 욕구, 문제해결 방향에 대한 욕구를 근간으로 함.
- 사례관리자의 전문적 판단이 종합적으로 고려되어 변화 목표와 이에 따른 서비스 제공 · 연계의 구체적 계획 수립.

* 서비스 전반계획 수립 : 사례관리자가 가정의 욕구사정결과를 바탕으로 서비스 전반에 대한 계획 수립.

⑥ 서비스 제공: 대상자에게 적합한 서비스 계획을 실행하는 과정이다.
- 대상자에게 적합한 서비스와 자원을 확보하여 직 · 간접 서비스를 제공.
- 매 회 서비스를 제공한 후 서비스 제공보고서를 작성 후 제출.
- 부모교육 및 가족상담서비스 진행 시, 전문상담사는 가정의 상황을 모니터링하여 사례관리자에게 보고.
- 해당가정에 대한 사업지원인력(전문상담사 포함)과 사례관리담당자는 유기적인 보고를 통해 서비스 제공 현황 정도를 파악.

⑦ 서비스 점검: 서비스가 계획대로 진행되고 있는지를 점검하는 과정이다.
- 계획서를 중심으로 6개월 이내 재사정 실시.
- 대상자의 환경 및 욕구에 변화가 발생하였는지 여부를 점검.

⑧ 서비스 평가: 대상자에게 실시한 개입과 점검을 통한 목표 수행의 정도를 평가하는 과정이다.
- 사례관리대상자 및 가족의 욕구와 문제가 목표 대비 어느 정도 개선 · 향상되었는지를 확인하는 과정.
  • 서비스 계획 단계에서 설정한 목표가 달성되었다고 생각될 때, 또는 서비스 제공 시작 후 만 1년이 되는 시점에 실시.
  • 서비스 점검표를 바탕으로 서비스 과정에 대한 평가 실시.
  • 서비스 만족도, 목표달성정도, 대상자의 변화상황은 면접상담을 통해 평가.
  • 가족기능 및 자기효능감의 변화는 관련 척도로 사후조사 실시 (1인 가구의 경우 가족기능 척도 사후조사 선택사항).
- 서비스 완료 후 평가 결과 등을 사례관리회의에 보고.

⑨ 서비스 종결: 서비스 종결 여부를 파악하는 과정이다.
- 평가를 통해 대상자의 상황 호전 등으로 더 이상 서비스 제공이 필요 없다고 판단된 경우.

- 대상자의 사망, 3개월 이상의 연락 두절, 본인의 희망 등 서비스 제공이 불가한 경우.
- 종결 후 사후관리 진행 여부 결정.

⑩ 사후관리: 사후관리를 진행하는 과정이다.

- 종결 이후 1개월, 3개월, 6개월의 기간을 두고 변화 상황과 안정화 여부를 모니터링하고, 재개입 필요성을 판단하기 위한 목적으로 수행.
- 대상자와 함께 합의한 계획의 이행 여부를 점검하고 이행 정도에 따라 센터 내 가족상담, 지역품앗이, 집합교육 등 가족센터 프로그램과 연계하여 가족역량을 강화하도록 한다.

〈참고자료 6-1〉

사례회의와 슈퍼비전

• 사례회의

- 목적 :대상자가 가장 만족하는 서비스를 가장 효과적으로 제공할 수 있는 방법을 모색, 사례관리 전 과정에 대해 협의하고 조정함
- 내용 :적격심사, 유형분류, 욕구사정 및 개입방법, 서비스 목표 협의, 서비스 계획 수립, 종결 여부, 긴급상황 발생시 대처방법 등에 대한 협의와 사례정보 공유, 사정에 대한 자문, 개입방안과 자원의 활용, 사례개입을 위한 역할분담, 점검과 재사정, 평가결과 공유 등을 진행함
- 방법 :센터 내부적으로 진행되는 회의(내부사례회의)와 지역을 기반으로 실시하는 사례회의(통합사례회의)로 운영하며, 필요와 여건 등에 따라 적절한 방식을 선택함

※ 진행과정 중 필요하다고 판단되는 경우에 진행하며, 회의결과는 모두 기록함

• 슈퍼비전

- 목적 : 사례관리자의 역량(업무능력, 지식과 경험 등)을 강화하고 대상자에게 효과적으로 서비스를 제공하기 위해 운영함
- 내용 : 사례관리 개입방법과 사례관리 실천기술에 대한 지원, 사례관리자의 책임성, 윤리와 가치에 대한 조언, 사례관리자의 업무수행을 위한 심리적 지원 등을 다룸
- 방법 : 가능한 정기적으로 운영하며 개별, 집단, 동료슈퍼비전 등 다양한 유형으로 운영 가능함 슈퍼바이저는 내부상급자(팀장)이거나 외부 전문가를 활용함

출처: 여성가족부(2024). 가족사업안내 2권, p. 74.

핵심용어

가족복지실천적 접근법, 가족체계, 가족상담, 가족생활교육, 가족사례관리

학습실천과제

1. 가족상담 이론적 모델 중 관심 있는 이론적 모델을 택하여 이에 대해 더 학습해 보고 기술해 보시오.
2. 가족센터에서 제공하고 있는 실천서비스 중 가족(생활)교육 프로그램들에 대해 조사해 보시오.
3. 가족사례관리에 적합한 한 사례를 선정하여 가족사례관리 지원과정에 맞추어 개입전략을 세워보시오.

제4부

다양한 가족과 가족복지의 실제

제7장

맞벌이 가족과 복지

〈학습목표〉

1. 맞벌이 가족의 개념과 유형에 대해 설명할 수 있다.
2. 맞벌이 가족의 현황과 문제에 대해 살펴볼 수 있다.
3. 맞벌이 가족을 위한 지원 정책과 과제에 대해 제시할 수 있다.

여성의 경제활동 참여율이 증가함에 따라 맞벌이 가족이 보편화되면서 일과 가족은 더 이상 분리된 영역이 아닌 공존과 조화가 필요한 영역이 되었다. 맞벌이 가족의 증가는 가족과 직장의 보다 조화로운 양립을 지원할 수 있는 사회적 대응책에 대한 관심을 증가시켰다. 그러나 노동시장에서의 기혼여성노동력의 필요성에 비하면 맞벌이 가족에 대한 복지정책은 미흡한 실정이다. 남성은 일, 여성은 가정이라는 성 역할에 대한 이분법적 사고는 여전히 현재 한국 사회의 일, 가족과 관련된 개인의 선택 및 태도, 사회적 인식 전반에 영향을 미치고 있고 가사노동과 자녀돌봄, 가족부양 등은 맞벌이 부부에게 심각한 문제로 제기되고 있다. 이 장에서 현재 한국의 보편화된 가족형태인 맞벌이 가족의 개념과 유형 및 맞벌이 가족의 현황과 이들 가족이 경험하는 문제에 대하여 살펴본다. 또한 맞벌이 가족을 위한 관련 정책과 과제를 살펴보고 이를 통해 맞벌이 가족의 기능을 강화시킬 수 있는 방안에 대해 모색해 보고자 한다.

1. 맞벌이 가족의 이해

1) 맞벌이 가족의 개념

맞벌이 가족이란 근대 산업혁명 이후에 생겨난 개념으로 여성들의 교육 수준이 높아지고 사회참여가 증가하면서 새롭게 형성된 가족 형태의 하나이다. 부부가 모두 직업을 가지고 과거 남성만 전담하던 경제활동에 여성도 참여하면서 가정과 직장생활을 병행해 나가는 가족을 의미한다(박정임, 2017).

최근 우리 사회의 가족형태가 부부 중심의 핵가족으로 변화하면서 부부관계에서도 변화를 경험하게 되었다. 과거 남성생계 부양자 모델이 일반적이었던 전통사회에서 부부관계는 부계 중심의 대가족체계로 남편과 아내가 수직적 관계였던 반면, 현대의 가족은 부부 중심의 핵가족체계로 수평적 관계를 바탕으로 하고 있다. 특히 여성의 교육기회 증대는 평등주의적 성 역할 규범을 발달시켜 남성의 공적 영역이었던 노동시장에 여성의 경제활동 참여를 증대시켰다. 그 뿐만 아니라 현대사회에서 급변하는 경제적 여건의 변화와 산업구조의 변화로 인한 여성의 사회적 진출 증가로 맞벌이 가정의 비율이 높아지고 있다(이성희 외, 2022).

이처럼 산업화 정책에 따라서 사회는 여성의 노동력이 필요했고 이에 여성의 취업에 대해서 긍정적으로 인식하기 시작했다. 따라서 맞벌이 가족은 우리 사회의 보편적 가족 형태로 자리 잡았음을 알 수 있다.

2) 맞벌이 가족의 유형

맞벌이 가족의 유형 또는 기혼여성의 취업유형은 여성의 취업 동기에 따라 다음과 같이 분류된다(이영주 외, 2019. 김혜경 외, 2020. 박주희, 2024. 재구성).

(1) 생계유지형 맞벌이 가족

생계유지형 맞벌이 가족은 주로 여성이 가정의 경제적 안정을 위해 자발적 혹은 부득이한 상황에서 비자발적으로 직장에 나가는 유형을 말한다. 따라서 여성이 직장을 그만두면 가정은 빈곤할 위기에 직면할 가능성이 크고, 학력이 낮을수록 많고, 연령층이 40대 이상인 경우가 많다.

(2) 내조형 맞벌이 가족

내조형 맞벌이 가족은 여성이 보다 풍요로운 생활을 원하거나, 가족의 경제적 상황 개선을 위해 직장에 나가는 경우를 말한다. 특히 남편이 자신의 전문성이나 성공을 위하여 학업을 계속하거나 교육 등에 투자하는 동안 여성이 가족의 생계를 전적으로 담당하기 위해 취업하는 형태도 포함된다. 따라서 취업은 하였지만 여성의 성역할 태도는 매우 보수적이며 남편에 종속된 삶을 그대로 받아들이는 경우가 많다. 농촌보다는 도시가 많고 학력수준이 낮을수록 이 유형에 속한다.

(3) 자아실현형 맞벌이 가족

자아실현형 맞벌이 가족에서는 여성이 가정의 경제적 지원자로서의 역할을 넘어, 자신의 직업적 성취와 자아를 실현하고자 하는 동기로 직장생활을 지속한다. 따라서 중산층 이상의 고학력 여성들이 가사노동의 사회적 불안정 속에서 취업을 통하여 자아를 실현하고 전통적인 성역할에 얽매이지 않고 평등한 부부관계를 정립하기 위해 취업하는 형태이다. 이들은 주로 도시에 많으며 학력수준은 대졸 이상이 가장 많고, 젊은 연령층으로 직장과 가정에서의 역할을 균형있게 이어가려고 한다.

(4) 여가활용형 맞벌이 가족

여가활용형 맞벌이 가족은 여성이 주로 경제적인 이유가 아닌, 자신의 취미나 특별한 관심이 직업으로 이어진 형태이다. 이 유형의 여성들은 대체로 중산층을 중심으로 경제적 이유, 내조 또는 자아실현 등을 크게 의식하지 않고 자신만의 취미나 관심사를 통해 새로운 경험을 추구하거나 여가 활용을 위하여 직업을 선택한다. 따라서 자신의 관심 분야가 다양한 형태(프리랜서, 파트타임 등)의 직업으로 나타나므로 개인적인 만족감과 성취감을 경험한다.

2. 맞벌이 가족의 현황과 문제

1) 맞벌이 가족의 현황

우리나라에서는 1970년대까지 기혼여성은 결혼과 동시에 가사를 담당하고, 경제활동을 하는 경우라도 비공식 부문의 가구 생산체제에 국한되어 일을 했다. 그러나 1980년대에 접어들면서 여성의 교육수준이 높아지고, 서비스업의 비중이 증가하면서 기혼여성의 취업이 증가하였다(강이수, 2007). 특히 1998년 외환위기 이후 더욱 가파르게 증가 추세였는데, 물가와 집값 상승으로 남성 생계부양자의 고용불안정이 심화되는 과정을 거치면서 남성의 수입만으로 가족의 생계유지가 어려워진 점, 평균 교육수준이 높아져 여성들도 독립적이고 자주적인 경제활동이 가능해진 점 등의 영향을 받은 것이다(김수정, 2015).

통계청(2023)의 '2023년 하반기 지역별 고용조사'자료에 의하면 맞벌이 가구 비중은 2020년 45.0%, 2021년 45.9%, 2022년 46.1%, 2023년 48.2%로 해마다 꾸준한 증가세를 보이고 있다. 가구 수로 보면 유배우 가구 1,268만 7,000가구 중 맞벌이 가구는 611만 5,000가구로 유배우 가구 절반 가까이가 맞벌이 형태이다. 가구주 연령대별로는 30대가 58.9%, 40대가 57.9%로 출산과 육아기에 있는 부부의 맞벌이 비중은 60%에 육박하고 있다.

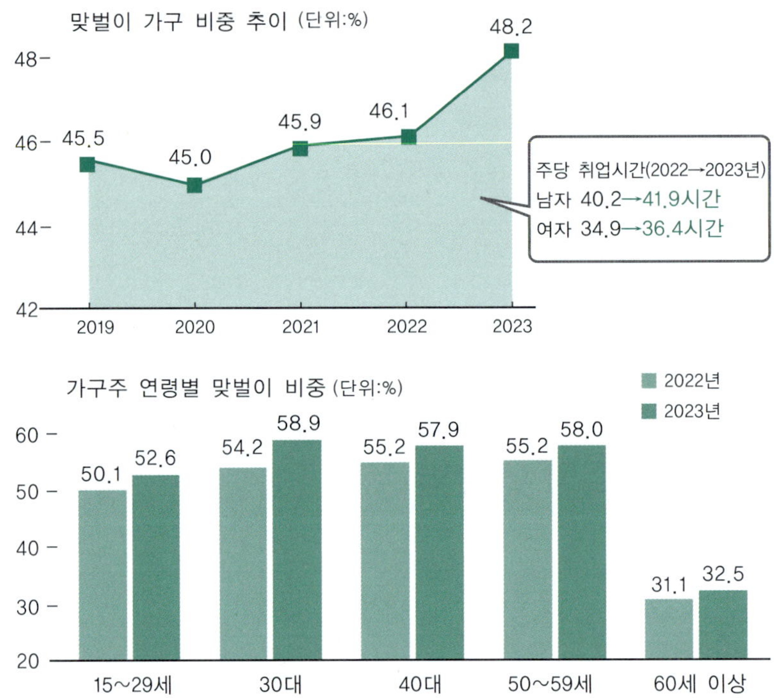

[그림 7-1] 맞벌이 가구 비율

출처: 통계청(2023). 2023년 하반기 지역별 고용조사: 맞벌이 가구 취업 현황 보도자료. 2024.6.18.

구체적으로 살펴보면 18세 미만 자녀가 있는 유배우 가구의 56.8%가 맞벌이를 하는 것으로 조사됐다. 특히 막내 자녀가 6세 이하인 유배우 가구의 맞벌이 비중은 51.5%로 전년(47.6%)보다 3.9%포인트 상승했다. 상대적으로 돌봄이 더 필요한 어린 자녀를 둔 경우에도 맞벌이 가정이 증가하고 있다. 자녀 수별로 보면 1명인 경우 맞벌이 비중이 57.2%, 2명일 때 맞벌이 비중은 57.0%였다. 자녀가 3명 이상인 경우 맞벌이 비중은 53.1%로 2명 이하일 때보다 낮았다. 비동거 맞벌이는 81만 2,000가구로 9만 1,000가구 늘어 역대 최대 폭으로 증가했다. 이는 '주말 부부' 등으로 같이 살지 않으면서 경제 활동을 하는 부부가 크게 늘었기 때문이다.

2) 맞벌이 가족의 문제

맞벌이 가족은 사회의 보편적인 가족형태로 자리 잡았지만, 기존의 가족내 가사와 돌봄노동은 여성들이 주 담당자였기에 일 · 가정 양립이 어려우면서 이는 여성들의 경력단절 현상으로 나타났다. 맞벌이 가족이 직면하는 주된 문제를 살펴보면 다음과 같다.

(1) 가사노동과 돌봄

여성가족부(2023)의 '가족실태'조사를 보면, 가사 수행은 전반적으로 '여성 중심'인 것으로 나타났다. 시장보기, 식사준비, 청소 등 '가사노동을 여성이 한다'는 응답은 2020년 70.5%에서 73.3%로 오히려 늘어났다. '남성과 여성이 똑같이 한다'는 비율은 25.3%, '남성이 한다'는 비율은 1.4%로 나타났다. 가사노동의 경우 연령대를 살펴보면, 30세 미만과 30대에서는 '남성과 여성이 똑같이 가사노동을 수행'한다는 응답이 각각 56.4%와 44.1%였다. 30대는 전 연령대에서 유일하게 2020년에 비해 남성과 여성이 동등하게 가사노동을 한다는 비율이 늘었다. 그러나 이 비율은 40대에서 25.7%, 70대에서는 18.6%로 급격히 낮았다.

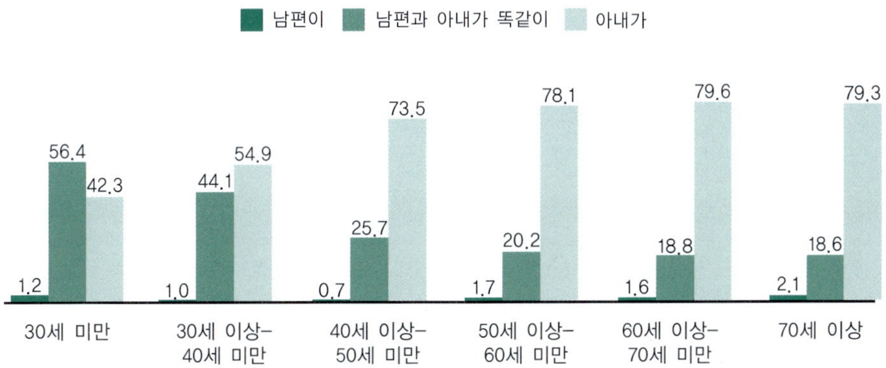

[그림 7-2] 부부의 시장보기 · 식사준비 · 청소 등 가사노동(연령별)

출처: 여성가족부(2023). 가족실태조사. 여성가족부 보도자료. 2024.4.16.

또한 12세 미만 자녀 돌봄은 남성과 여성이 똑같이 하는 비율이 증가했지만, 여전히 여성이 더 많은 시간을 육아에 할애하고 있는 것으로 나타났다. 12세 미만 자녀 돌봄을 '9개 항목'으로 나눠 물었더니 자녀 학습관리(17.3%→26.9%), 함께 놀아주기(32.7%→44.8%), 훈육(40.5%→58.8%) 등에서 '남성과 여성이 똑같이' 비율이 3년 전에 비해 증가했다. 그러나 여전히 식사 · 취침 · 외출 준비 · 위생관리 등 일상생활 돌봄이나 학교, 보육시설 등의 준비물 챙기기 등은 '여성이'하는 비율이 78.3%로 나타나, 2020년(77.3%)과도 큰 차이가 없었다. '남성과 여성이 똑같이' 자녀의 일상생활 돌봄을 분담한다는 비율은 2020년 19.9%에서 20.6%로 소폭 증가했다. '주로 여성이'(43.1%→24.1%)보다 '대체로 여성이'(34.2%→54.2%) 자녀의 일상생활 돌봄을 맡는다는 비율이 늘어났다는 것은 여성이 자녀의 일상생활 돌봄을 대부분 부담한다는 점에선 변함이 없다는 것을 알 수 있다.

김영란 외(2023)의 '젠더 관점의 사회적 돌봄 재편방안 연구 보고서'를 보면, 맞벌이 가구 아동(0~7살) 여성의 하루 평균 돌봄 시간은 11.69시간으로 나타났다. 반면 남성은 4.71시간, 돌봄 기관에선 7.76시간, 조부모는 3.87시간 순이였다. 또한 오전 6시부터 오전 8시까지 여성의 돌봄 비율은 60~80% 수준이었으나, 같은 시간대 남성은 10%대에 그쳤다. 오후 6시 이후 여성의 돌봄 비중은 꾸준히 증가하다 자정 무렵에는 70%를 넘어선다. 이 시간대 남성의 돌봄 비율은 20~30%로 나타나, 여성의 돌봄노동은 출근 전과 퇴근 이후에 지속되고 있음을 알 수 있다. 비맞벌이 가구에서 여성과 남성의 하루 평균 아이 돌봄 시간이 각각 15.63시간, 4.40시간이었다. 여전히 모든 일상생활의 전반적인 돌봄영역과 가사노동은 여성들이 분담하는 비율이 높다는 것을 알 수 있다.

따라서 맞벌이 가족의 경우 여성들에게 집중된 가사노동과 돌봄 부담을 해소하기 위해 일 · 가정 양립에서의 균형이 필요하며 무엇보다 공적 돌봄에 대한 다양한 시도와 정책이 반드시 뒷받침되어야 한다.

가사노동과 관련하여 김영란 외(2018)의 보고서를 살펴보면, 가사노동 특정 방식에 대한 재검토가 필요하다는 주장이 제시되었다. 즉 실제 가사노동을 실행하기 전에 가시적으로 드러나는 '행위'뿐만 아니라 그 행위가 이루어지기까지 수반되는 '기획 활동'을 포함해야 한다는 것이다. 예를 들면 식사준비를 하기 위하여 음식을 만드는 행위만이 아니라 그 전에 음식에 대한 결정, 장보기 등 뿐 아니라 개인적 업무로 인해 식사준비로 들어가는 시간을 내기 힘든 상황에서 식사준비하는 행위를 해야 한다면 그에 따른 감정까지 포함되는 확장된 영역으로 다루어야 한다.

〈참고자료 7-1〉

가사노동 특정항목

분류	기획	실행
의생활	• 의류 구매 계획 짜기	• 세탁하기 • 가정용 섬유 · 신발 손질 및 제작 • 가정용 섬유 · 신발 서비스받기 • 의류 정리 · 정돈
식생활	• 식단 등 전반적인 식사방식 결정 • 장보기 계획 및 구매 리스트 작성	• 식사 준비 및 만들기 • 김장, 저장식품 등 비일상적 음식 만들기 • 설거지, 식후정리/식재료 정리 · 정돈 • 음식 관련 서비스 받기(배달 음식 받기)
주생활	• 청소 횟수 및 청소방식 정하기 • 가전제품, 주거용품 등 구매 계획(정보수집 및 비교, 리스트 작성 등) • 집수리, 가전제품수리 등 주거 관리 계획 및 정보수집 • 가정관리 및 유지 비용 관리(생활비 관리) • 이사 등 주거관련 계획 및 정보수집 • 전반적인 가정관리 및 유지관련 정보 수집	• 일상적 청소 • 대청소/화장실 청소 • 쓰레기 및 재활용품 분리, 버리기 • 가정용품 관리 · 제작 • 주거관련 서비스 받기 (전기수도배관 등 주택관련 유지보수 서비스) • 가정용품 관련 서비스 받기(가전제품 등 유지보수 서비스) • 주거 관리(형광등 교체 등 집 관련 직접 관리)

분류	기획	실행
가계 운영 및 기타	• 가계 재무 설계(연간 지출 계획, 재테크 계획 등)	• 가계 운영 관련 금융 업무 보기 • 관공서 관련 업무 보기 • 차량 관리하기/차량 서비스 받기 • 반려동물(식물) 돌보기 • 반려동 · 식물 서비스받기 • 상품매장/ 온라인매장 쇼핑
가족 교류 및 행사	• 본인(배우자)가족 경조사 및 생일 등 일정관리 및 행사 기획 • 경조사 및 생일 등 선물선정 • 명절 및 제사 장보기 리스트 작성 및 계획 • 부모 또는 친인척 동반 가족모임 여행 기획	• 명절 및 제사 준비(음식준비 등) • 본인(배우자)부모와의 교류(안부전화, 방문 등)

출처: 김영란 외(2018). 가사노동시간 측정 및 행동평가 기준의 젠더불평등 개선방안. 한국여성정책개발원. 이슈페이퍼.

(2) 일 · 가정 양립

일 · 가정 양립은 직장에서의 역할과 가정에서의 역할로부터 나오는 두 가지 다른 영역에서의 역할을 어려움 없이 잘 수행하는 상태라고 하였다(황미라, 2010). 즉, 자신의 직업과 인생에 대한 관점이 충돌하여 갈등이 생기지 않도록 균형을 맞춰가는 것을 의미한다. 또한 개인이 일과 가정생활의 두 영역에서 본인의 역할과 책임을 인식하고, 단순히 지식적인 수준에 머무르는 것이 아니라, 실제 생활에서 일 · 가정의 균형을 맞추고 만족을 느끼는 상태라 할 수 있다(김은하, 2014). 따라서 일 · 가정 양립이란, 서로 다른 역할을 갖는 이질적인 영역인 동시에 개인의 가장 기본적인 미시체계에 해당하는 일의 영역과 가정의 영역이 각각 갈등이 아닌 균형을 이루며 각 영역에서의 조화를 통해 만족스럽게 살아가는 것을 의미한다(김지애, 2019).

일 · 가정 양립의 또 다른 표현인 일 · 가족 균형은 일과 가족이 균형을 이루는 상태이며, 최소한의 역할 갈등으로 직장과 가정의 영역 모두에서 만족감을 느끼고, 긍정적으로 기능하는 것이다(Clark, 2001). 클라크(Clark, 2000)는 일과 가족의 체계는 서로 다르지만 상호연결되어 있으며, 사람들은 모두 일과 가족이라는 세계를 형성한다고 하였다. 따라서 일과 가정에서 다중역할을 감당하고 있는 맞벌이 부부에게 일과 생활은 분리되기 어려우며, 매일의 삶은 일과 가정을 어떻게 균형을 맞출 것인가가 중요한 문제이다.

현재 우리나라 임금근로자의 근로 시간은 1,874시간으로 경제협력개발기구(OECD) 평균 1,719시간보다 155시간(9%) 많은 것으로 나타났다(OECD, 2023). 즉 일 중심적인 생활은 맞벌이 가족의 모든 영역에 영향을 미친다. 2021년 미국의 여론조사기관 퓨리서치 센터는 한국을 포함한 17개 선진국 성인 1만 9,000명을 대상으로 '삶을 의미 있게 하는 것은 무엇인가'를 조사했다. 그 중 14국가는 '가족과 아이들'을 1순위로 꼽았다. '물질적 풍요'를 1위로 꼽은 건 한국이 유일했다(매일경제. 2024. 5. 30).

이를 설명하는 여성가족부(2023)의 '가족실태' 조사를 보면, 남성과 여성, 모든 연령대에서 '직장 일 때문에 개인생활이 부족하다(24.5%)', '직장 일 때문에 가족과의 약속을 지키지 못한다(21.2)', '직장 일 때문에 가족행사에 참여하지 못한다(17.7%)'에 대한 비율로 나타났다.

이처럼 대다수 맞벌이 가정은 일 · 가정 양립의 어려움으로 인해 가족의 일상적인 상호작용의 기회 또한 줄어들게 한다. 가족구성원 간의 의사소통이 줄어들고, 함께하는 시간과 활동이 줄어들면 가족의 정서적, 애정, 휴식의 가족 본연의 기능이 상실되는 상황에 이르게 된다. 이러한 가족 기능의 부재는 가족구성원 간 갈등을 유발하고, 가족위기, 가족해체 등의 여러 가지 가족문제를 발생시키는 요인으로 사회 전체적으로도 부정적인 영향을 미친다(이성희 외, 2022).

따라서 맞벌이 가족의 가족 기능을 회복하기 위해서는 개인적, 관계적, 환경적 · 사회적 요인 등을 모두 고려한 종합적이고 통합적인 접근이 필요하다.

〈참고자료 7-2〉

맞벌이 가족의 역할수행에 영향을 미치는 요인

1. 개인적 요인
   ① 인성(예: 배우자의 지배 욕구, 감정적으로 친밀해지려는 욕구, 자기 분야에서 최고가 되려는 욕구가 얼마나 중요한가?)
   ② 태도와 가치(예: 배우자의 자녀양육에 대한 견해 또는 남성과 같은 여성의 직업적 성공에 대한 견해는 어떠한가?)
   ③ 관심과 능력(예: 배우자가 직업적인 일과 가족관계에 얼마나 관여하는가, 직업과 직업에 대한 계획에 부부 모두 만족하는가?)
   ④ 직업에서의 단계(예: 부부 중 한 사람은 직업적인 방향으로 나아가고 있는데 다른 한 사람은 퇴직을 생각하고 있는가?

2. 관계적 요인
   ① 평등과 권력(예: 의사결정은 어떻게 이루어지며 공평한가, 가사, 자녀양육, 경제문제에 대한 동의는 어떻게 이루어지나?)
   ② 배우자의 지지(예: 대체로 서로 지지한다고 생각하는가?)
   ③ 가치관과 기대의 공유(예: 남성과 여성의 역할에 대한 견해가 같으면 같은 인생 목표를 가지고 있는가?)

3. 환경적 · 사회적 요인
   ① 직업상황(예: 직업적 시간은 융통성이 있는가, 성차별의 증거가 있는가, 작업장에서 성희롱을 금지하는 정책이 있는가?)
   ② 고용주의 견해(예: 어떤 종류의 가족정책이 있으며, 고용인에 대한 전반적인 태도는 어떠한가?)
   ③ 자녀양육의 편리성과 질(예: 자녀양육을 쉽게 할 수 있으며 그것은 부모가 원하는 기준과 맞는가?)
   ④ 지지체계(예: 가족원은 가까이에 살며, 가까운 친구나 동료도 맞벌이가족인가, 지역사회가 맞벌이 가족 부모의 요구에 부응하는가?)

출처: Gilbert, L. A. (1993). Two careers/one family: The promise of gender equality. Sage Publications, Inc.: 이성희 외(2022), p.156. 재인용.

(3) 경력단절

2021년 '경력단절여성등의 경제활동 촉진법'이 전면 개정되면서「여성의 경제활동 촉진과 경력단절예방법」에서 경력단절 여성은 "혼인 · 임신 · 출생 · 육아와 가족구성원의 돌봄 또는 근로조건들을 이유로 경제활동을 중단한 여성 중에서 취업을 희망하는 여성"으로 설명하고 있다. 일반적으로 여성들의 경력단절은 생애주기에 따라 남성과 다르게 여성들이 독특하게 경험하게 되는 가족형성과 관련된 일련의 사건들 즉 혼인 · 임신 · 출생 · 육아 등으로 인하여 경제활동을 중단하였다가 자녀양육 책임으로부터 탈출하는 시기에 노동시장으로 복귀하기까지 여성들이 경험하는 일정한 시기를 의미한다(박경숙, 2021).

통계청(2023)의 '2023년 12월 및 연간 고용동향' 자료에 따르면 여성 경제활동 참가율은 2022년 53.4%에서 55.5%로 고용률은 51.4%에서 54.2%로 취업자 수는 73만 2,000명에서 76만 6,000명으로 증가해 3년 연속 상승세를 나타내고 있다. 이처럼 여성의 경제활동이 증가하는 변화의 배경에는 여러 요인이 있으나, 주요한 원인으로는 여성의 교육 수준의 상승과 이에 따른 남녀의 교육 격차 축소, 자녀 수의 감소, 그리고 기혼여성의 사회 참여와 직장생활에 대한 사회적 인식 변화가 크게 작용하였다. 특히, 고학력 여성이 노동시장에 진출하면서 전체적인 여성의 경제활동 참가율이 높아진 것으로 분석된다(정현숙 외, 2020). 이러한 변화에도 불구하고, 여성들의 경력단절 문제는 여전히 해결되지 않고 있다.

여성가족부(2022)가 실시한 '2022년 경력단절여성 등의 경제활동 실태조사'에 따르면 경력단절을 경험한 여성은 10명 중 4명(42.6%)으로 파악됐다. 특히 모든 세대에서 자녀가 있는 기혼여성이 자녀가 없는 기혼여성보다 경력단절 경험이 더 많은 것으로 나타났으며, 경력단절 평균 발생 연령은 29세, 경력단절 기간은 8.9년이다. 또한 경력단절의 사유로는 자녀양육과 일 병행의 어려움(39.9%), 믿고 돌봐줄 양육자 부재(29.7%), 믿고 맡길 시설 부재(10.7%) 순으로 나타났다.

이처럼 여성의 경력단절이나 지속적 시간 압박은 첫째, 일 · 가족 양립을 허용하지 않는 노동시장 구조(긴 노동시간), 둘째, 육아휴직 제도나 보육 및 초등돌봄 서비스 부족과 같은 일 · 가족 양립을 지원하는 제도의 미흡, 셋째, 가사노동이나 자녀양육을 여성의 일로 인식하는 사회풍토 등에서 기인한다(송다영, 2023)고 볼 수 있다.

따라서 여성의 취업과 결혼 · 출생을 생애과정 차원에서 분석한 연구들은 여성들의 취업 생애 유형이 전통적인 'M자형' 패턴으로부터 크게 벗어나지 않았다는 점을 강조하고 있다(민현주, 2012; 김이선, 박경숙, 2019; 최인선, 이소영, 2022).

보다 구체적으로 김지연(2023)의 '30대 여성 경제활동참가율 상승의 배경과 시사점' 분석에 의하면, 2022년 자녀가 있는 30대 여성의 경제활동참가율은 53.5%로 자녀가 없는 30대 여성의 78.7%에 비해 25.2%P나 낮았다. 즉 여성의 경제활동참가율이 증가함에도 불구하고 여전히 자녀의 존재로 인한 자녀양육은 여성 경제활동을 제약하는 주요 요인으로 작용하고 있음을 알 수 있다.

따라서 이러한 현실을 반영하여 일 · 가정양립에 대한 보다 구체적인 지원을 통하여 출생 · 육아기 여성의 경제활동참가율이 증가하고 궁극적으로 출생률이 함께 상승할 수 있는 정책적 전환이 시급한 과제이다.

(4) 저출생

현재 맞벌이 가족은 증가하였으나, 여전히 여성들은 일과 가정의 이중역할에 대한 부담감으로 출생을 포기 · 기피하면서 우리나라 출생률은 현실로 나타났다.

통계청(2023) 자료를 보면, 2023년 총 출생아 수는 23만 명이었다. 전년 대비 1만 9200명(-7.7%) 줄었다. 역시 1970년 통계 작성 이래 최저 기록이다. 전년

보다 첫째아는 6,600명(-4.6%), 둘째아는 9,600명(-11.4%), 셋째아 이상은 3,000명(-14.7%) 각각 감소했다. 또한 여성 한 명이 평생 낳을 것으로 예상되는 평균 자녀 수인 합계 출생률은 0.72명으로 1970년 출생 통계 작성 이래 최저 기록이었다. 2022년(0.78명)보다 0.06명 줄었다. 이는 OECD 국가들에서도 유례를 찾기 힘들 정도로 매우 낮은 수준이다.

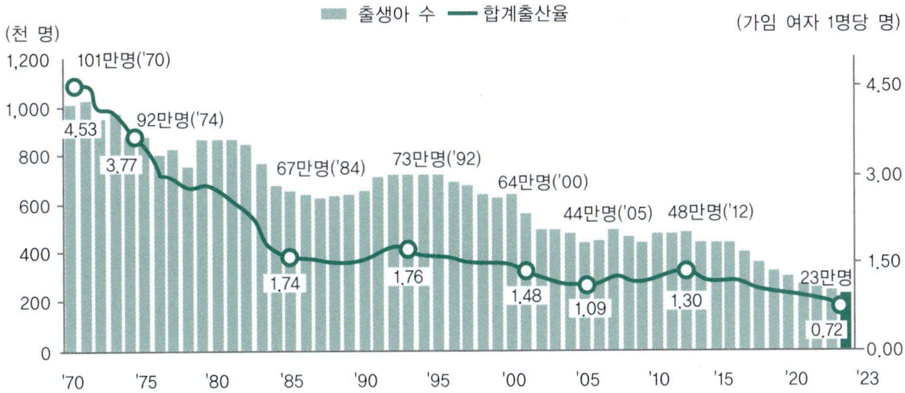

[그림 7-3] 출생아 수 및 합계 출생률 추이, 1970년~2023년

출처: 통계청(2023). 출생통계.

우리나라 저출생 현상의 특징은 초저출생의 지속으로 나타나고 있다. 이에 대해 엄동욱(2009)은 한국 사회가 '저출산의 덫(Low Fertility Trap)'에 빠져 있다는 진단으로 제시했다. '저출산의 덫 가설(hypothesis of low fertility trap)'은 오스트리아 인구학자 루츠(Lutz)가 제시한 저출산 메커니즘으로 특정 사회의 가임여성과 출생아 수가 줄고(인구학적 측면), 결혼한 부부가 원하는 자녀 수가 감소하며(사회적 측면), 장래 기대 소득이 청년층의 소비수준을 따라오지 못하면(경제적 측면), 그 사회는 '저출산의 덫'에 빠진 것으로 간주한다는 것이다(국회예산정책처. 저출산 대책평가. 2016. 재인용).

이소영(2023)의 '저출산 분야 현안 분석 및 정책 발굴을 위한 심층연구'에서 전국 만 19～49세 남녀 2,000명을 대상으로 설문조사 한 결과 '저출생 현상'이 사회적 문제인지 물었더니, 전체 설문 대상 대부분(93.9%)이 동의하였다. 또한 자녀를 낳을지 물었더니 '낳지 않을 생각'이라는 응답이 46.0%였고, 아직 자녀가 없는 기혼자 중에서는 '낳을 생각이다'(46.5%), '아직 결정하지 못했다'(26.4%), '낳지 않을 생각이다'(24.7%) 순이였다. 또한 자녀가 한 명 이상 있는 기혼자들의 경우 '더 낳지 않겠다'는 응답이 76.1%로 가장 많았다. 이는 첫째 자녀 출생 후 자녀 양육의 어려움을 경험한 여성들은 둘째 자녀 출산을 계획하지 않거나 쉽게 포기할 가능성이 있음을 보여준다.

한편, 맞벌이 부부가 함께 일하고 가정역할을 동등하게 분담하고자 하는 성평등 의식이 높으면 출생률에 영향을 줄 것으로 보인다. 실제 성평등 의식은 20-30세대의 출생하고자 하는 의지와 밀접한 관계가 있는 것으로(박재범, 2020) 나타났으며, 배우자가 성평등한 부모 역할 태도일수록 기혼여성의 추가 출생 의향이 높아진다는 연구 결과(이가은, 이재림, 2023)가 제시되었다.

따라서 현재의 출생률 해결을 위한 방안으로 성평등 의식의 향상은 물론 맞벌이 가족의 일 · 가정양립을 위한 다양한 근무형태와 가족 친화적인 근무환경의 조성 등 출생이나 양육으로 인해 차별받지 않는 성평등 정책으로 전환되어야 할 것이다.

3. 맞벌이 가족을 위한 지원 정책과 과제

1) 맞벌이 가족을 위한 관련 법과 제도

맞벌이 가족을 지원하고 있는 관련 법과 제도로는 기본적으로 「양성평등기본법」과 「남녀고용평등과 일 · 가정 양립 지원에 관한 법률」, 「가족친화 사회환경의 조성 촉진에 관한 법률」, 「가족친화인증제」 등을 들 수 있다.

(1) 양성평등기본법

1995년 제정되어 '여성 정책의 헌법'이라고 불려 왔던 「여성발전기본법」을 2015년 개정하여 남녀 모두의 평등을 목적으로 제정된 법률이다. 이 법은 「대한민국헌법」의 양성평등 이념을 실현하기 위한 국가와 지방자치단체의 책무 등에 관한 기본적인 사항을 규정함으로써 정치 · 경제 · 사회 · 문화의 모든 영역에서 양성평등을 실현하는 것을 목적으로 함을 밝히고 있다(제1조). 또한 여성가족부 장관이 5년마다 '양성평등정책 기본계획'을 수립하도록 하며, 기본계획 수립을 위해 5년마다 양성평등 실태조사를 할 수 있도록 권한을 부여했다. 양성평등이라는 정책 목표 변화에 맞춰 '모성보호'에 집중됐던 시책도 '부성보호'까지 포함하는 쪽으로 확대되었으며, 남성의 육아휴직 등도 활성화되도록 법으로 규정했다(다음백과).

현재 여성가족부 제3차 양성평등정책 기본계획(2023~2027)은 '따뜻한 동행, 모두가 행복한 양성평등 사회'를 비전으로, '함께 일하고 돌보는 환경 조성', '안전과 건강권 증진', '양성평등 기반 확산'의 3대 목표를 설정했다. 특히 맞벌이 가족과 관련한 과제로 '공정하고 양성평등한 노동환경 조성', '모두를 위한 돌봄 안전망 구축'에 대한 내용이 포함되었다.

(2) 남녀고용평등과 일 · 가정 양립에 관한 법률

우리나라는 2000년대 초반부터 일 · 가족 양립을 위한 제도들을 도입하기 시작했으며, 2008년 남녀고용평등법을 「남녀고용평등과 일 · 가정 양립 지원에 관한 법률」로 전면 개정하였다. 이 법은 고용에서 남녀평등 기회와 대우를 보장하고 모성보호와 여성 고용을 촉진하여 남녀 고용 평등을 실현함과 아울러 근로자의 일과 가정의 양립을 지원함으로써 국민의 삶의 질 향상에 이바지하는 것을 목적으로 한다(다음백과).

(3) 가족친화 사회환경의 조성 촉진에 관한 법률

'가족친화 사회환경'의 정의에 따르면 가족 내 일 · 가정양립과 돌봄을 지원받을 수 있는 사회환경이 가족친화적인 환경을 나타내는 것이다(정가원 외, 2019).

「가족친화 사회환경의 조성 촉진에 관한 법률」은 2007년에 제정되었다(김소영 외, 2017). 이 법의 목적은 '가족친화 사회환경의 조성을 촉진함으로써 국민의 삶의 질 향상과 국가사회의 발전에 이바지'하는 것이며(제1조), 가족친화 사회환경은 '일과 생활을 조화롭게 병행할 수 있고, 아동양육 및 가족부양 등에 대한 책임을 사회적으로 분담할 수 있는 제반환경'을 일컫는다(제2조의 1).

따라서 가족친화정책은 가족 중심의 가치를 중요시하고, 남성과 여성 모두에게 이로운 형태로, 고용주에게도 혜택을 주는 정책이라 할 수 있다. 이는 단순한 정책 구현을 넘어 하나의 사회적 환경을 구축하는 것을 목적으로 하며, 국가 · 기업 · 지역사회 모두가 일과 가정의 균형을 찾을 수 있는 환경을 만드는 것을 의미한다(박주희, 2024).

(4) 가족친화인증제

가족친화인증제는 사업장이나 기관이 가족 친화적인 환경과 문화를 조성하고, 직원들의 일 · 가정 양립을 도모하는 제도나 프로그램을 시행하고 있는지 평가하고 인증하는 제도이다. 이 인증제는 근로자의 일과 가정 사이의 균형을 추구하게 함으로써 기업이나 기관의 경쟁력을 높이고, 근로자의 직무 만족도와 생산성을 향상시키는 것을 목적으로 한다(박주희, 2024).

여성가족부는 2008년 가족친화인증제를 도입해 근로자의 일 · 가정생활을 조화롭게 병행할 수 있도록 지원하고 있다. 가족친화인증 기업은 현재(2023년 12월 기준) 5,911개로 대기업이 668개(11.3%), 중소기업이 4,110개(69.5%), 공공기관이 1,133개(19.5%)를 차지한다(여성가족부 블로그, 2024. 4. 30).

이처럼 가족친화기업에서는 자녀출산 · 양육 및 교육지원제도, 탄력적 근무제도, 근로자 및 부양가족 지원제도, 가족친화 직장문화 조성 등 일 · 가정 양립의 문화 확산을 위해 기업에 맞는 가족친화제도들을 활용하고 있다.

〈표 7-1〉 가족친화제도 주요항목

구분	세부 내용
자녀출산 · 양육 및 교육 지원제도	육아휴직, 육아기 근로기간 단축, 출산전후 휴가, 배우자출산 휴가, 임신기 근로시간 단축, 수유시설 및 산모휴게실, 자녀 학자금 지원, 직장어린이집 설치
탄력적 근무 제도	시차출퇴근제, 재택근무제, 시간제 근무, 스마트워크 등
근로자 및 부양가족 지원제도	가족돌봄 휴직, 가족돌봄 휴가, 근로자 건강지원제도, 근로자 상담프로그램 운영, 근로자 자기 계발 지원, 장기근속 휴가, 휴식 지원, 주택지원(자금대출, 사택지원 등), 배우자 전근 시 근무지 이동 지원
가족친화 직장문화 조성	정시퇴근('가족사랑의 날' 등 시행), 가족친화 직장교육 실시, 가족초청행사, 가족휴양시설 제공, 가족캠프 등 가족참여 프로그램

출처: 여성가족부 블로그, 2024. 4. 30.

2) 맞벌이 가족을 위한 과제

맞벌이 가족을 지원하기 위하여 일 · 가정양립 정책의 새로운 패러다임 구축과 가족친화 사회환경 조성정책의 확대 및 재구성을 통해 궁극적으로 성평등 정책으로의 전환에 대한 필요성이 논의 되어야 한다.

(1) 일 · 가정 양립을 위한 패러다임 전환

자녀양육 시 따르는 시간적 · 경제적 비용부담 · 경력 중단 등의 문제들을 공공차원에서 해결해 주지 못했을 때 국가의 지속 가능 발전에 지장이 될 것은 분명하다. 따라서 일 · 가정양립 지원 정책들은 부모들이 자녀양육의 역할을 수행할 경우 겪게 되는 어려움에 대해 적극적으로 개입하는 것에 의미를 갖는다.

저출산고령화위원회(2024)는 성인 만 25세 이상 49세 이하를 대상으로 '결혼 · 출산 · 양육 인식' 조사 결과, 맞벌이 가구의 일 · 가정 양립을 위해 필요한 사항으로는 '육아를 위한 시간확보'가 38.8%, '육아지원제도를 자유롭게 사용할 수 있는 직장문화'가 18.3% 순으로 나타났다. 그러나 응답자 중 맞벌이 가구의 응답을 다시 살펴보면, 맞벌이 가구에서 일 · 가정 균형을 이루기 위해 가장 필요한 사항 중 '육아를 위한 시간확보'를 선택한 비율이 44.4%로 높게 나타났다. 이는 자녀양육을 위해 결국 가장 중요한 것은 어떤 제도나 정책보다는 '자녀돌봄에 대한 시간'이 필요함을 알 수 있다. 특히 여성 집단에서는 '배우자 간 평등한 육아분담'을 연령이나 결혼여부와 상관없이 모두 2순위로 응답하여, 중요한 조건으로 인식할 수 있다. 또한 정부대책이 저출생 해결에 도움이 되는 정도에 대해서는 '자유로운 육아휴직제도 사용' 81.9%, '남녀평등한 육아참여 문화 조성' 77.5%, '양육을 지지하는 육아 친화적 문화 조성' 76.4%, '육아 인프라 확대' 75.3% 등이 높게 나타났다.

여성가족부(2023)의 '가족실태' 조사에서도 일과 생활의 균형을 위해 필요한 정책으로는 '일하는 여성을 위한 보육지원 확대'(25.2%), '인식 확산'(17.1%), '유연근무제 확산'(15.7%) 등으로 나타났다. 따라서 근로자 입장에서 필요에 따라 근로시간을 조정할 수 있도록 하는 육아기 근로시간 단축제도 및 유연근로제도를 지원 · 확대할 필요가 있다. 실제 외국의 사례를 보면 유럽에서 자녀가 있는 여성고용률과 출생률이 높은 국가들은 대체로 재택근무와 같은 유연근무제나 유자녀의 시간제 활용률이 높게 나타났다. 특히 스웨덴, 아일랜드, 독일, 네덜란드 등에서 높게 나타났다(정성미, 2024).

일 · 가정 양립을 위한 제언을 하면. 첫째, 일 · 가정 양립 정책들이 선택으로 사용하는 것이 아니라 의무적으로 시행되어야 한다. 기업의 협조도 필요하지만 결국 정부의 지원이 우선되어야 하므로 일 · 가정 양립을 지원하는 기업등에는 인센티브를 제공하는 등 지속적인 제도가 활성화되어야 한다. 둘째, 그동안 여성의 경력단절 문제로만 접근하던 일 · 가정양립의 문제를 남성들에게도 자녀를 '돌볼 권리'라는 새로운 시각으로 패러다임을 전환해야 한다. 물론 남성의 육아휴직이 꾸준히 늘고는 있지만, 여성들이 일과 가정을 어떻게 양립해야 하는 관점이 아닌 남성이 어떻게 일과 가정을 양립할 수 있는지에 대한 고민과 더불어 돌봄은 여성의 몫으로 남아 있는 현실에서 남성 양육과 돌봄의 중요성을 고민해야 한다. 궁극적으로 맞벌이 가정의 일 · 가정 균형이 가능하려면, 단기 육아휴직이나 남성의 출산휴가를 며칠 더 늘리는 방식이 아닌 정부의 통합적 · 체계적이며 일관된 시스템이 작동하는 성평등한 돌봄사회로 전환해야 '함께 돌봄'이 가능할 것이다(송다영, 2023).

최근 이러한 사회적 인식을 반영하여 '경력단절' 대신 '경력보유'로 대체할 수 있는 용어가 필요하다는 논의가 제기되었다. 실제 서울 성동구가 전국 최초로 2021년 돌봄노동을 경력으로 인정하도록 권장하는 내용을 담은 '경력여성조례'

를 제정했다(경향신문. 2021.11.9). 이 조례에는 경력단절이라는 육아와 가사, 간병 같은 무급 돌봄노동에 대해 경력인정서를 발급하는 내용과 무급 돌봄노동을 했던 이들의 취업 역량을 강화할 수 있는 교육을 지원하고, 지역 내 기업 및 단체 등과 적극 협력하도록 하는 책무를 규정하는 등 경력보유여성이 사회적으로 존중받는 환경이 조성될 수 있도록 하는 내용도 포함되었다. 이에 따라 지방자치단체들이 '경력단절여성'을 '경력보유여성'으로 변경하도록 관련 조례를 잇달아 제·개정하고 있다.

(2) 가족친화 사회환경 조성정책의 확대 및 재구성

맞벌이 가족에게 일·가정양립은 주요한 의제가 됨에 따라 가족친화적 사회환경 조성 역시 중요한 정책과제로 대두되고 있다. 진미정(2018)은 가족친화성이란 가족을 둘러싼 환경체계가 아동양육과 가족부양이라는 가족기능의 수행에 도움이 되어 일과 가정생활이 조화롭게 병행되도록 하는 정도라고 할 수 있으며, 이 환경체계에는 지역사회, 직장, 학교, 제도 등이 모두 포함될 수 있다고 제시했다.

톰슨 외(Thompson et al., 1999)는 가족친화 제도 유용성 및 가족친화적 기업문화는 근로자의 정서적 헌신에 긍정적인 영향을 주고, 일·가정 갈등과 이직 의사를 낮추는 것으로 나타났다. 또한 김정우(2018)의 연구에서도 가족친화적 기업문화 인지도는 근로자의 직장 만족도 및 삶의 질을 높이고 조직몰입을 통해 이직 의사를 감소시키는 등 긍정적인 결과를 가져오는 것으로 나타났다. 그러나 현재 우리나라는 가족친화정책들이 도입되어 일·가정균형을 이루기 위한 여러 시도가 있었음에도 불구하고, 비정규직이나 중·소 민간 사업장에서 근무하는 생산직 및 서비스 직원들은 여전히 이러한 제도에서 배제되었다(박주희, 2024).

이러한 점을 고려하여 가족친화인증을 받은 중소기업을 대상으로 일·생활 균형제도 운영 비용에 대한 보상측면에서 보다 실질적으로 체감할 수 있는 세제지원 등의 인센티브를 제공하여 다양한 일 · 생활 균형제도가 효과적으로 운영되게 할 필요가 있다.

한편, 김소영 외(2017)의 보고서에 의하면, 현행 '가족친화 사회환경 조성 정책'은 유자녀 가족과 같은 특정 형태 가족을 정책의 대상으로 상정하고 가족의 재생산 및 돌봄 지원으로 정책의 범주를 한정함으로써 다양한 가족들과 그들의 삶의 방식을 배제하며, 다양해지는 가족 욕구를 포괄하지 못하는 한계를 보이는 것으로 나타났다. 그러므로 '향후 가족친화 사회환경 조성 정책'은 대상의 범위와 제한성을 벗어나 가변적으로 구성되는 가족을 포괄하고 구성원의 욕구에 따라 상이한 가족 기능을 지원하는 유연한 정책으로 재구성될 필요가 있다고 진단하고 있다(김소영 외, 2017).

따라서 가족친화 사회환경을 구축하기 위하여 지자체의 중추적 역할은 중요하므로, 각 지역사회 차원에서 가족친화 사회환경을 마련하기 위한 다양한 방안과 새로운 시도가 모색되어야 한다.

(3) 성평등 인식확산과 성평등 정책 전환

궁극적으로 맞벌이 가족을 위한 정책을 실현하기 위해서는 성평등 인식확산과 성평등 정책의 필요성이 논의되고 있는 실정이다. 이를 위해 제4차 건강가정기본계획에서도 '남녀 모두 함께 일하고 돌볼권리의 균형'을 중시하는 성평등 정책이 추진되어야 함을 명시하고 있다.

맞벌이 부부는 각 배우자가 일과 가족의 역할을 동시에 감당하는 특성이 있다. 두 역할이 충돌하면 관계의 평등을 해쳐 갈등이 양산될 수 있는데, 이러한 역할 갈등을 예방하기 위해서 성 역할 규범에 대해 개방적인 가치관과 태도를 갖추는 것이 중요하다(정소영, 이명신, 2020). 이처럼 사회으로 형성된 성 역할 규범을 유연하게 수용하려는 태도를 갖추는 것은 곧 성평등 의식을 높이는 것이다. 따라서 평등한 부부관계를 지향하기 위하여, 특히 맞벌이 가족인 경우 '부부'로서 일 · 가족 역할을 유연하게 협의할 수 있도록 지역의 가족센터 등에서 이와 관련된 부부교육뿐 아니라 교육을 받은 부부에게 인센티브를 주는 정책방향 등도 함께 논의되고 활성화되어야 할 것이다.

궁극적으로 맞벌이 가족의 다양한 문제를 해결하기 위하여 정부는 일시적이고 단선적인 정책이 아닌 가정과 직장의 양립을 위하여 모든 정책 관련 부서가 지속적으로 통합적인 성평등 정책으로 전환되어야 한다.

이를 위해 맞벌이 가정을 위한 외국의 다양한 성평등 정책을 살펴보면 다음과 같다.

첫째, 스웨덴은 여성 노동력을 중요시하고 육아에 대한 국가적 책임을 강조한 국가다. 특히 성별과 상관없이 모든 국민이 일을 통해 자립할 수 있고 직장과 가정생활을 균형 있게 누릴 권리가 있다는 것은 남녀평등을 위한 스웨덴의 주요 원칙이다. 자세한 정책을 보면, 세계 최초 모성 출산휴가를 '부모휴가'로 대체하였다. 또한 남성의 육아휴직 이용률을 높이기 위하여 1995년에 도입된 '아버지의 날'을 비롯해 부성의무 육아휴직 제도, 부모 휴가 보너스제도 등을 들 수 있다. 현재 공원 · 카페에서 남성 혹은 여성이 아이들에게 우유를 먹이는 장면(라떼 엄마/라떼 아빠)을 흔히 볼 수 있고 유자녀 가구에 긴 부모휴가를 제공한다. 2016년부터 각 부모에게 90일의 양도 불가한 육아휴직을 제공하고 있고, 맞벌이 가구 남성들은 일주일에 평균 35시간 이상 자녀와 함께 보내고 있음으로 육아에 대한 책임은 부부가 모두 부담하고 있다(류동, 2022). 또한 스웨덴 정부는 아이가 아프면 집에서 아이를 돌보는 '바바'(vabba: 스웨덴어 돌보다 varda와 아이 barn의 합성어) 제도까지 도입했는데, 자녀 나이가 12세가 될 때까지 부모는 연간 최대 120일을 사용할 수 있다(세계일보. 2023. 6. 27).

둘째, 독일은 1970년대부터 여성의 경제활동참여에 대한 사회적 인식이 변화되었고 남녀평등에 대한 사회적 관심이 커지면서 기존 가족정책의 변화가 요구되었다. 먼저 과거의 육아휴가제도를 2001년에 '부모 시간제'로 전환하여 남성의 양육 책임을 강조하였다. 독일의 일 · 가정양립 지원 정책 중 주목을 받고 있는 제도는 2007년 시행된 '부모휴가 수당제도'인데 이 제도가 기존 독일의 가족 패러다임을 뒤흔들었다는 평가를 받고 있다(김민정 외, 2019). 이러한 정책 전환을 통해 독일은 2021년 합계출산율은 1.58명까지 상승했다. 또한 일 · 가정 균형을 위해, '부모시간' 및 '부모수당' 도입과 정부의 돌봄 지원 등이 출생률 반등에 기여한 것으로 나타났다. '부모시간'이란 부모 한 명당 3년까지 무급휴직을 신청할 수 있고, 부부의 유급 육아휴직 기간은 1년 2개월인데 이 중 2개월은 남성의 몫으로 의무화했다(세계일보. 2023. 6. 27).

셋째, 영국은 1996년 '고용권리법'에 공동육아휴직을 규정하였고, 1999년에 '출산 및 육아휴직 규정'을 구체적으로 규정하였다. 현재 직장에서 1년 이상 근속하고 자녀양육을 책임지는 근로자는 자녀가 5세가 될 때까지 자녀 1인당 13주의 육아휴직을 사용할 수 있었다. 2014년에 신설된 '공동육아휴직제도'에 따르면 의무출산 휴가기간(2주)을 제외한 나머지 50주의 출산휴가 기간과 37주간의 출산휴가 급여를 부모가 자율적으로 결정하여 공유할 수 있도록 허용하였다. 부부는 서로 공동육아휴직을 사용할지 선택하며, 출산 후 1년 이내에 사용하여야 한다(류동, 2022).

이처럼 외국의 정책을 살펴보면 최근 공동육아 휴직, 성평등한 육아휴직 등으로 남녀를 구분 지어 육아휴직을 제공하는 것이 아니라 자녀돌봄은 부모가 함께 질 수 있도록 육아 휴직 등 자녀를 돌보는 부모들에게 선택권을 주는 것이다.

핵심용어

일 · 가정 양립, 경력단절, 양성평등기본법, 남녀고용평등과 일 · 가정 양립 지원에 관한 법률, 가족친화 사회환경의 조성 촉진에 관한 법률, 가족친화제도, 가족친화인증제, 성평등 정책

학습실천과제

1. 그림책 '돼지책(앤서니 브라운, 2022)'을 읽고, 집을 나간 엄마는 새로운 경험을 하고 남은 가족들은 가사일을 하면서 이들 가족은 무엇을 알게 되었는지 논의하시오.
2. 우리나라 저출생의 문제를 해결하기 위하여 지역사회와 정부가 어떤 노력이 필요한지 토의해 보시오.
3. 맞벌이 가족을 위한 '함께 돌봄'이 정책화되기 위하여 성평등 정책으로 시도할 수 있는 것이 무엇인지 탐구해 보시오.

제8장

다문화가족과 복지

〈학습목표〉

1. 한국사회 특성과 변화상을 반영하여 다문화가족의 새로운 명명을 탐색할 수 있다.
2. 다문화가족의 실태를 파악하여, 다문화가족이 가진 어려움을 추론할 수 있다.
3. '제4차 다문화가족정책 기본계획'을 이해하고, 정책 평가를 통해 다문화가족에게 필요한 가족복지 서비스를 탐색할 수 있다.

2023년 우리나라의 인구주택총조사 결과(등록센서스 방식 적용 결과)는 한국 사회가 다문화사회로 빠르게 변화하고 있음을 방증하고 있다. 우선, 총인구(5,177만 명)에서 차지하는 내국인의 수는 4,984만 명(96.3%)으로 전년과 비교해서 0.2%의 감소 추세를 보였지만, 외국인의 수는 2015년 136만 명(총인구의 2.7%)에서 2023년 총 194만 명(총인구의 3.7%)으로 무려 60만 명 가량이 증가해서, 한국사회도 이제 다문화, 다인종 사회로 빠르게 변화하고 있음을 나타냈다. 특히 다문화가구의 수가 2015년 29만 9천 가구, 2019년 35만 4천 가구에서 2023년 총 41만 6천 가구로 나타나서, 이를 2015년과 비교하면 무려 40% 가까이 다문화가구의 수가 증가한 것으로 나타났다.

세계 대부분의 국가는 국경없는 지구촌 사회의 도래로 인해 다문화사회로 변화하고 있지만, 한국사회는 1990년대 중반 이후 급격하게 증가한 '결혼이민'을 통해 다문화사회로 아주 빠르게 변화한 특성을 보인다. 이에 한국의 다문화 정책은 역사가 길지 않고, 그 정책은 주로 '결혼이민자' 가족을 대상으로 하고 있다. 이에 본 장에서는 '결혼이민'을 중심으로 하는 다문화가족에 초점을 두어 우리 사회의 다문화가족의 실태와 문제, 다문화가족지원을 위한 정책 및 서비스에 대하여 살펴보고자 한다.

1. 다문화가족에 대한 이해

1) 다문화가족의 개념

다문화가족의 사전적 의미는 "국적과 문화가 다른 남녀로 이루어진 가족(우리말샘, 2024)"을 말해서, 한국인과 결혼한 결혼이민자뿐 아니라 서로 다른 민족 또는 다른 문화적 배경을 가진 사람이 포함된 가정을 총칭한다. 따라서 한국 사회와 다른 문화를 가진 사회에서 이주한 외국인노동자, 북한이주민(새터민), 유학생, 나아가 한국에 이민을 온 이민자가족과 재외동포까지 포함하여 우리 사회에 새롭게 이주한 가족들을 그 이주 경로나 동기 여하에 관계없이 폭넓게 수용하는 용어이다.

그러나 2008년에 제정된 「다문화가족지원법」에서는 다문화가족을 결혼이민자에만 초점을 두는 매우 제한적인 개념으로 정의하고 있다. 「다문화가족지원법」에 의하면 다문화가족을, 첫째, 결혼이민자와 「국적법」 제2조부터 제4조까지의 규정에 따라 대한민국 국적을 취득한 자로 이루어진 가족(「다문화가족지원법」 제2조 제1호 가목), 둘째, 「국적법」 제3조 및 제4조에 따라 귀화허가를 받은 자와 「국적법」 제2조부터 제4조까지의 규정에 따라 대한민국 국적을 취득한 자로 이루어진 가족(「다문화가족지원법」 제2조 제1호 나목)의 두 가지로 정의하였다. 즉, 현행의 법체계에서 다문화가족이란 '결혼이민자와 한국인으로 이루어진 가족'과 '국적법에 의해 귀화허가를 받은 자와 한국인으로 이루어진 가족'만이 해당한다. 즉, 「다문화가족지원법」이 제정되기 이전에는 '다문화가족'의 범위에 해당하는 가족의 유형이 '결혼이민자가족' 외에 '합법 체류 이주노동자가족', '북한이탈주민'까지를 모두 포함하였다. 그러나 「다문화가족지원법」의 제정으로 인해 다문화가족의 범위가 보다 협소해져서, 반드시 한국인이 포함되어 형성된 다문화가족만을 제한적으로 다문화가족이라 정의하고 있다.

한국의 다문화가족은 1990년대 이후 농촌 지역의 남성들을 중심으로 급속하게 증가하였는데, 이 '국제결혼'이 주로 저개발국 여성들의 혼입으로 이루어졌기 때문에, 국제결혼에 대한 편견과 차별적 시각이 두드러졌다. 국제결혼으로 출생한 자녀를 '혼혈아'로 지칭하는 등, 용어 사용에도 차별적 시각이 반영되었다. 이에 2003년 건강가정시민연대가 '국제결혼', '혼혈아' 등의 차별적 용어 대신 '다문화가족'이나 '다문화가족 2세'라고 부르자고 제안함으로써 '다문화가족'이란 용어가 보편적으로 사용되었다(윤경자 외, 2009). 따라서 다문화가족은 차별과 편견을 뛰어넘은 새로운 의미로 대체된 용어라고 할 수 있다.

그럼에도 불구하고, 「다문화가족지원법」에서 규정한 '다문화가족'의 범위가 다양성이 커지는 다문화가족의 모든 유형을 포괄하지 못하므로, 새로운 명칭으로 재정의해야 한다는 논란이 있다. 특히 차별과 편견을 뛰어넘으려는 '다문화가족'이란 용어가 오히려 다문화와 그렇지 않은 가족을 구별한다는 측면에서 더 차별적이라는 비판도 있다. 그러나 이 장에서는 현행 법체계에서 정의하는 다문화가족의 정의를 부분적으로 수용하여, "다문화가족이란, 국적이 서로 다른 남녀가 결혼하여 구성하는 가족으로, 구체적으로 결혼이민자와 한국인으로 이루어진 가족과 국적법에 의해 귀화허가를 받은 자와 한국인으로 이루어진 가족"이라고 정의한다.

〈참고자료 8-1〉

"다문화가족 대신 '이주민'으로 불러주세요…", 다문화가족의 새로운 명칭은?

국민통합위원회가 3일 국내 거주 외국인이 250만 명에 이르는 다인종 시대를 맞아 '다문화가족' 등의 용어 대신 '이주 배경 주민'(약칭 '이주민')을 사용할 것을 제안했다. '다문화'라는 말이 주로 부모 중 한쪽이 한국인으로 구성된 국내에 거주하는 국제결혼 가정을 뜻하는 말로 쓰여, 다양한 이주 배경을 지닌 외국인이나 이주 자녀 등을 포괄하기 어렵다는 판단에 따른 것이다. 통합위는 이주민을 '한국으로 이주한 외국인 또는 귀화자와 부모 세대가 한국으로 이주한 경험이 있는 사람'으로 정의했다.(중략)

통합위에 따르면 우리나라의 이주민은 약 218만 명으로 10년 새 2배 이상으로 늘어 충청남도 인구(212만 7,000명 · 올 8월 기준)보다 많은 상황이다. 조만간 전체 인구 5,155만 명의 5%(257만 명)를 넘어서 선진국 수준으로 진입할 것으로 예상된다. 국내 거주 '장 · 단기 체류 외국인'도 9월 말 현재 251만 4,159명으로, 통계에 잡히지 않는 불법 체류자 등을 포함하면 이미 5%를 돌파했다는 말이 나온다. 한국보다 먼저 외국인 근로자를 적극적으로 받아들인 일본의 외국인 비율은 2.38%에 그치고 있다. 급격한 고령화와 심각한 저출산 문제로 이주민 유입 속도는 더욱 빨라질 것이라는 전망이 나온다. 통합위는 다문화 · 이주민 국가로 전환하는 과정에서 생길 수 있는 문제점을 미리 살펴보고 이주민 정책을 마련하기 위해 특위를 출범시켰다고 밝혔다. (중략) "우리나라도 이제 명실상부한 다문화, 다인종 국가에 진입할 것으로 예상한다"며 "이주민들도 적극적으로 참여해 능력을 발휘할 여건을 조성하겠다"고 했다. 특위는 영국과 독일 등 선진국의 이주민 관련 정책을 분석해 이주민들이 지역사회 구성원으로서 실질적 참여를 늘리도록 하는 방안을 논의한다. (후략)

출처: 조선일보(2023. 11. 04). "다문화가족 대신 '이주민'으로 불러주세요". 통합위, 명칭 통일. 김동하 기자. 발췌. 재구성.

2) 한국의 다문화가족 형성 과정의 특징

다문화가족의 증가는 세계적인 현상이지만, 한국의 경우 타 국가들과 다른 양상을 보인다. 일차적으로는 1960년대 이후부터 정부가 꾸준히 추진해 온 출산억제 가족정책과 남아선호 사상이 연계되어 나타난 인구구조의 심각한 성비불균형으로 결혼 시장이 교란되었기 때문이다. 그러나 이러한 혼인시장의 혼란에 덧붙여, 상대적으로 도시보다 낙후된 농촌지역의 경제적 상황이 반영된 결과이기도 하다. 배우자의 경제적 여건이 가장 중요한 배우자 선택 요건으로 자리 잡으면서, 대부분의 여성들이 농촌의 청년들과 혼인을 꺼리게 되자, 각 지방정부에서

'농촌 살리기'의 일환으로 국제결혼을 지원하게 되면서 다문화가족이 개인적인 원인이 아니라 정부의 지원하에 사회구조적으로 증가한 것이다. 여기에 국제경제의 구조상 극심한 빈곤과 실업으로 어려운 저개발국 여성으로 주로 동남아시아 국가의 여성들이 경제적 어려움을 타개하기 위하여, 또, 아시아 각국에 확산된 한국의 대중문화에 대한 동경이 승화작용을 하여(홍봉수 외, 2018), 국제결혼이 급속하게 증가하였다.

이처럼 한국사회의 다문화가족은 1980년대 말을 시작으로 1990년대 중반 이후 급증한 '결혼이주여성'을 중심으로 형성되었는데, 첫째, 과거 한국여성이 외국남성과 결혼하여 해외로 이주하던 형태와 달리 현시점에서는 외국여성이 한국남성과 결혼하여 주 거주지가 한국사회가 되므로 이들이 가족과 지역사회의 구성원이 된다. 둘째, 이들의 자녀가 한국에서 태어나서 다문화가정 2세로 성장한다. 셋째, 최근의 국제결혼 증가가 매우 급속하게 이루어졌으며, 우리 사회에 미치는 파급효과가 매우 크고 빠르다(최명민 외, 2009). 넷째, 한국남성과 여성이 한국보다 저개발국의 외국인 배우자와 결혼하는 경향이 높다는 특징을 가진다. 이와 같은 한국의 다문화가족 형성의 특징은 다문화가족 문제에 투사되므로, 다문화가족 복지 정책의 방향과 내용을 결정하는 데에도 종합적으로 고려되어야 한다.

2. 다문화가족의 실태

1) 외국인과의 혼인추이

통계청이 발표한 '2023년 혼인 · 이혼 통계'에 따르면, 전체결혼에서 외국인과의 혼인비율은 2013년 최고로 치솟았다가(26.0%), 이후 서서히 감소하기 시작하여 코로나19 전후인 2020년(15.3%)과 2021년(13.1%)에 대폭 낮아졌지만, 2022년(16.7%)부터 다시 증가세가 나타나 전체 혼인에서 2023년의 외국인과의 혼인 비율은 19.7%로 나타났다. 이것은 전체 혼인 중 약 20%가량이 외국인과의 혼인임을 나타낸다. 한편, 외국인과의 혼인에서는 여전히 '한국인 남성과 외국 여성'(14.7%)의 혼인비율이 '한국 여성과 외국 남성'(5.0%)의 혼인에 비해 약 3배가량 많아서, 다문화가족의 배우자 중 외국인은 대다수가 여성임을 알 수 있다.

〈표 8-1〉 총혼인 건수와 외국인과의 혼인

(단위: 천 건, %)

	2013	2014	2015	2016	2017	2018	2019	2020	2021	2022	2023	전년 대비	
												증감	증감률
총혼인 건수	322.8	305.5	302.8	281.6	264.5	257.6	239.2	213.5	192.5	191.7	193.7	2.0	1.0
외국인과의 혼인	26.0	23.3	21.3	20.6	20.8	22.7	23.6	15.3	13.1	16.7	19.7	3.1	18.3
한국남자+외국여자	18.3	16.2	14.7	14.8	14.9	16.6	17.7	11.1	9.0	12.0	14.7	2.7	22.5
한국여자+외국남자	7.7	7.2	6.6	5.8	6.0	6.1	6.0	4.2	4.1	4.7	5.0	0.3	7.5
외국인과의 혼인 비중	8.0	7.6	7.0	7.3	7.9	8.8	9.9	7.2	6.8	8.7	10.2	1.5	

출처: 통계청(2024). 2023년 혼인 · 이혼 통계.

2) 다문화가구 유형과 배우자의 국적

통계청의 '2023년 인구주택총조사' 결과를 보면, 총 41만 6천 가구의 다문화가구에 대한 가구 구성의 특성을 살펴보면, 결혼이민자와 혼인으로 구성된 가구유형이 가장 많았고(12만 9천 가구, 총 31.2%), 귀화자와 가구를 형성한 경우(23.3%)와 귀화자로만 구성된 가구(19.3%)의 순이었다. 특히 귀화자로만 구성된 가구는 1인 가구의 비율이 가장 높았지만, 다문화 가구의 평균 가구원 수(2.9명)를 고려하면, 다른 모든 유형은 부부가 자녀를 동반하는 것으로 판단되어, 다문화가구의 자녀 현황에 대한 실태 파악의 필요성을 시사했다(〈표 8-2〉 참조).

〈표 8-2〉 다문화가구 유형과 평균 가구원 수

다문화가구 구성별	2023					
	총 다문화 가구_계	1인	2인	3인	4인	평균 가구원 수
계	415,584	57,703	120,462	114,118	81,908	2.9
내국인(귀화 · 인지)	82,120	33,756	26,122	14,731	5,590	2
내국인(출생) + 내국인(귀화 · 인지)	96,953	X	18,024	28,724	31,915	3.6
내국인(출생) + 외국인(결혼이민자)	129,496	X	45,474	41,736	28,730	3.1
내국인(출생)+다문화자녀	46,960	X	16,384	16,665	9,232	3.1
내국인(귀화 · 인지) + 외국인(결혼이민자)	24,207	X	7,097	9,514	5,509	3.1
기타	35,848	23,947	7,361	2,748	932	1.6

출처: 통계청(2024). KOSIS 다문화가구 구성 및 가구원 수별 가구.

한편, 다문화가구 혼인에서 외국인 여성 배우자의 국적은 기타(27.6%), 베트남(23.0%), 중국(17.8%), 태국(11.1%)의 순이었다. 남성 배우자의 경우 기타(11.6%), 미국(8.0%), 중국(6.5%)의 순으로 많았지만, 기타 국적의 비율이 가장 높았다. 이러한 결과는 다문화가구의 배우자의 국적이 다양화되고 있어서, 한국 사회가 다인종 사회로 진화할 가능성을 시사했다.

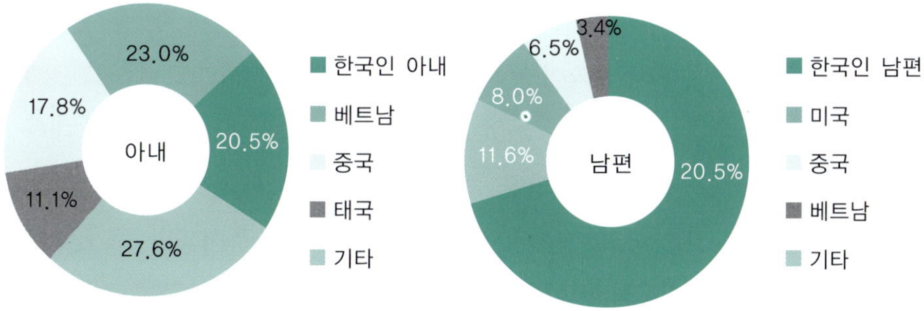

[그림 8-1] 다문화가족 남편과 아내의 국적별 비중

출처: 통계청(2023). 2022년 다문화 인구동태 통계.

3) 다문화가족 자녀 현황(연령별 분포)

여성가족부에서 시행하는 전국다문화가족 실태조사의 다문화가구의 평균 자녀 수는 2015년(1.02명), 2018년(0.95명), 2021년(0.88명)으로 나타나서, 다문화가족에도 저출생의 여파가 나타나고 있다고 보인다. 이에 다문화가족 자녀의 평균 연령이 21년 9.93세로 2018년(8.32세)보다 증가했다. 그러나 전체 출생 건수에서 다문화출생이 차지하는 비율이 지난 2015년 이래 지속적으로 증가하여 2017년에는 처음으로 5%를 상회했고, 불과 3년 만인 2020년에는 6.0%를 상회한 것(여성가족부, 2022)을 고려하면, 이제 우리 사회가 조만간 이주배경 특성을 가진 인구 집단의 비중이 급속히 팽창할 것임을 시사했다. 실제로 2007년에는 다문화가족의 자녀 수가 겨우 4만 5천 명 가량이었지만, 2014년 20만여 명, 2018년 28만여 명, 2022년 33만 6천여 명 등으로, 다문화가족 자녀 수의 급격한 증가 폭이 우리 사회의 인구집단 구성의 변화를 시사했다. 그러므로 현재 다문화가족에서 성장하고 있는 결혼이민자, 귀화자의 2세들이 우리 사회에 끼칠 다양한 영향들을 고려해서 성장단계에서부터 적절하게 지원하는 것 또한 중요한 정책적 과제임을 시사했다.

4) 다문화가족의 이혼 추이

세계 최고의 이혼율을 보였던 우리나라의 조이혼율이 2003년에 3.4로 치솟았다가 점차적으로 감소 추세를 보여서 2023년 1.8의 조이혼율을 나타냈고, 코로나 19 전후인 2020년부터 2023년까지의 전체 이혼 건수도 감소추이를 보였다. 그러나, 외국인과의 이혼 비율은 다소 증가하는 추세를 보였다. 즉, 총이혼 건수가 감소한 것에 비해, 외국인과의 이혼 비중은 2020년 5.8%, 2021년 6.1%, 2023년 6.6%로 오히려 증가의 추세를 보였다(〈표 8-3〉 참조). 외국인 혼인의 대다수를 차지하는 외국인 여자와의 이혼을 중심으로 살펴보아도, 지속적으로 감소 추세를 보이던 이혼 건수가 22년을 지나 23년에 5.1%로 소폭이지만 증가 추세를 보였고, 한국여성과 외국남성의 혼인에서도 22년에서 23년에 이르는 기간 이혼이 4.4%가량 증가했다.

전체 이혼 건수에서 외국인과의 이혼 건수가 차지하는 비율이 증가하고 있다는 통계 결과는 다문화가족에서 코로나19를 전후로 해서 이혼과 관련한 더 많은 어려움에 처했을 가능성을 시사한다. 특히 전체 혼인 건수에서 외국인과의 혼인 비율이 거의 20%에 이르는 비중을 고려하면, 우리 사회의 가정의 안정성에 다문화 혼인의 안정성이 중요한 변수가 될 수 있음을 시사했다.

〈표 8-3〉 총이혼 건수와 외국인과의 이혼 건수

(단위: 천 건, %, %P)

	2013	2014	2015	2016	2017	2018	2019	2020	2021	2022	2023	전년 대비	
												증감	증감률
총이혼 건수	115.3	115.5	109.2	107.3	106.0	108.7	110.8	106.5	101.7	93.2	92.4	-0.8	-0.9
외국인과의 이혼	10.5	9.8	8.2	7.7	7.1	7.1	6.9	6.2	6.2	5.8	6.1	0.3	5.1
한국남자+외국여자	7.6	7.0	5.7	5.6	5.2	5.2	4.9	4.4	4.3	4.0	4.2	0.2	5.4
한국여자+외국남자	2.9	2.8	2.5	2.1	1.9	2.0	2.0	1.8	1.9	1.8	1.9	0.1	4.4
외국인과의 이혼 비중	9.1	8.4	7.5	7.1	6.7	6.6	6.2	5.8	6.1	6.2	6.6	0.4	

출처: 통계청(2024). 2023년 혼인 · 이혼 통계.

3. 다문화가족의 어려움

모든 결혼은 서로 다른 문화적 배경에서 자란 남녀의 결합이므로 갈등을 내재한다. 그런데 여기에 다문화가족은 부부간의 국가 · 사회적, 민족적, 인종적 차이가 더 커지는 혼합결혼(mixed marriage)이므로, 결혼에서 발생하는 어려움은 더 많아진다. 앞 절에서 우리 사회 전체의 이혼이 감소추세이지만, 다문화가족의 이혼 비율은 코로나19를 전후하여 오히려 증가하는 추세를 살펴보았다. 이에 여기에서는 다문화가족이 가진 여러 가지 어려움을 고찰해 보기로 한다.

1) 만남경로의 특성으로 인한 기대와 현실의 차이

1990년대 다문화가족 형성의 초기에는 결혼이주여성들의 혼인이 주로 중개업자들의 개입을 통해 이루어지는 경우가 대부분이라, 국제결혼 증가에 상업적 결혼중개업소의 영향이 컸다. 그런데, 여성가족부에서 3년마다 정기적으로 실시하는 전국다문화가족실태조사의 2021년 조사 결과를 보면, 다문화가족의 혼인통로는 당사자 스스로 만났다는 응답이 31.6%로 가장 많았고, 친구 또는 동료의 소개(28.2%), 결혼중개업체가 20.0%, 가족 또는 친척의 소개(16.9%) 순으로 나타났다. 이전의 조사 시기인 2018년과 비교하면, 스스로 만났다는 응답이 7.0% 증가한 반면, 가족이나 친구의 소개, 중개업체를 통해 소개를 받았다는 응답은 전반적으로 감소했다. 그러나 여전히 중개업체를 통한 만남이 2015년 20.8%, 2018년 21.1%, 2021년 20.0%로, 지속적으로 큰 변화 없이 중개업체를 통한 만남이 중요한 혼인의 통로가 되고 있다([그림 8-2] 참조). 특히 읍면부 거주자의 32.9%가 여전히 결혼중개업체를 통해 혼인에 이르게 된 것으로 나타났고, 출신 국가별로는 동남아 지역 출신자들에게 결혼 중개업체(중개업자포함)를 통한 만남이 집중되어 있다(여성가족부, 2022)

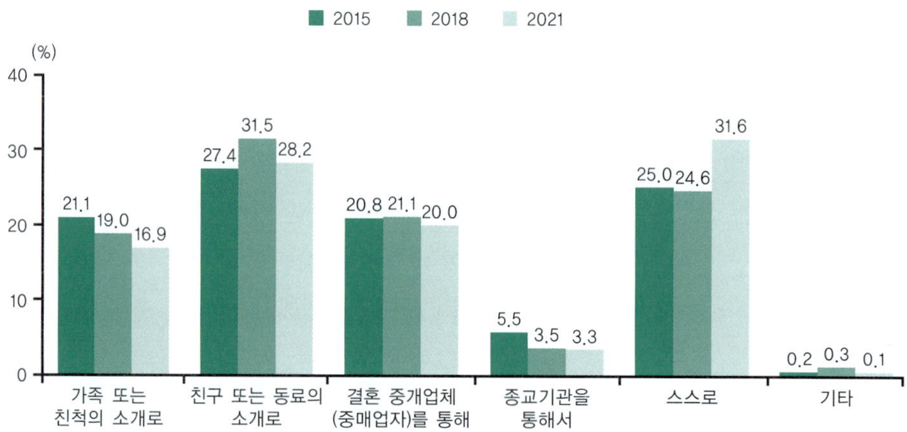

[그림 8-2] 다문화가족의 현재 배우자 만남 경로(2015, 2018, 2021)

출처: 여성가족부(2022). 2021년 전국다문화가족실태조사, p. 83.

현재 다문화가족 형성에서 중개업체를 통한 만남이 여전히 많고, 주로 개발도상국가 출신 여성들, 농촌지역 거주자들 중심으로 더 많이 발생하고 있다는 실태는, 건전한 국제결혼 환경 조성을 위한 정부의 결혼 중개업체에 대한 정책적 관심이 여전히 필요함을 시사한다. 특히 농어촌 지자체의 다문화가족 정책에서는 이러한 만남 특성을 고려해서 결혼중개업체에 대한 보다 적극적인 관리는 물론, 중개업체를 통한 결혼이 오랜 교제기간과 애정을 전제로 하지 않는 결혼이 많기 때문에, 결혼 후 부부적응을 위한 복지서비스 개발에 집중할 필요성을 시사했다.

2) 언어 및 문화 차이와 사회적 편견

결혼이민자들은 기본적으로 언어문제 및 상이한 문화로 인한 어려움을 겪는다. 언어소통의 문제는 생활 전반에서 오는 문화적 차이를 극복할 수 있는 통로를 원천적으로 차단하므로, 일상생활의 불편함은 물론 대인관계의 곤란을 초래한다. 이는 또한 부부간에 친밀감을 구축하고, 서로를 이해하며, 정서적 관계를 형성하는데 어려움을 가져오며, 가족 간에 오해를 초래하여 가족관계를 발전시키는데 장애요인이 된다. 또, 언어적 문제는 실질적으로 자녀와의 상호작용 관계에서 걸림돌로 작용하여, 자녀들의 성장발달에 부정적인 영향을 미치게 되는 원인이 되고 있다.

2021년 전국다문화가정실태 조사 결과(여성가족부, 2022)에서는, 지난 1년간 한국에서 생활하면서 외국 출신이라는 이유로 차별이나 무시를 당한 적이 있는지를 질문한 결과, 16.3%가 차별 경험을 보고해서, 지난 2018년(41. 3%)의 결과에 비해 절반 가까이 급감한 결과가 도출되었다. 그러나 21년도 조사가 코로나19 시기에 이루어진 조사로 사회적 관계가 급감한 시기에 이루어진 것을 고려하면, 이 결과에 대해 신중한 해석이 필요하다. 차별경험이 있는 자들 중에서 각 장소별 차별 경험은 2018년도 조사보다 오히려 높았다. 구체적으로 직장/일터에서의 차별 경험이 높았고, 특히 일상생활이 이루어지는 집에서 차별받은 경험이 있다는 응답은 약 20%에 달해서, 문화 차이에 의한 어려움에 대한 지원이 반드시 제공되어야 함을 시사했다.

한편, 문화차이에 대한 어려움을 느끼는 것은 출신 국가별 차이가 커서, 상대적으로 일본 출신 중에는 9.9%만이 차별 경험이 있으나, 남부 아시아 출신 중에는 30% 이상이 차별경험을 보고해서, 출신 국적에 따라 경험의 격차가 큰 것으로 나타났다. 이처럼, 한국사회는 같은 외국인이라도 국적에 따라 선진국의 경우는 부러움과 배려의 대상으로 대하지만, 저개발국가에서 온 결혼이민자에게는 냉대하거나 차별하는 경향을 드러낸다. 이같은 사회적 편견과 분위기는 외국인 배우자는 물론 그 자녀에게도 적용되어, 외국인 배우자는 이웃, 직장 등 지역사회에서 따돌림을 당하여 소외감과 정신적 긴장감에 놓이게 되며, 자녀들은 또래집단에서 소외되고 상처받을 가능성이 높아지도록 한다. 따라서 우리 사회가 다문화사회로 성장하기 위해서는 모든 국민들이 다문화 인식을 성숙하게 성장시켜갈 필요성이 있음을 시사했다.

3) 경제적 취약성

여성가족부에서 3년마다 진행하는 전국다문화가족 실태조사에서 다문화가구의 월평균 소득을 살펴보면, 200~300만 원 미만이 24.8%로 가장 많았고, 300~400만 원 미만이 22.7%, 400~500만 원 미만이 15.3%, 100~200만 원 미만이 14.3%의 순으로, 소득 상황이 조사 시기별로 개선되는 경향을 보이지만, 여전히 전체가구의 월평균 소득인 496만 1천 원(통계청, 2024)과 비교하면 매우 낮은 수준을 보인다([그림 8-3] 참조).

결혼이주여성의 결혼동기를 보면, '경제적으로 윤택하게 살 것 같아서'와 '친정을 돕기 위해서'가 높은 순위를 차지한다(최덕경 외, 2010). 또 자녀 양육 시의 어려운 점으로 27.4%가 학원비 마련(2012년도 전라북도 다문화가족 지원 정책

사업보고회 자료)을 1순위로 꼽고 있어, 다문화가족이 당면한 다양한 경제적 어려움을 짐작하도록 한다. 이처럼 다문화가족은 가구당 평균 소득이 낮은 가구가 많지만, 경제적 기대에 의한 결혼 결정, 결혼 후 자녀양육과 교육비의 마련, 또는 본국에의 송금 등등의 다양한 이유로 인한 여러 어려움이 많은데, 이것이 부부갈등으로 확대되고 다시 이것이 가정폭력으로 확대되어 주요 이혼사유가 되기도 한다(홍봉수 외, 2018).

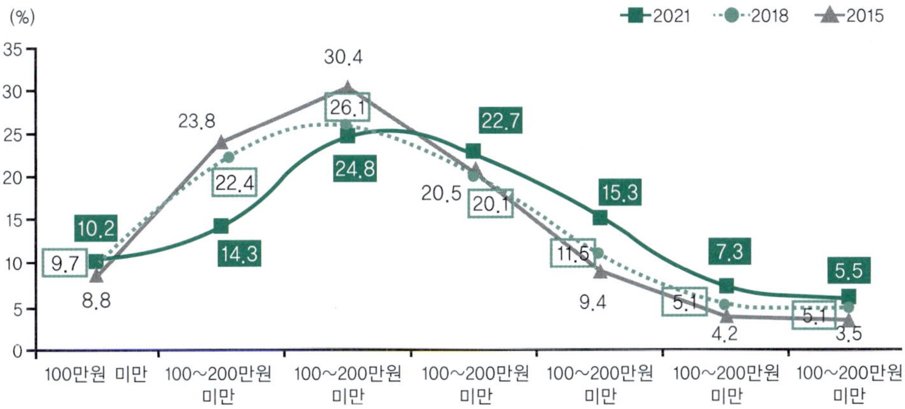

[그림 8-3] 다문화가구의 월평균 소득(2015, 2018, 2021)

출처: 여성가족부(2022). 2021년 전국다문화가족실태조사, p.61.

많은 결혼이민여성들은 취업을 희망하여, 취업률이 48%에 이르지만(경향신문, 2022), 10명 중 4명(40.3%)은 단순노무 종사자이며, 농림 · 어업의 경우 무급가족종사자(66.9%)의 비율이 높아서, 자신에게 수입이 오지 않고 가족의 사업을 돕는 노동자인 것으로 나타났다. 이처럼 여성결혼이주민들은 취업 비율이 절반에 가깝지만, 대다수가 저숙련직종에 집중되어 있으며, 본국의 학력이 인정되지 않아서 육체노동을 할 수밖에 없거나, 때로는 도망갈 것을 우려한 가족의 반대에 봉착하고, 때로는 직무급의 가족노동 종사자로 일하는 열악한 취업 현황을 보인다(경향신문, 2022). 이에 최근 정부는 제4차 다문화가족정책 기본계획에, 새일

센터 평생교육지원체계 등을 통한 직업훈련 및 직업역량 강화와 통번역 · 이중언어 등 결혼이민자 맞춤형 일자리 발굴 · 연계 및 창업 지원을 반영하여 복지 요구에 대응 방안을 제시한 바 있다(관계기관 합동, 2023).

한편, 경제적 문제는 가정에서 소득 관리의 주체가 누가 되느냐와 관련해서, 가족관계의 문제와 뒤엉키어서 복잡한 양상을 나타낸다. 여성결혼이주민의 입국 초기에는 언어문제 등으로 남편과 가족에게 의존했지만, 결혼 기간의 경과에도 모든 경제권을 시어머니나 남편이 주관하면 불만이 생길 수 밖에 없다. 여기에 경제권에 대한 문화적 차이, 본국의 가족을 돕는 문제로 인한 갈등 등이 결합되면 경제권으로 인한 문제가 부부관계를 넘어 가족 전체 문제로 증폭될 수 있다(이원숙, 2017).

4) 부부 간 갈등

일반적으로 결혼이주여성이 일반여성들보다 부부갈등 정도가 더 높은 것으로 나타났고, 특히 경제문제와 남편과의 생활습관 차이문제, 친인척관계, 여가문제 등에서 갈등이 더 많았다(김오남, 2006). 여성가족부의 전국다문화가족 실태조사에서도 절반에 가까운 46.3%가 지난 1년간을 배우자와 다툰 경험에 대해 보고했고, 다툰 이유로 사고방식과 가치관 차이(56.6%)가 가장 많았고, 자녀양육/교육 문제(26.7%), 생활비 등 경제문제(24.7%), 언어소통의 어려움(17.8%)의 순으로 그 이유를 지적했다.

전국조사 결과에서 시사하듯이, 다문화부부의 갈등의 가장 큰 요인은 문화 차이에 의한 사고방식과 가치관 차이라고 할 수 있다. 흔히 양계적 가족문화의 전통을 가진 결혼이민여성들은 한국남성이 가사노동을 분담하지 않는 성 역할에 불만을 표출한다. 특히 한류 문화 확산으로 드라마나 영화 속의 아내를 배려하고 인내하는 관대한 남성으로서의 역할을 기대해서 한국인 남성과 혼인을 결정했지만, 실망하는 경우가 많다. 또 남편이 애정과 관심을 말로 표현하지 않으면서도 자신의 마음을 알 것이라고 생각하는 한국사회의 '고맥락 문화'를 '무관심'과 '외국인 아내에 대한 무시'로 해석하기도 했다(홍성희, 2012). 부부의 갈등은 적극적인 예방과 개입이 없다면 부부의 이혼으로 진행될 수 있어서, 코로나19를 전후로 한 2022년과 2023년도의 다문화부부의 조이혼 비율은 총이혼 건수가 감소한 것과 다르게, 소폭이지만 상승(〈표 8-3〉 참조)하는 추세를 보여서, 다문화 부부 갈등에 대한 보다 효과적인 복지 정책의 필요성을 시사한다.

다문화부부의 갈등이 우려되는 것은 부부갈등이 가정폭력으로 확대되는 사례가 꾸준히 보고되어 왔기 때문이다. 한국 이주여성인권센터에 따르면 2023년 서울 센터의 이주여성 가정폭력 상담건수는 전년(4,416명)보다 21% 증가한 5,345건으로 연간 상담 건수(1만 2,437건)의 43%를 차지했다. 성폭력 상담 건수도 같은 기간 522건에서 733건으로 증가한 점을 감안하면, 전체 이주여성 상담 건수의 절반가량이 가정폭력 및 성폭력에 해당한다고 나타났다(한겨레, 2024). 정부(여성가족부)는 가정폭력의 위험에 놓인 결혼이주여성에 대한 실제적인 실태 파악이 이루어지고 있지 못하다는 사회적 비판을 수용하여, 3년마다 시행되는 전국 다문화가족 실태조사에서부터 다문화가족에서의 가정폭력 피해 여부도 조사 항목에 포함한다고 발표한 바 있다(한겨레, 2024).

한편, 다문화가족의 부부 갈등은 결혼이주여성뿐만 아니라 이들의 남편들에게도 영향을 끼쳐서, 결혼이주여성의 남편은 가족관계에서 경험하는 스트레스가 가장 높았으며 다음으로 재정, 건강, 직업 순으로 스트레스를 가졌다. 남편이 가족관계에서 경험하는 스트레스가 높을수록 결혼적응, 사회적응도가 낮게 나타났기 때문에(권금주, 2011), 이에 대한 가족복지적 개입도 필요하다. 특히 최근에는 다문화가족의 한국인 배우자가 결혼이민여성의 위장결혼, 가출, 성격이상 등으로 인해 피해를 입는 사례가 증가하여, 한국인 배우자 및 가족이 경제적, 정신적 피해를 받는 사례가 증가하고 있다. 따라서 이에 대한 다양한 정책적 관심이 요구된다.

5) 자녀의 학교생활 및 심리 · 사회적 발달

2023년 우리나라 다문화가족 출생 19세 이하 아동의 수는 345,625명에 달하여(통계청, 2024), 다문화가족 배경 아동의 수는 35만 명에 가까워지고 있다. 그러나, 다문화가족의 많은 아동들이 한국어에 미숙한 부모, 부모 간 서로 다른 풍습과 문화의 차이 등으로 인한 혼란, 가정 내 이중문화의 존재로 인한 갈등의 경험 등으로, 연령이 많아질수록 심리 · 사회적 적응에 어려움을 경험할 가능성이 높아서, 학습결손, 편견 및 차별로 인한 학교 부적응의 문제를 가지는 것으로 우려되고 있다. 실제 다문화가족 자녀의 우울감 경험은 18년 18.8%에서 21년 19.1%로 증가했으나, 자아존중감은 18년 3.87점에서 21년 3.63점으로 낮아진 것으로 보아(관계기관 합동, 2023), 다문화가족 자녀들이 심리, 사회적 발달에 여전한 어려움을 가지는 것을 시사했다.

〈표 8-4〉 다문화학생 학업중단율

(단위: 명, %)

연도	초등학생			중학생			고등학생			합계		
	재적 다문화 학생 수	학업 중단자	학업 중단율	재적 다문화 학생 수	학업 중단자	학업 중단율	재적 다문화 학생 수	학업 중단자	학업 중단율	재적 다문화 학생 수	학업 중단자	학업 중단율
'17	82,806	819 (126)	0.99 (0.15)	15,983	235 (83)	1.47 (0.52)	10,598	224 (145)	2.11 (1.37)	109,387	1,278 (354)	1.17 (0.32)
'18	93,116	809 (101)	0.87 (0.11)	18,127	243 (80)	1.34 (0.44)	10,969	210 (148)	1.91 (1.35)	122,212	1,262 (329)	1.03 (0.27)
'19	103,958	822 (99)	0.79 (0.10)	21,747	250 (116)	1.15 (0.53)	11,520	230 (167)	2.00 (1.45)	137,225	1,302 (382)	0.95 (0.28)
'20	107,770	619 (117)	0.57 (0.11)	26,830	186 (93)	0.69 (0.35)	12,778	182 (134)	1.42 (1.05)	147,378	987 (344)	0.67 (0.23)
'21	111,430	755 (173)	0.68 (0.16)	34,048	264 (135)	0.78 (0.40)	14,580	293 (238)	2.01 (1.63)	160,058	1,312 (546)	0.82 (0.34)

* 괄호 안은 '해외출국, 유학, 질병' 사유를 제외한 학업중단율.

출처: 강득구 의원실 보도자료(2022), p.2.

〈표 8-4〉에서 보듯이, 전국 일반학생의 학업 중단율과 다문화가족 자녀의 학업 중단율을 비교하면 차이가 상당히 크며(강득구의원실, 2022), 초등학교에서 중학교, 고등학교 등으로 학교급이 올라갈수록 다문화학생들의 학업 진학 포기 비율이 더 높아지고 있다.

〈표 8-5〉 다문화학생의 학업 중단 이유

	친구나 선생님과의 관계 때문에	한국어를 잘 몰라서	학교 공부가 어려워서	학교 생활, 문화가 달라서	학비 문제 등 학교다닐 형편이 안 돼서	돈을 벌어야 해서	편입학, 유학 준비	나보다 나이어린 아이들과 다니는게 싫어서	그냥 다니기 싫어서	부모 이혼 등 가족문제 때문에	기타
전체 (2018)	23.4	4.9	8.4	9.1	12.9	5.7	14.1	1.4	46.2	1.6	6.3
전체 (2021)	8.3 (39)	1.4 (7)	7.9 (38)	2.2 (10)	3.8 (18)	10.6 (50)	9.4 (44)	-	54.5 (258)	-	21.8 (104)

출처: 여성가족부(2022). 2021년 전국다문화가족실태조사. p. 674 재구성.

다문화가족 학생이 학업을 중단한 가장 많은 이유에는 2018년과 2021년 조사 모두에서 "그냥 다니기 싫어서"로 나타났다. 이같은 조사결과는 다문화학생들이 학교 적응뿐 아니라, 다양한 심리 사회적 발달의 어려움을 가지고 있고, 이것이 학교 적응의 어려움으로 진행되어 학교급 상승에 따른 학업 중단으로 귀결되는 것으로 유추할 수 있다(〈표 8-5〉 참조). 특히, 다문화가정 아동들뿐 아니라 한국인가정 아동들에게도 코로나19의 경험과 디지털 사회로의 급속한 변화는 다양한 적응의 과제를 파생하고 있으므로, 이에 대한 적극적인 정책적 개입이 필요한 변곡점의 시기가 현 시점임을 시사했다.

4. 다문화가족을 위한 지원 정책과 개선 과제

1) 다문화가족 지원을 위한 관련 법

외국인을 위한 전자정부인 'Hi Korea'(https://www.hikorea.go.kr)에는 외국인이 알고 있어야 할 「국적법」, 「출입국관리법」, 「난민법」, 「재외동포법」, 「재한외국인 처우 기본법」등의 관련 법률 정보와 '체류자격별 매뉴얼-체류/사증' 등이 안내되어 있다. 그러나 이 법률들은 외국인들을 위한 법들로, 다문화가족 지원을 위한 직접적인 법은 2008년에 제정된 「다문화가족지원법」이다. 이 절에서는 다문화가족 지원에 직접 관련한 「다문화가족지원법」과 함께, 여전히 다문화가족의 형성과정의 주요 원인이 되고 있는 결혼업체들에 대한 「결혼중개업의관리에관한법률」에 대해서 살펴본다.

(1) 「다문화가족지원법」

이 법은 2008년 3월에 제정되었는데, 법률 제정 당시 주무 부처가 보건복지가족부였으나 2010년의 개정으로 여성가족부로 주관부서가 바뀌었다. 이 법은 다문화가족 구성원이 안정적인 가족생활을 영위하고 사회구성원으로서의 역할과 책임을 다할 수 있도록 함으로써 이들의 삶의 질 향상과 사회통합에 이바지함을 목적으로 한다(제1조). 또, '다문화가족'과 '결혼이민자 등'에 대한 용어 정의를 통해 다문화가족지원법의 대상을 명확하게 규정하고 있다(제2조). 이 법으로 다문화가족에 대한 제도 · 정책의 틀이 마련되었고, 법적 기반이 공고해졌다고 평가할 수 있다. 이 법의 주요 내용은 다음과 같다.

① 다문화가족 지원을 위하여 5년마다 다문화가족정책에 관한 기본계획(이하 "기본계획"이라 한다)을 수립하고 시행하며(2023년 4월 '제4차 다문화가족정책 기본계획 :2023~2027' 수립, 고시), 3년마다 다문화가족에 대한 현황 및 실태

조사를 실시하고 그 결과를 공표한다('2021년 전국다문화가족 실태조사' 결과 발표, 2024년 하반기 2024년 전국 실태조사 실시 예정 중).

② 다문화가족 종합정보 전화센터(이하 "전화센터"라 한다.)를 설치 · 운영할 수 있고(2024년 현시점, 다누리콜센터 1577-1366 운영 중), 이 경우「가정폭력방지 및 피해자보호 등에 관한 법률」제4조의6제1항 후단에 따른 외국어 서비스를 제공하는 긴급전화센터와 통합하여 운영할 수 있다.(제11조의 2).

③ 다문화 이해교육을 실시하고(제5조), 민주적이고 양성평등한 가족관계를 누릴 수 있도록 가족상담, 부부교육, 부모교육, 가족생활교육 등을 추진하며(제7조), 다문화가족 내 가정폭력의 예방 및 보호(제8조)를 한다.

(2)「결혼중개업의 관리에 관한 법률」

이 법은 결혼중개업을 건전하게 지도 · 관리하고 결혼중개업 이용자의 피해를 예방하여 그 이용자를 보호함으로써 건전한 결혼문화 형성에 이바지함을 목적으로 하여(제1조), 2007년 12월 공포되었고 2008년 6월 법이 발효에 이르게 되었다. 이 법률은 중개업체의 난립을 막고 탈법적인 국제결혼 중개행위를 규제하기 위해 국제결혼 중개업을 자유업에서 등록제로 전환하고 외국현지법령을 준수하고 계약서작성과 거짓 과장된 표시 광고에 대한 금지, 중개업체 피해에 대한 피해보상 등에 관한 책임을 주요 내용으로 한다.

한편, 이 법률의 개정에 따라 2012년 8월 2일부터 매년 정부는 국제결혼중개업의 공시 제도를 실시하여, 시 · 군 · 구청장이 등록된 국제결혼 중개업체의 상호, 대표자 성명, 소재지, 최근 3년 이내 행정처분 사항 등 국제결혼중개업체 현황을 매월 시 · 군 · 구 홈페이지에 정기적으로 게시하고 있다. 시 · 도의 국제결혼 중개업 공시자료 분석 결과, 국제결혼 중개업체 수는 2009년(1,206개소)에서, 2018년 362개소로 대폭 감소한 이후 2023년(350개소)까지 유사한 수를 유지하고 있다(여성가족부, 2024).

2) 다문화가족 지원을 위한 정책 서비스

(1) '다문화가족정책 기본계획' 중심의 다문화 복지 정책 이해

우리 사회에서 수립, 추진되어 실시되고 있는 다양한 다문화가족 지원 정책을 통합적으로 이해하기 위해서는, 2008년 다문화가족지원법이 제정된 이후 2010년부터 국무총리실과 관계부처 합동으로 수립되어 온 '다문화가족정책 기본계획'(이하 기본계획으로 표기함)을 이해하는 것이 적절하다. 다문화가족정책기본계획은 5년마다 수립되는 법정계획으로 2011년 4월 4일, 다문화가족지원법 개정을 통해 법적 기반을 갖게 되어서, 정부의 여러 부처에서 추진하게 될 다문화가족 지원 정책의 기본방향, 분야별 발전정책, 등의 모든 사항이 포함되기 때문이다.

현재 시점은 제4차 '제4차 다문화가족정책 기본계획'(2023-2027)이 수립되어 이들 다문화가족 지원 정책들이 '가족센터' 또는 '다문화가족지원센터' 등을 중심으로 추진되고 있다. 제4차 기본계획의 추진과제는 다음의 [그림 8-4]와 같다. 그동안 다문화가족 지원 복지 서비스는 '기본계획'에서 발표해 온 정책 중심으로 '가족센터' 등의 가족복지 실천 현장에서 시행되어 왔으므로, 여기에서는 제4차 기본계획에 표방된 내용을 중심으로 다문화가족 복지 서비스의 내용을 살펴본다.

첫째, 다문화 아동 · 청소년의 성장단계별 맞춤형 지원이다.

이 과제에서 추진하는 복지 서비스는 다문화 아동 · 청소년이 우리 사회의 미래인재로 성장할 수 있도록 영 · 유아기부터 후기 청소년기까지 성장단계별 맞춤형 지원 체계를 구축 · 운영하는데 초점을 두고 있다.

비전: 다문화가족과 함께 성장하는 조화로운 사회

목표: 다문화 아동·청소년의 동등한 출발선 보장 / 다문화가족의 안정적 생활환경 조성

대과제	중과제
다문화 아동·청소년 성장단계별 맞춤형 지원	① 영유아 자녀양육 지원 ② 학령기 다문화 아동 학습역량 제고 ③ 다문화 청소년 진로개발 지원 ④ 다문화 청소년 진로개발 지원 다문화 아동·청소년의 정서안정 기반 조성
결혼이민자 정착주기별 지원	① 건전한 국제결혼 환경 조성 ② 다문화가족 가구상황별 맞춤형 지원 ③ 결혼이민자 경제활동 참여 확대 ④ 가정폭력 예방 및 피해자 보호
상호존중에 기반한 다문화 수용성 제고	① 다문화 이해교육 확대 ② 다양성 존중 인식 확산 ③ 다문화가족 사회참여 활성화

[그림 8-4] 제4차 다문화가족 정책 기본계획(2023-2027)

출처: 관계기관 합동(2023). 제4차 다문화가족정책 기본계획(2023-2027).

둘째, 결혼이민자 정착주기별 지원 서비스 제공이다.

결혼이민자들은 정착주기와 가구구성에 따라 요구가 다양해졌으므로, 이러한 요구에 대응하여 전 생애를 포괄하는 사각지대 없는 지원서비스 구축에 초점을 두어 복지 서비스를 제공하는 것이다.

셋째, 상호존중에 기반한 다문화 수용성 제고이다.

이 과제는 다문화가족이 우리 사회의 구성원으로 자리매김하여 조화롭게 살아갈 수 있도록 그동안 다문화가족 문제 해결에 중요하다고 해온 우리 사회의 다문화 이해 증진 및 다양성 존중 인식을 확산하는 것과 관련된 정책 개발과 관련된 내용들이다. 이를 위해 다문화 이해교육을 확대하고, 다양성 존중 인식을 확산하는 것을 기반으로 하는데, 이를 위해 '다누리배움터(www. danuri school.kr)'의 온라인 다문화 이해교육 운영 플랫폼을 개발해서 접근성을 제고했고, 일반 국민 대상 다문화 이해 교육의 확대를 위해 기업 · 학교 등으로 찾아가는 교육을 활성화

하고 있으며, 연령별 · 대상별 맞춤형 다문화이해 교육과정을 개발, 운영하도록 하고 있다.

넷째, 다문화가족정책 추진기반 강화이다

이 과제는 다문화가족정책 환경에 대한 분석과 환류를 통해 다문화가족 지원체계를 내실화하고, 효율적 정책 추진을 위해 다양한 정책 추진체계 간의 연계 · 협력을 강화하는 것에 초점을 둔 정책에 해당한다. 근거기반의 정책 마련을 위해 3년 주기 다문화가족 실태조사 결과와 국민 다문화 수용성 조사 등의 조사 결과가 '다문화가족정책 기본계획' 등의 여러 정책 수립의 근거로 활용되도록 하기 위해 이를 정기적으로 시행하고 있다.

(2) 복지 서비스 전달체계인 '가족센터' 사업 중심

다문화가족 지원 정책의 주무 부처인 여성가족부는 지난 2021년 10월 13일부터 가족서비스 제공기관인 '건강가정 · 다문화가족지원센터'(약칭 '건가다가 센터')의 명칭을 '가족센터'로 변경한다고 하며, 2021년 「2021년 가족사업 안내」에서부터 건강가정 · 다문화가족지원센터를 '가족센터'로 변경했다. '건강가정 · 다문화가족지원센터'는 「건강가정기본법」 제35조에 따른 '건강가정지원센터'와 「다문화가족지원법」 제12조에 따른 '다문화가족지원센터'의 기능을 통합해 운영하는 곳으로, 가족형태, 가족관계 특성 등을 고려한 가족교육, 상담과 다문화가족을 위한 한국어교육, 자녀 방문교육 등 종합 서비스를 제공해 왔다.

여성가족부에서 지침을 내린 '가족센터' 중심 다문화가족 지원 복지서비스 사업은 기본적으로 제4차 기본계획을 기반으로 함을 알 수 있는데, 자세한 기본사업 내용은 이 책 제6장의 〈표 6-3〉의 '가족센터 영역별 사업의 내용'을 참조하도록 한다.

(3) 정부24, 복지로 등의 온라인 플랫폼의 이해

디지털 사회 변화를 반영하여, '제4차 다문화가족정책 기본계획'은 다문화가족의 복지 서비스의 접근성 향상을 과제로 제시했다. 이에 대한민국 공식 전자정부 누리집인 '정부 24(https://www.gov.kr)', 그리고 각 정부 부처의 복지서비스 정보를 모아 한눈에 볼 수 있도록 제공하고, 맞춤 검색에서 온라인 신청까지 실생활 중심의 복지정보를 제공하는 '복지로(https://www.bokjiro.go.kr)'의 플랫폼과 다문화가족 복지 서비스의 내용을 연계 안내하고, 신청하도록 하고 있다. '정부 24'와 '복지로' 플랫폼에서 검색되어, 서비스를 신청할 수 있도록 안내되어 있는 다문화가족 복지서비스는 다음의 〈표 8-6〉과 같다.

〈표 8-6〉 다문화가족 복지 서비스 접근성 향상과 국가 온라인 플랫폼

정부 24 (대한민국 전자 정부 플랫폼)	복지로(정부 복지 포털)
• 가족 · 다문화 지원서비스(한국어, 영어, 중국어, 베트남어 접속 가능) • 지원대상: 다문화가족 및 일반가족 누구나 • 신청 방법: ① 신청하기 버튼 클릭 ② 간편인증 또는 인증서 로그인 ③ 신청서 작성 • 복지 지원 서비스 목록: 가족센터 지원 서비스, 언어발달지원서비스, 방문교육 서비스, 결혼이민자 통번역서비스, 가족상담 서비스, 온가족 보듬 서비스, 디지털역량강화교육(디지털배움터) • 전화문의: 정부24 콜센터 1588-2188 : 정부민원안내콜센터국번없이 110	• 복지 서비스-다문화가족 복지 서비스 (한국어로만 접속 가능) • 지원 대상: 누구나 • 신청방법: 화면 따라 하기, 신청서 양식 • 복지 지원 서비스 목록: 다문화가족 자녀 교육활동비 지원(중앙부처복지사업), 다문화가족 자녀 언어발달지원서비스(중앙부처복지사업), 다문화가족 방문교육 서비스(중앙부처복지사업) • 전화문의: 보건복지상담센터 129 : 복지로 누리집 1566-0313 :한국사회보장정보원

3) 다문화가족 관련 가족복지의 개선 과제

현재 우리나라는 '제4차 다문화가족정책 기본계획'에 기반한 다양한 정부 주도의 다문화가족 복지 서비스가 추진, 실천되고 있다. 그런데 현시점은 우리 사회에서 다문화가족이 확대된 1990년대 이래로 약 30년이라는 한 세대가 지나가는 시점이며, 사회 역시 급속한 디지털 문화의 도래 등으로 여러 변화를 예측하고 있다. 따라서 여기에서는 사회변화와 다문화가족의 실태 분석에서 고찰된 다양한 변화를 분석하여, 가족복지서비스에서 나타내야 할 개선 과제를 제시한다.

첫째, 더욱 다양해진 다문화가족의 가구유형을 반영하는 맞춤형 복지서비스, 코로나19 전후의 변화를 반영하여 가족관계 향상의 복지 지원 서비스가 강화되어야 한다.

실태조사 고찰에서 살펴본 바와 같이 한국 사회에서 다문화가족은 그 수가 급증하면서 유형이 매우 다양화되고 있다. 결혼이민여성들로 구성된 다문화가족이 가장 많은 비율을 차지하고 있지만, 외국인 남성 배우자로 구성된 가족, 혼입으로 들어오는 국가의 다양화, 귀화자의 증가 등도 예측되는 미래이며, 특히 90년대 초기 다문화가족을 구성한 가구의 결혼이민여성들이 30여 년이 경과된 시점에서 노년기 진입을 앞둔 시점에도 해당하므로 다문화가족에 대한 다양한 새로운 시점이 도래할 것으로 예측할 수 있다. 여성가족부의 '2021 전국다문화가족 실태조사'에서 현재 지원되고 있는 다문화가족 서비스의 필요성을 2018년 결과와 비교하면, 모든 종류의 가족복지서비스의 필요성 인식이 2018년에 비해 떨어지는 결과를 나타냈다. 나타냈다([그림 8-5] 참조). 이러한 결과 지원서비스의 이용 경험이 없어서 이를 잘 알지 못했을 가능성도 있지만, 제공되는 서비스가 일상에 도움이 되는 정도가 낮기 때문에 필요도 인식이 낮아진 것으로 추론할 수 있다(여성가족부, 2022). 따라서 앞으로는 점점 더 다양해지는 다문화가족을 위한 맞춤식의 복지 서비스의 개발이 필요함을 시사했다.

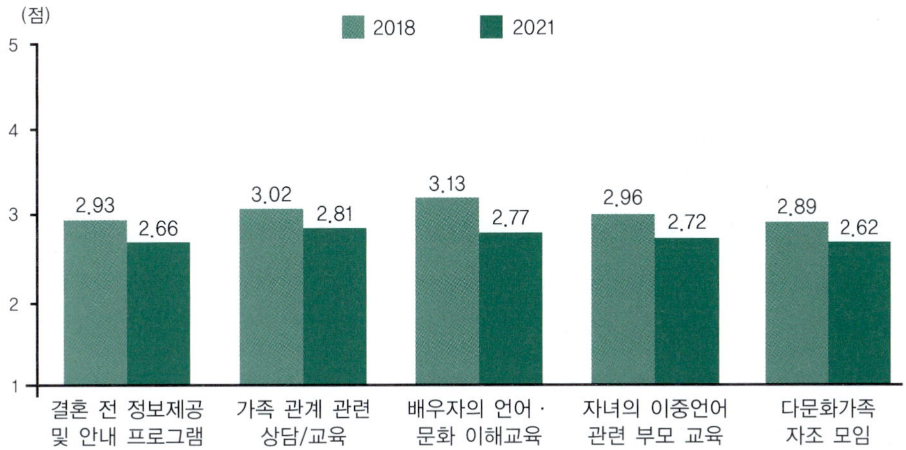

[그림 8-5] 다문화가족 지원 서비스에 대한 필요도

출처: 여성가족부(2022). 2021년 전국다문화가족실태조사, p. 574.

그런데, 이처럼 복지 서비스의 필요성 인식이 낮아진 것과 다르게, 가족관계 관련 상담/교육은 2018년 연구와 비교하여 그 이용 경험이 증가하고 있는 결과(2018년 9.5%, 2021년 13.5%)가 나타났다. 이는 배우자의 언어이해뿐 아니라 가족 내 다양한 이해와 갈등 해소를 위한 가족관계 상담 및 교육을 주요하게 인식한 것이기도 하며(여성가족부, 2022), 다문화부부의 결혼 만남 경로에서 여전히 높은 결혼중개업체가 낀 급속한 결혼으로 인한 어려움이 반영된 결과라 해석된다. 따라서 이후의 다문화가족 복지 서비스는 가족관계 향상을 위한 프로그램을 좀 더 강화하고, 프로그램을 담당할 수 있는 가족관계 향상 전문가의 양성 및 배치가 강화되어야 할 것이다.

둘째, 코로나19 이후의 다문화가족 생활 전반에 대한 보다 깊이있는 조사를 통해 문제 예방을 위한 개입이 지속되어야 하며, 비대면 디지털 사회로의 가속도가 커지는 사회변화에 적응하는 다문화가족 복지 추진 체계의 강화와 이를 활용할 수 있는 다문화가족의 디지털 역량 개발을 강화해야 한다.

통계청의 코로나19 직후인 2022년 결혼 · 이혼 통계를 살펴보면(〈표 8-1〉, 〈표 8-2〉 참조), 전체 혼인 중 외국인과의 혼인 비율이 20% 가까이 증가했는데, 전체 이혼에서 이혼비율도 증가한 결과가 나타났다. 이것은 다문화가족이 코로나19의 영향을 좀 더 크게 받았을 것으로 유추할 수 있다. 일관되게 코로나19 이후로 다문화가족은 경제적 어려움의 증가, 자녀 돌봄의 부담 증가 등이 실태조사에서 보고되었으므로(여성가족부, 2022), 코로나19의 변화가 구체적으로 어떻게 다문화가족의 삶에 영향을 끼치는가에 대한 깊이 있는 질적인 조사가 함께 지속되어, 예방적 정책이 마련될 필요성이 크다.

코로나19로 인한 사회전반의 중요한 변화는 디지털, 비대면사회의 가속화이다. 여성가족부의 2021년 조사를 보면, 다문화가족은 건강가정지원센터와 다문화가족지원센터에 대한 인지도는 높지만(86.6%), 실제 이용 비율이 겨우 21.5%에 그치는 것으로 나타났다. 이러한 결과는 다문화가족에 꼭 필요한 서비스의 제공이 필요함을 시사하기도 하지만, 복지 서비스의 접근성을 강화할 필요성을 시사하고 있다. 즉, 사회적 변화를 포용할 수 있는 접근성을 키우는 온라인 복지 플랫폼의 구축과 운영, 관리가 요청되며, 이를 활용할 수 있는 다문화가족 대상 디지털 기기 보급, 디지털 역량 강화에 대한 선제적, 예방적 복지 서비스가 실천되어야 할 것이다. 사회의 디지털화는 빅데이터 구축을 가능하게 하므로, 빅데이터를 활용하여 다문화가족에게 꼭 필요한 복지 서비스가 무엇인지를 분석해서 다양한 새로운 복지 서비스 프로그램 개발이 필요하다. 또 수용 예측 프로그램 개발은, 다문화가족의 복지 서비스 이용률 향상에도 기여할 수 있으므로, 복지 서비스 실천 현장에서 빅데이터 활용 등의 디지털 복지행정의 다양한 측면이 강화되어야 한다.

셋째, 한국의 인구집단에서 성인으로 성장하는 다문화가족 자녀의 비율이 더욱 커지는 시기이므로, 사회적 동반 성장이 가능하도록 다문화출생 아동 · 청소년의 성장을 지원하는 직접적인 프로그램은 물론, 다문화가족의 생태학적 맥락이 되는 온 국민을 대상으로 하는 다문화이해 교육이 더욱 강화되어야 할 것이다.

〈표 8-7〉에서 보듯이 일반인들을 대상으로 한 다문화수용성 총점의 결과를 살펴보면, 코로나19 기간의 2021년 조사 결과는 2018년 조사 결과에 비해 그 점수가 큰 폭으로 떨어졌고, 특히 '교류행동 의지'와 '세계시민행동의지'의 다문화수용성 하위구성 요소의 점수의 낙폭은 더욱 크다.

〈표 8-7〉 일반 국민들의 다문화수용성 변화

구분	사례수(명)	비율(%)	수용성(점)	차원(점)			하위 구성요소별(점)							
				다양성	관계성	보편성	문화개방성	국민정체성	고정관념 및 차별	일방적 동화기대	거부·회피정서	교류행동의지	이중적 평가	세계시민행동의지
			Wt=100	W1=39	W2=38	W3=23	w1=12	w2=13	w3=14	w4=12	w5=14	w6=12	w7=12	w8=11
2012	2,500	100	51.17	53.23	49.86	49.85	48.08	48.84	61.73	49.91	55.17	43.61	46.96	53.00
2015	4,000	100	53.95	55.15	53.45	52.76	49.36	50.32	64.60	46.44	66.01	45.81	48.88	56.98
2018	4,000	100	52.81	53.90	51.59	52.98	49.34	48.78	62.58	45.69	64.46	42.48	48.25	58.13
2021	5,000	100	52.27	53.95	51.09	51.39	48.04	49.20	63.42	48.53	63.86	38.76	48.89	54.11

출처: 여성가족부(2022). 2021년 국민 다문화수용성 조사, p. 45.

또, 〈표 8-8〉의 청소년들의 결과는, 총점은 소폭 성장한 것으로 보이지만 그 폭이 크지 않았고, 특히 거부 · 회피 정서가 2018년에 비해 2021년 조사에서 큰 폭으로 올라갔고, 문화개방성과 세계시민행동의지는 오히려 감소하는 우려되는 결과를 보였다.

〈표 8-8〉 청소년들의 다문화수용성 변화

구분	사례수(명)	비율(%)	수용성(점)	차원(점)			하위 구성요소별(점)							
				다양성	관계성	보편성	문화개방성	국민정체성	고정관념 및 차별	일방적 동화기대	거부 회피 정서	교류행동의지	이중적 평가	세계시민행동의지
			Wt=100	W1=40	W2=39	W3=21	w1=11	w2=13	w3=16	w4=11	w5=15	w6=13	w7=11	w8=10
2015	3,640	100	67.63	67.13	70.09	64.03	63.88	65.58	70.62	61.53	72.25	74.83	61.49	66.83
2018	4,225	100	71.22	71.10	73.72	66.83	67.31	70.34	74.32	64.97	76.00	78.49	64.84	69.01
2021	5,000	100	71.39	71.22	74.35	66.05	65.26	71.89	74.69	66.04	77.18	78.09	66.92	65.08

출처: 여성가족부(2022). 2021년 국민 다문화수용성 조사, p. 129.

이러한 결과에 코로나19가 영향을 끼쳤을 가능성을 배제할 수 없지만, 다문화 수용성에 대한 부정적인 추이의 결과는 우리 사회가 미래 사회에서 보다 건강하게 성숙하기 위해 미래세대의 청소년은 물론이고 국민 전체를 대상으로 한 다문화이해 교육의 강화가 필요함을 시사한다.

다섯째, '가족센터'로 통합된 다문화가족 복지서비스 실천기관의 효과를 지속적으로 분석하고, 서로 다른 법체계의 집행으로 인한 행정력의 낭비가 발생하지 않도록 효과적인 행정서비스 효율화 체계가 시급히 개발되어야 할 것이다.

여성가족부는 2021년부터 「건강가정기본법」제35조에 따른 '건강가정지원센터'와 「다문화가족지원법」제12조에 따른 '다문화가족지원센터'의 기능을 통합해 운영하는 곳으로, 가족형태, 가족관계 특성 등을 고려한 가족교육, 상담 서비스, 그리고 다문화가족을 위한 한국어교육, 자녀 방문교육 등 종합 서비스를 제공하는 통합적인 센터의 명칭으로 '가족센터'를 제시했다. 가족센터로의 명칭의 변화가 다양한 가족의 서비스 이용을 더욱 활성화하고, 가족센터가 지역 가족서비스의 중추적 기관으로 자리 잡을 수 있는 기능을 잘 수행해 낼 것인지에 대한 효과성 검토가 지속되어야 한다. 지역중심의 보편적 가족서비스 제공을 위한 가족센터의 효과성이 발휘되도록 하기 위해서는, 「건강가정기본법」과 「다문화가족지원법」이라는 서로 다른 법 집행으로 인한 어려움으로 낭비되는 행정력이 발생되지 않도록 법률의 수정 및 보완과 함께, 보다 효과적이며 효율적인 복지 서비스 전달을 위한 행정 시스템 체계의 개발이 뒷받침되어야 할 것이다.

마지막으로, 사각지대 없는 복지 서비스의 실천에 가장 효과적인 국민 복지 서비스 홍보 강화와 함께 복지 서비스 인식 및 활용, 그리고 다문화이해교육에 결정적인 효과를 가져오는 학교 정규 교육과정에서의 이수 강화를 추진한다.

제4차 기본계획이 추진되고 있는 현시점에도 이를 인식하지 못하는 다문화가족 대상자가 여전히 많아서, 서비스 이용 비율이 겨우 21.5%에 불과하다(여성가족부, 2022). 따라서, 개발된 제도의 인식 수준을 높이고, 제도의 활용성을 높이기 위한 홍보 강화가 무엇보다 중요하다. 특히 복지 서비스의 활용을 통한 장기적인 효과를 가져오기 위해서는 시행 중인 복지 서비스의 취지가 바르게 전달되고, 활용도를 강화할 수 있는 전달체계로 학교 사회의 역할을 고려해야 한다. 교육부 17개 시도교육청에서 운영하는 '다문화교육지원센터'가 있지만, 학교 정규 교육과정에서 다문화 복지 서비스를 안내하고, 다문화이해 교육을 충실하게 수행하도록 지원하는 것이 보다 효과적이다. 현시점에서 중학교와 고등학교「가정」과목에서는 '가족복지 서비스의 이해와 활용'이라는 교육내용을 교과의 교육내용으로 다루고 있다. 이러한 과목의 이수체계를 필수로 강화하여, 청소년 대상 다문화수용성 제고를 위한 다문화이해교육의 성과 제고는 물론이고, 복지 서비스에 대한 인식 제고와, 청소년은 물론 생태적 맥락의 가정과 지역사회의 복지 서비스 활용 역량을 강화하는 장기적인 변화가 나타나야 할 것이다.

핵심용어

다문화가족의 개념, 한국 다문화가족 형성과정의 특징, 다문화가족의 어려움(문제), 다문화가족지원법, 제4차 다문화가족정책 기본계획, 가족센터, 온라인 복지 플랫폼, 다문화수용성

학습실천과제

1. 다문화가족지원법에서 규정한 다문화가족의 정의를 비판적으로 분석하고, 한국사회에서 요구되는 다문화가족에 대한 새로운 정의와 명칭을 제시해 보시오.
2. 다문화가족의 실태에 대한 이해를 바탕으로 '제4차 다문화가족정책 기본계획'을 평가해보고, 더 필요한 다문화가족 관련 정책을 제안해 보시오.
3. 나의 다문화 수용성을 성찰해 보고, 나와 우리 사회의 다문화 수용성 수준을 제고시킬 수 있는 실천과제를 탐색하여 이를 실천해 보시오.

제9장

이혼·재혼가족과 복지

〈학습목표〉

1. 이혼가족과 재혼가족의 개념과 실태에 대해 설명할 수 있다.
2. 이혼가족과 재혼가족의 특성에 대한 이해를 통해 가족복지 실천영역을 추론할 수 있다.
3. 이혼가족과 재혼가족을 위한 지원 정책을 이해하여 필요한 과제를 추론할 수 있다.

이혼과 재혼은 다른 발달적 과정과 같이 일련의 단계로 진행되며, 변화가 일어나는 과정으로 인식되고 있다. 최근 이혼과 재혼을 바라보는 관점이 과거와 다르게 긍정적, 수용적이지만, 여전히 이혼과 재혼은 모든 가족원에게 하나의 생활사건이며, 스트레스를 경험하게 하는 전환점이 될 수밖에 없다. 현재 이혼은 혼인지속기간과 관계없이 전 연령대에서 발생되고 있으며, 이에 따라 재혼 역시 계속해서 증가하고 있는 추세이다. 특히 중 · 노년기의 이혼과 재혼은 또 다른 형태의 적응을 필요로 하고 있다. 이혼, 재혼가족들이 보다 건강한 가족으로 정착하고 적응할 수 있도록 여러 가지 노력들이 시도되고 있으며, 향후에도 지속적인 정책들이 시행되어야 할 것이다. 따라서 본 장에서는 가족의 해체 및 재구성의 관점을 통합하여 이혼가족과 재혼가족의 적응 그리고 지원 정책 및 실천 방안에 대해 다루고자 한다.

1. 이혼가족과 복지

1) 이혼의 개념과 실태

(1) 이혼의 개념

이혼이란 사회의 근본을 이루는 최소 단위의 가정이 해체되는 것으로, 법률상으로 유효하게 성립된 혼인관계를 결혼한 당사자들이 협의 또는 재판에 의해 해소하는 것을 의미한다.

이정화 외(2023)는 이론적 관점에 따라 이혼에 대한 시각이나 이혼에 접근하는 방식이 다르다고 설명한다. 즉 구조기능론적 관점에서는 이혼을 부정적으로 바라보는데, 이혼은 가족구성원과 가족이라는 단위에 변화를 가져오고, 이를 통해 균형적인 가정의 기능이 파괴되는 것으로 보기 때문이다. 이는 가족해체 관점으로 설명될 수 있다. 즉 부모의 혼인관계가 소멸되므로 양친으로 구성된 전통적 가족형태가 해체되는 것이고 그 결과 자녀에게 여러 가지로 부정적 영향을 미치며, 거시적으로 사회문제를 유발하여 사회의 불안정을 초래한다고 주장한다. 이러한 관점을 갖고 있는 곳에서는 사회 안정을 위해 이혼을 예방하는데 보다 더 많은 관심을 보인다.

한편 사회교환론적 관점에서는 결혼생활을 비용과 보상 간의 문제로 바라보는데, 부부관계에서 지각한 비용이 보상보다 크게 되면, 이는 이혼을 가져오는 원인이 된다고 본다. 이는 가족재구성 관점으로도 설명될 수 있다. 즉 이혼을 통하여 가족구성원이 성장할 수 있고 다른 형태의 가족으로 재구성할 수 있다고 여긴다. 이러한 관점을 갖고 있는 곳에서는 이혼 후의 적응과 복지에 사회적 지원이 필요하다고 주장이 우세하다.

현재는 이 두 가지 관점을 통합하여 이혼을 누적된 생활사건의 결과로 나타날 수 있는 사건이면서 또한 각 가족구성원이 동시에 많은 생활사건과 스트레스를 경험하게 되는 전환점이 된다고 보는 관점이 우세하다. 이혼에 따른 여러 가지 각각의 변화에 대한 적응이 요구되고, 이에 대한 스트레스가 높고, 자원이 부족할 경우 부정적인 영향이 증폭될 수도 있으나, 이혼이 개인과 가족의 삶의 미치는 영향이 동일하지는 않다(이정화 외, 2023). 개인과 가족의 특성이나 보유한 자원(예를 들어, 성별, 사회경제적 지위, 건강상태, 자기효능감과 같은 심리적 특성 등)이나 신체적, 심리적 자원, 대처양식 등에 따라 이혼의 영향력은 서로 다른 것으로 지적되고 있다. 따라서 본 장에서는 이혼이란 각 개인에게 스트레스의 원인이 되면서도 결국 또 다른 형태의 가족재구성이 일어나 안정된 체계로 갈 수 있는 두 가지의 관점을 모두 갖고 설명하고자 한다.

(2) 이혼의 실태

① 이혼율의 추이

우리나라의 이혼율 변화 추세는 역동적이다. 통계청(2024)에 따르면, 총이혼 건수는 1970년에 약 1만 건이었는데, 점차 급증하여 외환위기를 전후한 1997년에 약 9만 건에 다다르고, 이후 지속적으로 증가하여 2003년도에 17만 건으로 정점을 찍었다. 이후로 꾸준히 감소하여 2023년 약 9만 건에 이른다. 인구 1,000명당 이혼 건수를 의미하는 조이혼율 역시 1970년에는 0.4건(쌍)에 불과했으나, 이후 꾸준히 증가하여 1997년 2.0건(쌍), 2003년 3.4건(쌍)으로 증가하였다가 2023년 1.8건(쌍)으로 1997년 이후 최저로 나타났다. 이와 같은 이혼의 감소에는 여러 가지 요인이 복합적으로 작용하였을 것이다. 즉 불안한 경제상황과 결혼에 대한 가치 변화 등으로 인해 결혼율 자체가 줄어든 것도 큰 요인이 되며, 현재 이혼자에게 유리하게 적용되는 민법과 이혼 전 다시 생각하도록 하는 숙려기간을 갖는 것을 의무화하여 이혼 전 상담을 거치게 하는 등의 관련 제도 변화 등이 영향을 미치는 것으로 해석되기도 한다. 이러한 복합적인 이유로, 단순히 이혼 건수의 감소가 한국가족의 안정성 증가로 해석하는 것은 주의를 요하는 일이다.

② 평균 이혼연령과 혼인지속기간별 이혼 건수

이혼율 변화 추이에 있어서 또한 주목할 것은 이혼연령의 증가이다. 〈표 9-1〉과 같이 2023년 남성의 평균 이혼연령은 49.9세로 10년 동안 3.7세가 증가하였고, 여성의 평균 이혼연령은 46.6세로 10년 동안 4.2세가 증가하였다.

〈표 9-1〉 평균이혼연령, 2013–2023

(단위: 세)

	2013	2014	2015	2016	2017	2018	2019	2020	2021	2022	2023	증감	
												전년 대비	10년 전 대비
남자	46.2	46.5	46.9	47.2	47.6	48.3	48.7	49.4	50.1	49.9	49.9	0.0	3.7
여자	42.4	42.8	43.3	43.6	44.0	44.8	45.3	46.0	46.8	46.6	46.6	-0.0	4.2
평균이혼 연령 차이 (남-여)	3.8	3.7	3.6	3.6	3.6	3.5	3.4	3.4	3.4	3.3	3.3	0.0	-0.5

출처: 통계청(2024). 2023 혼인 · 이혼통계 보도자료(2024.3.19.), p.20.

이혼 연령 증가와 더불어 이혼한 부부의 혼인지속기간별 구성비의 변화를 연결해서 살펴보면(〈표 9-2〉 참조), 10년 전인 2013년에는 4년 이하의 부부 비율이 27.3%였는데, 2023년에는 16.6%로 줄어들었다. 반면 2013년부터 현재까지 20년 이상의 동거 후 이혼을 하는 중년기 이혼과 황혼기 이혼이 가장 많은 수를 차지하고 있으며, 그 수치 또한 증가했으나, 2020년을 기점으로 그 수치가 조금씩 낮아지고 있음을 볼 수 있다. 이를 통해 전반적으로 이혼이 혼인시기의 특정기간에 치우치기보다는 가족생활주기의 모든 단계, 내지는 전 생애 발달단계의 전 단계에 걸쳐 나타나는 쪽으로 변화하고 있음을 알 수 있다. 이는 미성년 자녀가 없는 부부의 이혼 건수는 2023년 52.3%로 과반수 이상이었으나, 1년 전에 비해 조금 줄어든 수치이며, 미성년 자녀가 있는 부부의 이혼 건수는 2023년 42.9%로 나타났으나, 1년 전에 비해 수치가 조금 늘어난 점(통계청, 2024)으로 유추해 볼 수 있다.

그럼에도 불구하고 10년 동안 다른 혼인지속기간에 비해 30년 이상 동거한 부부의 이혼율은 증가하였음은 주목할 필요가 있다. 이러한 경향은 점차 이혼율이 증가함에 따라 이혼을 바라보는 부정적인 시각이 점차 허용적인 시각으로 변화했을 가능성 또는 만성적인 갈등문제를 갖고 있으면서도 자녀로 인해 결혼생활을 유지하던 부부들이 자녀의 독립 후 평균수명의 연장으로 인해 늘어나는 노년기를 더 행복하고 건강하게 보내려는 적극적 태도의 반영으로 해석될 수 있다.

〈표 9-2〉 혼인지속기간별 이혼 건수 및 구성비, 2013~2023년

(단위: 천 건, %, 년)

	2013	2014	2015	2016	2017	2018	2019	2020	2021	2022	2023		전년 대비	
												구성비	증감	증감률
계*	115.3	115.5	109.2	107.3	106.0	108.7	110.8	106.5	101.7	93.2	92.4	100.0	-0.8	-0.9
4년 이하	27.3	27.2	24.7	24.6	23.7	23.2	23.3	21.1	19.1	17.3	16.6	18.0	-0.7	-4.1
5-9년	21.5	22.0	20.8	20.6	20.5	20.1	20.0	18.4	17.3	16.7	16.8	18.1	0.0	0.2
10-14년	16.9	16.3	14.9	14.7	14.8	15.5	16.0	15.4	14.6	13.8	14.4	15.6	0.6	4.4
15-19년	17.2	17.0	16.2	14.9	13.8	13.5	13.2	11.9	11.3	11.2	11.7	12.7	0.6	5.2
20년 이상	32.4	33.1	32.6	32.6	33.1	36.3	38.4	39.7	39.4	34.2	32.9	35.6	-1.3	-3.9
20-24년	14.4	14.2	13.4	12.8	12.6	13.1	13.5	13.0	12.0	10.3	10.1	10.9	-0.2	-2.1
25-29년	8.7	8.6	8.8	9.0	8.9	9.7	10.0	10.0	9.6	8.3	8.0	8.7	-0.3	-3.3
30년 이상	9.4	10.3	10.4	10.8	11.6	13.6	15.0	16.6	17.9	15.7	14.8	16.0	-0.9	-5.5
평균혼인지속기간	14.1	14.3	14.6	14.7	15.0	15.6	16.0	16.7	17.3	17.0	16.8	-	-0.2	-0.9

* 미상 포함.

출처: 통계청(2024). 2023 혼인 · 이혼통계 보도자료(2024.3.19.), p.25.

③ 이혼 사유

이혼 사유는 매우 복합적이라 단순하게 분류하기 어려우나, 최규련(2007)은 폰제티(Ponzzetti et al., 1992)의 이혼 이유의 소재를 분석하여 다음과 같이 네 가지로 분류하였다.

첫째, 개인적/개별적(individual/personal) 소재로서 주로 신체폭력, 정서적 폭력, 폭언, 성격파탄, 주별, 외도, 도박, 거짓말, 불성실, 불신, 의처증, 낭비, 경제적 무책임, 처가재산을 탐냄, 맞벌이 강요 등이 포함된다. 둘째, 부부 상호 간의 관계(dyadic/relational) 소재로서 주로 성격 차이, 가치관 차이, 애정상실, 성적 불만, 신앙불일치, 아내 또는 남편역할 불충실 등이 포함된다. 셋째, 제삼자와의 관계(social networks) 소재로서 주로 혼수문제, 시가의 간섭 및 학대, 시부모 부양거부, 친정부모를 학대, 처가의 간섭 및 학대 등이 포함된다. 넷째, 환경적/상황적(circumstantial/situational) 소재로서 경제파탄, 자녀출산 불능, 신체결함, 질병, 시부모와 한 방 사용, 생사불명, 장기별거 등이 있다.

2018년부터 이혼신고서 간소화로 이혼신고서에 왜 이혼하는지를 적는 이유 사유 기재난이 없어져 그 이후로는 객관적인 이혼 사유를 알 수 없게 되었다. 그래서 이혼신고서 간소화 전인 2017년 106,032건에 대한 이혼 사유를 나열해 보면 성격 차이(43.1%), 기타/미상(28.4%), 경제문제(10.1%), 배우자부정(7.1%), 가족 간 불화(7.1%), 정신적, 육체적 학대(3.6%), 건강문제(06%) 순(보건복지부, 2019)으로 나타났다. 과거에는 이혼사유를 부정행위, 가족 간 불화, 건강문제, 경제문제, 기타 등으로 구분하였으나, 이혼 사유가 복합적이고 한 가지의 원인으로만 설명하기 어려운 점이 있어 기재하는 이혼 사유 역시 변천해 왔다. 특히 '기타/미상'이 이혼사유로 매우 높게 나타난 점은 사유가 다양화되는 현상을 반영한 것이라 할 수 있다.

서구의 연구 중 시대에 따른 이혼사유의 변화에 주목한 연구(Hawkins et al., 2012; 이정화 외, 2023. 재인용)를 살펴보면, 과거에는 이혼의 사유가 결혼 생활의 근간을 해칠만한 혹은 결혼 안정성을 크게 위협한 문제와 관련된 것이었다면 점차 관계의 만족도나 결혼생활의 질 등 관계의 질적 측면이 중요한 것으로 나타났다. 이것은 우리나라에서도 마찬가지로 나타났는데(오지혜, 2015), 배우자 외도와 같은 이유가 아니더라도 부부간 의사소통이라든가 이해의 부족 등 정서적 문제가 있는 경우 등과 같은 표현적 이유의 경우에 이혼이 그 대안으로 여겨지는 경우가 증가하는 것으로 나타났다. 이는 개인 자유, 행복추구 등의 중요성이 높아지고 가족 내 관계에 있어 삶의 만족이나 욕구가 충족되지 못하는 경우 이혼을 선택할 수도 있다는 인식이 점차 확산된 것으로 볼 수도 있다.

2) 이혼 경험의 다양성

(1) 이혼의 과정

이혼은 갑작스럽게 일어나는 한순간의 사건이 아니라 이혼을 고려하기 시작한 순간부터 이혼 행위에 이르기까지 시간의 경과에 따라 가족체계뿐만 아니라 가족과 사회와의 관계 모두 질적인 변화를 경험하게 한다. 따라서 이혼은 하나의 사건이 아닌 전이과정으로서 이혼이라는 사회현상에 대해 새로운 시각을 갖고 이혼의 원인보다는 이혼의 과정과 결과라는 현상 자체에 초점을 두고 접근하여야 할 것이다. 이혼에 대한 연구가 이루어지기 시작한 1950년대에는 이혼을 하나의 일탈로 규정하였으나 1970년대부터는 이혼에 대한 긍정적 인식이 부각되면서 불행한 결혼관계, 스트레스와 갈등으로부터의 해방 그리고 새로운 자기발견의 기회라는 주장이 대두되었으며, 최근에는 이혼은 하나의 사회현상이며 결혼생활에서의 문제를 해결하기 위한 하나의 과정으로 인식하는 경향이 증가(노진숙, 2013)하고 있다.

대다수의 이혼은 결혼에서의 디스트레스를 해결하기 위해 여러 가지 전략을 사용해 보고 그 방식이 만족스럽지 못하거나 성공적이지 않을 때 선택하게 되는 실행 가능한 대안이라고 한 정문자 외(2016)는 〈표 9-3〉과 같이 이혼의 과정에 있어 가족이 경험하게 되는 적응과 변화의 다양성을 강조하였다. 즉 이혼의 과정은 이혼의 법적 서류를 작성하기 훨씬 이전부터 시작되며, 이혼에 대한 결정은 수많은 혼란과 불안감, 감정이 교차하는 시간을 거쳐 이루어진다.

즉 대부분의 이혼은 점진적이며 매우 유사한 과정을 경험하는 것으로 나타나, 부부가 이혼하기까지의 과정은 상당히 예측 가능한 일련의 단계를 거치는 것으로 나타난다. 실제 이혼에 대한 결정은 결혼관계에 더 많이 고통을 느끼고 그 관계를 끝내기 위해 더 많이 노력하는 사람으로부터 시작된다. 이에 따른 결과는 여러 가지로 나타날 수 있는데, 어떤 부부는 자녀가 성장할 때까지 이혼을 늦추는 '정서적인 이혼'을 결정할 수도 있으며, 어떤 부부는 높은 수준의 불확실성과 경제상의 불안 등으로 별거를 선택할 수도 있다(정문자 외, 2016). 그러나 대개 심한 갈등 단계를 거쳐 그 갈등을 극복하지 못하면서 서서히 침묵과 냉전 단계가 심화되면 법적 이혼 단계에 이르게 된다. 대부분의 가족들은 이혼을 피하려 하며 최후의 방편으로 이혼을 선택하지만 일단 이혼이 발생하면 그것은 가족체계의 복잡한 발달적 과정을 가동시키는 주요 요인이 된다(김혜경 외, 2017). 따라서 이혼 과정에서의 각 단계마다 경험하는 독특한 스트레스가 있으며, 가족은 이에 따른 변화의 요구를 경험할 수밖에 없다.

〈표 9-3〉 가족과정으로서의 이혼

이혼의 과정		특 성
1단계	이혼 전 가족의 역동성	• 부부 디스트레스(marital distress) 수준이 높다 이 시기의 배우자 성격적 특성과 갈등, 해결방식 등에 대한 이해가 필요하다. 이때 부부의 미해결된 갈등과 낮은 문제해결 능력, 서로의 느낌에 반응하고 듣는 능력 부족, 좌절과 고통 분노 등 높은 위기를 경험하게 한다. • 부적절한 부모역할 수행의 가능성이 높다. 부정적이고 과민성이 높으며 온화함과 통제력이 낮은 경우가 많다. 행동장애나 내면화된 장애(분노, 우울), 낮은 자존감, 낮은 사회적 기술과 성취기준과 같은 다양한 문제를 경험하게 한다.
2단계	이혼에 대한 결정	• 이혼의 결정은 대개 결혼관계에 더 고통을 느끼고 그 관계를 끝내기 위해 더 많이 노력하는 사람으로부터 시작된다. • 이 시기는 부부 모두 여러 가지 양가감정을 갖는 시기로 불확실한 변화와 위험 감수 등의 고려 여부에 따라 해결책(예: 정서적인 이혼, 별거, 이혼 등)을 선택한다.
3단계	별거	• 별거 기간은 매우 높은 수준의 불확실성과 경계상의 불확실성 특징을 보인다. • 부부가 경제적, 법적 이혼을 위한 과업을 시작하는 시기이기도 하다.
4단계	법적이혼	• 이혼의 전이가 효율적이었느냐 아니었느냐에 따라 자녀양육권과 경제적인 부분에 있어서의 권력 투쟁이 일어나지 않는다.
5단계	가족 재구조화	• 가족이 새로운 내적 · 외적 경계를 명확히 하고, 가족의 정체감을 재규정하며, 가족의 정서적 환경을 안정화시키고, 가사관리를 위한 전략을 새로 만드는 등의 과업을 수행해야 한다.

출처: Stephen, A. Anderson 외(2011, 공저) 정문자 외(번역)(2016). 다세대 발달관점의 가족관계, pp. 417-428 재구성.

또한 최근 사회적 관심을 집중시키고 있는 황혼이혼자들의 이혼 결정 과정을 연구한 유순희와 정민자(2018)[1]는 갈등의 단계(Stage of Conflict), 마음잡기 단계(Stage of Determination), 현실적응 단계(Stage of Adapting to Realtiy), 성장의 단계(Stage of Development)인 4단계로 설명하였다. 첫째, '갈등의 단계'는 이혼의 원인적 조건에 해당되는 내용들이 발생하는 단계로, 결혼 초기부터 이혼과

1) 평균 결혼기간이 24년 8개월인 황혼이혼을 한 남녀 20명을 대상으로 질적 연구를 수행함.

정이 시작(예: 원가족과의 갈등이나 문제해결을 위한 방편으로 결혼, 결혼적령기에 의한 결혼, 부모님의 강권에 의한 결혼, 현실도피처로의 결혼, 배우자와의 성격 및 가치관의 차이, 고부갈등, 배우자의 생활무능력과 무책임 등)되기도 하고, 예상하지 못한 사건(예: 배우자의 외도, 가정폭력, 배우자의 충동적인 이혼 제안 등)을 겪게 되면서 이혼과정이 시작된 것으로 나타났다. 둘째, '마음잡기 단계'는 견디기 힘들었던 결혼생활에서 누적된 어려움과 이혼 과정에서 발생된 어려움 극복을 위해 오랜 숙고의 시간을 가지면서 마음중심을 잡는 단계를 말한다. 이때 일과 집안일에 집중하고, 취미생활을 시작하기도 하며, 기존에 알고 있던 사람들의 관계를 철회하고 새로운 관계를 맺기 위해 노력하는 모습을 보이기도 한다. 셋째, '현실적응 단계'는 오랜 숙고의 시간인 '마음잡기 단계'를 지나, 직면한 현실을 긍정적으로 수용하는 자세를 보이는 때를 말한다. 이혼 후 어려움에서 벗어나 새로운 자원이나 안전한 관계 구축을 위해 스스럼없이 주변에 도움을 요청하기도 하며, 자신의 성장과 발전을 위해서 주어진 삶에 적극적으로 임하는 태도를 보인다. 또한 이혼과 관련된 의미를 찾고 이혼 후 변화된 현실을 토대로 자기 정체성과 삶을 재구성하면서 행복하게 살고 싶다는 희망을 안고 조금씩 앞으로 나아가는 것으로 나타났다. 이 단계에서는 중재적 조건인 가족지지 체계나 새로운 자원의 지원 정도에 따라서 그 이전의 단계로 역행할 수도 있으며, 성장의 단계로 나아갈 수도 있다. 넷째, '성장의 단계'는 자신에게 닥친 이혼이라는 사건을 통하여 삶이 이성적으로 설명할 수 없는 부분이 있다는 것을 깨닫게 되면서 내적 성장을 경험하기도 한다. 이 단계에서는 이혼이라는 사건이 자신의 삶을 재평가하고 깊은 성찰을 하면서 제2의 삶을 구축해 가는 성장의 기회로 여긴다. 현재 황혼이혼은 더 이상 특별한 사람들의 일이 아니며, 최근 새로운 이슈가 되고 있는 '졸혼'도 이와 맥락을 같이 하는 것으로 해석되고 있다.

(2) 이혼 후 적응

이혼 후에는 여러 적응 과정 중 크게 두 가지의 적응과제에 주목할 필요가 있다. 하나는 이혼 자체와 관련된 '상실에 대한 적응'이며 다른 하나는 '새로 획득한 생활양식에 대한 적응'이다.

현재 한국 사회에서의 이혼은 소수에 국한된 문제가 아니라 점차 다수의 사람들이 경험하는 생애사건이므로 낙인적이거나 부정적인 시각에서 벗어나 개인이 삶에 적응하는 '과정'으로 보는 시각의 확장이 필요하다. 이러한 측면에서, 이혼 후의 적응에 있어 중요한 요인은 무엇인지를 탐색해 보고자 한다.

① 성별

결혼생활의 의미나 모습에서의 성차가 존재한다는 연구 결과는 이혼 역시 남성과 여성에게 서로 다른 영향을 줄 가능성을 보여주고 있으나, 실제 혼재된 모습을 보이고 있다.

먼저 이혼 적응 과정에 대한 연구에 따르면, 남성은 여성에 비해 이혼 이후 경제적인 압박을 덜 받으며, 심리적인 어려움을 겪더라도 상대적으로 빠른 기간 안에 회복되는 것으로 나타났다. 반면 여성들은 이혼 후 심리적 복지수준이 악화되며, 어려움에 대한 대처방법으로 약물을 더 사용하는 등 남성에 비해 낮은 적응수준을 보이는 것으로 보고(Amato, 2000; 이정화 외, 2022. 재인용)되었다.

그러나 이러한 이혼 후 적응의 성차에 대해 다른 결과를 보여준 연구도 있다. 성인남녀의 이혼 과정 각 단계에서의 성별 차이를 살펴본 한경혜 외(2004)의 연구 결과, 이혼을 결정하는 과정에서 남녀 모두 가족에 대한 걱정이 가장 큰 장애요인으로 작용하는 면에서 유사하지만 이혼 후 삶에 대한 염려에 있어 남성들은 정서적 측면에 대한 염려가 중요한 방면, 여성들은 경제적 어려움과 같은 도구적 측면에 대한 우려가 이혼을 결심하는 데 중요한 장애요인으로 나타났다. 또한 이혼에 대한 사회적 부정적 시각은 여성보다 남성들에게 더 중요한 장애요인으로 나타났으며, 이혼 이후 공동양육으로 인한 갈등도 여성보다 남성이 높게 인지하는 것으로 보고되었다. 반면 여성들이 남성들에 비해 이혼에 대해 더 긍정적으로 평가하고 통제감도 높은 것으로 나타나 이혼 후 적응을 보다 잘 하고 있는 것으로 나타났다.

또한 중년(만 40~64세)에서의 이혼과 신체건강과의 관련성을 살펴본 장은경 · 최희정(2019)의 연구 결과, 중년 이혼자는 중년 기혼자에 비해 자신의 건강수준을 낮게 인식했으며, 특히 이혼한 중년 남성의 경우 더 낮은 수준으로 인식하는 것으로 나타났다. 또한 이혼한 중년 여성에 비해 가족관계의 어려움을 특히 더 많이 호소하고 있는 것으로 나타났는데, 아래로는 자녀, 위로는 부모와 원만한 관계를 유지하는 데 어려움을 느끼는 것으로 나타났다. 이에 그동안 여성에 비해 소외되어 온 남성 이혼자들의 어려움을 경감시키고 이들의 적응을 도울 수 있는 실질적 지원이 필요하다고 하였다.

그럼에도 불구하고 기혼 남녀의 우울 수준을 비교한 이설아 외(2021)의 연구 결과, 이혼 경험자의 우울 수준이 기혼을 유지하는 이들보다 높은 것으로 나타났다. 이혼은 남녀 모두에게 신체적 · 정신적 건강문제, 대인관계 · 사회적 문제, 경제적 문제를 경험하게 만든다. 이혼을 경험한 직후 남녀 모두 대개 정서적으로 불안정하며, 분노하고, 우울하고, 불안해하고, 충동적 · 반사회적 행동을 보인다. 배우자나 자녀 또는 전혼가족과의 친밀한 관계를 상실함으로써 외로움을 느끼게 되고 만약 이혼한 사람들의 경험이 주변에서 잘 이해되지 못한다면 이혼 당사자의 심리적 외로움과 정신적 어려움은 더욱 심화(김혜경 외, 2017)된다.

그러나 이혼 후의 적응이 모두 부정적인 것만은 아니다(Hetherington, 2003; 정문자 외, 2016. 재인용). 일부는 전반적인 행복감과 자율감 그리고 사회적 참여가 증가하고, 직업에서의 발전도 있었다고 보고하고 있다. 결혼기간이 매우 불행했다고 생각하는 사람들이 결혼생활에서 행복했다고 느끼는 사람들보다는 이러한 긍정적인 변화를 더 많이 보고한다. 이혼 후 이러한 긍정적인 경험을 하는 사람은 남성보다 여성이 더 많은 것으로 나타나는데, 이는 결혼생활에서 절망감을 느낀 사람 중에는 여성이 남성보다 더 많기 때문으로 해석되고 있다. 대다수(70%)는 이혼 후 첫 해에 고통을 토로하였으나, 대략 6년 후에는 비록 문제가 남아 있어도, 그중 3/4은 이혼은 잘한 것이며 만족스러운 새로운 관계를 만드는 길로 잘 걸어가고 있는 것으로 나타났다. 그러나 10%는 자신이 실패했다고 느끼고 절망감과 일련의 정서적인 문제로 고통을 받고 있는 것으로 나타났다. 이혼 후 적응은 성차의 문제보다는 서로 다른 사회적 맥락, 문화적 맥락에 놓인 젠더와 그 안에 존재하는 계층, 자원, 이혼의 성격 등 다양한 측면에서 주목할 필요가 있다.

② 자녀

이혼 시 자녀가 있는지의 여부는 이혼 후 적응에도 영향을 미친다. 미성년 자녀유무별 이혼 구성비를 살펴보면, 최근 자녀가 이미 성장한 중년기 이후의 이혼이 증가하면서 미성년자녀가 있는 경우의 이혼 비중은 꾸준히 감소되어 왔다.

이혼 후 적응에 있어 자녀에게 미치는 영향력은 상반된 결과들을 보이고 있는데, 주로 양육권을 가지게 되는 어머니의 입장에서 미성년 자녀의 존재는 노동시장의 진출이나 재혼의 기회에서 부정적으로 작동되어, 결과적으로 이혼여성의 경제적 상황을 악화시킬 가능성을 높게 만들 수 있다. 반면 자녀가 이혼 후 이혼 당사자의 삶의 이유와 원동력이 되어, 심리적 적응과 복지감에 긍정적인 영향을 미치는 것(문현숙 · 김득성, 2000)으로도 나타났다. 이처럼 자녀의 존재 여부는 부모로서의 이혼 당사자가 이혼 후 적응에 복합적인 영향을 주는 것으로 나타난다.

그리고 이혼가족의 자녀 적응에 대한 연구는 주로 미성년 자녀를 둔 경우에 진행된 것이 대다수였으며, 주로 부모이혼이 자녀에게 미치는 부정적인 영향에 초점을 두었다. 아마토(Amato, 2003; 유다은 · 지은, 2019. 재인용)에 따르면 이혼을 경험한 자녀들에게 부모이혼은 고통 그 자체이며 굉장한 스트레스를 유발하고 이러한 스트레스는 심리행동 부적응을 일으켰다. 또한 부모이혼을 경험한 자녀들은 일반적으로 외로움, 슬픔, 공포, 자기비난 등 부정적인 정서를 경험하였고, 이러한 감정은 학업과 집중의 기능 저하, 대인관계 어려움 등의 문제로 이어졌다.

또한 1970년대 이혼가정의 자녀들을 대상으로 30년간 종단적으로 연구한 결과를 발표한 월러스턴 외(Wallerstein et al., 2000)는 이혼가정의 자녀들이 결혼하지 않거나 결혼에 관심이 없었으며, 과반수는 자녀에게 힘든 어린 시절을 똑같이 물려줄까 두려워 자녀를 아예 낳지 않겠다고 응답한 비율이 높아, 부모의 이혼이 아동이나 청소년기에만 영향을 미치는 것이 아니라 성인기에도 영향을 미친다고 주장하였다.

그러나 월러스턴 외(2000)가 발표한 결과는 이혼 가정의 자녀들을 편견의 대상으로 바라보게 한다는 비판을 많이 받았으며, 이혼이 자녀에게 부정적인 영향을 미친다고 추론하기 어려우며, 이혼을 경험한 성인의 경우와 마찬가지로 이혼 후 자녀의 적응 결과도 매우 다양하게 제시되고 있다. 예를 들어, 부모이혼을 경험한 청년기 성인의 대인관계 및 결혼관에 대한 사례연구 결과(유다은 · 지은, 2019) 미성년 시절에 경험한 부모이혼은 슬픈 사건이지만, 부모이혼을 결혼을 비롯한 자신의 미래에 대해 깊은 고민을 하고 철저한 대비를 하는 긍정적 자원으로 활용하는 경우가 많은 것으로 나타났다. 또한 이혼가족 자녀 중 일부 자녀에게만 부정적인 결과가 나타나기도 하며, 어떤 경우는 매우 짧은 기간 동안 나타났다가 곧 사라지기도 하였다. 이혼과 관련된 잠재적인 위험에도 대부분의 자녀는 높은 수준의 회복력을 보이며 상대적으로 잘 적응하여 건강한 성인으로 성장한 것으로 나타났다. 또한 이혼에 잘 적응한 자녀는 학교생활을 잘하고, 사회나 여가활동에 적극적이며 동료들과도 만족스러운 관계를 유지하는 것(문희경 역, 2013)으로 나타났다.

자녀들에게 있어 부모이혼은 고통스러운 경험이지만, 부모이혼으로 인한 스트레스는 시간이 지나면서 자녀의 삶에서 다양한 형태로 재구성된다. 자녀가 이혼과 관련된 다양한 스트레스를 극복하고, 생활에 잘 적응하기 위해서는 부모의 관계가 끝났다는 것을 받아들이는 것이 중요하다고 하였다(정문자 외, 2016). 이러한 수용은 부모가 자녀의 연령 수준에 맞게 이혼이나 별거의 이유를 기꺼이 이야기할 때 가능하다. 또한 자녀에게는 부모가 비록 부부로서 서로를 사랑하지는 않으나, 모두 부모로서 자신을 여전히 사랑하고 있다고 믿게 하는 것 역시 중요하다고 강조하였다.

③ 사회적 지원

가족이나 친구처럼 사회적 관계망의 구성원들이 지원하는 다양한 사회적 지지는 이혼 후 적응에 매우 중요하다. 주변으로부터의 지원은 이혼으로 인한 스트레스를 낮출 뿐 아니라, 자아 확립에도 도움을 준다. 그 외 서로의 어려움을 이해하고 공감할 수 있는 자조모임 참여 역시 이들의 문제해결 능력을 향상시키고 고립감에서 벗어날 수 있도록 도움을 준다. 또한 이혼으로 인한 다양한 정서적, 경제적, 물질적 도움의 필요를 사회적 관계망으로부터 충족 받게 되는 경우, 이혼 후 적응은 더욱 긍정적일 수 있다. 특히 이혼 후 가족으로부터의 지지와 지원은 이들의 삶의 질에 매우 큰 차이를 갖게 하는 요인이다. 그중 부모는 이혼을 경험한 자녀에게 다양한 지원을 제공하는 자원으로 알려져 왔다. 이혼 전 부모자녀 간에 이러한 세대 간 지원이 잘 이루어지지 않았더라도, 이혼 이후 필요가 증가되면 잠재되었던 자원으로 활용하게 되는 특성을 갖는 것으로 나타났다(Min et al., 2022).

많은 연구자들은 부모가 이혼 당사자들에게 있어 중요한 사회적 지원망이라는 데 동의하며, 특히 자녀 돌봄에 있어 이들이 매우 중요한 역할을 하고 있다고 한다(이정화 외, 2023). 현재 이혼을 경험한 이들에 대한 다양한 공적 지원망이 부족한 상황에서, 부모나 친지 등 가족과 친구 등 사적 지원망의 영향은 클 수밖에 없다.

3) 이혼가족을 위한 지원 정책과 실천

(1) 이혼가족을 위한 관련 법[2)]

첫째, 「민법」 제3장 혼인, 제5절 이혼에 따르면 협의상 이혼과 재판상 이혼에 관한 법률 내용이 명시되어 있으며, 이혼의 절차, 재산분할청구권, 이혼한 자의 양육책임과 면접교섭권 그리고 재판상의 이혼원인 등이 명시되어 있다. 협의상 이혼을 하려는 자는 가정법원이 제공하는 이혼에 관한 안내를 받아야 하고, 가정법원은 필요한 경우 당사자에게 상담에 관하여 전문적인 지식과 경험을 갖춘 전문상담인의 상담을 받을 것을 권고할 수 있다(제836조의 2 제1항). 또한 자녀양육사항 및 친권자 지정 합의 의무화(제836조의 2 제4항, 제837조, 제909조 제4항)에 대한 규정이 만들어지면서, 협의이혼을 하고자 하는 부부에게 양육하여야 할 자녀가 있는 경우 3개월, 양육하여야 할 자녀가 없는 경우 1개월이 경과한 후 가정법원으로부터 이혼의사 확인을 받아야 하며, 양육자의 결정, 양육비용의 부담, 면접교섭권의 행사 여부 및 그 방법 등이 기재된 양육사항과 친권자 결정에 관한 협의서 또는 가정법원의 심판정본을 이혼 확인 시 의무적으로 제출하도록 되어 있다. 이혼숙려제도와 양육비부담조서 의무화 제도는 부부가 이혼 과정에서 자녀의 복리를 논의하고 협의에 도달하도록 마련된 제도적 장치이다. 두 제도는 공통적으로 미성년 자녀의 양육비에 대한 협의의 중요성을 강조하고 있다. 협의가 이루어진 이혼은 미성년 자녀의 복리를 보장하는 긍정적인 효과를 갖고 있다 할 수 있다.

2) 국가법령정보센터 홈페이지 2024년 8월 검색한 법률 내용을 바탕으로 재구성함.

둘째, 2005년부터 시행된 「건강가정기본법」 제31조 이혼예방 및 이혼가정지원에 따르면 국가 및 지방자치단체는 이혼하고자 하는 부부가 이혼 전 상담을 받을 수 있게 하는 등 이혼 조정을 내실화할 수 있도록 필요한 조치를 강구하여야 한다고 하였으며, 이혼의 의사가 정해진 가족에 대하여 이들 가족이 자녀양육 · 재산 · 정서 등의 제반 문제를 준비할 수 있도록 도움을 주는 지원서비스를 제공하도록 하여야 한다고 되어 있다. 또한 이혼한 가족에 대하여 양육비에 대한 집행력의 실효성을 강화하고 그 적용대상을 확대하도록 하여야 한다고 되어 있어, 이혼 예방 및 이혼가정지원에 대한 국가 및 지방자치단체의 책임을 명시하고 있다.

셋째, 2015년부터 시행된 「양육비 이행확보 및 지원에 관한 법률」 제3조 미성년 자녀에 대한 양육책임을 살펴보면, 부 또는 모는 혼인상태 및 양육여부와 상관없이 미성년 자녀가 건강하게 성장할 수 있도록 최적의 성장환경을 조성하여야 하며, 합의 또는 법원의 판결 등에 따라 정하여진 양육비를 성실히 지급하여야 함을 명시하고 있다. 이는 법원에서 합의된 양육비 부담을 이행하지 않는 경우 법적으로 이를 강제화할 수 있도록 하기 위한 조치이다. 이를 통해 부모의 이혼 후 미성년 자녀에 대한 보호를 위한 국가적 책임과 수행이 이루어지고 있음을 알 수 있다.

(2) 이혼가족을 위한 실천

① 가족센터의 이혼 전 · 후 가족지원

「건강가정기본법」을 근거로 2005년부터 설치 · 운영 중인 건강가정지원센터는 2014년부터 다문화가족지원센터와 시범적으로 통합 운영되기 시작하였다. 2024년 현재 전국 212개소가 통합되어 가족센터(2022년 10월부터 명칭 변경)로 운영 중이다. '이혼 전 · 후 가족지원'[3]은 가족관계 영역의 기본사업으로 운영되다가

3) 이혼 전 · 후가족지원: 18세 미만의 자녀의 관점에서 이혼신청 가족 및 이혼 전 · 후 가족 대상 가족기능 강화를 위한 상담, 교육, 문화 서비스 등을 제공.

2024년부터는 '온가족보듬사업(위기 · 취약가족사업)' 내에 삽입되어, 상담 외 가족사례관리 대상이 될 경우 확대 지원될 수 있도록 하고 있다. 또한 필요한 경우 이혼 후 협력적인 부모역할을 수행하고, 비양육부 · 모와 자녀의 관계 증진 지원을 돕기 위한 면접교섭서비스[4]를 수행할 수 있도록 하고 있다.

---

4) 면접교섭서비스 사업체계

면접교섭서비스

양육비이행관리원 가정법원 등 → 대상자 발굴 → 가족센터 → 서비스 → 비양육부모, 자녀, 양육부모

전문가를 통한 면접교섭 관련 교육 및 면접교섭 상담지원 8회기(최대 12회기)
* 기본 8회기(최대 12회기)를 기준으로 설명하였으나, 개인별 상황에 따라 센터에서 자체적으로 판단하여 회기 수 조정 가능

기본 원칙

〈자녀의 최상의 이익 보장하기〉

- 자녀의 발달 단계 및 심리정서적 욕구를 양육부 · 모, 비양육부 · 모의 입장과 욕구에 우선한다.
- 자녀가 경험하는 양육부 · 모, 비양육부 · 모 간의 갈등이 감소하도록 한다.
- 자녀의 삶에서 양육부 · 모, 비양육부 · 모와의 관계 불안정성을 최소화한다(관계의 지속성, 애착 정도, 상호작용의 질 개선 등).

〈 자녀의 의사 반영하기〉

- 자녀가 면접교섭을 거부하는 경우, 자녀의 발언만으로 면접교섭 이행 가능여부를 판단해서는 안 되고 겉으로 표현된 의사표현 이면의 진의를 파악하여 자녀의 건강한 성장을 위한 적절한 개입을 해야 한다.

면접교섭서비스 구분

- 개별면접교섭

구분	내용
중재	면접교섭 방법, 시간, 장소, 자녀 인도방법 등 면접교섭 이행에 관한 사항 중재 · 합의 지원
상담	면접교섭 이행을 위한 상담, 갈등관리, 부모교육, 양육코칭 등 양육자, 비양육자, 자녀 대상 심리정서적인 면접교섭 지원
모니터링	면접교섭 중재 및 상담 서비스 종료 후, 양육비 이행 및 면접교섭 지속 여부 확인, 개선사항 제안 등 지속적인 면접교섭 이행 지원

- 집단면접교섭

구분	내용
집단 프로그램	상담, 교육, 체험활동 등을 통해 비양육부 · 모와 자녀가 친해질 수 있는 집단 프로그램 제공

2022년 기준 전국 가족센터 이혼 전 · 후 상담 건수(〈표 9-4〉 참조)는 7,141건으로 남성보다 여성의 상담 참여 비율이 좀 더 높은 것으로 나타났으나, 해마다 남성과 여성의 참여 비율은 좁혀지고 있다. 현재 한국건강가정진흥원은 상담의 전문성을 높이기 위해 인증 제도를 진행 중인데, 현재 그 명칭을 '이혼 전 · 후 가족상담 우수기관'에서 '가족상담 우수기관'으로 변경하여 운영 중에 있다(2024년 8월 현재 전국 100개소(가족센터 90개소, 건강가정지원센터 10개소))가 인증, 운영 중이다). 그 외 부부갈등을 예방하기 위한 생애주기별 부부교육 및 갈등을 경험하고 있는 부부를 대상으로 한 집단상담을 진행하여 부부간 상호 이해 및 의사소통 기술을 배우고 갈등을 해결할 수 있도록 돕고 있다.

〈표 9-4〉 2022 전국 가족센터 이혼 전 · 후 상담 실시 건수

(단위: 명, %)

유 형		참여 인원			합계	비율
		남	여	일시성		
이혼 전 · 후 상담	이혼 전	1,985	2,896	1,381	6,262	18.09%
	이혼 후	255	504	120	879	2.54%
	소 계	2,240	3,400	1,501	7,141	20.63%
이혼 전 · 후 상담 외		6,518	14,629	6,335	27,482	79.37%
합계		8,758	18,029	7,836	34,623	100.00%
비율		25.30%	52.07%	22.63%	100.00%	

출처: 한국건강가정진흥원(2023. 7.). 2022 가족지원사업 연간결과보고서, p.38.

② 법원의 이혼상담과 이혼조정

이혼의 법적 절차에 관해 이선미(2015)는 다음과 같이 설명하였다. 법원의 이혼상담은 협의이혼숙려제도가 2008년도에 도입되면서 '상담권고제도' 조항에 포함되었다. 상담권고제도의 취지는 숙려기간 동안 가족의 문제를 치유하거나 바람직한 자녀양육 방안에 대해 깊이 생각하는 기회를 제공하는 것으로 전문상담

인을 상담위원으로 위촉하여 상담을 담당할 수 있도록 되어 있다. 2014년부터는 미성년 자녀가 있으면 3개월의 숙려기간 동안에 '자녀양육안내'를 받아야 하고 그중 만 13세 이하 자녀가 있으면 '상담위원 의무면담제'를 시행하여 전문적인 상담지식과 경험을 갖춘 전문상담인의 상담을 받는 것을 의무화하고 있다.

재판이혼을 하는 경우에도 미성년자녀를 둔 부모를 대상으로 '자녀양육안내'를 받을 것을 권고할 수 있다는 규정을 두고 있다. 그리고 재판이혼 절차에서 상담은 가사소송규칙이 정하고 있는데 가정법원은 필요한 경우 당사자에게 상담에 관하여 전문상담인의 상담을 받을 것을 권고할 수 있고, 전문상담위원을 상담위원으로 위촉하여 상담을 담당하게 할 수 있다. 서울가정법원 등 각 가정법원의 경우는 조정신청사건과 소제기사건에서 가사조사관에게 당사자를 위한 조정조치를 시행하게 한다. 가사조사관은 법원에서 위촉받은 상담위원이나 법원 외부의 가족센터 또는 건강가정지원센터 등에 소속된 상담인으로부터 상담을 받을 수 있도록 연계하고 그 과정을 관리하는 등의 작업을 담당한 후 상담이 종료된 후 보고서를 작성하여 재판장 등에게 보고한다.

이혼조정은 재판상 이혼에서 조정전치주의에 따라 판결이혼 전에 이혼 여부에 대한 재고를 포함한 이혼으로 파생되는 자녀양육문제와 재산분할문제 등 법률적 문제에 대한 분쟁을 평화적으로 해결하고 원만하게 합의할 수 있도록 원조하는 활동을 의미한다. 서울가정법원은 가사조정의 활성화, 전문화를 위하여 2014년부터 '조기개입 모델'을 실시하고 있다. 가사조정절차에서 조기에 가정법원 조사관이 개입하여 당사자 간의 갈등 확대를 방지하고 자율적인 문제해결을 도모하도록 하고 보고서를 조정담당 판사에게 제출하면 조정담당 판사가 사건을 조정위원회에 회부하는 것이다. 조정위원은 가정법원장의 위촉을 받아 건전한 상식과 법률, 전문지식 등을 활용하여 사건관계인의 의견을 청취하고 그들의 자발적인 상호양보와 합의를 이끌어내는 역할을 한다. 조정자는 진정한 분쟁의 원인을 파악하고 문제를 명료화하며, 당사자의 상호불신을 해소하면서 자녀에게 최선의 방법을 우선으로 하고, 양방이 모두 이길 수 있는 명분과 실리를 조화시킨 합리적인 대안을 찾도록 돕는다. 조정은 소송, 판결절차보다 비용과 시간이 적게 들고 법적인 싸움을 줄이는 이점이 있다.

③ 양육비이행관리원의 자녀양육비 이행지원 상담과 서비스

이혼 후의 남녀는 일시적으로 또는 계속적으로 한부모가족이 되므로 결국 한부모가족을 위한 대책이 필요하며, 이혼 후의 문제와 적응에 영향을 미치는 요인들이 고려된 대책이 필요하다. 이를 위해 설치 · 운영 중인 양육비이행관리원은 생계와 자녀양육의 이중고에 고생하는 이혼 후 등의 한부모들이 비양육부모로부터 원활하게 양육비를 받도록 지원해 주기 위해 2015년에 설치되었다. 양육부모와 비양육부모 간 양육비 상담, 양육비 청구 및 이행확보 법률 지원, 합의 또는 판결로 확정된 양육비 채권 추심지원 등의 종합서비스를 제공하고 있으며, 전체적으로 양육비 이행의 실행확보를 위한 제도, 교육, 홍보 및 지원 등의 여러 가지 정책 사업을 수행 중이다.

양육비이행관리원은 2015년 개원 이후 약 3년에 걸쳐 비양육부모로부터 양육비를 받아준 건수는 총 2,679건이며, 같은 기간 이행금액은 총 275억 원으로 매년 증가 추세인 것으로 나타났다. 또한 새로이 양육비 채권을 확보하거나 양육비 금액 조정 등을 통해 비양육부 · 모의 양육비 이행 의무를 확정한 건수는 연평균 2,800건 내외로 이루어지고 있으며, 이용 가족은 이혼한 한부모가족이 92.2%로 대다수를 차지하고 있다(여성가족부, 2018). 그리고 양육비를 받지 못해 어려움에 처한 양육비이행지원 신청가정에 한시적으로 양육비를 긴급지원(월 20만 원, 최장 9개월)하여 양육을 원활히 할 수 있도록 돕고 있으며, 양육비 채무 불이행자에게 제재 조치[5]를 취하는 등의 일을 하고 있다.

5) 양육비 채무 불이행자 제재조치 현황(2021.10.~2024.8.)

2. 재혼가족과 복지

1) 재혼가족의 이해

(1) 재혼가족의 개념

재혼가족은 부부 중 한 사람 혹은 두 사람이 이전에 결혼을 했다가 이혼 혹은 사별을 겪고 난 뒤, 결혼을 통해 새롭게 형성된 가족을 말한다. '재혼(再婚)'의 '재(再)'는 '다시'란 의미로, 먼저 결혼을 잘못했거나 무효화하거나 없앤다는 의미가 담겨 있기 때문에 최근 들어 새혼가족이라는 용어를 사용하기도 한다. '새혼'은 새로운 배우자를 만나 새롭게 시작하는 의미에서 문제 중심적 시각보다는 새로운 적응과 발달의 측면을 강조(원영희 · 손화희, 2016)하려는 의미가 담겨 있다.

구분	계	2021년 (10월~12월)	2022년	2023년	2024년 8월까지
출국금지 요청	915	9	116	367	423
운전면허 정지요청	633	16	215	230	172
명단공개	89	2	28	42	17
합계	1,637	27	359	639	612

출처: 여성가족부(2024). 양육비 채무 불이행자 139명 출금금지 등 제재조치 보도자료집(2024.8.13.)

재혼가족을 자녀의 입장에서 본 계부모가족(step-parent family)은 최소한 한쪽의 배우자가 과거에 결혼한 경험이 있고 한 명 이상의 자녀를 가진 가족을 의미하고 복합가족(blended family)도 같은 의미로 사용된다. 그 외 'comblined famaily', 'merged family', 'reconstituted family', 'remarried family', 'step family' 등 다양하게 표현되고 있으며, 국내에서는 '의붓가족', '혼합가족', '재결합가족' 등의 용어로 혼용(이영주 외, 2018)되고 있다.

재혼가족은 재혼부부의 전혼 여부, 자녀의 유무와 동거 여부, 양육권의 유무 등에 따라 다르게 분류될 수 있는데, 이처럼 복잡한 재혼가족 유형에 대한 이해가 필요한 이유는 유형에 따라 재혼가족의 기능과 역동성, 직면하는 문제 등이 다르기 때문이며, 이러한 다양성을 고려할 때 효과적인 서비스가 가능하기 때문이다.

(2) 재혼가족의 현황

통계청(2024)의 종류별 혼인 자료에 따르면, 2023년 '남녀 모두 초혼'은 77.3%, '남녀 모두 재혼'은 12.2%를 차지하고 있었으며, 그 뒤로 '남성은 초혼, 여성은 재혼'인 경우가 5.9%, '남성은 재혼, 여성은 초혼'인 경우가 3.9% 순으로 나타났다. 재혼의 비율은 전년도 대비 증가한 추세를 보이고 있으며, 평균 재혼연령은 [그림 9-1]과 같이 2023년 남성은 51.4세, 여성은 46.9세로 10년 전과 비교해 계속해서 연령이 높아지고 있음을 알 수 있다. 평균 재혼연령이 높아지는 이유는 만혼화로 인한 평균 초혼연령 증가에 따른 영향을 보여주는 것이기도 하지만, [그림 9-2]와 같이 65세 이상 고령자의 재혼 건수 증가와도 상관관계를 갖고 있다 할 수 있다.

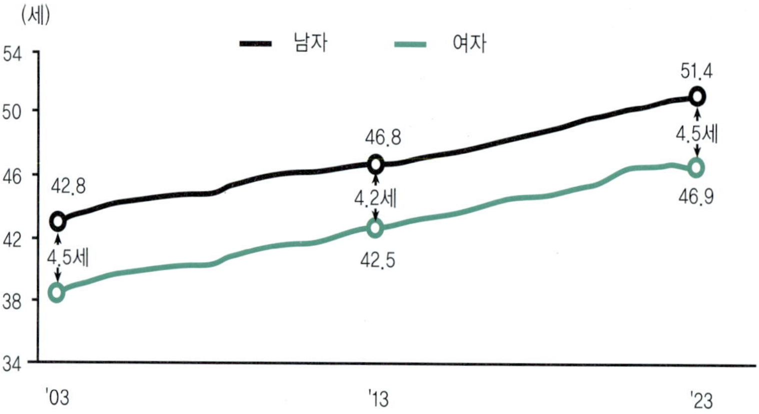

[그림 9-1] 평균 재혼연령 2003–2023

출처: 통계청(2024). 2023년 혼인 · 이혼통계 보도자료집(2024.3.19.), p.6.

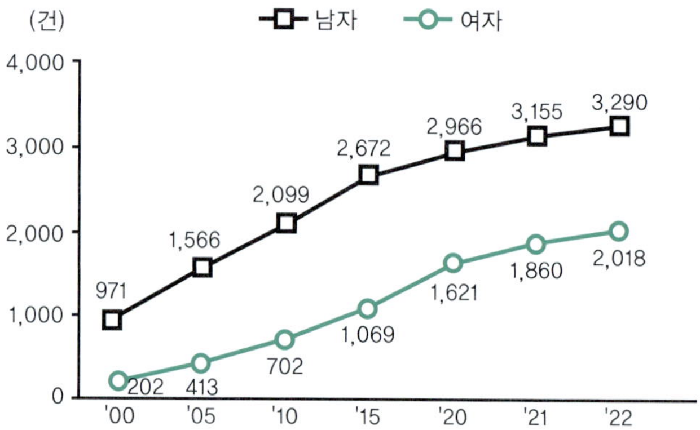

[그림 9-2] 65세 이상 재혼 건수

출처: 통계청(2023). 2023 고령자 통계 보도자료집(2023.9.26.), p.24.

2) 재혼가족의 다양성

(1) 재혼가족을 바라보는 관점과 일반적 특성

일부 서구의 연구에서는 이혼으로부터의 궁극적인 적응으로써 재혼을 바라보며, 이혼 후 평균적으로 약 4년 이내(Price & McKenry, 1988; 이정화 외, 2023. 재인용)에 재혼을 하는 것으로 나타났다.

재혼에 대한 논의 역시 재혼가족을 문제를 가진 가족으로 보는 시각에서 벗어나 부정적 측면뿐 아니라 이들 가족이 가진 강점과 같은 긍정적인 측면을 고려하면서 재혼의 비용과 보상을 다루기도 한다. 긍정적 측면으로서의 보상은 재혼을 통해 부부는 이혼으로 인한 상실감이나 외로움을 극복할 수 있는 대안이 될 수 있으며 경제활동이나 자녀양육 등 혼자서 견뎌야 했던 어려움을 함께 헤쳐 나갈 동반자를 다시 얻게 되는 경험으로 고려될 수 있다. 즉 재혼은 부정적 측면과 긍정적 측면 모두 공존할 수 있으며, 그만큼 재혼가족의 경험도 다양할 수 있다.

그동안 재혼가족은 전통적인 핵가족과는 매우 다른 독특한 구조라 여겼으며, 특히 초혼에서의 실패를 만회하고자 비현실적인 기대 혹은 환상을 가질 경우 많은 어려움을 경험하는 것을 발견하였다. 재혼가족에서 흔히 발견되는 위험한 기대, 환상, 이미지들은 다음과 같다.

첫째, 핵가족 신화이다. 이것은 재혼가족과 핵가족이 동일하게 기능할 것이라는 환상이다. 핵가족은 이상적인 가족구성으로 여전히 인식되고 있기 때문에, 많은 성인은 새롭게 구성된 가족이 이전 가족을 대체할 수 있을 것으로 생각한다(이원숙, 2017). 즉 이를 믿는 사람들은 가족구성원들이 서로 사랑하고 친밀하게 느끼며, 아동들이 부모를 존경하고 비양육부모와 같은 불편한 부속물은 사라질 것이라고 기대한다. 그러나 현실적으로 재혼가족에서 친밀한 관계를 유지하는 것은 쉽지 않다.

둘째, 신데렐라 동화 속의 계모에 대한 환상이다. 즉 신데렐라 동화에서 등장하는 '나쁜' 계모에 대한 환상은 현실과 동떨어진 기대나 잘못된 생각을 불러오기 쉽다(원영희 외, 2016). 그 외 재혼가족 중 계모와의 갈등을 다룬 '콩쥐팥쥐'나 '장화홍련전', '심청전' 등과 같은 우리나라의 전래동화나 '백설공주', '헨젤과 그레텔' 등과 같은 서양의 동화는 모두 어린 시기 아동에게 계모와 사는 삶이 잠재적인 위험이 있다는 정보를 준다. 계모 역시 자신의 발달과정에서 이러한 문화적 스테레오 타입을 알고 있으므로, 이들은 완벽한 부모가 되기 위해 매우 열심히 노력할 것이다(정문자 외, 2016). 이러한 비현실적인 높은 기대는 좌절감을 가져오게 하는 결과를 낳을 수 있다.

셋째, 즉각적 사랑(instant love)에 대한 기대이다. 이것은 핵가족 신화만큼이나 흔하며, 그만큼 위험하다. 이것은 새로운 관계가 발달하는 데 시간이 필요하다는 것을 간과하는 것이다. 즉 결혼이 부모로서의 자격을 준다는 믿음에 따라, 계부모는 친밀감과 권위가 즉각적으로 형성될 것이라 생각한다. 사실 계부모와 계자녀 간의 긍정적인 관계로의 발달을 위한 첫 번째 과정은 계부모를 친부모로 대체하려는 것을 피하는 것이므로(이원숙, 2017), 성인이 자녀의 속도에 맞게 관계 발달을 이루어야 한다.

넷째, 보상신화(compensation myth)이다. 이것은 전 배우자에 대한 결함과 불만족을 새 배우자를 통해 만족시키려 하는 정신적 보상에서 발생한다. 새 배우자는 문제가 많았던 전 배우자가 갖추지 못했던 모든 것(예: 친절하고 민감하며 책임감 있고 진실한)을 갖출 것을 기대한다. 그러나 이러한 기대 때문에 어려운 문제에 처할 수도 있다.

이러한 환상 또는 고정관념과 더불어 재혼가족은 핵가족과 차이가 나는 공통적인 특성(성정현 외 2011; 정문자 외, 2016)을 갖고 있다.

첫째, 재혼가족은 부모의 조합이 바뀌고 또 전혼자녀를 데리고 새롭게 만든 가정이기 때문에 복잡하다. 초혼가족처럼 성인 두 명으로 시작하는 가족이 아니라 이미 생물학적 부모가 존재하면서 부모의 재혼에 따라 계부모가 생기는 상황이기 때문에 재혼가족의 구조와 관계는 초혼가족보다 복잡하다.

둘째, 재혼가족은 모두 상실과 변화(예: 부모의 이혼이나 죽음, 한부모가족 구조의 상실, 거주지, 소득 그리고 사회적 친구 네트워크 변화 및 조부모 관계에서의 변화 등)를 경험하였다. 그리고 다시 재혼가족을 이루면서 또 다른 변화를 경험하기 때문에 재혼가족의 초기 단계에서 심리 · 정서적 스트레스가 특히 더 클 수밖에 없다.

셋째, 모든 가족구성원은 각기 다른 역사를 갖고 관계를 맺게 된다. 첫 번째 결혼에서도 부부는 각자 자신의 원가족에서의 다른 기대와 경험을 가지고 함께 시작한다. 그러면서 일련의 규칙과 전략이 만들어지는데, 재혼을 하게 되면 부부와 자녀가 함께 살게 되면서 각기 다른 모든 규칙, 전략 등 선호하는 방식을 재구조화해야 한다.

넷째, 부모-자녀의 유대가 새로운 부부관계보다 먼저 형성되었다. 부모-자녀의 생물학적 유대가 결혼관계보다 먼저 형성되었다는 것은, 부부가 자녀가 생기기 전에 점진적으로 부부의 하위체계를 명확히 하고 친밀감을 발달시킬 시간이 없다는 의미이다. 대부분 재혼 초기에는 결혼관계보다 부모-자녀관계가 더 핵심적인 관계이기 때문에, 어떤 경우 배우자의 관심을 얻기 위해 계자녀와 계부모가 경쟁을 할 수도 있다.

다섯째, 이전 결혼의 부모가 대부분 현존하고 또 계속 만나기 때문에 자녀들은 두 가구의 구성원이 될 수 있으며, 질적으로 다르고 비교되는 가족환경에 노출될 수 있다. 이러한 차이는 재혼가족 내에 존재하는 경계모호성에 의해 더욱 심화될 수 있다. 즉 가족 단위로 명백히 규정되는 경계를 지닌 핵가족과 동일한 방식으로 작동되지 않기 때문에 재혼가족체계에 스트레스를 증가시키는 요인이 된다.

이러한 고정관념과 일반적 특성을 고려할 때 재혼가족은 초혼가족에 비해 더 많은 적응을 위한 노력이 요구될 수밖에 없다. 그러나 이정화 외(2023)는 그동안 재혼가족에 대한 연구들이 주로 재혼가족이 갖고 있는 문제 중심으로 접근하였으며, 재혼가족을 초혼가족과 단순 비교하는 이분법적인 접근을 통해 재혼가족이 직면하는 이슈들만을 밝혔는데, 이러한 접근방식은 재혼가족들 사이의 다양성을 간과하는 것이라고 주장하였다. 따라서 최근의 재혼가족에 관한 연구는 재혼하는 당사자들이 전혼에서의 경험은 어떠한지, 전혼으로부터의 자녀의 여부와 이들의 나이, 양육권의 여부와 동거 여부, 전혼자녀가 전혼의 부 또는 모를 얼마나 자주 만나는지 등 재혼가족이 갖는 어려움의 차이와 공통점을 찾는 노력이 지속되고 있으며, 이에 따라 재혼가족 내 관계의 복잡성이나 역동성 역시 큰 차이를 보일 수 있다. 따라서 향후 재혼가족이 갖고 있는 다양성에 따라 이들을 바라보는 관점 역시 다양해질 것이라 예측된다.

(2) 재혼가족의 적응

① 재혼 과정

재혼 과정에 대한 발달적 관점은 초혼핵가족의 기준에서 재혼가족을 보는 것이 아니라 근본적으로 재혼가족은 초혼가족과 다르며, 독특한 관계와 상호작용의 유형을 가지다는 전제가 있다. 이 관점은 재혼가족의 병리적 현상에 기여하는 요인들에 관심을 두기보다는 건강한 발달에 기여하는 요인들에 주안점을 두고 있다.

가장 대표적인 발달 모델은 페이퍼나우(Papernow, 1993)의 모델로 다음 〈표 9-5〉와 같다. 즉 재혼가족은 두 가족체계가 재혼을 통해 합해지는 경우다. 가족의 정체성, 경계, 가정관리, 정서적인 환경, 스트레스 수준 등 이들 모두는 새롭게 재규정되어야 하고, 그 과정에서 각각의 가족체계와 가족구성원은 과거와도 연결되고 어느 정도 안정감도 유지하는 것을 허용하면서 재규정화가 이루어져야 하는 과정을 경험한다.

〈표 9-5〉 재혼의 과정

과정		특 성
초기단계	환상기	재혼에 대해 상대적으로 비현실적인 기대감을 형성한다. 계부모 역할의 어려움보다는 부재하는 부모역할을 빠른 시간 안에 대체할 수 있고, 경제적으로 정서적으로 안정된 가족이 될 수 있다고 생각하는 시기이다.
	몰입기	재혼생활의 현실을 경험하면서 환상기에서 몰입기로 진입하게 된다. 이 시기에 재혼가족의 부부는 그간의 기대를 실현하기 위해 노력하지만 직면하는 어려움으로 인해 혼란을 겪게 된다.
	인식기	가족이 처한 문제를 이해하고, 현실적인 인식을 한다.
중기단계	변동기	현실에서 인식된 재혼생활의 어려움에 적극적으로 직면하고, 상호 간에 긍정적 변화를 위해 노력한다.
	행동기	재혼 전의 가족체계를 해체하는 단계로, 이는 기존의 경계를 대신하여 재혼가족 내의 새로운 경계를 확립하고 계부모와 계자녀간의 경계를 확립한다.
후기단계	접촉기	새로운 가족규칙, 가족의례 등을 만들고 이를 통해 변화를 창출하여 친밀감과 애착이 발달되는 '우리'의 개념으로 한데 묶이는 계기를 마련한다.
	해결기	재혼가족 내에 가족규범이 확립되고 가족의 역사가 시작되고, 각 구성원들이 자신의 역할과 관계형성에 대해 감각을 갖는다.

출처: 이정화 · 이재림 · 이규호 · 민주홍(2023). 결혼과 가족. 신정, pp.378-379 재구성.

② 재혼가족의 적응 방안

모든 재혼가족이 재혼가족의 다양한 발달단계를 똑같이 경험하지 않으며, 성공적인 적응을 방해할 수 있는 다양한 잠재적인 복잡성이 다양하게 내재되어 있다. 그럼에도 불구하고 재혼가족이 성공적으로 적응하기 위해 영향을 미치는 공통적인 요인을 살펴보면 다음과 같다.

- **가족경계**

재혼가족에 대한 문화적, 사회적 각본의 부재는 재혼가족이 가족 내 경계를 명확하게 하는 것을 어렵게 만든다. 특히 재혼가족 중 전혼 자녀가 있는 경우 어디까지가 나의 가족인지에 대한 가족 구성원들간 인식에서 차이가 있을 수 있다. 따라서 새로 형성된 재혼가족은 부부 하위체계와 계부모와 자녀 간의 관계체계, 자녀와 비양육 친부모와의 관계에서 경계설정이 필요하다. 경계가 분명한 계부모는 동성의 친부모와 경쟁하지 않거나 친부모 역할을 침범하지 않는다. 즉 친부모를 도와주는 계부모의 역할이 정립되고, 친부모와 계부모, 전혼자녀 모두의 욕구를 파악하여 가족의 재구성과 조화를 위해 새로운 가족규칙을 설정할 수 있다. 또한 계부모와 계자녀 간 세대 간 경계를 분명히 하고, 계부모의 역할에 대해 나머지 재혼가족, 특히 배우자와의 합의가 이루어져야 한다.

- **부부관계 재정립**

성공적인 재혼생활을 위해 재혼가족의 부부관계 확립은 필수적이다. 부부가 강한 유대를 형성하고 결혼만족도가 높은 경우 긍정적인 계부모-계자녀관계 형성이 도움을 주고, 가족 전체의 적응이 잘 되는 것으로 알려져 있다. 재혼가족 계부모의 우울 또는 역할긴장에 관한 연구 결과(김다애 · 조은숙, 2019), 재혼가족 계모들의 우울 수준은 임상적 주의를 요구할 정도의 수준을 나타냈으나, 이를 낮출 수 있는 가장 중요한 요인은 배우자와의 의사소통의 양과 질이 가장 강력한 영향을 미치는 요인으로 나타났다. 즉 재혼부부의 강력한 유대감과 견고한 부부체계는 성공적인 결혼생활과 가족적응에 가장 중요한 요인이다. 따라서 전 배우자가 포함된 삼각화 또는 재혼체계 내의 삼각화(재혼부부와 자녀 등)가 있다면 이것은 재혼가족의 적응을 방해하는 가장 큰 요인이 될 것이다. 이에 대한 해결책은 자신의 별거나 이혼에 대한 서로의 감정을 극복하여야 하며, 부부 모두 각자 자신의 자녀 및 상대방의 자녀와의 관계를 명확히 설명하려는 적극적인 노력이 필요하다. 즉 재혼부부관계에서 본질적으로 영향을 미치는 것은 구조적인 재혼가족의 유형이나 계자녀의 동거 여부 그리고 공동자녀의 존재 여부가 아닌 부부의 상호작용 방식이나 갈등 해결방식을 통한 재혼부부의 유대관계가 가장 중요한 요인이라 할 수 있다.

재혼가족의 발달단계와 적응에 있어 가장 중요한 것을 설명하였으나, 실제 각각의 독특한 문제해결 전략이나 내적 · 외적 긴장원, 가족의 배경 및 무수한 복잡성과 다양성을 야기할 수 있는 세대 간의 유산 등과 상호작용하여 전개된다. 또한 재혼가족의 가족관계에 적합한 행동규범, 행위의 양식 등에 대한 사회적 규범 역시 존재하지 않기 때문에 개별 가족 내에 변용하고 조정하는 과정이 필요하다. 똑같은 두 개의 가족은 없다. 그럼에도 불구하고 성공적인 재혼가족 적응을 위해 비현실적인 기대를 갖지 않고 단합된 부부관계를 유지하는 것이 매우 중요하며, 재혼가족의 자조모임이나 지지집단을 형성하여 어려움을 해결하는 것도 한 방안이라 할 수 있다.

3) 재혼가족을 위한 정책과 실천

(1) 재혼가족을 위한 관련 법[6)]

첫째, 「건강가정기본법」에서는 가정은 개인의 기본적인 욕구를 충족시키고, 사회통합을 위하여 기능할 수 있도록 유지 · 발전되어야 한다는 기본 이념 아래 재혼가족 등과 같이 사회적 도움이 필요한 가정을 지원하고, 가족구성원의 복지증진에 이바지할 수 있는 지원을 하여야 한다고 명시하고 있다.

둘째, 개정 「민법(2005.3)」이 통과되면서 호주를 중심으로 한 가족의 관계를 등록하는 호주제도가 폐지되었고 2008년 1월 1일부터 가족관계등록부로 대체되었다. 그동안 호주제는 재혼여성 및 그녀의 전혼자녀의 새로운 적응에 있어서 커다란 장애가 되어 왔다. 전혼자녀와 배우자와의 관계에서 가장 문제 되는 것도 '자녀의 호적문제'였다. 재혼하여 가족을 이룬 경우 계부모가족에게는 어머니와 자녀가 동거인으로 남아 있게 되어 받을 부당함과 계부와 계자녀의 성이 달라 자

6) 국가법령정보센터 홈페이지 2024년 8월 검색한 법률 내용을 바탕으로 재구성함.

녀가 심적으로 받은 상처로 인해 많은 정서적인 문제가 발생하였다. 그러나 부계주의 원칙을 갖던 호주제의 폐지로 인해 자녀들은 어머니의 성과 본을 따를 수 있게 되었다.

또한 재혼해서 함께 살고 있는 새아버지의 성과 자녀의 성이 다른 경우 민법의 개정을 통해 자녀의 성과 본을 재혼한 배우자의 성과 본으로 변경할 수 있다. 자녀의 성 변경은 두 가지 방법으로 가능하다(이영주 외, 2018). 첫 번째 방법은 어머니가 법원에 성의 변경심판을 청구하여 법원의 판결문 등본을 첨부하여 자녀의 성 변경 신고를 하면 된다. 이 경우 전 남편의 동의는 필요가 없다. 두 번째 방법은 계부가 전혼자녀를 친양자로 입양하는 것이다. 다만 이 경우에는 자녀가 15세 미만의 자녀여야 하며, 친생부의 동의서를 구하여 법원의 친양자 입양 결정을 받아야 한다.

그 외 이혼 후 자녀를 직접 양육하지 않는 부모도 자녀와 상호 면접교섭을 할 수 있는 권리가 있다(「민법」 제837조의 2 제1항). 그러나 이혼한 부모가 재혼해서 자녀를 친양자로 입양한 경우에는 친생부모의 면접교섭권은 더 이상 인정되지 않는다. 그 이유는 친양자는 재혼한 부부의 혼인 중의 출생자로 보아 입양 전의 친족관계가 종료되기 때문이다. 이에 따라 재혼 과정의 미성년 자녀가 반드시 비동거 친부모와의 관계를 끊지 않으면서도 비동거 친부모로서의 책임과 의무가 지속되는 가운데 그 혜택을 받을 수 있도록 하는 방법도 고려해 볼 수 있어야 한다.

(2) 재혼가족을 위한 실천

대부분의 재혼가족은 재혼의 준비 없이 재혼생활을 시작하기 때문에 다양한 어려움을 겪고 있다. 재혼가족은 초혼가족보다 훨씬 더 복잡한 체계를 가지고 있고 특히 자녀가 개입된 경우는 문제가 더욱 복잡하다. 또한 재혼가족의 부부관계가 좋을수록 재혼의 삶의 질이 높아진다는 연구 결과(박경례 · 박재연, 2021)에 비추어, 재혼을 준비하고 있거나 또는 가족 재구성을 경험하고 있는 부부를 대상으로 재혼 부부간 원활한 의사소통과 친밀감 형성을 돕기 위한 체계적이고 지속적인 가족교육과 상담 프로그램이 제공되어야 한다. 국내 재혼관련 연구 동향 분석 결과(이은영 · 김수진, 2021), 3개의 프로그램이 제시되었는데(〈표 9-6〉 참조), 프로그램 참여 후 재혼가족의 결속, 부부만족도, 부모자녀관계 만족도, 심리적 안녕감 등이 증진되었으며, 재혼부모의 역할긴장 및 양육스트레스가 감소되었음을 확인할 수 있었다. 이러한 재혼생활의 문제를 돕기 위해 시 · 군 · 구 가족센터 등에서 [그림 9-3]와 같이 교육, 상담, 문화사업 등을 운영하고 있다.

또한 재혼가족의 유지와 안정에 경제적인 부분이 매우 중요하다 연구 결과(박경례 · 박재연, 2021)에 따라 부부간 경제공동체 의식이 필요하며, 부부별산제 및 부부합산제 등 상황에 따른 합리적인 대처와 명료한 재정관리 등이 필요하며, 재혼 부부는 부부재산과 상속 문제로 인하여 전혼 자녀들과의 다양한 이해와 갈등이 발생할 수 있어 재산 귀속 관계를 미리 정해 놓을 수 있도록 하는 재무설계 또는 법률지원 역시 운영되어야 할 것이다.

〈표 9-6〉 재혼적응 프로그램의 내용 및 효과

프로그램명	발표년도	대상 및 인원(실험/비교)	회기(회기 시간)	내용	프로그램 효과
재혼가족 생활적응 향상 부모교육	2014	재혼부모(6명/6명)	6회기(3H)	프로그램 목적이해, 목표 세우기, 가족적응단계 점검, 재혼 과정 점검, 초혼가족과의 차이, 부모역할, 감정놀이, 부모자녀간 갈등 전략, 행복한 추억, 감사편지, 변화점검 및 다짐	재혼부모의 역할긴장 및 양육스트레스 감소, 부모자녀관계만족도 및 심리적 안녕감 증진
재혼가족 관계향상	2016	청소년기 자녀를 둔 재혼부모	6회기(3H)	재혼가족 이해, 의사소통(부부역할, 양육), 새자녀와의 관계, 문제해결 및 갈등관리, 친밀한 부부관계, 재혼가족 모습	재혼가족 결속 증진, 부부만족도 증가, 역할긴장 감소, 의사소통 및 문제해결 능력 향상

프로그램명	발표년도	대상 및 인원(실험/비교)	회기(회기 시간)	내용	프로그램 효과
재혼준비교육	2019	재혼을 생각하는 한부모	10회기(2H)	교육의 필요성, 자아발견과 회복, 현실 인식 및 자립, 자기관리, 문제해결 능력, 사회적 기술, 재혼 바로보기, 사랑과 재혼 조건, 배우자 선택, 재혼준비점검, 각오 및 평가	역경 후 성장 향상, 사회적지지 향상, 현실적 사랑관으로 변화 효과, 재혼준비도 향상

출처: 이은영 · 김수진(2021). 국내 재혼관련 연구 동향분석: 2008~2019년 발간된 학술지를 중심으로. 한국가족관계학회지, 26(1), p.112.

[그림 9-3] 시군구가족센터 '재혼가족프로그램' 홍보물(광양시가족센터/종로구가족센터 2024년도 재혼가족 관련 홍보물)

3. 이혼 · 재혼가족을 위한 과제

한국의 이혼율은 최근 들어 혼인율과 함께 다소 감소하고 있긴 해도 1970년 이후 전체적으로 지난 40여 년에 걸쳐 증가 경향을 보이고 있으며, 최근 주목할 만한 이혼의 특징으로 혼인 지속기간이 20년 이상인 경우가 전체에서 차지하는 비율이 지속적으로 증가하고 있다는 것이다. 이는 결혼생활이 오래될수록 오히려 이혼의 장벽이 낮아지는 것으로 우리 사회에서 이혼은 모든 연령층에 관계없이 일어나고 있는 현상 중의 하나라 볼 수 있다.

이혼자들의 평균연령의 상승과 전체 혼인의 약 5분의 1이 재혼인 점 그리고 노령화 추세를 고려한다면 한 번의 이혼으로 일생의 결혼생활이 완전히 종료되는 것이 아니라 오히려 이혼은 새로운 다양한 파트너십의 여정이 시작되는 전환적 과정의 시작(임춘희, 2018)이라 할 수 있다. 이혼은 당사자 개인의 중요한 인생의 선택이며, 당사자 가족들로서는 이전과는 다른 가족관계와 심리적 역동을 경험하게 하는 인생사건이며 사회 정책적으로는 1인 가구, 한부모가정, 재혼가정의 증가로 인해 이들을 위한 사회적 지지와 복지적 지원이 필요하게 된다는 점에서 다층적인 의미와 중요성을 갖는 현상이라 할 수 있다.

이러한 추세를 바탕으로 이혼 · 재혼가족을 위한 복지방안이 계속해서 증대되고 있으나, 좀 더 고려되어야 할 과제를 제시하면 다음과 같다.

1) 이혼 · 재혼가족 지원 프로그램 개발 및 상시 운영

이혼 · 재혼가족의 양적 증가와 그 본질적 취약성으로 이혼 · 재혼은 더 이상 개인적 경험으로 치부될 수 없고 사회가 좀 더 적극적으로 관심을 갖고 개입해야 할 사회적 현상이 되었다. 이혼과 재혼은 일련의 사건이 아닌 복잡한 과정을 통해 단계별로 해결 및 해소해야 할 특성들을 갖고 있다. 이러한 여러 가지 상황을 고려할 때 이혼 · 재혼가족의 기능 향상을 위한 서비스 개발이 보다 더 확대되어야 할 것이며, 교육 프로그램의 개발 역시 계속해서 이루어져야 할 것이다. 특히 자녀가 있는 경우 자녀의 심리적 안녕과 적응을 촉진하고 가족변화 및 새로운 관계를 수용하고 잘 맺기 위한 적극적인 부모역할 교육과 훈련이 보다 더 많이 실시되어야 하며, 이에 따른 교재 및 프로그램 개발이 보다 많이 이루어져야 할 것이다. 또한 최근 들어 늘어나고 있는 20~30년 이상 함께 한 부부의 이혼 또는 노인의 재혼 증가 현상과 더불어, 이들이 잘 적응할 수 있도록 돕기 위한 교육 프로그램 역시 전무하다 할 수 있다. 현재 가족센터에서 이혼 전 · 후 가족 지원을 위한 가족 단위 통합 프로그램이 운영되고 있으나, 상시로 운영되는 것이 아니기 때문에 이혼 · 재혼가족의 욕구를 모두 충족시키기에는 한계가 있다. 따라서 이혼 · 재혼가족의 다양성을 이해하고 이에 맞는 프로그램 개발 및 상시 운영이 적극적으로 이루어져야 할 것이다.

2) 이혼 · 재혼가족을 위한 전문상담 기관 확대 운영

현재 전국 가족센터와 법원 등을 중심으로 이혼 전 · 후 가족상담이 필수로 진행되고 있으나 여전히 충분하지 않다. 특히 재혼의 경우 초혼의 실패를 겪고 재혼을 결심할 때는 가정생활의 파탄에 따른 경험을 더 이상 반복하지 않겠다는 다짐을 하지만 실제로 재혼 후 다시 이혼을 하는 경우는 초혼 후 이혼을 하는 경우보다 높다(원영희 외, 2016). 따라서 이혼 · 재혼가족이 겪는 복잡하고 어려운 문제에 대하여 전문상담 및 치료를 통해 미리 개입한다면 여러 가지 경험할 수 있는 문제를 미연에 방지할 수가 있다. 따라서 이들의 적응문제를 상담해 줄 수 있는 전문 가족상담사와 전문상담기관이 보다 더 많이 확대, 운영되어야 할 것이다. 더불어 20년 또는 30년 이상 된 부부의 가족재구성 비율이 점차 높아지고 있는 추세에 비추어, 이들의 특성이 반영된 심리적 · 법률적 상담지원 개입과 제도적 지원이 수반되어야 할 것이다.

3) 이혼 · 재혼가족의 다양성에 대한 인식의 전환

실제 이혼 증가로 재혼도 증가하고 있으나, 이혼자들이 이혼 직후 바로 재혼에 돌입하는 것은 아니며 이혼 이후 다양한 형태의 이성관계 파트너십이 시작된다고 할 수 있다. 최근 서구에서는 결혼하지 않은 남녀가 별개의 거주를 하면서 부부 같은 친밀감을 갖고 생활하는 이중주거 커플관계(Living Together Apart, LTA)라는 친밀성과 주거를 분리한 파터너십의 형태가 증가하고 있다. 국내에서는 아직 이러한 커플관계에 대한 연구나 논의가 이루어지지 않고 있으나 경제력을 갖추고 개인주의적인 삶을 추구하며 공간이나 경제를 공유하지 않으면서 친밀한 파트너십을 희망하는 이혼한 중 · 노년층이 등장하고 자신의 자녀와의 관계나 생활을 유지하면서도 개인적으로 친밀한 이성관계를 갖기를 원하는 한부모들 혹은 자녀돌봄이나 부모부양으로 인해 쉽사리 이성관계를 갖기를 원하는 한부모들 혹인 자녀돌봄이나 부모부양으로 인해 쉽사리 동거나 재혼을 하기 어려운 개인들이 선택할 수 있는 파트너십이라는 점에서 장차 우리 사회에서도 등장하게 될 커플관계(임춘희, 2018)라 할 수 있다.

이혼 · 재혼가족을 위한 법적 지원과 서비스가 계속해서 증대하고 있음에도 불구하고 여전히 가족이 안고 있는 불안정과 취약은 여전히 나타나고 있다. 이혼 후에 남은 생애 동안 독신, 동거, 재혼, 이중주거 커플관계, 재결합 등의 다양한 파트너십이 불연속적이라도 다양한 형태로 일어날 가능성이 크다면 이에 대한 학문적, 사회적 관심이 필요하며, 법적인 보장과 지원은 어떻게 해야 하는지 그리고 가족복지서비스는 어떤 형태로 이루어져야 할지에 대한 다각적인 시도와 고민이 필요하다.

핵심용어

가족해체 관점, 가족재구성 관점, 이혼의 과정, 상담권고제도, 조정전치주의, 새혼가족, 계부모가족, 재혼의 과정, 양육비이행관리원, 이혼 · 재혼가족지원

학습실천과제

1. 이혼 · 재혼가족과 관련된 도서 또는 드라마 및 영화를 선정하여 내용 속에서 경험할 수 있는 이혼 · 재혼가족의 어려움과 이에 따른 해결방안은 무엇인지 논의하시오.
2. 이혼 · 재혼가족을 위한 복지를 실천하고 있는 기관을 찾아보고, 기관별 특성을 비교해 보시오.
3. 이혼 · 재혼가족을 위한 가족복지 프로그램을 찾아보고, 프로그램의 장점과 단점에 대해 토의해 보시오.

제10장

한부모가족과 복지

〈학습목표〉

1.한부모가족의 개념과 실태에 대해 설명할 수 있다.

2. 한부모가족의 특성에 대한 이해를 통해 가족복지 실천영역을 추론할 수 있다.

3. 한부모가족을 위한 지원 정책을 이해하여 필요한 과제를 추론할 수 있다.

한부모가족은 하나의 동질적 집단이 아니라 그 안에서 여러 기준과 내용에 따라 다양성을 갖고 있기 때문에 각기 다른 맞춤형 지원이 필요하며, 한부모가족 복지서비스 또한 이러한 다양성을 어떻게 반영하는가에 따라 성과가 달라진다고 주장되고 있다. 그럼에도 불구하고 한부모가족은 경제적 여건이나 주거환경에 있어 여전히 열악한 경우가 많으며, 자녀양육비 등으로 인한 양육의 어려움을 호소하고 있다. 이에 5년 단위로 제1차 한부모가족정책기본계획(2023~2027)이 수립되었고, 이에 따라 한부모가족 정책이 체계적으로 수행될 수 있는 발판이 마련되었다. 현재 저소득 한부모가족에 대한 보다 촘촘하고 두터운 지원으로 생활안정을 도모하고, 한부모의 자립 촉진을 통한 경제 활동 참여 환경을 조성하며, 비양육부모의 자녀 양육 책무성 강화를 통한 양육비 이행률 제고 그리고 한부모가족에 대한 차별 해소 및 사회적 인식개선이라는 정책방향이 세워졌고, 수행 중이다. 따라서 본 장에서는 이러한 한부모가족 정책 방향을 이해하고, 이에 따른 가족복지서비스 실천의 성과와 보완에 대해 이해하고자 한다.

1. 한부모가족의 이해

1) 한부모가족의 개념

한부모가족[1]은 이혼이나 사별 등으로 인해 한 명의 부(父) 또는 모(母)가 자녀와 함께 생활하는 가족을 말한다. 법적[2]인 정의에 따르면, 한부모가족이란 부모 중 어느 한쪽 부모가 사별이나 이혼, 유기, 장기간 노동능력 상실, 교정시설이나 치료감호시설 입소 또는 병역복무 혹은 미혼자임으로 인해 모자가족이나 부자가족이 된 가족으로 18세 미만(취학 중인 경우 22세 미만)의 자녀를 양육하고 있는 가족을 말한다(「한부모가족지원법」 제4조).

여기에서 모자가족이나 부자가족이라 함은 모(母) 혹은 부(父)가 세대주이인 경우를 말하지만, 만약 세대주가 아니더라도 세대원을 사실상 부양하는 자가 모(母)이거나 부(父)인 경우도 모자가족이나 부자가족으로 간주한다. 그러므로 조손가족의 형태로 생활하는 가족이라도 실제 부양에 대한 책임을 따로 살고 있는 부(父) 또는 모(母)가 담당한다면 그 또한 한부모가족이라 할 수 있다. 이와 같이 「한부모가족지원법」에 의거한 우리나라 한부모가족은 가족 구성상 부모 한쪽으로만 구성된 가족뿐 아니라 부모가 모두 있으나 가족 기능상 한쪽이 단독으로 부모의 역할을 수행하는 경우를 모두 포함한 개념으로 사용하고 있다.

한편 한부모가족에는 일반적으로 미혼부 · 모라고 불리며, 이들의 대부분을 차지하는 청소년한부모가족도 있다. 청소년 한부모는 24세 이하의 모(母) 또는

1) 한부모가족은 영어로는 single parent family, one parent family, lone parent, fatherless (motherless) family 등으로 사용된다. 한국어로는 한부모가족, 모자가정/부자가정, 편친가족, 모자세대/부자세대, 결손가족 등이 사용되었다. 그러나 이러한 용어 대신 '하나라도 충분하고 온전하다'의 의미인 우리말의 '한'을 사용하여, 한부모가족은 부모 중 한 명이 부재이나 보통의 가정처럼 건강하고 행복할 수 있다는 긍정적인 의미를 갖게 되었다(원영희 외, 2016).

2) 국가법령정보센터 홈페이지 2024년 8월 검색한 '한부모가족지원법' 내용을 바탕으로 재구성함.

부(父)를 말한다. 따라서 모자 혹은 부자가족 가운데 세대주 또는 세대주가 아니더라도 세대원을 사실상 부양하는 자가 24세 이하 청소년 모(母) 또는 부(父)가 18세 미만 자녀를 양육하는 가구를 청소년 한부모가족이라고 정의한다.

2) 한부모가족의 실태

(1) 한부모가구수 및 자녀 현황

통계청의 '인구주택 총조사(2024)' 자료(〈표 10-1〉 참조)에 따르면, 2023년도 우리나라의 한부모가구[3]는 149만 여 가구로, 총가구 수에서 차지하는 비율은 약 6.8%이다. 이러한 비율은 2018년 이후 계속해서 조금씩 하락하는 양상을 보이고 있는데, 이를 통해 미혼자녀를 양육하는 한부모가족의 비율이 감소 추세에 있음을 알 수 있다[4].

또한 양육자가 모(母) 또는 부(父)인가에 따라 모자가족, 부자가족으로 구분지을 수 있는데, '모+미혼자녀'가족은 2023년 113만여 가구로 한부모가구 중 76%를 차지하고 있었으며, '부+미혼자녀'가족은 36만여 가구로 한부모가구 중 24%를 차지하여 여전히 모자가족의 비율이 높음을 알 수 있다.

---

3) 통계청의 인구총조사는가구 단위 조사로서 "가구란 1인 또는 2인 이상이 모여서 취사, 취침 등 생계를 같이하는 생활 단위를 말하며 일반가구와 집단가구로 구분"되고, 일반가구는 "집단가구(6인 이상 비혈연가구, 기숙사, 사회시설 등) 및 외국인가구"를 제외한 가구이다. 인구총조사에서 한부모가구는 "일반가구 중 한부(모)와 미혼자녀로만 구성된 가구"로 정의되어, 가족정책의 일반적 대상이 되는 18세 미만의 미성년 자녀를 양육하는 한부모가족과는 다른 의미이다. 현실적으로 인구총조사의 한부모가구 통계자료가 우리나라 한부모가족의 규모를 파악할 수 있는 자료이므로, 본 장에서 제시하였으나, 인구총조사의 한부모가구와 한부모가족의 범위가 다르다는 점을 고려해야 한다.

4) 제2장. 한국가족의 변화와 쟁점 〈표 2-3〉 참조: 19세 이상 자녀를 둔 한부모가구가 차지하는 비중이 더 높음.

〈표 10-1〉 한부모가구, 2018~2023년

(단위: 천 가구, (%))

구분		2018년	2019년	2020년	2021년	2022년	2023년	2018년 대비		2022년 대비	
								증감	증감률	증감	증감률
가구	일반가구(계)	19,979 (100.0)	20,343 (100.0)	20,927 (100.0)	21,448 (100.0)	21,774 (100.0)	22,073 (100.0)	2,094	10.5	300	1.4
	친족가구	13,790 (69.0)	13,809 (67.9)	13,860 (66.2)	13,810 (64.4)	13,757 (63.2)	13,699 (62.1)	-91 (-7.0)	-0.7	-58 (-1.1)	-0.4
	한부모가구*	1,539 (7.7)	1,529 (7.5)	1,533 (7.3)	1,510 (7.0)	1,494 (6.9)	1,493 (6.8)	-46 (-0.9)	-3.0	-1 (-0.1)	-0.1
	부+미혼자녀	391 (2.0)	384 (1.9)	381 (1.8)	374 (1.7)	365 (1.7)	361 (1.6)	-31 (-0.3)	-7.8	-4 (-0.0)	-1.0
	모+미혼자녀	1,148 (5.7)	1,145 (5.6)	1,152 (5.5)	1,136 (5.3)	1,129 (5.2)	1,132 (5.1)	-16 (-0.6)	-1.4	3 (-0.1)	0.2

* 기타가구원이 있는 경우도 포함.

출처: 통계청(2024). 2023년 인구주택총조사결과 보도자료집(2024.7.29.), p.86.

구체적으로 미혼자녀의 연령 현황을 살펴보면 다음 〈표 10-2〉와 같다. 막내자녀의 연령에 따른 한부모 구성비를 분석한 결과, 남성과 여성 모두 50% 정도가 중 · 고등 자녀를 두고 있는 것으로 나타났다. 2022년 기준 남성은 과반수 이상(50.5%)이 중 · 고등자녀를 막내자녀로 두고 있었으며, 그 뒤 초등자녀(39.9%), 미취학자녀(9.6%) 순으로 나타났다. 여성 역시 남성과 같은 분포를 보였으나, 남성보다 미취학 자녀(14.8%)를 양육하고 있는 경우가 좀 더 높은 것을 알 수 있다. 그러나 2016년부터 연도별 비교를 살펴보면, 남성과 여성 모두 중 · 고등자녀 비중이 줄어들고, 초등자녀를 둔 경우가 조금씩 증가하고 있음을 알 수 있어서 한부모가족의 영 · 유아기, 아동기, 청소년기 자녀 양육시기별 욕구 차이가 있을 것이라 예측된다.

〈표 10-2〉 자녀연령에 따른 한부모구성비(성별)

(단위:%)

구분	남성			여성		
	미취학자녀 (0~6세)	초등자녀 (7~12세)	중고등자녀 (13~18세)	미취학자녀 (0~6세)	초등자녀 (7~12세)	중고등자녀 (13~18세)
2016	10.1	32.1	57.8	13.0	30.5	56.5
2017	11.2	32.8	56.0	14.1	31.3	54.6
2018	11.2	35.8	53.0	13.3	33.3	53.5
2019	10.8	39.7	49.5	15.2	36.5	48.3
2020	9.1	39.3	51.6	15.2	37.6	47.3
2021	12.1	37.3	50.7	14.8	37.4	47.8
2022	9.6	39.9	50.5	14.8	39.4	45.7

* 통계청(각년도). 지역별고용조사 상반기 부가조사 원자료 재분석.

출처: 박미진 · 정성미 · 정수연 · 조미라(2023). 한부모가구의 일–생활 균형 정책 개선방안 연구. 한국여성정책연구원 연구보고서 15, p.25. 재인용.

(2) 한부모가구주의 혼인상태

한부모가구주의 혼인상태를 살펴보면([그림 10-1] 참조), 남성과 여성 모두 80% 이상이 이혼인 것으로 나타났으며, 과거와 다르게 사별은 10%를 상회하는 수준으로 나타났다. 특히 여성 한부모가구주의 경우 2016년에는 81.9%였는데, 2022년에는 88.3%로 보다 많이 증가하였음을 알 수 있다. 이와 비슷하게 2021년 한부모가족 실태조사(여성가족부, 2022)에서도 조사대상자의 81.6%가 이혼한 한부모였으며, 평균 1.5명의 자녀를 키우고 있는 것으로 나타나, 이혼으로 인한 한부모가구가 사별이나 미혼으로 인한 한부모가구보다 더 많음을 알 수 있다.

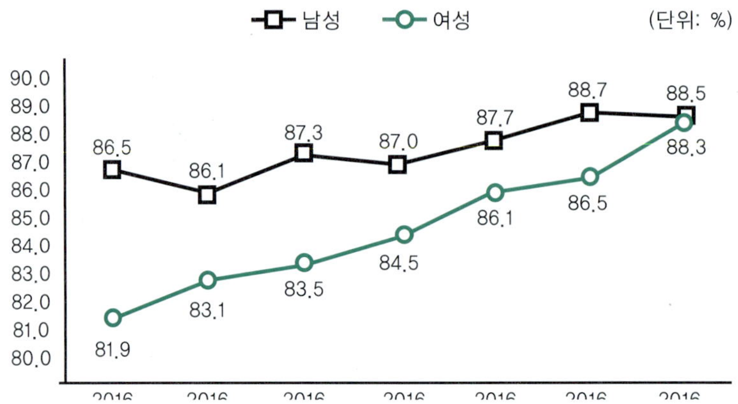

[그림 10-1] 한부모가구주의 이혼 비율

* 통계청(각년도). 지역별고용조사 상반기 부가조사 원자료 재분석

출처: 박미진 · 정성미 · 정수연 · 조미라(2023). 한부모가구의 일–생활 균형 정책 개선방안 연구. 한국여성정책연구원 연구보고서 15, p.26. 재인용.

(3) 미혼 한부모가족의 실태

현재 18세 이하 자녀의 친모 및 친부의 혼인상태가 법적으로 미혼인 한부모가족의 유형별 현황을 살펴보면([그림 10-2] 참조), 2018년 29,022명(미혼모 21,254명, 미혼부 7,768명)에서 2023년 25,264명(미혼모 19,898명, 미혼부 5,366명)으로 감소하였음을 알 수 있다. 그러나 우리나라의 혼인 외 출생자 비율[5)]이 증가하고 있음에 비추어, 이들 주 상당수가 입양되었지만, 여건이 허락될 경우 미혼의 한부모로서 자녀를 양육하며 살아가는 경우가 증가한다는 연구 결과(김유경 외, 2016)에 따라 미혼 한부모가족에 대한 정책은 일반 한부모가족과 다르게 접근해야 할 필요성이 있음을 알 수 있다.

5) 제2장 한국가족의 변화와 쟁점에서 [그림 2-9] 참조.

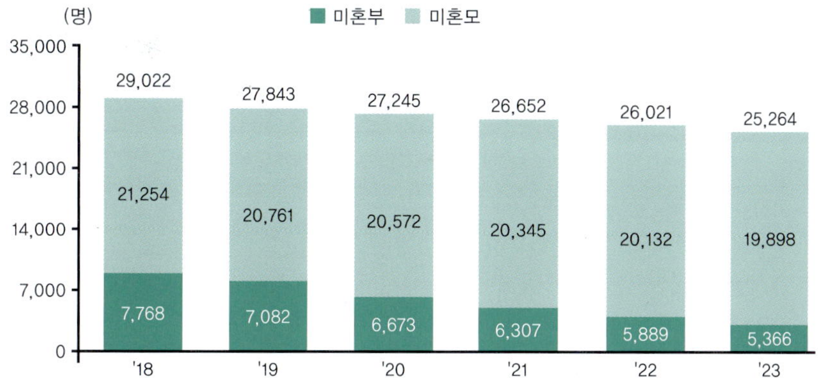

[그림 10-2] 미혼모 · 부 인구(2018~2023년)

출처: 통계청(2024). 2023년 인구주택총조사결과 보도자료집(2024.7.29.), p.87.

(4) 저소득층 한부모가족의 실태

「한부모가족지원법」과 「국민기초생활보장법」 등에 의한 지원 대상인 저소득 한부모가구는 계속해서 증가하는 추세를 보이고 있다(〈표 10-3〉 참조). 2022년 저소득 한부모가구 수는 19만 421세대로 47만 4,194의 가구원이 해당되는데, 이 가운데 모자가족이 부자가족 및 조손가족보다 상대적으로 많음을 알 수 있다.

〈표 10-3〉 저소득 한부모가족 현황

연도별	계		모자가족		부자가족		조손가족	
	세대	세대원	세대	세대원	세대	세대원	세대	세대원
2019	182,606	453,045	143,740	356,895	37,969	94,064	897	2,086
			(78.7%)	(78.8%)	(20.8%)	(20.8%)	(0.5%)	(0.5%)
2020	184,006	457,236	145,482	361,998	37,660	93,234	864	2,004
			(79.1%)	(79.2%)	(20.5%)	(20.4%)	(0.5%)	(0.4%)
2021	185,461	463,084	146,973	367,366	37,432	93,260	1,056	2,458
			(79.2%)	(79.3%)	(20.2%)	(20.1%)	(0.6%)	(0.5%)

연도별	계		모자가족		부자가족		조손가족	
	세대	세대원	세대	세대원	세대	세대원	세대	세대원
2022	190,421	474,194	151,733	378,176	37,381	92,964	1,307	3,054
			(79.7%)	(79.8%)	(19.6%)	(19.6%)	(0.7%)	(0.6%)

※ 자료 : 사회보장정보시스템(행복e음) 연도말 기준

※ 기준 : 한부모가족지원법에 따른 지원대상자(국민기초생활보장 동시보장결정가구 포함)

출처: 여성가족부(2024). 2024년 한부모가족지원사업 안내, p.15.

2. 한부모가족의 특성

한부모가족의 특성은 한부모가족이 된 직접적인 원인(이혼, 별거, 사별, 미혼모와 미혼부)과 그 가족이 처한 상황(경제적 수준, 가사와 육아의 조력자 유무, 부모의 취업 여부, 가족의 크기, 지지체계)에 따라 다르게 나타난다. 이에 송혜림 외(2022)는 한부모가족은 하나의 동질적 집단이 아니라 그 안에서 여러 기준과 내용에 따라 다양성을 갖고 있으며, 현재 제 4차 건강가정기본계획에서 강조하는 맞춤형 지원은 이러한 다양성을 어떻게 반영하는가에 따라 성과가 달라진다고 주장하였다. 이에 이들의 특성을 파악할 수 있도록 '한부모가족 건강성 지표(〈참고자료 10-1〉 참조)'를 개발하였다. 그 결과(고선강 외, 2023) 한부모가족으로 살아온 기간이나 한부모의 부모, 형제자매 등과의 동거나 지원, 전 배우자와의 교류 등이 한부모가족의 건강성에 유의미한 영향을 미치는 것으로 나타났다. 이를 통해 어떤 특정 가족을 취약가족이나 문제가족으로 범주화하고 그 문제를 해결하기 위한 지원이 아니라, 보편적 틀 안에서 모든 형태의 가족이 가지고 있는 다양성을 포용하면서, 가족의 요구에 부응하는 맞춤형 지원이 필요하다.

그럼에도 불구하고 한부모가 된 후 달라진 점이 무엇인지에 대한 조사(여성가족부, 2022) 결과, '부와 모의 역할 혼자서 감당', '집안일 부담 증가', '미래에 대한 부담 증가', '경제적 어려움' 등 돌봄과 가사로 인한 역할 과중과 경제적 부담 등 생활에서의 어려움에 대한 호소가 큰 것으로 나타났다. 따라서 본 장에서는 가족복지정책의 주된 대상인 18세 이하 자녀를 둔 한부모가족이 일반적으로 경험하는 경제적, 정서적 그리고 자녀양육의 어려움을 바탕으로 특성을 설명하고자 한다.

1) 경제적 어려움

한부모가족이 직면하는 가장 큰 어려움은 경제적 문제이며, 실제로 경제적 여건 및 주거환경이 매우 열악한 것으로 나타났다(여성가족부, 2022). 구체적으로 살펴보면([그림 10-3] 참조), 2021년 한부모가족의 평균 소득은 전체 가구 소득(416.9만 원) 대비 58.8% 수준(245.3만 원)으로 2015년 이후 여전히 낮은 상황으로 나타났다. 이들의 77.7%가 근로활동 중으로 경제활동인구 전체고용율(60.1%)이나, 한부모가 되기 1년 전 고용률(58.3%)에 비하여 높은 것으로 나타났다. 그럼에도 불구하고 2018년 조사에 비해 상용근로자 비율이 낮아졌고, 임시·일용근로자 등의 비율이 증가하는 등 고용안정성은 다소 악화된 것으로 나타났다. 또한 취업한 한부모의 27.9%가 일평균 10시간 이상 근무하여, 주 5일제에 근무하는 한부모는 44.4% 수준이었으며, 정해진 휴일이 없는 경우도 12.0%로 나타났다.

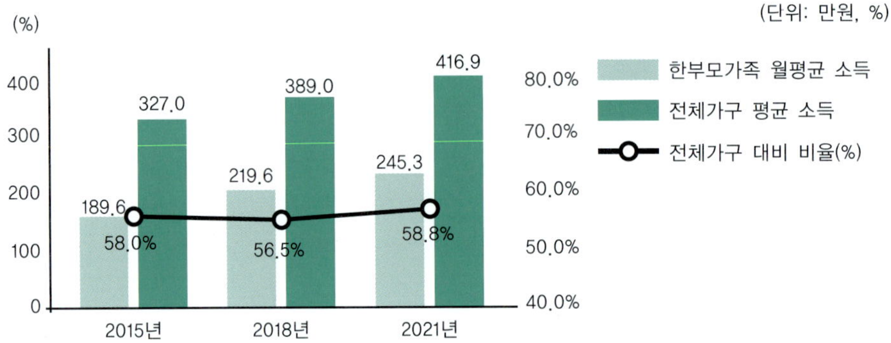

[그림 10-3] 평균 소득(가처분 소득)

* 한부모 월평균 소득: 세금, 사회보험료 등 제외한 가처분 소득.

**전체가구 평균소득: 「2015, 2018, 2021년 가계금융 · 복지조사」의 전체가구 평균 가처분소득.

출처: 여성가족부(2022). 2021년 한부모가족실태조사 결과 보도자료집(2022.5.23.), p.3.

이러한 한부모가족의 어려움을 반영하듯, 한부모가 된 이후 기초생활수급 경험이 일반가구에 비해 약 10배 이상인 것으로 나타나 이들의 경제적 불안정을 단적으로 설명하고 있다. 2021년 전체 한부모가족의 54.4%가 기초생활보장 또는 저소득 한부모로 정부 지원을 받고 있는 것으로 나타났으며, 이것은 지난 조사 결과들과 비교할 때([그림 10-4] 참조) 지속적으로 증가되고 있음을 알 수 있다. 기초생활수급을 받고 있는 한부모의 64.0%가 '10년 이상 또는 그 이상 계속 지원을 받아야 할 것이다'라고 응답하여 탈수급 가능성에 대한 부정적 인식이 이전의 조사(2015년 58.3%, 2018년 61.4%) 때보다 계속해서 증가(여성가족부, 2022)하고 있는 것으로 나타났다.

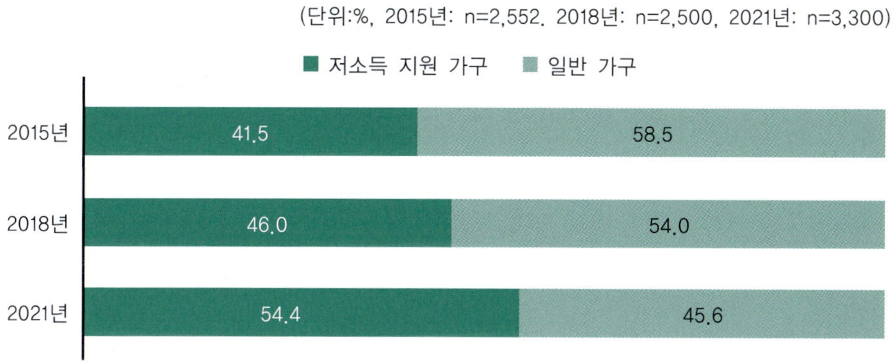

[그림 10-4] 정부지원

출처: 여성가족부(2022). 2021년 한부모가족실태조사 결과 보도자료집(2022.5.23.), p. 19.

특히 양육 미혼모가족이 경험하는 경제적 어려움은 이보다 더 큰 것으로 나타났다. 미취학 자녀를 양육하고 있는 미혼모가족의 월평균 소득은 한부모가족보다 더 열악한 것으로 드러났으며, 실제 '근로소득이 없다'고 응답한 비율은 전체의 61.6%이며, '소득 자체가 전혀 없다'는 응답도 전체의 10.0%로 나타나(인구보건복지협회, 2018) 이들이 자녀를 양육하고 생활하는 것이 현실적으로 매우 어려운 상황임을 알 수 있다. 미혼모의 경우 노인 및 장애인과 달리 기초생활수급기간이 지속적이지 않고, 실제 어린 자녀의 양육시기로 한정되기 때문에 상대적으로 경제적 어려움에 노출될 확률이 높다(원영희 외, 2016). 따라서 양육 미혼모가족의 경제적 어려움에 대한 국가적 관심이 보다 더 세심하게 필요할 것이다.

2) 자녀양육의 어려움

한부모가족의 생활에서 자녀양육은 매우 중요한 부분이다. 부모 중 1인이 부모역할을 모두 담당하는 경우가 많아 한부모가족은 부모역할, 부모자녀관계, 가족관계 등에서 여러 가지 어려움을 경험할 수 있다. 2021년 한부모가족실태조사(여성가족부, 2022)에 따르면 전체 연령대에 걸쳐 한부모들이 경험하는 가장 큰 어려움으로 '양육비 · 교육비용 부담'을 꼽았으며, 미취학 자녀를 둔 한부모의 9.4%, 초등학생과 중학생 이상 자녀를 둔 한부모의 43.2%와 51.3%는 자녀가 평일 일과 후 돌봐주는 어른 없이 시간을 보내고 있어 돌봄 공백이 매우 큰 것으로 나타났다. 그 외 미취학 자녀를 둔 한부모가족은 '양육, 교육 관련 정보 부족'(65.3%)을 어려움으로 꼽았으며, 초등자녀를 둔 한부모가족은 '자녀 진로지도 어려움'(58.1%), '양육 스트레스'(51.5%) 순으로 어려움을 꼽았다. 또한 중등 이상 자녀를 둔 한부모가족은 '자녀 진로지도의 어려움'(67.0%), '자녀의 학업성적'(59.2%) 순으로 어려움을 호소하고 있어서, 자녀 연령별로 양육 어려움의 차이가 있음을 알 수 있다.

이와 같은 돌봄 공백에 대한 문제뿐만 아니라, 대다수의 한부모는 경제적 부양의 책임과 양육을 모두 감당해야 하므로 생활시간의 대부분을 소득을 위한 경제활동과 가사노동에 할애하고 있어 자녀와 함께 여가를 보낼 수 있는 시간이 부족한(임춘희 · 고현, 2021) 것으로 나타났다. 모자가족과 부자가족이 경험하는 자녀양육의 어려움을 살펴보면, 부자가족과 모자가족 모두 일 · 가정 병행으로 자녀와 보내는 시간의 부족을 많이 꼽았으며, 사춘기 자녀 양육의 어려움을 토로하였다. 특히 자녀가 청소년기에 있는 경우에는 부모도 중년기로, 갱년기에 따른 신체적 변화나 사회적, 직업적 발달과업에 적응해야 하는 과도기에 놓이게 된다(정현숙 · 옥선화, 2016). 청소년 자녀가 있는 남성 한부모의 어려움에 관한 연구(성미애, 2020) 결과, 이들은 경제적 문제 및 건강 문제에서부터 부모역할 수행 및 친인척 관계에 이르기까지 일상생활에서 다양한 측면으로 어려움과 변화를 경험하고 있는 것으로 나타났다. 이들은 자녀의 성장을 지켜보는 것을 인생의 가장 큰 즐거움으로 인식하고 있지만, 이러한 자녀에 대한 긍정적 가치관과는 달리 현실에서는 청소년 자녀를 양육하면서 어려움을 경험하고 있는 것으로 나타났다. 이러한 결과는 남성의 경우 한부모가 되면서 자녀양육과 교육에서 어려움을 더 경험한다는 선행연구(문은영, 2011)와도 연결 지어 고려해 볼 수 있는데, 주로 자녀양육과 교육 역할을 여성, 즉 어머니의 책임으로 기대해 온 사회적 현상으로 자녀양육의 역할을 담당해 오지 않았던 남성이 한부모가 되어 부모 역할을 공유할 파트너 없이 하게 되면서 어려움을 더욱 경험하는 것이라 해석하고 있다.

한부모 어머니들은 자녀교육에 대한 높은 열의를 가지고 있으며, 자녀교육을 위한 노력도 양부모가족의 어머니들과 비교하여 낮지 않은 것으로 나타났다(서현석 외, 2014). 한부모가족의 부모자녀관계에 대한 연구(현은민, 2004)에 따르면, 한부모의 의사소통 능력, 경제적 안정, 사회적지지가 안정된 집단이 부모자녀관계를 더 긍정적으로 인지하고 있는 것으로 나타났다.

3) 정서적 어려움

(1) 상실감과 소외감

한쪽 배우자의 상실은 자녀양육 방식을 지지하고 의논해 줄 대상의 상실, 가사와 육아 이외에 생계를 직접 담당하게 됨으로써 상당한 압박감과 긴장 상태에 빠져 심리적으로나 성격적으로 어려움에 처하게 된다. 자신을 둘러싼 환경을 통제할 수 없다는 무력감과 세상에 대한 자신감 결여, 절망감, 사회에 대한 거부감, 세상은 냉혹하고 자신을 지지하지 않는다는 느낌, 엄마(아빠)와 부양자로서의 자신의 역할에 대한 부정적인 평가, 자신을 무능력하고 부적절한 존재로 느끼는 과정(조흥식 외, 2010)을 통해 우울과 불안, 소외감에 빠져들 수 있다.

그러나 실제 한부모가족 실태조사(2022) 결과에 따르면 한부모들이 주관적으로 인식하는 건강상태는 비교적 좋은 편이었고, 우울 증상 경험율도 낮아지고 있는 것으로 나타났다. 그러나 우울 증상을 경험하는 한부모는 이를 해소시키기 위해 '친구 또는 가족에게 이야기한다(42.0%)', '혼자서 참는다(32.7%)'고 하였다. 그동안 가족상담 등 다양한 방면으로 한부모의 심리 · 정서지원을 위한 공공서비스를 증가시켜 왔음에도 불구하고 '의료기관의 치료나 지역사회 전문가와의 상담 등 전문적인 서비스를 받는다'는 비율(2.0%)은 매우 낮은 것으로 나타났다.

양육미혼모 역시 과반수 이상(77.2%)이 산후우울증을 경험한 것으로 나타났으며, 양육으로 인한 우울증 경험(73.5%) 또한 매우 높은 것으로 나타났다. 그러나 이를 위한 상담이나 치료를 받은 경험이 적은 것으로 나타났다. 이들은 정서적, 신체적, 재정적으로 힘들 때 도움을 요청할 수 있는 사람이 없다고 한 경우가 40% 이상으로 나타나(인구보건복지협회, 2018) 이들의 소외감과 외로움이 다른 어떤 형태의 가족보다 높음을 알 수 있다.

(2) 역할 갈등

한부모가족은 배우자 또는 한쪽 부모의 부재에 따른 역할과 지위변화에 적응해야 하는데, 대부분 한부모는 직장과 가사, 자녀양육 등을 양립하는데 어려움을 갖는다. 또한 한부모가족의 자녀들은 부모의 생활적응상 어려움, 가사일을 비롯하여 감정적, 실제적 지지에 대한 증가된 욕구 등으로 인해 '역할 혼란'을 느끼는 등 부정적 영향을 받을 수 있다(원영희 외, 2016). 즉 부의 부재로 인하여 모자가정의 아들은 아버지로서의 역할을 기대받게 됨으로써 역할 혼란을 경험하게 되고, 딸인 경우에는 어머니와 가사를 분담해야 하는 역할 과잉을 경험할 수 있다. 더욱이 모·부자가족에 대한 부정적인 사회적 통념과 편견에 대해 지나친 방어기제를 사용할 경우에 자녀에게 지나치게 관심을 갖게 되고 자녀와의 강한 심리적 결합을 갖게 되어 자녀에게 부정적인 영향을 줄 수 있다. 예를 들어 모(부)가 지나치게 지배적이거나 명령적인 경우에 자녀는 이로 인한 긴장과 압박을 경험하고 그 결과로 심한 불안을 경험한다. 이와 같이 부 또는 모의 부재로 인한 역할갈등은 그들 자녀와의 상호작용과 자녀들의 자아발달이나 역할 모델에 영향을 미치는 것으로 알려져 있다. 그러나 한부모가족에 대한 기존의 사회적 편견과 달리 모(부)의 역할 여하에 따라 자녀의 가족문제가 완화될 수도 있다는 긍정적인 입장 또는 설득력을 얻고 있다. 한부모가족의 모(부)가 감정적인 동요 없이 새로이 조정된 역할을 잘 조화시켜 나간다면 자녀는 모(부)에게 협력적인 태도뿐만 아니라 애정과 신뢰를 갖고 자신의 삶을 잘 통제할 수 있는 긍정적인 상호작용이 가능하다.

(3) 사회적 편견과 차별

한부모가족실태조사 결과(2022)에 따르면, 한부모 및 자녀는 동네나 이웃주민, 학교나 보육시설, 직장 · 일터, 공공기관, 가족 및 친척 등으로부터 차별을 받거나 심하게 받은 경우가 10~20% 수준으로 나타나 차별을 경험한 비율이 낮지 않은 것으로 나타났다. 구체적으로 한부모 본인은 학교 · 보육시설(19.1%), 동네 · 이웃주민(17.4%), 가족 · 친척(17.0%) 순으로, 자녀는 동네 · 이웃주민(19.3%), 학교 · 보육시설(17.4%), 가족 · 친척(14.2%) 순으로 차별경험이 높은 것으로 나타났으며, 동네나 이웃주민에게는 한부모임을 밝히지 않는 비율도 본인 13.1%, 자녀 12.6%로 나타났다.

이러한 어려움은 사별보다 이혼과 미혼모의 경우에 더욱 심각하다. 특히 양육미혼모의 경우 일상생활에서 미혼모라는 이유로 부정적인 경험을 겪은 경우가 의료기관에서 35.7%, 주민센터 및 구청에서 35.4%, 주거계약 관련해서 17.0%로 나타났으며, 양육과 관련하여 미혼모가 아이를 양육하는 것에 대해 부정적으로 이야기하는 것을 들은 비율이 82.7%로 나타났다. 그 외 '혼전임신에 대한 비난을 들었다'가 70.2%, '대중매체의 부정적 묘사를 봤다'가 71.3%, '본인의 미래에 대해 부정적으로 이야기하는 것을 들었다'가 80.5%(인구보건복지협회, 2018)로 여러 가지 면에서 사회적 편견 및 차별을 경험하고 있음을 알 수 있다.

3. 한부모가족을 위한 지원 정책과 실천

1) 한부모가족을 위한 관련 법

한부모가족을 위한 복지지원은 「한부모가족지원법」, 「국민기초생활 보장법」, 「사회보험법」에 근거하여 받을 수 있으며, 일반 한부모가족은 유가족을 위한 연금형식의 사회보험을, 조소득 한부모가족은 「한부모가족지원법」과 「국민기초생활보장법」에 의해 국가지원을 받을 수 있다.

첫째, 사회보험은 배우자의 사망으로 인해 한부모가족이 되는 경우에 「국민연금법」, 「공무원연금법」, 「군인연금법」, 「사립학교교육연금법」, 「산업재해보상법」, 「국민건강보험법」 등에 의해 경제적 지원을 받을 수 있다. 사회보험은 배우자의 사망에 의해서만 적용될 수 있고 이혼으로 인해 한부모가족이 되는 경우에는 한부모가 보험의 직접적인 당사자가 아닌 이상 해당사항이 없으므로 소득보장을 위한 사회보험으로부터의 지원은 매우 제한적인 문제점이 있다(이성희 외, 2012). 저소득 한부모가족은 「국민기초생활 보장법」에 의해 우선적으로 보호를 받고 수급권에서 탈락한 한부모는 「한부모가족지원법」에 의해 보호를 받을 수 있다.

둘째, 「국민기초생활보장법」은 배우자의 사별 등으로 인해 부양의무자가 없고 소득인정액이 최저생계비 이하인 경우에만 지원을 받을 수 있어 이러한 혜택을 받는 한부모가족은 극히 일부에 지나지 않는다. 「국민기초생활보장법」에 의한 지원은 소급 기준을 만족시키는 저소득 가정이면 모두 해당되므로 한부모가족 발생 원인에 관계없이 수혜대상이 될 수 있다.

셋째, 「한부모가족지원법」에 의한 지원 대상자는 모 또는 부가 세대주이거나 18세 미만(취학 중인 경우에는 22세 미만)의 자녀를 양육하는 자로서 배우자와 사별, 이혼한 자, 미혼자, 조손가족 및 외국인이 수혜대상이다. 이것은 1989년 「모자복지법」 재정을 시작으로 2002년 「모 · 부자복지법」으로 명칭이 개정되면서 남서이 세대주인 부자가정에 대한 지원을 시작하였으므로, 이는 2007년 「한부모가족지원법」으로 대상자의 확대 등을 포함해 보다 발전적으로 개정되었다. 「한부모가족지원법」은 한부모가족이 건강하고 문화적인 생활을 영위할 수 있도록 함으로써 한부모가족의 생활안정과 복지 증진에 이바지함을 목적으로 하는데, 미혼모의 사회재활을 위한 숙식 제공, 직업지도, 생활지원 서비스에 관한 규정을 포함하고 있다.

넷째, 그 외 「건강가정기본법」은 한부모가족, 미혼모가정, 공동생활가정 등 사회적 보호를 필요로 하는 가정에 대하여 국가 및 지방자치단체가 적극적으로 지원하여야 한다(제21조)고 명시하고 있다. 「양성평등기본법」은 한부모, 북한이탈주민, 결혼이민자 등 취약계층 여성과 그밖에 보호가 필요한 여성의 복지 증진을 위하여 필요한 조치를 하여야 한다(제33조)고 명시하고 있다. 또한 양육비 이행확보 및 지원에 관한 법률에 따르면 미성년 자녀를 직접 양육하고 있는 모 또는 부가 자녀가 최적의 환경에서 양육될 수 있도록 국가가 지원해야 하며, 이를 위해 국가 및 지방자치단체는 양육부 · 모의 양육비 이행확보를 지원하기 위하여 전담기구를 설치 · 운영하고, 행정적 · 재정적 지원을 마련해야 한다고 명시하고 있다(제4조).

2) 한부모가족을 위한 복지정책

(1) 제1차 한부모가족정책 기본계획(2023~2027) 수립

2021년 4월 「한부모가족지원법」 개정 · 시행에 따라, 한부모가족 관련 5년 단위 기본계획 및 연도별 시행계획 수립 근거가 최초 마련되었다. 이에 그동안 추진한 한부모가족정책에 대한 평가를 토대로 새로운 사회환경 변화를 반영한

「제1차 한부모가족정책 기본계획('23~'27)」이 수립되었으며, 비전과 목표는 [그림 10-5]와 같으며, '한부모가족과 동행하는 따뜻한 사회, 든든한 국가'라는 비전과 '한부모가족의 안정적인 자녀양육 환경 조성', '한부모의 경제활동 참여 활동화' 과제를 목표로 두고 있다.

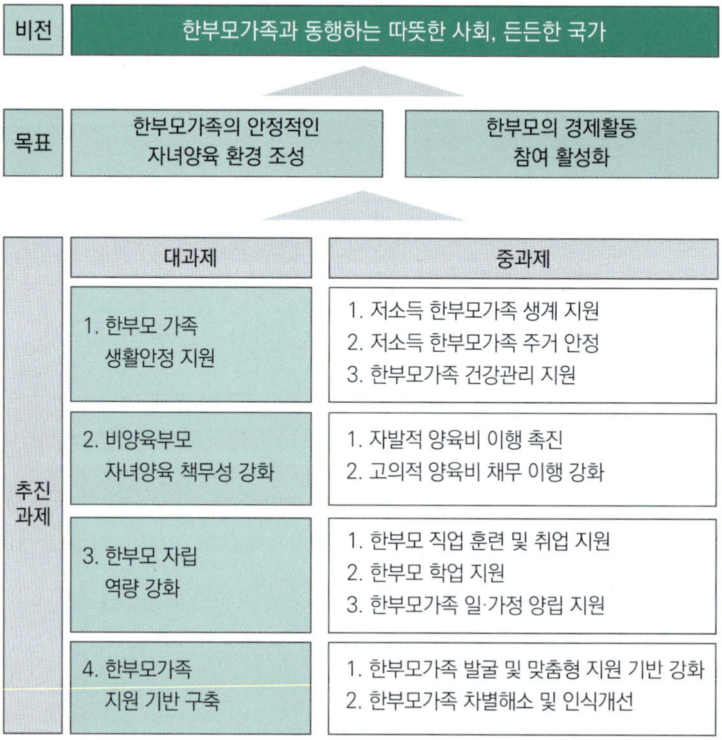

[그림 10-5] 제1차 한부모가족정책 기본계획(2023~2027) 비전과 목표

출처: 관계부처합동(2023). 2023~2027 제1차 한부모가족정책 기본계획 자료집, p. 11.

(2) 저소득 한부모가족을 위한 정책

정부의 저소득 한부모가족 지원 정책은 보건복지부의 국민기초생활보장제도와 여성가족부의 복지급여 등의 다양한 급여 · 서비스로 구분된다. 국민기초생활보장제도는 저소득 한부모가족을 포함한 기준 중위소득 이하의 모든 가구에게 생계급여, 의료급여, 주거급여, 교육급여, 해산급여, 장제급여, 자활급여 등을 지원하는 제도다. 본 장에서는 「한부모가족지원법」에 근거한 저소득 한부모가족을 위한 지원 정책에 초점을 두고 살펴보고자 한다.

① 복지급여 수급

저소득 한부모가족이 가족기능을 유지하고 생활안정과 복지증진 유지를 위해 아동양육비, 아동교육지원비 등을 지원하고 있다. 급여 내용은 다음 〈표 10-4〉와 같다.

〈표 10-4〉 복지급여 내용(2025년 기준)

구분	지원 조건	지원 내용
아동양육비	저소득 한부모가족의 18세 미만 아동 * 고등학교 재학(고3 재학 12월까지) 중인 경우 22세 미만	월 23만 원
추가 아동양육비	조손가족 및 35세 미만 미혼 한부모가족의 5세 이하 아동	월 5만 원
	25세 이상 34세 이하 청년 한부모가족의 5세 이하 아동/ 6세 이상 18세 미만 아동 * 고등학교 재학(고3 재학 12월까지) 중인 경우 22세 미만	월 10만 원 / 월 5만 원
아동교육지원비	초 · 중 · 고등학생 아동 1인당 학용품비	연 9.3만 원
생활보조금	한부모가족복지시설 입소한 저소득 한부모가구	월 5만 원

※ 모든 급여는 소득인정액이 기준 중위소득 63% 이하인 한부모 및 조손가족을 지원대상으로 함.

출처: 여성가족부(2024). 2024년 한부모가족지원사업 안내, p.13.
여성가족부(2024). 한부모생활안정과 자녀양육지원 확대한다 보도자료집(2024.9.9.)을 통해 2025년도 적용될 지원내용으로 정리함.

② 청소년한부모 자립지원

청소년 한부모는 어른 한부모가 겪는 빈곤과 자녀양육, 생계, 가사 부담 외에 학업중단, 취업훈련 부족 등과 같은 어려움도 느끼므로, 자녀 양육환경개선과 자립 기반 마련을 위한 지원의 필요성이 높다. 이들에게 지원해 줄 수 있는 복지급여 내용은 다음과 같다. 기준 중위소득 65% 이하에 해당되는 청소년 한부모에게 아동양육비(월별 지급, 0~1세 영아: 월 40만 원, 2세 이상 자녀: 월 37만 원) 지원, 검정고시 등 학습지원(신청 시 년 154만 원 이내(최대 2년간)), 자립촉진 수당 지원(매월 10만 원씩)이 있다.

③ 한부모가족복지시설 지원

저소득층 한부모가족 · 미혼가족 · 조손가족의 가족기능 유지를 위해 생활안정 및 자립기반을 조성하며 이들의 복지 증진에 기여하고자 설립된 다양한 형태의 한부모가족복지시설을 운영하고 있다. 한부모가족복지시설에는 출산지원시설, 양육지원시설, 생활지원시설, 일시지원시설, 한부모가족복지상담소가 있다. 2023년 12월 기준 생활시설 121개소, 이용시설 9개소로 총 130개소가 운영되고 있으며, 그 내용은 다음 〈표 10-5〉와 같다. 출산지원시설은 주거 및 식사 제공, 분만의료 혜택, 자립지원(활동 중 양육공백 지원: 시설 아이돌봄 서비스 지원)을 하고 있다. 양육지원시설은 주거 등 생활지원, 자립프로그램 실시를 하고 있다. 생활지원시설은 주거 등 생활지원, 자립프로그램 실시, 심리 · 정서적 전문상담 및 심리치료 지원, 방과 후 아동지도, 아동급식비 지급을 하고 있다. 일시지원시설은 주거 및 식사 제공, 생활보조금 지원, 의료혜택, 법률상담, 심리상담, 퇴고 후의 자립을 위하여 시설 외 근로를 희망하는 경우 적극 지원하고 있으며, 입소사실에 대한 비밀보장과 특별지원을 하고 있다. 또한 자녀의 방과 후 지도, 아동급식비 지원을 하고 있으며, 학령 아동이 인근학교에 출석을 원하는 경우 관련 교육기관과 협의, 수업에 참가할 수 있도록 조치를 하고 있다. 한부모가족복지상담소는 위기, 자립 상담 또는 문제해결 지원 등을 필요로 하는 한부모가족에게 복지에 관한 상담 등을 제공하고 있다.

〈표 10-5〉 한부모가족복지시설 현황

시설 유형	시설수	입소대상 및 기능	입소기간	입소 정원
출산지원 시설	24	임신한 한부모와 출산 후(1년 이내) 한부모 및 그 자녀(3세 미만)에게 건강관리, 새로운 변화에 적응할 수 있는 서비스 집중 지원	1년 6월 (6월)	5 3 6 명
	2	출산 후 해당아동을 양육하지 아니하는 미혼모	2 년 (1 년)	15명
양육지원 시설	38	6세 미만 자녀를 동반한 한부모에게 자녀 양육 관련 서비스 집중 지원	3년(1년)	314 세대
생활지원 시설	48	18세 미만[6] 자녀를 동반한 한부모가족에게 주거와 자립을 지원	5년(2년)	1,043 세대
일시지원 시설	9	배우자의 학대로 인하여 아동의 건전 양육과 모 또는 부의 건강에 지장을 초래할 우려가 있는 한부모가족	6월(1년)	228명
한부모가족 복지상담소	9	한부모가족에 대한 위기 · 자립상담 및 문제해결 지원	이용시설	

*2023년 12월 말 기준 총 130개소(생활시설 121개소, 이용시설 9개소)

출처: 여성가족부(2024). 2024년 한부모가족지원사업 안내, p.240.

또한 2019년부터 한부모가족복지시설에 아이돌보미를 무상으로 파견해 미혼모 · 한부모가족의 양육부담을 경감하고 자립역량을 강화하고 있다. 시설 내 한부모가 취업 · 학업 등으로 양육공백을 겪는 경우 시설장의 요청에 따라 돌보미가 시설에 방문하여 아이들을 돌봐 주는데, 일반적으로 돌보미 1명이 아동 1명을 돌보는 일대일 가정방문 서비스 방식과 달리, 시설에 파견되는 돌보미는 3명 이상의 아동을 돌보고 있다.

6) 취학 중인 경우에는 22세 미만을 말하되, 「병역법」에 따른 병역의무를 이행하고 취학 중인 경우에는 병역의무를 이행한 기간을 가산한 연령 미만을 말한다.

④ 저소득 한부모 등 취약가족지원 서비스

• 한부모가족 무료법률구조 사업

법률보호취약계층인 한부모가족을 무료법률구조대상자로 정하고 무료법률지원을 실시하여 한부모가족의 기본적 인권보호 및 법률복지 증진을 꾀하고 있다. 한부모가족의 양육비 관련 지원사건(양육비이행관리원에서 수행)을 제외한 민 · 가사 사건(※ 미혼부에 대한 자녀 출생신고 법률 절차 지원 가능), 형사사건(구속사건, 공판절차에 회부된 사건, 소년부 송치사건, 재심사건 등), 행정심판 및 행정소송 사건, 헌법소원 사건 등 한부모가족에게 법적 분쟁 발생 시 무료법률구조(법률상담, 소송대리, 기타 법률사무지원)를 통해 정당하게 권리구조를 받을 수 있도록 소송비용(실비) 및 변호사 보수 등을 지원해 주고 있다.

• 취약 · 위기가족지원사업(온가족보듬사업)

취약 · 위기가족이란 한부모가족, 조손가족, 노부모 부양가족, 손자녀 돌봄 조부모, 청소년 한부모, 1인 가구, 다문화가족, 방임(보호) 아동 및 원가정, 이혼 위기 가족 등 가족기능 및 역량 강화를 위해 지원이 필요한 모든 가족이라 정의(여성가족부, 2024)하고, 가족센터는 이들에게 가족상담, 사례관리, 교육 · 문화 프로그램 및 자조모임을 제공하고 있다. 특히 사례관리 대상자로 선정된 가족은 학습정서지원[7], 생활도움지원[8], 청소년(한)부모 심리상담 및 전문상담기관 연계 그리고 미혼모 · 부 출산 · 양육지원의 서비스 중 필요로 하는 것을 받을 수 있다.

---

7) 학습정서지원은 가정방문을 통한 (손)자녀 학습지도 및 정서지원을 제공받을 수 있으며, 주 1회 이상 학습지도를 원칙으로 하고 있다. 이를 통해 자기주도 학습습관 형성, 과목별 지도, 숙제지도, 부족한 기초학습 지도를 수행하고, 그 외 일상생활 지도 등이 이루어지고 있다. 지원기간은 1년 이내이며 필요한 경우 1년 이내 연장 가능하다.

8) 생활도움지원은 긴급일시돌봄((조)부모 및 (손)자녀의 건강 악화 등 긴급 상황 시 돌봄 관련 가사활동 등 양육/부양 부담 경감 지원), 개인활동지원서비스(외출시 동행, 부축, 일상업무 대행 등), 정서지원서비스(말벗, 격려 및 위로, 생활상담, 의사소통 도움 등)을 지원한다.

• 양육비 이행지원 서비스

비양육부모의 자녀양육 책무성 강화를 위해 양육비 이행지원 서비스가 이루어지고 있다. 이것은 양육부모(양육비 채권자)의 신청을 받아 비양육부 · 모로부터 양육비를 지급받을 수 있도록 당사자 간의 협의성립, 양육비 관련 소송, 추심, 불이행 시 제재조치 등을 지원하는 서비스를 말한다. 양육부 · 모는 필요한 서비스를 지원받기 위해 각각의 단계마다 서비스 제공기관을 일일이 찾아갈 필요 없이 이행관리원에 1회 신청만으로 종합지원서비스가 가능하다.

구체적으로 양육비 이행지원 종합서비스 내용은 양육비, 양육비 청구 및 이행확보 등을 위한 법률지원 또는 협의성립 지원, 법원의 양육비 확정 판결에 따른 이행지원 및 이행여부 모니터링 확인, 양육비 채무 불이행자에 대한 제재조치, 한시적 양육비 긴급지원 및 비양육부모의 양육책임에 대한 인식개선, 양육비 이행 지원에 관한 제도 연구, 프로그램 지원 등 그리고 양육비 이행 촉진을 위한 비양육부 · 모와 미성년 자녀의 면접교섭 지원이 있다.

3) 한부모가족을 위한 실천

정부의 한부모가족에 대한 지원 외에 민간 차원에서 한부모가족지원센터, 가족센터, 지역사회복지관, 여성단체, 자활후견 기관 등에서 한부모가족을 위한 다양한 서비스를 제공하고 있다. 한부모가족 프로그램 및 서비스는 기관별 특성에 따라 다양한 방면에서 실시되고 있으나 일반적으로 경제적 지원 및 심리, 정서적 지원 서비스가 대표적으로 실시되고 있다. 경제적 지원은 취업상담 및 알선 등이 있으며, 심리, 정서적 지원에는 상담서비스 및 부모역할 훈련 등의 가족교육사업과 가족캠프 및 사례관리 등이 있다.

4. 한부모가족을 위한 과제

1) 한부모가족의 유형별 특화 지원 필요

한부모가족의 유형에 있어 모자가구가 많은 수를 차지하고 있는 것은 사실이지만, 증가량을 보이고 있는 부자가족을 위한 지원 역시 고려되어야 할 것이다. 부자가족의 경우 특히 정보 부족, 모의 역할수행 부재 등으로 의식주와 관련된 가족의 보호기능이 매우 열악하기 때문에 이를 보완하고 생활 안정화를 도모하기 위한 방안이 마련되어야 할 것이다(원영희 외, 2016). 이를 위해 부자가족을 명시한 부모-자녀관계 활성화 및 돌봄 방안과 지원체계 구축이 요구된다. 또한 청소년 미혼부모의 학습권 지원이 보다 잘 이루어져 학업을 끝까지 완수할 수 있도록 도와야 할 것이다. 최근 미혼모가 학습권을 존중받지 못하는 일들이 이슈화되며 미혼모시설을 중심으로 미혼모 재교육을 실시하려는 움직임이 일어나고 있지만 미혼부들은 이러한 대상에서도 벗어나 있기 때문에 미혼모보다 더 열악한 상황에 처해 있다. 빈곤의 대물림과 가족체계를 막기 위해서는 미혼모나 미혼부의 학습관을 보장하기 위한 대책 마련이 이루어져야 할 것이다(이영주 외, 2018). 또한 미혼 한부모의 경우 자신과 관련된 복지서비스에 대해 잘 알지 못하는 경우가 많기 때문에 다양한 복지서비스의 정보 제공도 보다 더 활성화되어야 할 것이다.

2) 한부모가족의 자녀양육 및 교육지원 강화

한부모가족은 일과 가정생활을 병행하면서 자녀양육까지도 해야 하는 어려움이 있으며 특히 영유아를 둔 한부모와 부자가정의 어려움은 더욱 크다. 한부모가족의 일자리는 주로 임시 일용직이거나 장시간 및 야간 근무, 3교대 근무가 많다. 따라서 이들 근무조건에 맞는 야간 및 심야보육, 휴일보육과 같이 다양한 보육서비스 지원이 이루어져야 한다. 또한 자녀교육에 들어가는 비용은 막대하지만 현재 지원비용은 이를 충족시키기에는 어려울 수밖에 없다. 현재 우리나라의 높은 교육열과 사교육비를 고려하면 한부모가족의 자녀는 교육수혜에서의 또 다른 빈곤층으로 전락할 가능성을 내포하고 있기 때문, 한부모가족의 자녀양육 및 교육에 따른 대처방안이 매우 필요하다. 현재 여성가족부는 온가족보듬사업 중 취약가족의 자녀를 대상으로 한 보듬매니저 파견(자녀의 학습지도 및 정서지원 등)이 진행되고 있으나, 여전히 서비스 수혜 대상의 숫자가 크지는 않다.

3) 한부모가족의 심리 · 정서적 지원 강화

한부모 형성 시기별, 상황별로 특화된 정서적 지원이 필요하며, 특히 자녀를 위한 정서적 지원 서비스가 보다 더 제공되어야 할 것이다. 실제 한부모가족 서비스 수혜자들이 정서지원서비스 자체를 모르는 경우가 많으며, 담당사회복지사도 과중한 업무로 정서적 지원은 다른 차원에 비해 소홀한 것으로 나타나, 이에 대한 방안이 시급히 이루어져야 한다고 요구되기도 하였다(김안나 외, 2010). 현재 가족센터, 한부모가족지원센터, 종합사회복지관 등을 중심으로 한부모가족을 위한 여러 가지 교육과 가족상담 그리고 가족문화사업이 진행되고 있으나, 이것은 정기적이 아닌 비정기적인 사업으로 진행되는 경우가 많기 때문에 한부모가족의 심리, 정서적 지원을 위해서는 충분치 않다 할 수 있다. 따라서 이들을 위한 다각도의 프로그램들이 개발되고, 보다 활성화되어 한부모가족의 참여를 적극적으로 유도해야 할 것이며, 이를 통해 한부모가족 자조모임이 활성화되어 상호 간에 정서적 지지를 제공하고 역량을 강화할 수 있도록 해야 할 것이다. 비슷한 처지에 있는 동년배 지지집단(peer support group)으로 각자의 삶에서 가장 관심이 되는 이슈를 논의함으로써 개인에게 문제 해결의 실마리를 제공해 줄 수 있다.

4) 저소득 한부모가족 통합지원서비스 제공을 위한 지역사회 네트워크 구축 강화

취약 · 위기가족지원사업 중 한부모가족 지원은 2004년 '취약여성가구 사례관리'사업에서 출발하였다. 당시 빈곤의 여성화 문제가 정책 아젠다로 대두되면서 보건복지부는 취약여성가구를 대상으로 가족중심 강점관점의 통합적 실천에 초점을 둔 사례관리 사업을 시작하였다(노혜련 외, 2006). 이후 사업대상과 범위 등에 있어서 지속적인 변화가 있었는데, 그럼에도 불구하고 사업수행방법에 있어서는 일관되게 강점관점 사례관리 방식을 취해 왔다. 2024년 여성가족부는 '온가족보듬사업'이란 명칭으로 한부모가족들이 스스로 문제해결 능력을 강화하고 자립역량을 강화해 나갈 수 있도록 지속적인 사례관리와 자원연계, 정보제공을 실시하는 것을 주요 방향으로 제시하고 있다. 특히 사례관리를 수행함에 있어서 지역사회 내 다양한 자원을 활용한 연계 서비스를 강조하면서 공공기관(지방자치단체, 보건소 등), 취업전문기관(여성새로일하기센터, 고용안정지원센터 등), 성폭력 · 가정폭력 상담소, 자살예방센터, 교육기관(학교, 교육청 등), 의료기관, 청소년지원기관 등 지역사회 유관기관들과의 네트워크 협의체 등을 구성하여 운영하도록 하고 있다. 이러한 네트워크 협의체를 기반으로 다양하고 복합적인 서비스 욕구가 있는 취약 · 위기가족에게 보다 효율적인 서비스를 제공하기 위한 방안을 모색하려는 것이다. 그러나 여전히 한부모가족 지원과 관련된 네트워크가 전반적으로 취약하거나 네트워크된 기관 수는 많으나 실질적인 성과와 연결되지 않고 있는게 사실이다. 한부모가족이 직면하는 문제와 복지서비스 욕구는 매우 복잡하고 다양하다. 한부모가족의 복합적인 욕구를 고려할 때, 네트워크를 기반으로 한 통합적 서비스 제공은 서비스 제공 효율성 측면에서 유용성을 갖는다. 2024년부터 전국 가족센터는 취약 · 위기가족사업(온가족보듬사업)을 진행하고 있으며, 이를 통해 통합적인 서비스를 제공하고자 하나, 여전히 미흡한 것들이 산재해 있다. 한부모가족의 국적, 소득수준, 가족구성 등이 보다 다양해질 것으로 예측되며, 한부모가족을 위한 사례관리에서 수요에 부응하는 자원과 서비스를 통합적으로 제공하기 위해서는 보다 긴밀한 네트워크 구축이 이루어져야 할 것이다.

〈참고자료 10-1〉

한부모가족 건강성 지표

〈전혀 그렇지 않다(1점), 별로 그렇지 않다(2점), 보통이다(3점), 대체로 그렇다(4점), 매우 그렇다(5점)으로 점수가 높을수록 한부모가족의 건강성이 높은 것을 의미함.〉

중분류 (문항 수)	소분류 (문항 수)	문 항
기본적 토대 (13문항)	경제생활 (7문항)	우리 가족은 현재 경제적으로 매우 어렵다*
		우리 가족은 경제적 여유가 없어 저축이나 투자를 하기 어렵다*
		우리 가족은 부채 때문에 경제적으로 매우 힘들다*
		우리 가족이 생활하기에 경제적으로 큰 어려움은 없다
		우리 가족은 비상 상황에 사용할 수 있는 목돈(자산)을 가지고 있다
		우리 가족의 미래를 위한 경제적 준비를 하고 있다
		나는 비용이 걱정되어 아이와 함께하고 싶은 여가활동을 하지 못한 경우가 많다*
	식생활 및 주거생활 (6문항)	건강한 먹거리에 대한 관심을 가지고 정보를 찾아본다
		우리 가족은 건강하고 균형적인 식사를 하기 위해 노력한다
		우리 가족은 식사를 함께하려고 노력한다
		우리 가족이 살고 있는 곳이 안전하다
		우리 주거공간의 청결 및 위생 상태는 만족스러운 편이다
		우리 가족은 안정적으로 생활하는 거주공간이 있다

중분류 (문항 수)	소분류 (문항 수)	문 항
부모 역할 (10문항)	양육태도 (7문항)	나는 아이에게 칭찬을 잘하는 편이다
		나는 아이의 의견을 존중하고 격려하는 편이다
		나는 아이를 있는 그대로 받아들이려고 노력한다
		나는 아이에게 사랑한다는 표현을 자주 한다
		아이에게 문제가 있을 때 나는 어떻게 해결해야 할지 도움을 준다
		나는 아이와 함께 가족 규칙을 결정한다
	양육 효능감 (3문항)	나는 좋은 부모가 되는데 필요한 지식과 기술을 잘 알고 있다
		내 아이는 나를 좋은 부모라고 생각할 것 같다
		나는 부모로서 해야 할 일을 잘하고 있다
일생활 균형 (8문항)	시간사용 (6문항)	나는 집안일이나 직장 일이 밀려 항상 무언가에 쫓기는 기분이다*
		나는 충분히 쉴 시간이 없어 늘 피곤하다*
		나는 항상 식사 시간이 부족하다*
		나의 수면시간은 충분하다
		나는 직장이나 학업 때문에 주위 사람들에게 관심을 가질 여유가 없다*
		날마다 이루어지는 가사노동이 나에게는 버겁다*
	여가 (2문항)	나는 내 아이(들)와 즐겁게 함께하는 취미생활이 있다
		나는 내 아이(들)과 비교적 자주 여가활동을 함께 한다
사회적 네트워크 (11문항)	지역 사회에 대한 관심 (3문항)	내 아이(들)는 우리가 사는 지역의 형편이나 상황에 대해 잘 알고 있다
		나는 우리가 사는 지역의 현안(투표, 축제, 특성 등)을 아이와 함께 공유하려고 노력한다
		나는 아이와 함께 우리가 살고 있는 지역사회가 어떻게 하면 더 좋아질까에 대해 이야기한다

중분류 (문항 수)	소분류 (문항 수)	문 항
사회적 네트워크 (11문항)	지지자원 (3문항)	급한 상황일 때 가까운 곳에 살고 있는 이웃, 친구의 도움을 받을 수 있다
		직장이나 가정에서 할 일이 많을 경우, 도움을 청할 가족, 친구, 동료가 있다
		나는 주변인(이웃, 친척, 친구 등)들이 도움을 원하는 경우, 도움을 준다
	실천활동 (5문항)	나는 자원봉사활동이나 사회적 실천을 아이와 함께하려고 노력하거나 계획하고 있다
		나는 정기적으로 참여하는 (자조)모임이 있다
		나(나와 아이)는 자발적으로 후원, 기부 등을 하고 있다
		나는 내가 사는 지역에서 온라인/오프라인 모임, 공동체활동 등에 대한 정보를 찾아보면서 참여한다
		나는 자원봉사활동을 원하는 만큼 하고 있다
가정 경영과 생애설계 (2문항)	라이프 스타일 (4문항)	나는 우리 가족의 삶에 대해 자부심을 갖고 있다
		나는 우리 가족 라이프 스타일에 대한 원칙과 철학이 있다
		우리 가족은 우리 가족을 표현(상징)하는 개성과 특징을 갖고 있다
		나는 한부모가족으로서 현재 나의 삶에 후회가 없다
	가정 경영과 생애설계 (2문항)	나는 가정생활 운영에 필요한 정보를 다양하게 수집하고 활용한다
		나는 가정생활에 필요한 일들을 미리 계획하며 준비한다

* 역코딩 문항

출처: 송혜림 · 고선강 · 강은주(2022). 한부모가족 건강성 지표 개발연구. 가족자원경영과 정책(구 한국가족자원경영학회지), 26(2), 59-60.

핵심용어

한부모가족지원법, 제1차 한부모가족정책기본계획, 청소년(미혼)한부모가족, 한부모가족복지시설, 양육비이행지원서비스, 위기·취약가족지원(온가족보듬사업), 한부모가족 통합지원서비스

학습실천과제

1. 한부모가족 관련 사례(예: 주변 사례 또는 영화·드라마·도서 등)를 찾아 이들이 경험하고 있는 실제적인 어려움과 해결방안은 무엇인지 분석해 보시오.
2. 한부모가족 관련 실천 프로그램을 진행하고 있는 기관과 내용을 찾아 비교, 분석하시오.

제11장

가정폭력과 복지

〈학습목표〉

1. 가정 폭력의 개념 및 유형, 다양한 이론적 관점에 대해 설명할 수 있다
2. 가정폭력의 실태조사 결과와 가정폭력으로 나타나는 문제점을 분석할 수 있다.
3. 가정폭력 관련 법 및 정책 서비스를 이해하여, 가정폭력을 예방하고 적극적으로 대처할 수 있는 역량을 기를 수 있다.

가족은 어린이에서부터 노인까지, 또 남성과 여성이란 서로 다른 성(性)이 혼재하는 운명공동체로서 1차 집단의 특성을 가진다. 따라서 가족은 서로 상이한 요구를 가진 구성원들이 모여서 전면적인 일상생활을 하는 장이기에 갈등이 상존하는 취약한 집단이다. 그럼에도 불구하고 '따뜻한 보금자리'로서의 가족의 이미지, '세상에 믿을 수 있는 것은 가족뿐'이라는 가족에 대한 절대적 과잉기대로 인해, 가족 안의 여러 심각한 수준의 갈등이나 폭력이 실제보다 축소되고 은폐되어 왔다. 또 사적 영역의 가족의 갈등이나 폭력에 타인이 관여해서는 안 된다는 인식도 확대되어 왔다.

우리 사회는 1997년 12월 「가정폭력범죄의 처벌 등에 관한 특례법」과 「가정폭력방지 및 피해자보호 등에 관한 법률」을 제정하면서 가정 안에서 이루어져 온 다양한 유형의 폭력과 학대에 대한 인식을 재점검하며, 그동안 축소하고 은폐되어 온 가정폭력에 대한 사회적 개입의 정책적, 제도적 단초를 마련하였다. 이 장에서는 가정폭력의 개념 및 유형에 대한 이해와 가정폭력의 실태 파악, 그리고

가정폭력이 발생하는 원인에 대한 다양한 이론적 관점의 설명을 살펴보고, 가정폭력이 개인, 가족, 사회에 끼치는 여러 가지 문제점을 분석한다. 마지막으로 가정폭력에 관한 우리 사회의 관련 법들과 가정폭력 예방 및 대처에 활용할 수 있는 다양한 다양한 서비스의 내용과 개선 과제를 제시한다.

〈참고자료 11-1〉

* 한국의 여러 전래동화 또는 설화의 내용을 가정폭력의 개념과 유형의 관점에서 어떻게 재해석해야 할지 모둠별로 토의한 후, 그 결과를 전체 학급에서 발표해 보자.

예 선녀와 나무꾼

- 나무꾼의 사랑은 슬픈 것인가? 집착인가?
- 선녀가 아이 둘을 하늘로 데려갈 때, 아이들에게 의견을 물었을까? 등등

예 효녀심청전

- 심청의 선택은 효인가? 아니면 무의식으로 강요된 죄책감인가?
- 뺑덕어미의 행동은 아동학대, 배우자학대에 해당하는 걸까? 등등

1. 가정폭력에 대한 이해

1) 가정폭력의 개념

원래 가정폭력(family violence)은 결혼한 부부 사이의 폭행을 의미했으나, 최근에 와서야 이 개념 정의가 너무 협소하다는 지적을 받고 있다(이원숙, 2017). 이에 유계숙 외(2009)는 협의의 가정폭력은 남편에 의한 아내 구타만을 의미하고, 광의의 가정폭력은 아동학대, 아내구타, 노인학대가 포함된다고 하였다. 유영주 외(2008)는 '가정폭력'이 가장 큰 범주이고 그 안에 '아내학대'가 포함되며, '아내구타(신체적 폭력)'는 아내학대의 일부분이 된다고 하였다.

한편, 폭력과 비슷한 의미 또는 유사한 의미로 사용하는 '학대'라는 용어와의 차이점을 찾아보면, 가정폭력의 개념을 보다 확실히 할 수 있을 것이다. 우선 사

전적 의미로 '폭력'은 "남을 거칠고 사납게 제압할 때에 쓰는, 물리적인 수단이나 힘(다음 한국어사전, 2018)"이며, '학대'는 "사람이나 동물을 정신적으로나 육체적으로 괴롭히고 가혹하게 대함(다음 한국어사전, 2018)"을 말한다. 사전적 의미로만 설명하면, 폭력보다는 학대가 보다 포괄적인 의미로 보인다. 유계숙 외(2009)도 구타는 일반적으로 가장 심한 정도의 신체적 폭력 행위를 의미하며, 학대는 폭력과 구타를 포함한 가장 포괄적인 개념으로서 신체적인 폭력뿐 아니라 심리·정서적인 손상을 주는 모든 행위를 포함한다고 하였다. 권진숙 외(2008)는 학대는 포괄적인 학술용어이고, 폭력은 보다 구체적이고 임상적인 용어라고 구별하였다. 그러나 아내학대와 아내에 대한 폭력이 모두 아내에 대한 남편의 의도적 공격을 의미하듯이 학대와 폭력은 서로 구별되지 않고 상호교환적으로 사용되기도 한다. 여기에서 공격이란 용어는 "해를 주기 위한 의도를 가진 행동"을 의미하지만, 학대는 "해를 줄 의도를 가진 행동의 결과"(Cascardi et al, 1995)를 의미하므로(이영숙 외, 2008), 가정폭력에서 자주 사용되는 공격, 학대, 폭력의 의미를 쉽게 구별할 수 있다.

한편 최근에는 가정폭력이라는 용어와 더불어 '친밀한 관계 폭력'(intimate relationship violence 혹은 intimate violence)이라는 용어가 점차 널리 사용되어, 가정폭력을 "어떤 관계에서든 한 파트너가 다른 파트너를 통제하기 위해 사용하는 학대적 행동의 패턴"이라고 정의한다(이원숙, 2017). 우리나라에서 1998년 7월부터 시행된「가정폭력범죄의 처벌 등에 관한 특례법」제2조 1항에서는, "가정폭력은 가정 구성원 사이의 신체적, 정신적 또는 재산상의 피해를 수반하는 행위"로 정의하였다. 가정구성원은 배우자(사실상 혼인관계에 있는 사람 포함) 또는 배우자였던 사람, 자기 또는 배우자와 직계존비속관계(사실상의 양친자관계 포함)에 있거나 있었던 사람, 계부모와 자녀의 관계 또는 적모와 서자의 관계에 있거나 있었던 사람, 동거하는 친족으로 규정하고 있다(제2조 2항). 따라서 가정폭력에는 배우자에 대한 배우자 폭력, 자녀에 대한 부모의 폭력, 부모에 대한 자녀의 폭력, 자녀들 간의 폭력 등이 해당하여서, 최근에 가정폭력의 하나로 연구되고 있는 교제관계에서의 폭력은 가정폭력의 유형에 속하지 않는다(이영숙 외, 2008).

따라서 이 장에서는 "가정폭력이란 가족구성원 간에, 또는 가족구성원의 관계를 가졌었던 사람들 간에 발생하는 해를 주기 위한 의도를 가진 신체적, 정신적 또는 재산상의 피해를 수반하는 모든 종류의 공격적 행동을 말하며, 해를 줄 의도를 가진 행동의 결과로 배우자학대, 아동학대, 노인학대 등의 가족구성원 간의 학대가 나타난 것을 말한다"로 정의한다.

2) 가정폭력의 유형

가정폭력은 공격적 행동의 유형과, 가해자와 피해자를 기준으로 하여 그 유형을 분류할 수 있다(〈표 11-1〉 참조).

〈표 11-1〉 가정폭력의 유형

공격적 행동 기준에 따른 유형		가해자, 피해자를 기준으로 한 유형
① 신체적(육체적) 공격행동		① 배우자학대 ② 아동학대 ③ 노인학대
② 정신적 공격 행동	· 정서적 공격 행위	
	· 언어적 공격 행위	
③ 경제적 공격행동		
④ 성적 공격행동		

공격적 행동에는 신체적 공격에 해당하는 구타(battering)뿐만 아니라 성폭력, 정서적 폭력, 그리고 유기(태만, 의무 불이행) 등의 모든 형태의 행동이 해당한다. 신체적 공격행동은 구타가 가장 대표적으로, 때리려고 위협하는 행위에서부터, 찰싹 때리는 것, 심각한 부상이나 죽음에 이르게 하는 심한 행동까지 그 범위가 매우 다양하다. 정서적인 공격 행동으로는 우선권의 남용(주로 가족관계에서

의 강자, 남자, 연장자의 지위 남용), 피해자의 의사결정권을 침해하는 행위, 비하하기(예를 들어 모욕과 경멸로 비인간적인 인종적 또는 성적 명칭을 쓰는 경우) 등이 해당하며, 언어적 폭력에는 큰 소리로 소리 지르거나 비난하는 행위, 경멸하는 말투로 모욕을 주거나 수치감을 느끼게 하는 행위, 위협적으로 말하기(사랑, 보호, 관심을 부인하는 말, 버리겠다는 위협, 자해하겠다는 위협, 자살위협, 애완동물이나 좋아하는 것을 해치겠다고 말하거나 협박하기) 등이 해당한다. 또한, 경제적 공격행동에는 훔치거나 가족의 소유물을 손상시키는 행위, 생활비를 주지 않거나 지출을 지나치게 간섭하거나 통제하는 행위, 끼니를 주지 않는 행위, 불결한 생활환경에 장시간 놓아두는 행위, 교육을 시키지 않는 행위, 아파도 병원에 데려가지 않는 행위, 일을 못 하게 하고 경제권을 통제하는 행위 등이 해당한다. 마지막으로, 성적 공격행동은 성폭력(성희롱, 성추행, 강간 등) 및 성적 수치심을 일으키는 행위가 모두 해당한다.

또, 가족구성원 간에 해를 줄 의도를 가진 공격적 행동의 결과는 가해자와 피해자가 존재하는 학대로 나타난다. 가정폭력을 가해자와 피해자라는 기준으로 분류하면, 배우자학대, 아동학대, 노인학대의 유형으로 나타난다.

배우자학대는 주체에 따라 남편에 의한 아내학대, 아내에 의한 남편학대, 그리고 남편과 아내 모두 폭력을 행사하는 상호학대로 나누어지는데, 가장 높은 빈도로 발생하는 가정폭력은 남편에 의한 아내학대이다. 최근에는 경제력을 잃은 남편 등에게 아내가 폭행을 하는 등 매 맞는 남편들이 늘어나고 있기는 하지만, 아내학대보다 노출이 더욱 되어 있지 못한 상황이다. 한편, 일반적으로 부부폭력과 아동구타는 매우 상관성이 높아서, 자녀를 구타하는 부모들의 경우 부부폭력이 나타난 경우가 대부분이다. 아동학대의 경우 힘없고 대항하지 못하는 자녀를 부모의 화풀이로 학대하는 경우가 많고, 사회문화적으로 아동의 지위를 성인보다 낮게 평가하거나, 체벌과 위협이 아동을 다루는 수단이 될 수 있다고 여기는 우리 사회의 사회문화적 요인에서 종종 발생한다. 이것은 자녀를 자신의 소유물로 생각하는 가치관에서 자주 발생한다.

노인학대는 일반적으로 노인의 부양이나 수발을 담당하고 있는 부양자가 의도적 또는 비의도적으로 노인에게 언어적·정서적·신체적·경제적 손상을 가하는 학대와, 보호가 필요한 노인에게 의식주 및 의료제공을 기피하거나 방치함으로써 부양의무를 소홀히 하는 방임, 노인 스스로 생존을 위한 기본적인 노력을 하지 않거나 자기를 돌보지 않아 심신의 건강악화 또는 기본생활을 위협하는 자기 방임 등이 포함된다(이성희 외, 2012). 노인학대 문제는 부끄러운 가족사나 갈등이 노출되는 것을 매우 꺼려하는 우리 사회의 문화적 배경으로 인해 장기화·잠재화될 가능성이 크다.

〈참고자료 11-2〉

가정폭력 유형별 공격적 행동의 유형과 '통제' 행동의 인식

우리나라는 「가정폭력방지 및 피해자보호 등에 관한 법률」에 따라 2004년부터 매 3년마다 '전국 가정폭력 실태 조사'를 실시하고 있다. 가장 최근인 2022년 조사를 살펴보면, 가정폭력의 유형을 '배우자/파트너 폭력', '아동 폭력', '가족원 폭력(노인폭력)'의 유형으로 분류했는데, 우리 사회에서 동거 또는 사실혼 관계 등의 부부 결합 관계 변화가 반영되어 배우자 학대에 파트너를 포함했다. 또, 각 유형별 공격적 행동 조사 항목에 차이를 두어, 보호가 필요한 아동과 노인 유형에는 공통적으로 '방임'이 있다. 조사가 첫 시행된 2004년부터 2013년도의 4회의 조사 시기에는 부부폭력에 '방임(유기)'이 포함되었는데, 2016년도 조사 시기부터 2019년도와 2022년도의 부부폭력에 '방임' 대신에 '통제' 행동을 포함하고 있다.

〈가정폭력 유형별 공격적 행동의 유형〉

배우자/파트너 폭력	아동 폭력	가족원 폭력(노인 폭력)
• 정서적 폭력 • 신체적 폭력 (강한폭력, 중한폭력) • 경제적 폭력 • 성적 폭력 • 통제	• 정서적 학대 • 신체적 학대 • 방임(성적학대 유형 미포함)	• 정서적 학대 • 신체적 학대 • 경제적 학대 • 방임(성적 학대 미포함)

최근 우리 사회는 가족, 친구와 같은 친밀하며 사적인 인간관계는 물론이고 직장, 종교기관, 이웃 등의 여러 다양한 인간관계에서 나타날 수 있는 '통제'에 대한 경각심이 커지고 있다. 특히 디지털 사회로의 변화가 확대되는 현재는 온라인상의 비대면 관계 형성도 중요해지고 있어서, 온라인상의 비대면 관계에서도 '통제'의 공격적 행동 인식이 매우 중요하다. 유사하게 최근 우리 사회에서는 '가스라이팅'이라는 용어도 확산하고 있는데, '가스라이팅'은 일명 가스등 효과로, 친밀한 관계에서 상대방의 자주성을 교묘하게 무너뜨리는 말과 행동을 하는 것을 말한다.

다음은 여성가족부 22년 조사에서 사용한 '통제' 행동의 질문 문항이다. 이 문항은 부부관계 점검에 해당하지만, 일부 문항은 다른 친밀한 관계를 점검하는 데 활용해 볼 수 있다.

- 친구, 가족 등 가까운 사람들과 연락하거나 만나지 못하게 했다
- 온라인, 오프라인에서 누구와 연락을 주고받는지 감시했다
- 어디에서 무엇을 하는지 꼭 알려고 했다
- 무시하거나 냉담하게 대했다
- 다른 남성/여성(배우자와 파트너와 같은 성별)과 이야기하면 화를 냈다
- 바람을 피운다고 자꾸 의심하고 화를 냈다.
- 아파서 병원에 가야 할 때에도 허락을 받도록 했다
- 사회 활동(직업 갖기, 교육받기, 사회적 성취 등)을 못 하게 하거나 허락을 받도록 했다
- 외출 시간, 귀가 시간 등을 간섭하거나 허락을 받도록 하였다
- 피임을 거부하거나 성관계 도중 합의 없이 피임기구를 제거하였다

3) 가정폭력 발생 원인에 대한 이론적 관점

가정폭력은 가해자와 피해자의 개인적 특성, 사회문화적인 규범과 일반인의 인식, 성차별적인 사회구조, 가족이 처한 경제, 사회적 환경 등의 다양한 요인이 복합적으로 작용하여 발생하므로, 정확한 원인을 규명하기도 쉽지 않고, 따라서 어느 한 가지 관점의 설명으로 접근하기 어렵다. 가정폭력 발생의 원인을 단일 관점의 설명으로 모두 설명하기 어렵기 때문에, 각 이론마다 강조점과 초점을 두어 설명한 발생 원인이 무엇인지를 중심으로 제시된 관점들을 이해하도록 한다.

(1) 개인 정신병리학적 관점

이 관점은 가정폭력을 개인의 정신병리학적 문제의 결과이거나 알코올 혹은 약물 중독에 따른 비정상적 행동, 또는 가학적 행동의 결과로 판단하는 데 초점을 둔다.

우선 정신병리학적 이론은 가해자의 가학적인 충동이나 피해자의 피학적 특성에 초점을 두는 관점이다. 예를 들면, 학대받는 사람의 특징으로 피해자가 무의식적으로 희생당하기를 원하기 때문에 자신들이 공격받게끔 허용하거나 폭행

을 유도히기도 하며, 가해자는 피해사가 자극하면 주체할 수 없는 가학적인 충동 때문에 폭력을 행사하게 된다는 것이다. 한편 알코올 및 약물중독 이론은 술이나 약물이 폭력의 원인이라고 보는 이론이다. 그러나 이같은 개인의 정신병리학적 관점은 모든 가정폭력 행위자가 정신병 환자이거나 중독자가 아닌 가정폭력의 실태를 고려하면, 가정폭력의 원인을 설명하기에 미흡함이 크다.

(2) 사회심리학적 관점

이 이론적 관점에서는 사회환경, 타인, 집단, 조직 및 개인과의 상호작용에 의하여 가정폭력을 이해하려는 관점이다. 즉 특정 개인의 대인관계에서의 좌절이나 학습과정, 타인의 태도, 집단 및 조직에 반영되는 자신의 태도 등에서 가정폭력의 발생 원인을 설명하려는 특징을 지닌다(홍봉수 외, 2018).

첫째, '사회학습이론'이다. 사회학습이론은 개인이 주변의 다른 사람의 행위를 학습함으로써 가정폭력이 발생한다고 본다. 즉 성장할 때 폭력적인 상황에 많이 노출되어 간접경험을 했거나 직접 학대를 받고 성장한 경우, 그 피해자가 성장하여 폭력적인 가해자가 될 가능성이 높아진다는 것이다. 가정폭력의 피해자와 가해자 모두 과거의 가족력을 조사해 본 결과, 이들의 공통점으로는 부모의 폭력 혹은 아동학대의 피해자라는 점이 나타나는데, 이것은 '폭력의 세대 간 전이' 현상으로 설명할 수 있다. 이것은 사회학습이론을 지지하는 근거가 되고 있다. 그러나 폭력의 경험을 가진 인간이 폭력을 답습하는 것일 수도 있지만, 오히려 '승화'와 같은 정신과정을 통한 해결도 가능하므로, 이 이론의 설명에도 한계가 있다.

둘째, '좌절-공격이론'이다. 인간을 포함한 모든 유기체는 어떤 목적이 있는 활동을 제지 당했을 때, 목표를 방해한 대상을 공격하는 행동을 하므로, 가정폭력이 주변 환경과의 관계에서 좌절을 경험할 때 그에 대한 반응인 공격으로 나타난다고 설명하는 이론이다. 여기에서는 개인의 심리적인 상태뿐 아니라 실직, 빈곤 등 사회경제적 차원의 기회구조의 불평등 및 그 부당성에 대한 자학적 반응까지를 포함하므로, 가족상황에서 오는 설명을 포괄하는 이론으로 설명력을 가지지만, 좌절 반응이 공격행동과 같은 일방향이 아니라 오히려 위축이나 무기력감 등의 방향으로 표출되기도 하므로, 설명에 제한점을 가진다.

셋째, 교환이론이다. 모든 개인의 상호작용은 보상의 극대화와 비용의 최소화에 의해 지속되는데, 비용이 보상을 초과하는 것으로 판단되면, 분배의 공평성을 되찾기 위해 폭력을 사용한다는 것이다. 따라서 타인에게 자신의 노력이나 기술, 지위 등을 투자한 만큼 보상받지 못하거나 기대와는 다른 결과가 나오면 화가 나서 공격적 행동을 하나의 보상이라 생각하여 표출한다는 것이다. 예를 들면, 부모가 자녀에게 많은 기대를 걸고 노력과 투자를 했지만 자녀로부터 나타나는 보상이 투자에 비해 적다고 생각하면 아동학대가 나타나며, 상처를 준 배우자에게 폭력으로 보상을 받으려 하는 것이 배우자 학대로 나타난다고 설명한다(홍봉수 외, 2018). 이 이론은 인간의 행동을 지나치게 비용-보상의 관점에서 설명한다는 제한점과 보상을 제공하는 사람이 보상을 받는 사람에 비해 언제나 더 많은 권력을 갖는 것도 아니므로, 이 관점의 설명에도 제한점이 있다.

(3) 사회구조적 관점

사회구조적 관점에서는 개인을 둘러싸고 있는 사회의 규준, 가치 등의 사회구조가 가족폭력의 원인이 된다는 관점이다.

첫째, 자원이론이다. 가족을 포함한 모든 사회조직 내에서 폭력은 하나의 자원으로 사용된다는 전제가 적용된 이론이다. 일반적으로 개인이 자원을 더 많이 소유할수록 더 많은 힘을 행사할 수 있지만, 실제로 폭력을 행사하는 경향은 줄어들며 오히려 자원을 불충분하게 가진 사람들이 부족한 자원을 폭력으로 대체함으로써 힘과 지배력을 얻으려는 특성을 보인다고 설명한다. 그러나 자원이 그에 미치지 못하면, 지배적인 위치를 차지하기 위해 폭력을 사용하게 된다는 설명이다.

그러나 자원이 사원 그 자체의 가치를 가지기 위해서는 사회적 규범, 권력 등의 다른 요인들과 복잡한 상호성을 필요로 하기 때문에, 설명이 제한적이다.

둘째, 페미니즘이론이다. 가정폭력이 주로 여성이나 아동에게 행하여져 왔다는 점에 주목하여, 가정폭력은 가부장제 사회에서 성 역할과 권력의 문제로 발생한다는 입장이다. 페미니즘이론에 따르면 경제적, 사회적, 역사적 과정이 직·간접적으로 가부장적 사회질서와 가족구조를 지지하는 방향으로 작용함으로써, 모든 가정폭력은 가부장의 가족원에 대한 통제 및 권력행사와 관련된다고 설명한다. 가족의 프라이버시에 대한 믿음, 부부 및 부모의 권리에 대한 믿음, 남성 가구주의 양친부모가족의 보존에 대한 믿음과 같은 3가지 요소가 소위 '가족 이상향(family ideal)'을 구성하면서(이원숙, 2017), 이 이상향을 견고하게 지키기 위해 구성된 남성위주의 사회질서와 구조로 인해서 오랫동안 여성과 아동에게만 지속적으로 가정폭력이 발생했고, 은폐시켰다는 것에 설명의 초점을 두는 관점이다. 그러나 21세기 이후에는 가정폭력에서 남편이 피해자가 되는 비율이 증가하는 등, 성별과 다른 요인들이 복잡하게 상호 관련되어 폭력이 발생되는 것이 규명되면서 설명의 초점에 변화가 나타나고 있다.

셋째, 폭력의 하위문화이론이다. 이 이론은 폭력이 모든 사회구조에 존재하는 것이 아니라 사회경제적 수준이 낮은 사회에서 더 많이 존재한다는 근거를 전제로 한다. 즉 폭력 행위를 일탈행위로 보지 않고 오히려 정상적인 것으로 보는 하위문화적 가치에 따른 반응이라고 설명한다. 따라서 그 문화에 소속된 사람이 그러한 규준이나 가치를 배우게 되기 때문에, 가정폭력이 하류계층에 더 많이 존재한다는 것이다(김윤재 외, 2015). 이 이론은 학습이론을 확대, 연장한 것으로 볼 수 있지만(이영숙 외, 2008), 가정폭력이 낮은 교육수준이나 저소득층에서만 발견되는 것이 아니라 사회적으로 평판이 좋은 사람들에게서도 발생하는 현실을 고려하면, 이 관점에 의한 설명은 제한점이 아주 크다.

(4) 체계이론적 관점

첫째, 일반체계 이론이다. 이 이론에서는 가정폭력을 사회적 또는 심리적 병리현상의 결과라기보다 시스템적 산물이라고 보고, 지금까지 어떤 한 가지 원인에 의해 폭력이 발생하는 것으로 보는 입장에서 한 걸음 더 나아가 변인들 간의 상호관계를 중요하게 보는 입장이다(이영숙 외, 2008). 가족은 목표를 추구하는 하나의 체계로, 가정폭력이란 가족을 이루는 각각의 하위체계(부모, 자녀, 남편, 부인 등)가 주변의 환경이나 다른 체계와 조화를 이루지 못하면서 발생하는 갈등인데, 비록 이 갈등이 바람직한 것은 아니지만 오히려 가족체계를 유지하는데 기능을 해서 가정폭력이 전 가족성원에 묵시적으로 은폐되면서 중단되지 못한다고 설명한다. 즉, 모든 체계는 체계의 항상성 유지를 중요한 체계의 목표로 삼기 때문에, 가족 체계도 일정한 시간이 흐르면 오히려 구체적인 갈등보다 체계 유지가 더 중요하게 되기 때문에, 가정폭력을 중단시키지 못한다는 설명이다. 분명히 폭력은 부적응적인 행동이지만, 다른 한편으로 가족 체계의 항상성을 유지하는 방법으로 기능을 하므로(김윤재 외, 2015), 폭력 중단이라는 가족의 개입에 저항이 발생한다는 설명이다. 이 이론은 가정폭력이 부정적 행동임에도 어떻게 전체로서의 가족 체계에 지속되는지를 설명해 주지만, 가족 내 다양한 하위체계가 서로 다른 반응을 보이며 체계 전체로 환원되는 피드백 기제가 가져올 수 있는 영향력에 대한 설명을 간과했다는 제한점을 가진다.

둘째, 생태학 이론이다. 생태학 이론은 일반체계이론에서 한 걸음 더 나아가서 체계의 범위를 가족을 둘러싼 주변환경으로 확대하여 가정폭력의 원인을 보다 광범위하게 파악하여 설명하는 이론적 관점이다. 유기체인 남편, 아내, 자녀 등의 가족원은 물론, 미시체계인 가족, 직장, 학교, 그리고 외체계인 생활권 내의 지역사회 환경, 그리고 법, 정치, 사회문화와 같은 거시체계의 환경과 상호작용함으로써 가정폭력이 유발된다는 설명을 한다(유영주 외, 2008). 따라서 이 이론에서는 가정폭력의 해결을 위해 가족은 물론 이들을 둘러싼 환경에서 개선과 노력이 필요함을 언급해서, 개인과 가족을 넘어서서 가족복지 관련 법과 사회제도의 중요성을 모두 포괄하는 접근으로 평가할 수 있다.

2. 가정폭력의 실태

여기에서는 여성가족부에서 매 3년마다 공식적으로 시행하는 가정폭력의 실태 조사 결과를 중심으로, 가정폭력의 실태를 고찰한다.

〈표 11-2〉 가정폭력 유형별 발생률의 연도별 비교[1)]

(단위: %)

	배우자 학대[2)]	아동 학대[3)]	노인 학대[4)]
2004년	44.6	6,698건	2,038건
2007년	60.4	66.9	2,312건
2010년	53.8	65.8	13.9(7,503건)
2013년	45.5	46.1	10.3
2016년	26.1	27.6	7.3
2019년	27.5	27.6	3.7
2022년	27.5	11.7	4.1

가정폭력의 유형별로 구분해 분석해 보면, 우선 배우자 학대는 공격적 행동 영역에 '방임'이 있던 2004년~2013년을 제외하고, '통제'의 공격행동이 포함된 2016년-2022년도의 3개년만을 비교하면, 코로나19 이후의 시기임에도 지난 1년간 배우자의 가정폭력에 대한 경험은 큰 차이가 없다. 아동학대는 2022년의 결과를 이전 조사 시기인 2016년 및 2019년과 비교하면 다시 큰 폭으로 감소했다. 그러나, 노인학대는 이전 조사 시기인 2019년까지 감소 추세를 보였지만, 코로나19 이후

1) 여성가족부는 2004년부터 전국 가정폭력 실태조사를 실시했으나, 표본 수와 조사 항목은 각 주기별 차이가 있다. 또 가정폭력 유형 분류 표기도 각 시기별로 차이가 있지만, 가정폭력 유형 명칭은 이 책의 〈표 11-1〉의 분류에 기준했고, 각 조사 시기별 수치를 표로 재구성함.

인 2022년 조사에서 노인학대 비율이 소폭이지만 증가했다(〈표 11-2〉 참조).

〈표 11-2〉에서 보듯이 배우자 학대는 이전 시기인 2019년 조사와 비교하면 큰 차이가 없다. 그러나 2022년 조사만을 살펴보면, 배우자 학대 피해 경험이 가장 높은 것이 '통제' 행동으로 나타나, 부부관계에서 가장 기본적인 건강한 관계 형성에 대해서 남·여 모두가 어려움을 가지고 있음을 방증하였다.

〈표 11-3〉 배우자 학대의 성별, 공격적 행동 유형별 결과

(단위: 명, %)

구분	응답 인원	5개 유형 폭력							
		4개 유형 폭력						통제	피해율 계
		신체적/성적 폭력			경제적 폭력	정서적 폭력	피해율 소계		
		신체적 폭력	성적 폭력	피해율 소계					
전체	5,622	1.2	2.3	3.2	0.4	5.7	7.6	24.7	27.5
여성	3,768	1.3	3.7	4.6	0.7	6.6	9.4	25.1	28.7
남성	1,854	1.0	0.8	1.8	0.2	4.7	5.8	24.3	26.3

출처: 여성가족부(2022). 2022년 가정폭력실태조사 연구, p. 83.

배우자 학대 결과를 성별, 공격적 행동 유형별로 살펴보면, 모든 공격적 행동 유형에서 남성보다 여성의 피해 경험 비율이 높았고, 특히 성적 폭력과 경제적

2) 배우자 학대는 조사 시기별로 부부폭력, 부부/파트너 폭력으로 표기했으나, 배우자 학대로 기술함.

3) 아동학대는 조사 대상 가정의 부부의 아동 학대 가해 비율을 말하는데, 여성가족부의 2004년도 전국 가정폭력실태조사의 조사 항목에서는 조사되지 않았음. 이는 아동권리와 관련한 주무 부처가 당시에는 보건복지부였기 때문으로 사료됨. 이에 2004년 결과는 아동학대 긴급신고전화 1391을 통해 접수된 신고건수를 제시했음.

4) 노인학대는 가족원으로부터 경험한 피해경험으로 여성가족부의 전국 가정폭력실태조사 항목에는 2013년 조사부터 조사 항목에 포함되었음. 이는 인구에서 노인비율도 작았고, 노인학대에 대한 사회적 인식이 적었고, 노인복지와 관련한 주무 부처가 보건복지부였기 때문으로 사료됨. 노인학대의 비율은 2005년도에 전국 노인학대예방센터에 접수된 노인학대 접수 사례를 분석한 보건복지부의 발표가 정부의 공식적인 최초 통계 자료임. 이에 2004년도 및 2007년도 자료는 중앙노인보호전문기관인 노인의 전화(1992)에 신고 집계된 건수를 제시하고, 2010년도 자료는 신고건수와 함께 보건복지부와 통계청이 조사한 전국 조사 결과를 병행하여 제시함.

폭력에서는 남성과 여성의 차이가 3.5배 이상 큰 격차가 나타나서, 남성이 가해자가 되는 비율이 여전히 더 많았고, 그 영역이 성적, 경제적 행동이고 이중 경제적 행동의 남·여 차이가 더 커서, 가정폭력의 피해자임에도 집을 떠나지 못하는 비율이 여성에게 더 높은 이유를 시사했다. 그러나 〈표 11-3〉에서 보듯이, 신체적 폭력 및 '통제' 폭력 행동에서의 피해경험은 남성과 여성의 피해경험의 차이가 크지 않아서, 배우자 학대에서 피해자가 되는 남편에 대한 관심도 필요함을 시사하며, 특히 '통제' 행동과 관련한 부부 두 사람의 건강한 관계 형성의 복지 서비스의 필요성을 시사했다.

한편, 자녀학대 비율은 조사가 처음 실시된 2007년의 66.9%와 비교하면, 2022년 조사 결과(11.7%)는 급격한 감소이며, 이전 시기인 2019년 조사의 27.6%와 비교해도 2.5배 이상 낮아진 결과로 긍정적인 변화를 보인다. 분명 긍정적인 추세이지만, 우리 사회에서 계층별로 아동 양육에서 양극화의 현상이 더욱 가중되고 있는 현상이 반영된 감소 추이로도 해석될 수 있고, 저출생의 경향성이 반영된 결과로 해석될 수도 있으므로, 아동학대에 대한 지속적인 사회적 관심이 경주되어야 할 필요성을 시사한다.

한편, 구체적으로 폭력 행동 유형별로 아동학대 유형을 살펴보면, 정서적 폭력 유형이 가장 많지만, 이것을 이전 시기의 조사인 2019년과 비교하면, 정서적 폭력 2019년 24.0%→ 2022년 10.2%, 신체적 폭력 2019년 11.3%→2022년 4.0%, 방임 2.0%→0.5%의 순으로 나타나서, 모든 유형의 폭력 수준이 이전 조사 시기보다 급감했다.

그런데, 아동학대 관련 결과에서 주목할 사항은, [그림 11-1]에서 보듯이 배우자/파트너에 의한 폭력 피해 경험이 있는 집단은 그렇지 않은 집단에 비하여 아동폭력 가해 경험이 훨씬 높게 나타났다는 점이다. 특히 남성 응답자의 가해 경험 차이가 크게 나타나, 배우자/파트너에 의한 폭력 피해 경험이 있는 남성의 아동폭력 가해율은 20.9%인데 비하여 피해 경험이 없는 남성의 가해율은 6.8%였다. 여성은 격차가 다소 적지만, 같은 경향을 보였다. 이같은 결과는 배우자 학대는 자녀학대로 확대될 수 있는 가장 중요한 원인이 되며, 이것은 남성 피해자의 경향이 더 큼을 시사했다.

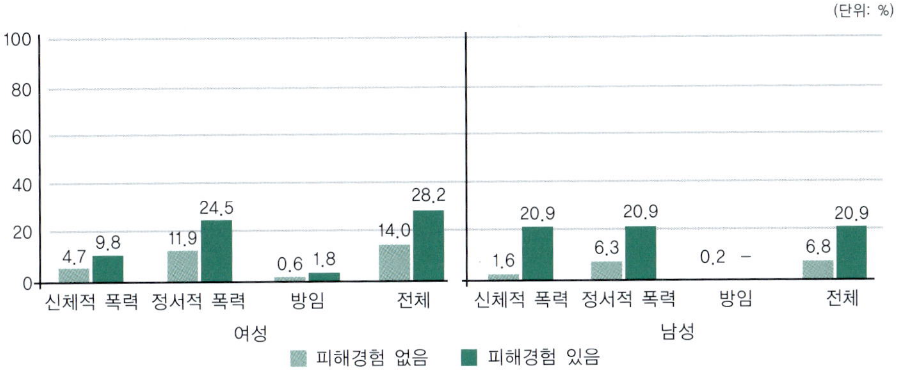

[그림 11-1] 지난 1년간 양육자의 아동학대 가해 경험

출처: 여성가족부(2022). 2022년 가정폭력실태조사 연구. 요약. p. 7.

가정폭력의 유형 중 노인학대와 관련한 관심은 우리 사회에서 가장 뒤늦게 주목의 대상이 된 것 같다. 〈표 11-2〉에서 보듯이 노인 학대에 대한 국가수준의 통계조사가 2010년부터 출발했는데, 무려 13.9%에 이르는 노인학대 경험을 보고하였다. 이후 노인학대 피해 경험비율은 2013년(10.3%), 2016년(7.3%), 2019년(3.7%)으로 큰 폭의 감소 추이를 보였지만, 코로나19 이후인 2022년 조사에서는 소폭이지만 다시 4.1%증가했다. 폭력 유형별로는 정서적 폭력 3.3%, 방임 0.5%, 신체적 폭력과 경제적 폭력 각각 0.4%로 나타났고, 주 가해자는 아들 66.1%, 며느리 31.3%, 딸 2.6% 순이었다.

노인 학대 조사 결과에서 유의깊게 살펴볼 사항은, 이전 시기인 2019년 조사 결과와 비교할 때, 배우자 폭력은 변화가 없고, 아동학대는 큰 폭으로 감소했지만, 노인 학대만 증가한 결과이다. 특히, 2022년 조사에서는 지난 1년간 가족원에 의한 폭력 피해를 경험한 노인이 주위에 도움을 요청했던 경험이 없었던 것으로 조사되었다. 그 이유를 물어보니, '가족이라서'라는 응답이 60.1%로 가장 높았고, 이외 '창피하고 자존심 상해서' 27.9%, '그 순간만 넘기면 되어서' 9.7%, '내가 잘못해서' 2.3%의 순이었다.

여전히 가정폭력은 가족문제라 피해를 당했지만 이해하고 넘어가야 하며, 부끄러운 일이므로 가능하다면 그 순간을 넘겨야 하는 문제로 인식하고 있는데, 이러한 인식은 노인에게 가장 크다는 점을 시사한다. 또 다른 한편으로는 코로나19와 같은 매우 큰 사회적 변동에서 노인의 폭력 노출만 상승했고, 가해 대상자가 주로 가족원인 점은, 노인들의 사회적 고립감이 다른 어떤 연령층보다 커서, 복지 수혜의 사각지대에 놓인 연령층은 노인임을 시사한다.

3. 가정폭력의 특성과 가정폭력으로 파생되는 문제점

1) 가정폭력이 가진 독특한 폭력적 특성

가정폭력은 사회폭력과 구별되는 독특한 특성을 가지고 있다. 이것은 가정폭력 예방과 지원책 마련을 위한 기초 지식에 해당하므로, 바르게 이해하도록 한다.

첫째, 가정폭력은 사회에서의 폭력과 다르게 폭력의 주기적 반복성을 특징으로 한다. 가정폭력은 상습적, 반복적으로 나타나지만, 거기에는 주기가 있어서 폭력적인 관계가 종식되기에 어렵고 악순환이 반복된다. 가정폭력은 대개는 폭력이 일어나기 전의 긴장형성기에서 폭력 유발기로 그리고 사랑의 회복기로 들어갔다가 다시 긴장형성기로 넘어가는 악순환이 주기적으로 반복된다. 또, 가정폭력은 처음에는 간헐적으로 일어나다가 점점 시간이 지나면서 폭력행위가 상습화되고, 주기가 빨라지며, 폭력의 정도도 더 파괴적이고 폭력적으로 발전되는 특징을 나타낸다.

둘째, 가정폭력은 가정 내 은폐성이 강하게 나타난다. 이 때문에 가정폭력에 대한 적절한 개입, 치료, 예방의 시기를 놓치기 쉬운 특징이 나타난다. 가정폭력의 피해자들은 스스로의 자책감 등으로 인해 외부에 알려 도움을 요청하는 경우가 드물고, 사회적으로도 가정이 사적인 영역이므로 가정 폭력에의 개입 여부를 판단하는 것이 쉽지 않기 때문에, 가정 폭력은 은폐된 채로 피해자들은 반복적이고 지속적으로 폭력에 희생되고 있다.

셋째, 가정폭력은 세대 간 지속성을 특징으로 한다. 가정폭력은 세대 간으로 전이되는 경우가 상당히 많아 폭력의 악순환의 고리를 형성한다는 데 심각성이 있다. 가정폭력을 보고 성장한 자녀들은 항상 공포와 불안을 느끼거나, 폭력에 대한 두려움으로 일탈행위도 하게 되는데, 더욱 극단적인 것은 이러한 성장 배경하에 성장한 자녀가 성인이 되면 다시 폭력을 재생산하는 어른이 될 가능성이 높은 '세대 전이성'을 가진다. 물론 학대에 노출되었던 모든 개인이 학대를 재생산하는 것은 아니지만, 갈등이나 어려움을 폭력이 아닌 다른 건강한 방법으로 표출할 수 있는 방법을 학습하지 못한 성인이 상대적으로 성인기 내내 심리적인 부담감을 가지는 것은 분명하다.

넷째, 가정폭력은 '공포 속에서 생존 유지'의 특성을 나타낸다(김혜경 외, 2017). 가정폭력 피해자에 대한 일반인들의 가장 큰 오해는 피해자가 폭력 피해를 당한 후에도 가족을 떠나지 않는 현상에 대한 것이다. 가정폭력 피해자는 매를 맞으면서도 보복의 공포 때문에 두려워서 외부의 도움을 요청하지 못하며, 특히 쉼터와 같은 복지시설의 혜택을 받으면서도 보복이 두려워 자발적으로 다시 집으로 돌아가는 사례가 많다. "잘못이 없는데도 무엇 때문에 그 상황에서 벗어나지 못할까?"라는 의문을 제기할 수 있다. 또 결국 잘못이 있기 때문에 수긍하고 당하는 것이라는 오해를 할 수 있는데, 이 역시 폭력이 수반하는 극도의 공포 분위기를 이해하지 못한데서 나오는 잘못된 통념이다. 폭력 피해자들에게 폭력을 피하기 위해 가족을 떠나는 행동은 곧 생활 전체를 버리는 것 같다는 총체적인 부담을 안게 되므로 폭력의 장을 벗어나기 어렵다. 미성년인 아동 피해자와 단독

생활에 무력한 노인들의 경우 집을 떠나지 못하는 특성이 더욱 크지만, 성인 피해자들의 경우도 주어진 가족공동체가 마음에 들지 않는다고 임의로 가족을 떠나는 것이 쉽지 않다. 피해자가 극도의 공포 속에서도 생존유지의 차원에서 집을 떠나지 못하는 특성을 바르게 이해하는 것이 가정폭력 예방과 대처 방향에 중요한 출발점이 될 것이다.

〈참고자료 11-3〉

* 다음의 신문기사를 읽고, 가정폭력이 사회적 폭력과 다르게 가지고 있는 어떤 특성이 피해자 지원 과정에서 간과되었는지 생각해 보고, 그 결과를 발표해 보시오.

지난 4일 00시에서 20대 남성 ㄱ씨가 배우자를 살해한 뒤 도주했다가 다음 날 경찰에 붙잡히는 사건이 발생한 가운데, 이 사건과 관련해 경찰이 두 차례 가정폭력 신고를 받았던 것으로 확인됐다. 예고된 인재라는 지적과 함께 가정폭력처벌법 보완이 필요하다는 목소리가 나온다. (중략) 피해자는 12월15일 '어제 남편에게 폭행당했다'며 경찰에 신고했고, 나흘 뒤에는 피해자의 동료가 '피해자에게 감금당하고 있다고 연락해 왔다'며 112에 신고했다. 하지만 경찰은 가해자와 피해자를 분리하는 등의 피해자 보호조처를 하지 않았다. 피해자가 분리조치를 원하지 않는다고 거부 의사를 밝혔다는 이유에서다. 전문가들은 경찰이 관련 법 조항을 소극적으로 해석하고 있다고 지적한다.

가정폭력처벌법에는 검사가 가정폭력 사건을 처리하거나, 법원이 가정보호사건 관할 법원에 사건을 송치할 때 '피해자의 의사를 존중'해야 한다고 돼 있는데, 경찰이 이를 근거로 피해자 보호에 소극적으로 대처한다는 것이다.
김00 한국여성의전화 여성인권상담소 정책팀장은 "사법기관이 가정폭력의 특수한 피·가해자 사이의 권력관계를 충분히 이해하지 못한 탓에 해당 조항이 사건을 축소하는 방식으로 잘못 작동하고 있다"고 지적했다. 실제로 대법원은 지난해 9월5일 경찰이 가정폭력 가해자와 피해자를 긴급하게 분리할 필요가 있는 경우, 피해자로부터 분리조치 동의를 받지 않아도 된다는 취지의 판결을 내리기도 했다. (중략) "미국은 가정폭력 현장에 출동한 경찰이 피해자 의사와 무관하게 가해자를 정확히 식별해 반드시 체포하도록 하는 '의무체포제도'를 도입하고 있다"며 "가정폭력은 보복 범죄가 일어날 가능성이 큰 만큼 국가가 책임지고 피해자를 보호할 수 있도록 제도 개선이 필요하다"고 강조했다.

출처: 한겨레(2023. 01. 18). "가정폭력 신고 2번, 죽음 못 막았다…'피해자 의사 존중'의 덫". 이주빈 기자. 발췌. 재구성.

2) 가정폭력으로 나타나는 문제

가정폭력은 피해자 개인뿐 아니라 가족 전체에 매우 부정적인 영향이 나타나며, 이러한 부정적 영향은 세대 간에 전이되고, 더 나아가서는 사회 전반에 걸쳐서 여러 가지 부정적 영향을 끼친다.

(1) 개인에게 나타나는 문제

가정폭력의 피해자들에게는 신체 및 건강상의 문제, 심리·정서적인 문제, 사회적 문제에 이르기까지 광범위한 문제가 발생한다. 우선, 일반적인 타박상에서 흉기에 의한 열상, 화상, 골절, 죽음에 이르기까지 다양한 신체적 손상과 두통, 현기증, 불면증, 소화불량 등의 다양한 증상을 보인다. 구타당하는 아내의 85.5%는 외상 후 스트레스 장애를 보이며 정신적인 마비와 자율 신경 계통의 각성 증가 및 지속적인 정신 불안을 겪는 정신 장애를 보인다(이성희 외, 2019). 또한, 우울, 자기 비난과 죄책감, 고립감, 분노, 무력감 등의 심리·정서적 문제를 나타낸다. '우울'과 '학습된 무기력감'은 가정폭력 피해자들에게 공통적으로 나타나는 증상이다. 한편, 가정 밖에서 해 주는 사회적 지지는 폭력에 대해 피해자가 저항하도록 지원하며 피해자를 보호하고 정신적, 물질적 원조의 공급원이 될 수가 있는 중요한 역할을 한다. 그러나 가정폭력 피해자는 계속되는 폭력으로 인해 대처능력이 떨어지게 되고, 심리·정서적 위기 문제를 보인다. 이로 인해 인간관계를 기피하게 되고 사회적 지지로부터 고립되는 경우가 더 많다. 이것이 학대적 관계에서 벗어나지 못하도록 하기도 한다.

한편 가정폭력은 피해 당사자뿐 아니라, 해당 폭력을 목격하는 것 자체도 심각한 영향을 주기 때문에 가정폭력이 나타나는 가족의 구성원들은 모두가 어려움을 가진다고 할 수 있다. 특히 배우자학대에 노출된 아동들의 경우 일반 아동에 비하여 심한 우울, 불안, 위축 등의 정서 문제를 보이며 높은 공격성이나 비행 등 행동문제도 많은 것으로 나타났으며, 학교생활의 어려움이나 사회문제 해결 기술의 손상 등 사회성 문제도 나타나서 폭력에 대해 왜곡되게 인식하거나 배우자 구타 상황에 처하여 적절히 대처하지 못하는 등의 문제점을 지니고 있는 것으로 보고되고 있다(유계숙 외, 2009).

(2) 가족에 나타나는 문제

가정폭력은 일반적으로 그 피해가 피해자만으로 제한되지 않는다. 아내 구타자의 대부분은 자녀를 포함하며, 처가식구로까지 폭력이 확대되므로 친족들의 문제로 확대되기도 한다. 또, 가정폭력이 배우자나 자녀, 노인의 어느 한 사람을 대상으로 하는 경우에도, 이 문제는 가족이 가진 원래의 문제가 피해자에게 표출된 것인 경우가 대부분이므로, 가정폭력이 나타나는 가족은 대부분이 역기능적인 가족이다. 이에 가정폭력이 나타나는 가족은 안정성이 낮으며 급속하게 해체의 과정이 나타날 가능성이 높기 때문에, 장차의 사회문제로 확대될 가능성을 가진 가족이라고 할 수 있다. 특히 가정폭력의 가장 우려되는 가족문제는 가정폭력의 강한 학습성으로 인한 폭력의 대물림 현상이다. 한번 발생한 가정폭력은 수세대에 걸쳐 장기적으로 나타나서 가족에 부정적인 영향을 끼친다. 최근에는 '부모간 폭력 목격'과 '부모로부터의 피학대 경험'이 청소년 시기의 부모폭력에 유의한 영향을 미친다(김재엽 외, 2008)고 하여, 폭력의 경험이나 노출이 성인기가 아닌 청소년기에 부모에게 직접 행해질 수 있음을 보고하고 있다.

(3) 사회에 나타나는 문제

가정폭력은 폭력을 가하는 가해자의 폭력적 성향과 범죄성뿐 아니라, 피해자가 나타내는 다양한 문제로 인해 사회문제로까지 그 심각성이 확대된다. 예를 들면, 가해자는 가족 안에서 용인되고 장기화된 폭력적 행동을 가정을 벗어난 사회에서도 자신의 문제해결의 방법으로 사용하여 사회에서 약자를 향한 폭력이 만연될 수 있다. 또 가정폭력의 피해자도 장기적으로 도움을 받지 못한다면, 폭력으로 받는 정신적 스트레스를 해소하지 못해, 이차적 문제를 발생시킬 수도 있다. 예를 들면 오랜 가정폭력에 시달리다 가해자에게 역으로 위해를 가하는 것과 같은 또 다른 범죄가 나타날 수 있으므로 사회문제화할 잠재성을 가진다.

4. 가정폭력에 관련된 정책 및 개선 과제

1) 가정폭력에 관련된 법

(1) 「가정폭력방지 및 피해자 보호 등에 관한 법률」의 주요 내용

이 법은 1997년 12월 제정되어 1998년 7월부터 시행되고 있는데, 가정폭력을 예방하고 가정폭력의 피해자를 보호 · 지원함을 목적으로 하는 법안이다. 이 법안에 기초하여 가정폭력 신고체계의 구축 및 운영, 피해자에 대한 보호시설의 설치, 운영 및 지원서비스의 제공, 피해자의 보호와 지원을 원활히 하기 위한 관련기관 간의 협력체계의 구축 및 운영, 가정폭력의 예방과 방지를 위한 관계법령의 정비 및 각종정책의 수립과 시행, 그리고 실태 조사, 연구, 교육 및 상담의 실시가 가능해졌다.

(2) 「가정폭력범죄의 처벌 등에 관한 특례법」의 주요 내용

이 법은 1997년 12월 제정되어 1998년 7월부터 시행되었는데, 이 법에서 가정폭력을 범죄로 규정하고 기존 형법에 규정하고 있던 내용들을 체계적으로 정리하여 가정폭력으로 정의했다. 이 법은 가정폭력범죄를 범한 자에 대하여 환경의 조정과 성행의 교정을 위한 보호처분을 행함으로써, 가정폭렴범죄로 파괴된 가정의 평화와 안정을 회복하고 건강한 가정을 가꾸며 피해자와 가족구성원의 인권을 보호함을 목적으로 한다.

이 법의 주요 내용은, 첫째, 가정폭력 범죄의 신고 및 고소는 피해자 자신은 물론 누구든지 할 수 있도록 하여, 행위자를 처벌할 것을 요청하는 고소에서 자기 또는 배우자의 직계존속인 경우에도 할 수 있도록 했다(제4조). 둘째, 신고를 받은 시법경찰관리는 즉시 현장에 임하여 조치를 취하도록 하고(응급조치, 제5조), 피해자의 보호를 위해 필요하다고 판단되면 퇴거 등 격리조치를 취하거나 100미터 이내 접근금지, 요양소 위탁, 구치소 유치 등의 임시조치를 취하도록 하였으며(임시조치,제29조), 셋째, 행위자에 대하여 접근행위의 제한, 피해자에 대한 친권행사의 제한, 보호관찰이나 사회봉사, 수강명령, 감호위탁, 치료위탁, 상담위탁 등을 할 수 있도록 하였다(보호처분, 제40조).

(3) 「아동학대범죄의 처벌 등에 관한 특례법」의 주요 내용

이 법은 2016년 5월 제정됐고, 2017년 5월부터 시행되었다.

이 법은 아동학대와 관련한 범죄의 처벌 및 그 절차에 관한 특례와 피해 아동에 대한 보호절차 및 아동학대행위자에 대한 보호처분을 규정함으로써 아동을 보호하여 아동이 건강한 사회 구성원으로 성장하도록 함을 목적으로 하고 있다(제1조).

이 법의 주요한 내용은 첫째, 아동학대치사죄 및 아동학대중상해죄를 신설하여 최고 무기징역에 처하도록 아동학대범죄에 대한 처벌규정을 강화하고, 상습범 및 아동복지시설 종사자 등에 대해서는 가중처벌 하도록 하였다(제4조부터 제7조까지). 둘째, 아동학대행위자가 아동에게 중상해를 입히거나 상습적으로 아동학대범죄를 저지른 경우에는 검사가 법원에 친권상실을 청구할 수 있도록 하였다(제9조). 셋째, 누구든지 아동학대범죄에 대해 아동보호전문기관 또는 수사기관에 신고할 수 있도록 하고, 아동복지시설 종사자 등에 대해서는 아동학대범죄에 대한 신고를 의무화했다(제10조).

(4) 노인학대 관련 법

2016년 6월 노인학대범죄에 대한 특례법이 국회에 제출됐으나, 당시 통과되지 못해 폐기됐고, 노인학대에 관한 법률은 1997년 제정된 「노인복지법」에서 찾아야 한다. 「노인복지법」은 노인학대에 관련한 여러 차례의 법 개정을 해왔는데, 주요 내용은 다음과 같다.

첫째, 금지행위 고시로 노인에 대한 학대 유형을 명기했다(제39조의9). 둘째, 노인학대를 예방하고 수시로 신고를 받을 수 있도록 긴급전화(제39조의4)와 학대피해노인 전용쉼터의 설치(제39조의19)를 고시했다. 셋째, 노인학대를 예방하기 위해 노인학대 업무를 담당하는 중앙노인보호전문기관을 설치 · 운영하도록 했다(제39조의5). 넷째, 누구든지 노인학대를 알게 된 때에 노인보호전문기관 또는 수사기관에 신고해야 하는데, 신고의무자가 신고를 하지 않는 경우는 노인복지법시행령 제27조「별표2」에 의하여 과태료를 물도록 했다(제39조의 6). 다섯째, 노인관련기관을 운영, 취업하려는 자는 본인의 동의를 받아 노인학대관련범죄 경력 조회를 요청해야 하며, 관련 사실이 있는 경우 취업을 제한하도록 했다(제39조의17).

2) 가정폭력 가족 지원을 위한 정책 서비스

가정폭력 피해자가 상담, 의료지원, 법률구조 연계, 치료회복 지원, 보호시설 연계 등의 다양한 가족복지 지원서비스를 제공받을 수 있는 가장 빠른 창구는 경찰의 범죄 신고 번호인 112로, 가정폭력 사건 접수 및 상담은 물론, 가정폭력 현장출동에 의한 응급조치 및 긴급 임시조치를 받을 수 있다.

또 긴급전화 1366(가정폭력, 성폭력), 1388(청소년보호) 등도 있다. 이 가운데 1366은 365일 24시간 운영하는 전국적으로 단일화된 국번 없는 특수전화로 가정폭력 · 성폭력 · 성매매 등으로 긴급한 구조 · 보호 또는 상담을 필요로 하는 여성들이 언제라도 전화로 피해상담을 받을 수 있도록 하고 있다.

한편, 전국의 지역별 '가정폭력상담소'(총 124개소)를 통해서도 가정폭력의 피해 신고 및 이에 관한 상담, 의료지원, 수사 · 법적 지원, 가정폭력으로 인해 정상적인 가정생활 및 사회생활이 어렵거나 기타 긴급히 보호가 필요한 경우의 임시보호 및 시설 입소 연계, 의료기관 연계 등의 서비스를 제공받을 수 있다. 이 중에서 28개소의 상담소는 2024년부터 가정폭력 외 성폭력, 스토킹, 교제폭력 등 피해까지 지원할 수 있는 통합상담소로 확대 개편되어 운영되고 있다.

〈표 11-4〉 전국 가정폭력 상담소 운영 현황('23. 12. 31. 기준)

(단위: 개소)

구분		합계	서울	부산	대구	인천	광주	대전	울산	세종	경기	강원	충북	충남	전북	전남	경북	경남	제주
상담소	가정폭력	96	11	6	1	4	3	2	2	0	16	6	4	5	7	7	7	13	2
	통합	28	1	5	2	2	1	1	1	0	4	3	1	2	1	1	2	0	1
계		124	12	11	3	6	4	3	3	0	20	9	5	7	8	8	9	13	3

※ 장애인 상담소 개소 : 일반 1개소(광주), 통합 3개소(부산 1, 대구 1, 제주 1)

출처: 여성가족부 2023년도 가정폭력 상담소 운영 현황('23.12.31. 국비 지원 기준).

한편, 가정폭력 피해자가 이용 가능한 전국의 보호시설을 찾아보면 총 65개소(입소 총정원 1,088명)로, 이 중에 42개소는 자녀 동반이 가능하도록 가족보호시설의 성격을 가진다. 또 남성 피해자를 위한 시설(서울, 입소정원 10명)도 개소되어 있지만, 가능 입소 인원이 매우 적다(〈표 11-5〉 참조).

〈표 11-5〉 2023년 가정폭력 보호시설 설치 현황

(단위: 개소)

구분	합계	서울	부산	대구	인천	광주	대전	울산	경기	강원	충북	충남	전북	전남	경북	경남	제주
전체	65	12	3	3	1	4	1	1	10	5	3	4	4	4	1	6	2
일반시설	42	8	2	2	1	2	1	1	10	4	1	1	2	2	1	3	0
가족보호시설	23	4	1	1	0	2	0	0	0	1	2	3	2	2	0	3	2

출처: 여성가족부(2024).

입소한 이후 가정폭력 피해자가 보호시설에서 받을 수 있는 복지 서비스는 아래와 같다.

- 심리 · 정서적 지원 : 개인상담, 심신단련프로그램, 권리찾기교육, 인간관계훈련 등
- 수사 · 법적지원 : 수사의뢰, 수사동행, 법률상담, 소송지원 등
- 의료적 지원 : 치료동행, 치료비지원, 의료기관연계 등
- 자립지원 : 취업알선, 직업훈련연계, 퇴소후 거주지알선 등
- 동반아동지원: 학교문제지원(전학문제, 지도교사면담 등), 학습 · 놀이지도, 아동상담 등
- 기타 : 장애인 등록, 국가기초생활보장법 수급자 신청 등
- 가해자지원 : 개인면담, 교육프로그램운영, 타기관의뢰 등

3) 가정폭력 관련 가족복지의 개선 과제

가정폭력에 대한 가족복지적 접근방법의 개선점 등을 제안하면 다음과 같다.

첫째, 가정폭력의 특성을 고려하여 가정폭력에 관한 정책들이 유기적으로 연계되어야 한다.

현재는 아내학대를 중심으로 한 가정폭력은 성폭력과 함께 여성에 대한 폭력으로 여성가족부의 담당이고, 아동학대와 노인학대는 보건복지부에서 추진하고 있다. 또 가정폭력이 발생하면, 「가정폭력범죄의 처벌 등에 관한 특례법」, 「가정폭력방지 및 피해자 보호 등에 관한 법률」, 「아동학대범죄의 처벌 등에 관한 특례법」, 「노인복지법」등의 여러 법에서 그 적용을 받도록 되어있다. 이러한 여러 법으로 분산된 입법구조가 실제적으로 가정폭력의 예방과 처벌에는 오히려 혼란을 줄 수 있다. 특히 2022년 전국 가정폭력실태 조사 결과에서 보이듯, 배우자로부터 폭력 피해 경험을 가진 부부는 자녀학대의 가해자가 되는 비율이 남성의 경우 20%가 넘는 실태 조사 결과를 보면, 동일한 가족 내에서 폭력이 복합적으로 발생하고 있음을 알 수 있다. 따라서 가정폭력의 특징을 고려하여 가정폭력에 대한 개입은 가족이라는 전체성을 고려한 통합적 시각의 적용이 필요하다.

둘째, 여성가족부에서 3년마다 실시하는 가정폭력 실태 조사의 조사 항목이 사회의 변화를 고려해서 변화할 필요성이 있다.

배우자 학대의 경우 2016년 조사부터 '통제' 행동에 의한 공격적 행동을 배우자 학대의 공격행동의 유형으로 추가하여, 시간의 경과에 따라 가정폭력화 될 수 있는 잠재성을 가진 공격적 행동을 인식할 수 있으며, 부부폭력의 사회변화를 반영하는 변화가 나타났다. 또, 이혼이나 별거 등의 이별 후 스토킹에 대한 설문을 포함하여, 가정폭력에 필요한 예방적 차원의 정책 마련의 실태 결과를 제시했다. 그런데 자녀 학대와 노인 학대 분야에서는 현재 가정폭력 비율이 감소하는 추세와 응답자에 아동을 포함하지 않는다는 제한점으로 다양한 사회적 변화를 포함하지 못하고 있다. 아동학대의 유형에는 성적 학대 행동이나, 가스라이팅에 해당할 수 있는 '통제' 행동을 조사 항목에 포함하고 있지 않으며, 특히 자녀학대의 경우 감소 추이라고는 하지만 우리나라의 자녀양육이 계층별로 과잉양육과 과소양육으로 양극화되고 있는 실태를 반영하는 설문 문항을 포함하고 있지 못하다. 또 노인 학대 유형에서도 성적 학대 행동이 조사 항목에 포함되고 있지 않고, 경제적 학대로 확대될 수 있는 '통제' 영역이 역시 포함되지 못해서, 최근에 증가하는 노인 대상 성폭력 문제와 경제적 학대 영역을 반영하지 못하고 있다. 2025년은 우리 사회가 초고령사회로 진입하는데, 노인 학대의 경우에만 코로나19 이후인 2022년 조사에서 학대가 증가한 경향에 대한 원인을 파악하는 문항이 없었다. 근거이론의 성장으로 정부에서 하는 공식적인 실태조사는 실제 조사 이후의 정책 마련의 기초를 제공한다. 따라서 이후의 가정폭력 관련 실태 조사 설문의 조사 항목은 사회변화를 고려한 설문 문항의 수정, 보완이 이루어져야 할 것이다.

셋째, 가정폭력의 특성을 고려해서, 가정폭력 사건에 대한 공권력과 공적 효력이 있는 대응 지침의 변화를 위한 법체계의 변화가 필요하다.

가정폭력사건을 다루는 경찰들은 행위자의 완강한 거부에 자주 어려움을 경험하는데, 가정폭력 초기 대응 과정에서 가해자에 대한 행위자 조치를 위한 실질적인 권한이 더 강화될 필요성이 크다. 특히 가정폭력이 다른 사회폭력과 다르게 나타내는 독특한 특성이 있음에도 불구하고, 형사소송법과 동일한 '반의사불벌죄(反意思不罰罪)'[5]가 적용되어, 경찰의 기소나 사건 처리가 종료되는 사례로 인해 가정폭력으로 인한 다양한 문제가 발생하고 있다. 실제 가정폭력 피해자는 보복의 두려움이나 생존의 어려움에 대한 두려움으로 극도의 공포 상황에서도 가해자를 떠나기 어렵고, 보호시설 등으로 일시적으로 떠났던 경우에도 다시 집으

5) 반의사불벌죄(反意思不罰罪)란, 피해자의 고소가 없어도 기소할 수 있지만, 피해자가 범인의 처벌을 원하지 않는다는 의사를 표시하면 기소할 수 없고, 기소한 이후에 그러한 의사를 표시하면, 형사재판을 종료해야 하는 범죄를 말한다.

로 스스로 자발적으로 돌아오는 양상을 보인다. 따라서, 극도의 공포심에도 불구하고 가해자를 처벌하지 않겠다는 의사를 종종 나타내어 공권력 개입이 무력해지는 사례가 나타나, 생명에 위협을 받는 중대 범죄로 확대되는 사건이 종종 발생하고 있다. 따라서 공권력에 해당하는 경찰이 가정폭력 사건에서 업무수행을 보다 확실히 할 수 있도록 가정폭력의 초기 대응 시점에서 경찰의 개인적인 의견이나 판단에 따라 행위자가 체포되거나, 단순 훈계로 끝나지 않도록 하기 위해서, 그리고 피해자의 의사와 무관하게 경찰이 범죄의 심각성으로 판단한 경우 기소할 수 있는, 법적인 차원의 변화가 시급하게 필요하다(〈참고자료 11-3〉 참조).

넷째, 가정폭력 문제는 사건 발생 사후의 대처 방안보다 예방이 보다 중요함을 인식하여, '가정폭력 실태 조사'의 결과가 함의하는 가정폭력화 할 수 있는 잠재력을 가진 문제에 대해 선제적인 복지 서비스를 투입하는 정책적 판단이 필요하다.

2022 가정폭력 실태조사 결과를 보면, 이전 시기의 조사 결과와 비교하면 코로나19 직후의 조사임에도 불구하고, 배우자 학대의 경우 유지의 결과를 보였다. 그러나 공격행동 유형별로 보면 '통제'행동이 가장 많은데, 이러한 통세의 징후를 가지는 배우자는 조만간 폭력을 행사할 가해자가 될 가능성이 농후하다. 디지털 사회화되어 가는 미래 사회는 재택근무 시간이 증가하는 직업환경의 변화가 예견되고 있는데, 배우자와의 공유시간이 증가하는 변화가 누구에게나 그리고 언제나 배우자 관계를 향상시키는 비례관계로 나타나는 것은 아니다. 코로나19를 지나오면서, 가족이 함께 있는 시간이 많아질수록, 오히려 은폐되어 온 가정폭력의 노출을 포함한 다양한 어려움이 증가한다는 분석이 대부분이다(조선일보, 2020). 따라서 가정폭력화될 수 있는 잠재적 상황을 미리 예측하여, 이를 중재할 수 있는 복지 서비스를 강화하는 정책적 판단이 필요하다. 예로 관계 향상에 초점을 두는 복지 프로그램을 의무적으로 이수하도록 하여, 배우자 학대에서 가장 많은 비율을 차지하는 '통제'행동의 문제점을 인식하게 하고, 길어지는 재택근무 환경에서 예측되는 가정폭력의 증가에 개입할 수 있는 예방적 프로그램

의 운영이 필요하다. 코로나19로 인해 앞당겨진 디지털화된 사회에서 많은 사람들이 오히려 타인과의 관계 형성에 어려움을 느끼고 있다. 이에 대한 중재적 복지 프로그램으로 '관계 향상'을 위한 복지 프로그램을 강화하며, 관계 향상 프로그램을 운영할 수 있는 관계 향상 전문가의 양성과 배치가 강화될 필요성을 제시한다.

다섯째, 가정폭력담당자의 전문적 역량 강화를 위한 체계적인 시스템이 필요하다.

가정폭력은 여러 직업군의 전문직의 참여와 협조로 해결될 수 있는 일이다. 따라서 경찰뿐 아니라, 의사와 교사, 상담원 등의 다양한 직업군의 전문가들이 협조할 수 있는 시스템의 구축이 필요하다. 그런데 가정폭력 피해자 보호시설 입소 경로에서 학교교사가 0%라는 결과는(여성가족부, 2024), 가정폭력 신고 의무자에 해당하는 다양한 직업군의 전문가들에 대한 보다 실질적이며 깊이있는 가정폭력 예방 및 대처 방안에 대한 직업교육이 강화될 필요성을 시사한다. 따라서 관계된 담당자들의 가정폭력에 대한 사전교육과 보수교육의 제도화를 통해, 담당자들의 전문성을 향상시키고, 역량을 강화하는 체계적인 관리가 이루어져야 할 것이다.

마지막으로, 가정폭력의 올바른 인식을 위한 홍보가 강화되어야 한다.

2022년 실태조사에서 가정폭력에 대한 인식을 4점 척도로 조사했을 때, 11개 문항의 평균이 1.8점으로, 이전 시기인 2019년 조사 결과와 비교하면 오히려 가정폭력 허용도가 다소 높아졌으며, 특히 가정폭력 지속의 책임을 피해자에게 돌리는 인식이 드러난 것으로 해석되었다(여성가족부, 2022). 우리 사회의 가정폭력 감소를 위한 근원적인 정책은 '가정폭력에 대한 오해'들을 뛰어넘어 사회문화를 개선하는 변화이다. 실제 우리 사회에서 가정폭력이 감소하지 않는 가장 근본적인 이유는 가정폭력에 대한 다양한 오해들이다. 따라서 가정폭력에 대한 올바른 인식을 가지고 본인과 이웃을 위해 가정폭력에 대한 올바른 인식을 가진 성숙한 시민으로 성장할 수 있도록 하기 위한 가정폭력 관련 교육이 초, 중, 고의 기초 교육 단계에서부터 보다 적극적으로 이루어져야 한다. 다행히 공교육 과정인 학교교육에서 정규 교육과정으로 가정폭력 관련 내용과 관계향상 역량 강화를 직접적으로 다루는 교과(예:가정교과)가 존재한다. 이러한 교과의 이수 시간을 강화하는 교육혁신이 가정폭력을 예방할 수 있는 성숙한 시민교육 차원에서 강화되어야 할 것이다.

핵심용어

가정폭력의 개념, 가정폭력의 유형, 가정폭력의 발생원인, 가정폭력의 독특한 특성, 가정폭력의 영향, 가정폭력방지 및 피해자 보호 등에 관한 법률, 가정폭력범죄의 처벌 등에 관한 특례법, 아동학대범죄의 처벌 등에 관한 특례법, 노인복지법, 긴급전화 1366, 가정폭력상담소, 가정폭력 피해자 보호시설.

학습실천과제

1. 가정폭력의 발생 원인을 설명하는 다양한 이론적 관점의 제한점을 가정폭력이 가지는 독특한 특성을 중심으로 비판하고, 나의 관점을 논술하시오.
2. 가정폭력이 파생시키는 개인, 가족, 사회 차원의 문제점을 고찰하고, 이를 중심으로 우리 사회에서 아직도 부족한 가정폭력 관련 가족복지 서비스가 무엇인지 탐구하여 정책을 개발해 보시오.

제12장

입양가족과 복지

〈학습목표〉

1. 입양가족의 개념과 입양 유형 및 입양절차에 대해 알아볼 수 있다.
2. 입양가족의 현황과 입양의 구성요소를 살펴보고, 입양가족만이 경험하는 특성을 중심으로 입양가족의 발달과제에 대하여 분석할 수 있다.
3. 입양가족을 위한 지원 정책과 과제에 대해 제시할 수 있다.

입양이란 생물학적 과정을 통하지 않고 법적 · 사회적 과정을 통해 부모-자녀 관계를 형성하는 것을 의미한다. 법적 과정은 입양과 관련된 법률에 의해 정해진 절차대로 진행되며, 사회적 과정은 사회의 다른 구성원들로부터 가족으로 인정받는 과정을 필요로 한다. 그러한 과정에서 입양가족은 전형적인 가족형태와는 다른 다양한 심리적 · 정서적 문제를 경험하면서 입양가족만이 경험하는 특성을 보이며, 이에 따른 입양과 관련된 구성원들의 발달과제를 점검하는 것이 필요하다. 따라서 입양가족을 위한 지원 정책과 앞으로 입양가족을 위한 과제를 통해 다양한 개입 방안을 논의한다. 앞으로 우리 사회는 국내입양에 초점을 두고 입양을 국가적 차원에서 개입하려 한다. 무엇보다 입양가족의 안정적인 정착을 위한 장기적 차원에서의 개입 방안을 모색해 볼 필요가 있다. 이 장에서는 입양가족의 현실과 특성 및 발달과제를 살펴보고 관련 지원 정책과 과제에 대해 알아보겠다.

1. 입양가족의 이해

1) 입양가족의 개념

인간이 세상에서 태어날 때 부모 없이 태어날 수 없으나 출생 후, 여러 가지 이유로 친생부모와 분리된 아이들은 입양제도를 통하여 새로운 부모를 만나 가족들 속에서 보호와 사랑을 받으며 성장한다. 가족이 필요한 성인과 아동에게 서로의 욕구를 충족시켜 주는 법적이고 사회적인 제도가 입양이라고 할 수 있다(박미정, 2014). 이처럼 입양은 자신의 의지와는 무관하게 친생가족과 함께 성장할 수 없었던 아동들이 새로운 가족을 만나 정서적 유대감을 형성하며 발달 단계에 따른 지원을 받는 방법이다(Barroso & Barbosa-Ducharne, 2019).

입양에 대한 다양한 정의를 살펴보면, 가장 보편적으로 인용되는 개념으로서, 카두신(Kadushin, 1980)은 입양이란 생물학적 과정이 아닌 법적 · 사회적인 과정을 통하여 친권관계를 창조하는 행위이며, 입양 후 부모와 아동은 그들이 생물적으로 관련되는 것과 똑같은 상호 권리와 의무를 가진다고 하였다. 즉 입양은 친생부모로부터 돌봄을 받지 못하는 아동들이 다른 가정에서 권리를 존중받고 안정된 삶을 누릴 수 있도록 아동의 권익과 복리증진을 위해 고안된 사회적인 보호제도이다(최용길, 2020).

따라서 입양은 혈연적으로 친자관계가 없는 양친과 양자가 법률적으로 친부모와 친자식의 관계를 맺는 신분 행위이다(국립국어원 표준국어대사전, 2024).

우리나라의 국내입양에 관한 특별법(2025. 7. 19. 시행)에 따르면(국가법령정보센터, 2024), 이 법은 보호대상아동의 국내입양에 관한 요건 및 절차 등에 대한 특례와 그 지원에 필요한 사항을 정함으로써, 양자(養子)가 되는 사람과 입양가정의 권익과 복지를 증진하고, 아동 최선의 이익 원칙에 따라 보호대상 아동의 국내입양을 활성화하는 것을 목적으로 한다(제1조). 이 법에 따라 입양된 아동은 「민법」에 따른 친양자와 동일한 지위를 가진다(제25조). 또한 이 법에 따른 입양은 가정법원의 인용심판 확정으로 그 효력이 발생한다. 이 경우 양부모 또는 양자는 가정법원의 허가서를 첨부하여 「가족관계의 등록 등에 관한 법률」에서 정하는 바에 따라 친양자 입양 신고를 하여야 한다. 가정법원은 입양에 관한 심판이 확정된 경우 그 내용을 지체 없이 보건복지부장관 및 양자의 주소지를 관할하는 시장 · 군수 · 구청장에게 통지하여야 한다(제26조).

그러므로 입양은 단순히 친생부모, 입양부모, 입양아동만의 문제에 국한되는 것이 아니라 입양과 관련된 법이나 제도를 포함하며 무엇보다 입양가족이 건강한 관계와 발달을 도모할 수 있도록 국가와 사회가 관심을 가지고 해결하기 위한 방안을 적극적으로 모색할 필요가 있다.

2) 입양의 유형

입양은 입양아동과 입양부모의 가족관계 유무, 입양이 기관을 통해서인지 개인적으로 이루어지는지에 따라 그리고 입양사실의 공개 여부 등에 따라 다양하게 구분된다(이영주 외, 2018, 김윤재 외, 2022. 재구성). 다만, 2025년 7월부터 입양과 관련된 모든 사항은 정부(보건복지부)가 주도하므로, 그동안 이루어진 입양 유형에 대하여 간단히 제시하고자 한다.

(1) 친족입양과 비친족입양

친족입양은 아동이 혈연이나 가족관계를 가지는 가정에 입양되는 경우를 말한다. 반면, 비친족입양은 전혀 가족관계를 이루고 있지 않은 입양부모에 의해 입양되는 경우를 말한다.

(2) 기관입양과 독립입양

기관입양은 입양기관의 전문가에 의해 친부모로 하여금 친권을 포기하게 하고 기관이 모든 법적 대리인이 되어 입양이 이루어지는 경우를 말한다. 입양에 대한 전문가가 친부모, 아동, 입양가족을 조사하여 가장 적절한 가정을 연결시켜 주므로 입양 후 발생하는 문제가 적은 편이며, 입양 후 사후관리까지 입양 전 과정에서 체계적인 관리가 이루어지는 장점이 있다. 반면 독립입양은 친부모와 입양부모 간의 협의에 의해 성립되는 형태이다. 이 경우 비밀보장이 어려우며, 입양 후 친부모와의 문제가 야기될 수 있다.

(3) 비밀입양과 공개입양

비밀입양은 입양사실을 입양아동은 물론 주변의 모든 사람들에게 알리지 않고 입양아동의 생물학적 부모인 것처럼 가장하여 입양의 비밀을 계속 유지하는 것이다. 반면, 공개입양은 입양부모가 입양사실을 입양아동은 물론 주변의 모든 사람들에게 공개하고 친부모와도 접촉을 한다.

3) 입양 절차

현재는 입양하기 위하여 민간기관에서 관리하고 있으나, 국외입양을 줄이고 국내입양을 활성화한다는 취지로 '입양특례법'이 전부 개정되어 2025년부터는 '국내입양 특별법'이 시행되며 국가가 직접 관리한다.

〈참고자료 12-1〉

달라지는 입양절차

❶ (입양대상아동 보호) 입양기관 → 지자체
❷ (결연) 입양기관 → 복지부(입양정책위원회)
※ (입양신청) 입양기관 → 복지부(아동권리보장원)
(양친이 될 사람의 자격조사) 입양기관 → 복지부(위탁기관)
❸ (사후관리) 입양기관 → 복지부(위탁기관)

〈2025년 7월 입양체계 개편 전후 절차별 수행주체 변화〉

주요 절차		현행	개편
① 입양아동	친생부모 상담	시군구	시군구
	입양대상아동 결정	시군구	시군구, 국제입양은 복지부
	입양 전까지 보호 · 후견	입양기관	시군구 · 시도 (후견인 지자체장)
	결연 및 법원허가절차 지원		시군구 · 시도
	절차 진행상황 친생부모 통지		시군구 · 시도
② 예비 양부모	신청 접수	입양기관	복지부 (보장원 위탁)
	양부모 교육	보장원	보장원
	가정조사 및 양부모 발굴	입양기관	복지부 (민간기관 위탁)
③ 결연	결연심의준비 (아동 · 양부모 적격 검토 등)	입양기관	보장원 (입양정책위원회 사무국)
	결연 심의 · 의결	보장원	복지부 (입양정책위원회)
④ 결연 후 지원	결연 결과 확인 · 수락	입양기관	복지부 · 지자체 · 보장원
	아동-양부모 만남 지원		
	양부모 법원 절차 지원		
	(국제) 외국당국 협의		
⑤ 법원허가 (임시양육결정 및 입양허가)		가정법원	가정법원
⑥ 사후 서비스	상호 적응 상황 점검(1년간)	입양기관	복지부 (민간기관 위탁)
	입양가정 지원서비스 -단체지원, 정보제공, 상담창구개설 등	복지부 (보장원 위탁)	보장원 (보장원 또는 민간기관 위탁)
⑦ 입양 정보공개 청구		입양기관	보장원

출처: 보건복지부 보도자료(2024. 5. 30). '아동이 최우선인 입양' 준비에 만전.

2. 입양가족의 현황과 입양의 구성요소

1) 입양가족의 현황

우리나라 입양의 역사는 1950년대 한국 전쟁으로 인하여 발생된 전쟁고아, 혼혈아 등을 위하여 국외입양이 처음으로 시작되었고, 그 이후 현재까지도 계속되고 있다. 그러나 최근 우리나라 입양은 감소하는 추세이다. 특히, 국외입양이 현저히 감소하면서 2007년을 기점으로 국내입양이 국외입양보다 높아지기 시작하였다. 이러한 상황은 2007년부터 입양대상 선정 후 5개월간 국내입양만을 우선적으로 추진하는 '국내입양 우선제도'가 시행되었기 때문이다. 또한 2012년 정부는 「입양촉진 및 절차에 관한 특례법」을 「입양특례법」으로 전면 개정하면서 국내입양은 또다시 감소추세를 보였다(이성희 외, 2022).

보건복지부(2023) 자료에 의하면 2011년 이후 입양아동은 점차 감소하고 있다. 2023년 입양아동은 229명으로 국내 입양아는 150명(65.5%), 국외입양아는 79명(34.5%)이었다.

〈표 12-1〉 국내외 입양통계

(단위: 명)

구분	계	2010년 이전	2011	2012	2013	2014	2015	2016	2017	2018	2019	2020	2021	2022	2023
계	249,959	238,105	2,464	1,880	922	1,172	1,057	880	863	681	704	492	415	324	229
국내	81,532 (32.6%)	74,409 (31.0%)	1,548 (62.8%)	1,125 (59.8%)	686 (74.4%)	637 (54.4%)	683 (64.6%)	546 (62.0%)	465 (53.9%)	378 (55.5%)	387 (55.0%)	260 (52.9%)	226 (54.5%)	182 (56.2%)	150 (65.5%)
국외	168,427 (67.4%)	163,696 (69.0%)	916 (37.2%)	755 (40.2%)	236 (25.6%)	535 (45.6%)	374 (35.4%)	334 (38.0%)	398 (46.1%)	303 (44.5%)	317 (45.0%)	232 (47.1%)	189 (45.5%)	142 (43.8%)	79 (34.5%)

출처: 보건복지부(2023). 국내외 입양통계.

국내입양은 여아가 89명(59.3%)으로 남아(61명, 40.7%)보다 여전히 많지만, 여아 비중이 전년 대비로는 4.9%P 다소 감소했다. 연령별로는 3개월~1세 미만이 75명(50%)으로 가장 많았고, 1~3세 미만이 58명(38.7%)으로 뒤를 이었다. 국외입양은 남아(53명, 67%)가 여아(26명, 33%)보다 많았고, 연령은 1~3세 미만이 대다수(76명, 96.2%)였다.

〈표 12-2〉 국내외 입양입양아동의 성별 및 연령

(단위 : 명)

연도	국내입양							국외입양					
	계	성별		연령(허가일 기준)				계	성별		연령(허가일 기준)		
		남	여	3월 미만	3월~1세 미만	1~3세 미만	3세 이상		남	여	1세 미만	1~3세 미만	3세 이상
2021	226	78 (34.5%)	148 (65.5%)	12	121 (5.3%)	69 (53.6%)	24 (30.5%)	189	133 (10.6%)	56 (70.4%)	-	185 (29.6%)	4 (97.9%)
2022	182	67 (36.8%)	115 (64.2%)	-	97 (53.3%)	72 (39.6%)	13 (7.1%)	142	92 (64.8%)	50 (35.2%)	1 (0.7%)	139 (97.9%)	2 (1.4%)
2023	150	61 (40.7%)	89 (59.3%)	-	75 (50%)	58 (38.7%)	17 (11.3%)	79	53 (67.1%)	26 (32.9%)	-	76 (96.2%)	3 (3.8%)

출처: 보건복지부(2023). 국내외 입양통계.

입양아동 발생 사유는 미혼모(부)의 아동인 경우가 72.9%로 가장 많고, 유기아동은 23.6%, 이혼 · 부모 사망 등 가족 해체가 3.5%였다. 해외 입양의 국가로는 미국이 60.8%로 가장 많았고 캐나다(12.7%), 스웨덴(10.1%), 이탈리아(6.3%) 순이었다.

한편, 통계청(2022)의 '사회조사로 살펴본 청년 의식변화'에서 우리나라 입양의사를 보면, 청년 중 31.5%가 입양 의사가 있다고 응답했다. 이는 10년 전 52.0%보다 20.5%P 큰 폭으로 감소한 수준이다. 입양 의사가 없는 주된 이유로는 입양 필요성 못 느낌(43.1%), 친자녀처럼 양육할 수 있을지 걱정돼서

(37.6%), 경제적인 부담(11.3%), 사회적 편견(4.7%) 순으로 나타났다. 이를 통해 입양에 대한 사회적 인식개선과 더불어 '다양한 삶'에 대한 수용과 전환이 필요함을 알 수 있다.

2) 입양의 구성요소

입양의 구성요소는 입양이 성립되기까지 꼭 필요한 것으로 입양의 삼자라 불리는 첫째 요소는 입양아동, 둘째 요소는 입양친생부모, 셋째 요소는 입양양부모이다.

(1) 입양아동

부모의 사망, 이혼 실직, 가출, 미아, 기아, 아동학대, 미혼모 출산 등으로 인해 가정의 보호로부터 이탈되어 국가와 사회의 보호가 필요한 아동들 중에서 자신의 원가정으로 돌아갈 수 없는 아동들이 입양아동 대상으로 분류된다(김임순, 2021).

2025년 시행되는「국내입양특별법」(전부개정)제13조 1항에 의하면 양자가 될 아동은 '보호대상아동'으로서 시 · 도지사 또는 시장 · 군수 · 구청장이「아동복지법」제15조 제1항 제6호에 따른 보호조치로서 입양이 해당 아동에게 최선의 이익이 된다고 결정한 아동이어야 한다(국가법령정보센터, 2024).

또한 제15조(입양의 의사표시)에서 양자가 될 아동은 다음 각호의 구분에 따라 입양의 승낙을 하여야 한다.

① 양자가 될 아동이 13세 이상인 경우에는 법정대리인의 동의를 받아 입양을 승낙할 것.

② 양자가 될 아동이 13세 미만인 경우에는 법정대리인이 그를 갈음하여 입양을 승낙할 것.

한편, 현재 입양기관과 아동복지시설 등에서 보관 중인 기록물을 '아동권리보장원'으로 이관하여 관리한다. 이로써 입양인은 아동권리보장원의 장에게 자신의 입양 관련 정보에 대한 '정보공개청구'를 할 수 있으며 다만, 이 법에 따라 양자가 된 사람이 미성년자인 경우에는 양부모의 동의를 받아야 한다(제33조 제1항). 이를 통해 입양 관련 정보의 체계적 기록 관리와 투명한 정보공개가 가능하게 되었다(국가법령정보센터, 2024).

(2) 입양친생부모

자녀를 양육할 능력이 없거나 혹은 양육을 원치 않기 때문에 입양에 동의함으로써 아동양육을 포기하는 부모이다. 친생부모는 기혼부모와 미혼부모로 나눌 수 있다. 기혼부모는 아이를 출산하고 양육하다가 가정의 여러 가지 이유로서 사망, 이혼, 빈곤 등으로서 도중에 양육을 포기하는 경우이며, 미혼부모라 함은 미혼의 상태에서 자녀를 출산하여 양육할 수 없는 이유로 입양에 동의한 경우이다(김임순, 2021). 2025년 시행되는 「국내입양특별법」 제16조에 따르면, 양자가 될 아동은 친생부모의 동의를 받아야 한다(국가법령정보센터, 2024).

(3) 입양양부모

입양부모란 혈연에 의하지 않고 법적 절차에 따라 부모가 된 자를 말한다. 즉 생물학적 과정이 아닌 법적, 사회적 과정을 통하여 가족관계가 형성되는 동시에 혈연으로 맺어진 부모-자녀 간에 존재하는 것과 똑같은 권리와 의무를 갖게 된다(정용주, 2011).

2025년 시행되는 「국내입양특별법」 제18조(양부모가 될 자격 등)에서는 양부모가 되려는 사람은 다음의 각 호의 요건을 모두 갖추어야 한다고 명시하고 있다(국가법령정보센터, 2024).

① 양자에게 경제적 · 정서적으로 안정적인 양육 환경을 제공하여 줄 수 있을 것.
② 양자에 대하여 종교의 자유를 인정하고 사회의 구성원으로서 그에 상응하는 양육과 교육을 할 수 있을 것.
③ 아동학대, 가정폭력, 성폭력, 마약 관련 범죄 등 대통령령으로 정하는 범죄경력이 없을 것.
④ 알코올 및 약물중독 등 심각한 건강상의 사유가 없을 것.
⑤ 그밖에 양자가 될 사람의 복지를 위하여 보건복지부령으로 정하는 요건을 갖출 것.
- 이 법에 따라 양부모가 되려는 사람은 양자가 될 아동이 복리에 반하는 직업이나 그밖에 인권침해의 우려가 있는 직업에 종사하지 아니하도록 하여야 한다.
- 이 법에 따라 양부모가 되려는 사람은 보건복지부령으로 정하는 바에 따라 소정의 교육을 마쳐야 한다.

특히 이번 개정법에서는 '임시양육제도'를 새롭게 도입하여, 「국내입양특별법」 제22조(임시양육결정)에서 다음과 같이 명시하고 있다.

① 가정법원은 제21조 제1항에 따른 입양허가에 대한 청구가 있는 경우 입양허가를 청구한 양부모가 되려는 사람의 신청 또는 직권으로 임시양육결정을 할 수 있다.
② 가정법원은 제1항에 따라 임시양육결정 여부를 결정할 때 필요하다고 인정하는 경우에는 가사조사관에게 입양 동기, 양육능력 및 양육 환경 등에 관한 조사를 하도록 명할 수 있다.
③ 임시양육결정이 있는 경우 양부모가 되려는 사람은 양자가 될 아동의 임시후견인이 된다. 이 경우 양자가 될 아동에 대한 친권자의 친권행사는 정지된다.

다만, 가정법원은 양부모가 되려는 사람의 양육 태도 문제 등 양자가 될 아동을 양육하기에 적절하지 아니하거나, 양부모가 되려는 사람이 양자가 될 아동에 대한 양육을 계속하기 어려운 사정이 있는 경우에는 임시양육 결정을 취소할 수 있다.

3. 입양가족의 특성과 발달과제

입양은 출산이 아닌 법적 · 사회적 절차를 통해 '가족'이 되는 것으로 보편적 경험이 아니기 때문에 일반인이 경험하는 양육과 입양가족이 경험하는 양육의 세계는 다름이 존재할 수밖에 없다. 따라서 입양가족은 비입양가족과 동일하게 '가족'이라는 공통적인 특성을 가지는 동시에 '입양가족'만이 가지는 독특한 특성을 가진다고 할 수 있다(권지성 외, 2016). 따라서 모든 입양과 관련된 사람들은 특별한 욕구를 가지고 있음을 이해하는 것이 중요하므로, 입양가족들이(입양아동 · 입양친부모 · 입양부모) 가지고 있는 특성과 필수적이고 중요한 과제를 해결할 준비가 되어 있는지에 대해 점검할 필요가 있다.

1) 입양아동

입양아동은 친모로부터 신체적 · 감정적인 분리를 통해 자기 기원의 상실, 자존감의 상실, 혈통의 상실 등과 입양부모와의 관계에서 비롯되는 안정감의 상실을 경험한다. 이러한 상실경험은 아동의 자아 · 인지 · 사회성 · 정서발달에 저해요인이 되며 신뢰감과 자존감, 자아정체성 형성에 해로운 영향을 미치고 다른 사람과 정서적인 관계를 형성하는 능력을 저하시킬 수 있다(공계순 외, 2008).

따라서 입양과 관련되어 가장 중요하게 언급되는 심리적인 이슈는 '상실감'이다. '상실감'은 보통 입양아동이 7세에서 12세 사이에 겪는 감정적인 충격으로서 이러한 감정을 통해 아동은 비로소 자신의 '입양됨(being adopted)'의 개념을 이해하기 시작한다고 한다(김지선, 2021). 상실감은 입양인의 삶에 지속적인 영향을 미치며 입양인으로 하여금 '뿌리찾기'를 하게 만드는 동기를 제공할 뿐만 아니라 자신이 입양되지 않고 친생부모와 함께 살았을 경우의 삶을 잃어버렸다는 것에 대한 상실감도 느낀다. 이러한 '상실감'은 입양에서 가장 근원적이며 필연적으로 동반되는 감정으로서 '상실감'을 어떻게 해결하느냐가 입양아동의 심리적 안녕에 중요한 과제라고 할 수 있다(이미선, 2008).

다음으로 입양아동은 '입양됨'에 대한 이해가 깊어지면서 '나는 누구인가'라는 '정체성'에 대한 질문에 구체적으로 대답해 가는 과정을 거치게 된다. 입양인으로서 아동은 출생 및 입양됨과 동시에 친생부모와 입양부모의 두 부모가 있으며 그와 관련된 두 개의 가족을 가지게 된다. 친생부모와 연락이나 접촉 여부와 상관없이 입양아동에게는 두 개의 가족과 관련된 이중적인 감정들이 존재하게 되는데, Brodzinsky, Schechter & Hening(1993)은 이것을 '이중 정체감'이라고 하였다(이미선, 2008. 재인용). 많은 입양아동들은 그들에게 주어진 친생부모에 대한 정보의 부족과 친생부모와의 연락 부족으로 인해 이러한 과정이 훨씬 더 어렵게 진행되고 있음을 느낀다(이미선 역, 2023). 이러한 경험을 통해 모든 입양아동은 자신이 누구고, 왜 자신의 친생부모가 자신을 양육할 수 없었는지, 그리고 자신이 속한 곳은 어디인지를 해결하기 위해 가족이나 입양관련 담당자는 물론 외부 전문가들의 도움을 필요로 한다.

시간이 지나면서 입양된 아동들은 그들의 새로운 가정에서 매일의 삶을 경험하면서 가족에 대한 지속성과 예측 가능성을 가지고 새로운 친밀함을 발전시키게 된다. 이러한 일치감이 날마다 더해지면서 아동은 근원적인 상처의 치유를 계속하며 다시는 상처를 받을 필요가 없다는 약속을 덧붙여 쌓아감으로써 가정에서 안정감을 갖게 된다(이미선 역, 2023).

또한 입양아동은 법적 · 사회적인 과정을 통해 가족관계를 형성하면서 각 발달 단계마다 독특한 발달 과업을 수행하게 된다. 입양아동은 발달 단계별 과업을 수행하는 과정에서 입양아동을 둘러싼 다양한 환경 및 중요한 타인들과 활발한 상호작용을 이루게 되며 입양됨을 이해하는 것을 시작으로 입양인으로서 자신의 정체성을 견고히 확립해 가게 된다.

입양되는 입양인들의 발달과제는 다음과 같다(이미선 역, 2023. 재구성).

〈표 12-3〉 입양인의 발달과제

단계	목표/과제	감정적 이슈들
입양 전		
임신과 출산에 대한 인지	• 생존	• 유전적 근거에 관련된 상황들, 출생전과 출생의 경험, 기질
분만 후	• 엄마-자녀의 분리에 대한 상처로부터 생존하기	• 분리감과 상실감 • 환경에 변화가 일어남
입양		
신생아	• 분리의 상처로부터 회복하기 • 양부모와 유대관계 맺기	• 애착
학령전기	• 신뢰감 발달시키기 • 부모와 애착관계를 유지하는 동시에 진취성과 자율성을 발달시키기 • 만일 이 시기에 입양에 대해 부모가 말해 줄 경우, 입양에 대한 '정보'를 통합시키기	• 공격성과 자제력 • 자존감과 애착
학령기 아동	• 다양한 관심 분야에 대한 능력을 개발시키기 • 만일 이 시기에 입양에 대해 부모가 말해 줄 경우, 입양에 대한 '정보'를 통합시키기 • 가족의 영원성을 확인하기	• 두 가정의 부모가 존재함을 인지하고 양가감정을 다루기 • 입양관계의 영원성과 불안감 다루기 • 버림받음의 감정과 관련된 자존감 다루기

단계	목표/과제	감정적 이슈들
사춘기와 청소년	• 자아의 유전적인 부분과 심리적인 부분에 직면하기 • 생물학적인 부분과 양육적인 부분을 통합하여 정체감 형성하기 • 내쫓김이 아닌 독립을 성취하기	• 두 가정의 부모에 대한 양가감정 및 괴로움 다루기, 그리고 다시 관계 맺는 것을 시작하기 • 분리–개별화
청년기	• 새로운 가족 및 직업과 관련된 선택을 위해 스스로 타협하기 • 친밀한 관계를 만들기 • 뿌리찾기를 할 것인지 여부를 결정하기	• 혈통적 지속성 • 생물학적인 가족과 뿌리찾기 가능성에 대한 관심이 지속됨
성인기	• 자신의 혈연인 아동을 출산하기 • 자신의 생물학적 및 심리적 과거를 통합하여 새로운 세대를 이끌기 • 자신의 자녀들에게 자신의 입양사실 알리기	• 세대적 역할의 변화를 수용하는 것
노년기	• 결속과 통합의 견지에서 자신의 인생경험을 수용하기	• 죽음을 맞이하는 것

출처: 이미선 역(2023). 입양인의 생애주기. 재구성.

2) 입양 친부모

입양과정에서 친부모는 부수적 존재로 간주되고 친권 포기 후에 얼마나 강한 상실감과 심리적 고통을 경험하게 될 것인지, 그런 감정을 표현해도 되는 것인지에 대해 아무런 조언도 듣지 못한다. 그리고 친권을 포기하면서 아이와의 신체적 분리로 인한 죄책감, 입양을 결정하도록 한 가족, 친구, 기관 관련자(사회복지사 · 상담사 등) 등에게 배신감과 분노를 느끼기도 한다. 특히 입양 과정에서 다른 사람의 설득 혹은 회유로 인해서 입양을 선택했다는 인식이 높을수록 입양 후 심리적 고통은 더욱 큰 것으로 나타났다(Simone, 1996).

입양 친부모들은 아이를 포기하고 아이가 입양되기까지 많은 결정들을 하게 된다. 특히 출생모들이 아이를 포기하도록 결정하게 만드는 몇 가지 결론들이 있다(이미선 역, 2023).

첫째, 친생모들은 자신들이 양부모가 제공하는 것과 똑같은 양육환경을 아동에게 제공하는 것이 불가능하다고 결론짓는다.

둘째, 친생모가 양부모와 같은 양육환경을 제공할 수 있음에도 자신을 희생하고 싶지 않아 수용할 수 있는 대안으로 입양을 생각한다는 것이다.

셋째, 그들이 만일 다른 상황에 있었더라면(예를 들면 학업을 끝마쳤거나, 직업을 가졌으며 재정적으로 안정되었다면) 자신의 아이를 충분히 돌볼 수 있었을 것이지만, 그들은 이러한 상황이 아니었기 때문에, 책임을 다할 수가 없다는 것이다. 친생모들은 결정을 내리는 과정에서 여러가지 생각과 감정들에 휩싸인다. 이처럼 아동을 포기하는 단계는 대부분 혼란스럽고 복잡한 생각과 감정들을 경험한다.

〈참고자료 12-2〉

아동을 포기하는 친생모의 애도단계

① 현실 인지의 과정: 상실에 대한 인간의 가장 일반적인 반응은 부인(denial)이다. 따라서 친생모들은 아이를 출산하고 계속 키워야 했지만, 포기하게 되었던 상황을 수용하기 위해 애를 쓴다.

② 경고 반응(스트레스에 대한 첫 번째 위급 반응): 이 단계는 안정성이 무너지는 경험을 한다. 때로는 아이를 다시 찾아서 상처를 원상복구시키는 희망적인 상상을 하기도 한다.

③ 찾기(잃어버린 아동을 찾아달라고 공식적으로 간청): 이 단계에서 친생모들은 입양보낸 아동이 실제로 보이면서, 일정 나이, 성별, 신체적 특징을 가진 한 사람을 찾는다는 것이다. 따라서 아동을 다시 찾고 싶은 충동은 현실에 의해 강화될 수 있다.

④ 분노와 죄책감: 아동을 포기하는 친부모들은 그들이 가진 상실감의 상황들을 만들어 내기 위해 그들의 책임성(예: 문제는 당신 스스로가 만든 것이니 불평할 수 없다)과 직면해야만 한다. 이런 점에서 친생부모들이 갈등하고 있는 것은 임신보다는 아동을 포기하는 것에 대한 책임성이다. 따라서 친생부모가 아동을 포기할 당시의, 그리고 아마도 영원히 지속될 죄책감과 비난의 이슈들을 해결해야 한다.

> ⑤ 자기상실에 대한 감정들(자아의 내적 상실이나 훼손된 감정): 친생부모들은 그들 스스로에 대한 인식을 먼저 상실하는 경험을 하게 된다. 그들은 자신이 '산산조각이 났다'고 느낄지도 모르며, 이제 그들의 삶에서 그 사람이 없는(자신이 낳은 아이 없이) 자신의 삶을 다시 일으켜야만 한다고 생각할 것이다. 이런 과정에서 어떤 사람들은 영원히 상처 입었다고 느끼기도 하며 이젠 더 이상 정상적으로 아이를 출산할 수 없을 거라고 느끼기도 한다.
> ⑥ 현상 확인: 이는 감정적인 '놓아주기'를 의미하며, 잃어버린 사람으로부터 분리되어 정체감을 다시 구성하게 된다. 아동을 포기하는 친생모에게 있어서 이 '놓아주기'는 직접적이고 아동에게 애착을 갖고 있다는 자신의 감각을 포기하는 것을 의미한다. 따라서 친생부모들 중에는 매년 아동의 생일 때마다 촛불의식을 통해 기도하는 등 자신만의 비밀스러운 의식을 만들기도 한다.

출처: 이미선 역(2023). 입양인의 생애주기. 부분 발췌 및 재구성.

이와 같이 친권을 포기한 여성에게서 나타나는 독특한 행동을 친모증후군(birth mother syndrome)이라 하며(Jones, 1993), 일반적으로 충격적 회상, 악몽, 불안, 기피 또는 공포반응과 같은 외상 후 스트레스 장애 등으로 나타난다(김혜경 외, 2020. 재인용). 또한 자존감의 손상, 피동적 자세, 외형적으로는 완벽하고 정상인 것처럼 행동하지만 내적으로는 수치심, 자기비난(학대) 또는 고립감을 느끼는 정체감의 이분화 현상 등의 행동이 나타나며, 애정관계, 가족관계, 자녀양육, 직무태도, 자아상 등 삶 전반에 걸쳐 감정과 행동이 양극단을 오가는 증상들이 포함된다(Kadushin & Martin, 1988).

따라서 아동을 포기하는 친부모들에 대해 즉각적이며 장기적인 상담 서비스와 적극적인 지원체계가 필요함을 알 수 있다.

아이를 입양 보내는 친생부모들의 발달과제는 다음과 같다(이미선 역, 2023. 재구성).

〈표 12-4〉 친생부모의 발달과제

단 계	목표/과제	감정적 이슈들
아동을 포기하기로 결정	• 아동을 입양보내기 위한 결정을 내리는 것	• 임신에 대한 책임을 받아들이는 것(죄책감/수치심) • 아기에 대한 양가감정을 해결하는 문제 • 애착과 상실감
입양을 위한 준비	• 법적인 절차를 밟기 • 부모로서의 권리를 포기하기	• 출산을 통한 분리를 다루는 것 • 아동을 포기하는 것에 대한 스스로의 감정 및 관련된 모든 사람들의 감정을 받아들이는 것 • 자신의 능력과 양부모의 능력에 대한 환상이나 두려움들을 해결하는 것
입양	• 아기에 대한 실제적인 소유를 포기하기 • 입양의 유형과, 입양 후 양부모 및 아동과의 연락의 정도를 결정하기	• 애도의 과정: 현실자각, 놀람, 찾기, 분노와 죄책감(자책감), 자아의 상실감, 확인
입양 후 중년의 시기	• 자기 삶에 몰두하기	• 계속되는 애도 • 아이를 찾을 수 있다는 환상을 다루며, 비밀이 탄로 날 것에 대한 두려움을 다루는 것 • 자신뿐만 아니라 관련된 다른 사람들을 용서하는 것 • 결혼관계라면 현재 배우자와 자신이 기르고 있는 자녀와의 관계 등을 다루는 것
생애 후반기	• 아동을 찾기로 결정하기, 또는 아동이 친생부모를 찾음 • 차분한 마음으로 아동포기를 받아들이기	• 간헐적인 애도 • 어쩌면 자신이 모르는 친손자(입양 보낸 아동의 자녀)가 있을지도 모른다는 가능성을 받아들이는 것 • 만일 아동과 연락이 되었을 경우, 친생자녀의 실체를 다루는 것

출처: 이미선 역(2023). 입양인의 생애주기. 재구성.

3) 입양양부모

입양부모는 비입양부모들과 다른 특별한 특성과 과제들이 있으며 이는 아동의 발달단계에 따라 순차적으로 나타나기 때문에 입양부모는 양육으로 행복과 기쁨을 경험하지만 동시에 다양한 갈등과 스트레스를 경험하게 된다(구미향, 2006).

즉, 입양 전에는 임신과 출산을 할 수 없다는 좌절감과 부부만으로는 부족하다는 부족감 그리고 입양을 통해서 자녀를 얻을 수 있다는 기대감이 함께 공존하는 것으로 나타났다. 또한 입양직후는 기대하던 부모가 되었지만 부모로서의 낯설음과 부모가 되어가는 감동이 공존했다. 입양 후에는 불안감과 안도감, 자신감 저하, 우울감과 성취감, 입양 사실 공개에 따른 두려움과 행복감을 느끼며 그 결과 입양은 가족을 이루는 선물임을 알게 되었다.

유아기 입양아동의 주양육은 대부분 입양모가 책임지고 있는 것으로 나타난다(신혜원 외, 2011). 생애초기 애착에 실패한 유아기 입양아동의 심리 · 정서적 특성에 대한 이해가 없이 유아기 아동을 입양한 입양모는 입양초기에 아이를 잘 양육하겠다는 의욕으로 아동의 부적응적인 행동이 나타날 때 엄격한 훈육과 체벌을 사용하는 경우가 많다(노선우 외, 2021, 임은주 외, 2022). 그 이유는 영아기의 어린아이보다 유아기 아동들은 말귀를 잘 알아들을 수 있고, 충분한 의사소통이 되고 자신의 친생자녀를 키우듯이 양육하면 바로 잡을 수 있을 것으로 단순하게 생각하기 때문이다. 그러나 입양유아에 대한 막연한 기대와 환상을 가지고 유아기 아동을 입양한 입양모들은 입양한 지 얼마 지나지 않아 여러가지 심리 · 사회적 어려움을 겪게 된다(정익중 외, 2011). 이처럼 양부모들은 자신들 스스로에 대해서 혹은 자녀들에 대해서 혼자서는 해결하기가 어렵다는 것을 발견하게 되는 시기가 있다. 이런 경우 양부모 그룹이나 입양 후 사후 관리 상담을 통한 지원체계가 필요할 것이다.

장창수 외(2016)의 연구에 의하면, 입양아동의 양육 시 어려운 점으로는 '양육 시 돌발적인 상황이 나타났을 때 대처 방법'(26.3%), '아동의 정체성 형성 & 뿌리찾기'(21.1%), '이웃 및 학교 등의 편견으로 인한 어려움'(13.2%) 등으로 나타났다. 또한 입양아동을 양육할 때 도움이 필요한 부분으로 '양육에 관한 정보'(25.0%), '자녀적응 및 심리안정'(22.4%), '사회적 지지망'(22.4%) 등의 순으로 나타났으며, 입양 후 어려움에 대해 도움을 받은 곳은 '부부끼리 해결'(42.7%), '입양 자조모임'(33.3%), 다른 입양부모(10.7%) 인 것으로 나타났다. 이를 통해 입양부모들은 아동 양육은 물론 특히 아동의 정체성과 관련된 어려움이 있으며, 입양 자조모임등을 통해 다른 입양가족을 만나 다양한 정보와 지지를 경험한다는 것을 알 수 있다.

아이를 입양하는 양부모들의 발달과제를 보면 다음과 같다(이미선 역, 2023. 재구성).

〈표 12-5〉 양부모의 발달과제

단계	목표/과제	감정적 이슈들
입양을 하기로 결정	• 자신은 아이를 낳을 수 없다는 것을 받아들이기 • 혈연관계가 아닌 아동의 부모가 되기로 결정하기 • 입양 유형을 결정하기	• 자신이나 배우자의 임신 실패를 받아들이는 것 • 임신, 부모능력을 구별하는 것 • 가계가 지속될 수 없다는 것에 대하여 배우자와 전체가족들의 반응을 다루는 것
입양 진행과정	• 사회적 및 법적 절차 밟기	• 입양을 위한 공식적인 조사를 받는 것을 수긍하는 것 • 부모로서의 능력에 대한 사회적인 인정을 받는 것 • 혈연관계를 상실한 것에 대한 애도하기
입양	• 가족의 새로운 구성원을 받아들이기	• 친생자녀에 대해 가졌던 상실감을 애도하기 • 가족구성의 한 부분으로서 친생부모 받아들이기 • 입양아동과 유대 맺기 • 심리적인 부모역할을 수용하기 • 비생물학적 자녀를 받아들이기 위해 전체가족과의 관계를 재편성하기
학령전기의 입양아동과 양부모	• 가족생활 중의 한 가지 사건으로서 입양을 이해하기 • 입양사실 공개하기: 입양 사실을 이야기하거나 혹은 하지 않거나(누구에게, 언제, 무엇을)	• 가족구성원으로서 관계의 영원성을 시험하는 것 • 입양했다는 소식에 대한 주위의 반응들을 다루는 것

단계	목표/과제	감정적 이슈들
학령기의 입양아동과 양부모	• 확대된 지역사회 내에서 가족 생활의 한 가지 사건으로서 입양 이해하기	• 친생부모로부터 연락오기를 바라거나/연락오는 것을 두려워하는 아동의 감정을 다루는 것, 자신이 좋은 아이가 될 수 있기를 바라거나/그렇지 못할까 봐 두려워하는 아동의 감정 다루는 것 • 친생부모에게 '되돌려 보내지는 것'에 대한 아동의 극심한 불안감/양가감정을 다루는 것 • 아동이 입양아라는 것에 대한 지역사회의 반응들을 다루는 것
청소년기의 입양아동과 양부모	• 가족 경계선들에 대한 융통성 증가시키기 • 생물학적 기초 위에 입양가정의 양육에 의해 구성된 아동 정체감을 수용하기	• 분리-개별화 이슈들: 쫓아내는 것이 아닌 독립을 획득하는 것 • 안정적인 정체감을 발달하도록 돕는 방법으로서 청소년이 친생가족에 대해 갖는 관심을 인정하고 받아들이기 • 생물학적 이미지 대 양부모로부터의 이미지에 대해 아동이 투쟁하는 것을 받아들이기
청년기의 입양아동과 양부모	• 가족체계에서 다양한 심리적 경계를 수용하기	• 청년기 입양아동이 혈연에 대한 애착을 갖는 것에 대해 이해하기 • 입양가족과의 결속을 재확인하기 • 양부모가 가졌던 환상 속의 친생자녀가 사라졌음을 애도하기
노년기의 양부모	• 세대적 역할의 변화를 받아들이기 • 평안함으로 입양상황을 받아들이기	• 유전학적인 세대계승이 이루어지지 않는다는 것을 이해하고 다루기 • 생물학적 자손계승을 할 수 없음에 대한 애도와 심리학적 자손계승을 인지하는 것 • 죽음을 맞이함

출처: 이미선 역(2023). 입양인의 생애주기. 재구성.

4. 입양가족을 위한 지원 정책과 과제

1) 입양가족을 위한 관련 법과 제도

(1) 입양 관련법

우리나라의 입양은 1950년대 6 · 25전쟁으로 등장한 전쟁고아를 대상으로 진행되었다. 초기 해외 입양은 한국 아동을 마치 버리는 것과 같다는 인식으로 인해 해외입양이 비공식적으로 이루어졌다. 1950년부터 1964년까지 총 5,348명의 고아들이 미국에 입양된 것으로 집계되었다. 특히 한국전쟁으로 주한 미군과 한국여성 사이에 태어난 혼혈아 문제를 해결하기 위하여 미국에서는 1956년 특별이민법이 제정되었다(유혜랑, 2015).

이를 계기로 혈연 위주의 한국사회에서 보호받지 못하고 외국으로 입양된 혼혈아동들을 입양될 수 있도록 법적 근거를 마련한 것이 1961년에 제정된 입양에 관한 최초의 특별법인 '고아입양특례법'이다. 그러나 이 법은 보호가 필요한 아동복리를 실현하려는 목적으로 제정된 것이 아닌 가능한 많은 수의 보호대상 아동을 해외로 입양시키려는 목적이었다. 이후 1970년대에는 해외입양의 단계적인 축소와 국내 입양을 활성화하기 위한 노력이 이루어졌는데, 1976년에 국내입양의 활성화 목적으로 '입양특례법'이 제정되었다. 아동복지에 대한 국가의 책임이 강조되기 시작하면서, 입양정책도 국가의 지원을 강화하는 방향으로 변화되었다. 1980년대에는 해외입양이 전면 개방되었다가 아시안 게임과 올림픽 게임을 전후하여 해외입양에 대한 비난이 확대되자 정부가 해외입양 허가를 자제하고 해외입양에 치중되었던 입양정책을 다시 국내입양으로 전환했다. 1990년대에는 국내 입양의 활성화 기반을 마련하기 위하여 1995년에 입양특례법을 '입양촉진 및 절차에 관한 특례법'으로 개정하며 국내입양의 활성화 기반을 마련하였다(김상용, 2009).

그 후 입양부모 자격을 강화하기 위하여 2012년 '입양특례법'으로 다시 개정하면서 입양신고제에서 입양허가제로 변경되었다. 이 시기 입양아동이 입양을 위해서는 출생신고서가 필수가 되었고, 미혼모나 입양친모는 출생신고서를 제출해야 하기에 자신이 아이를 출산했다는 사실을 숨기거나 비밀로 할 수 없었다. 이로 인해 공개입양 즉 입양아동이 친모를 만나거나 찾고자 한다면 연락할 수 있는 계기가 된 것이 중요한 의미이다. 그러나 혈연중심의 우리나라는 가족에 대한 보수적 가치관으로 인해 출생신고서를 제출하는 것에 대한 어려움으로 비밀리에 아이를 유기하는 일명 '베이비 박스'가 생기게 되었고, 아동유기는 더 발생하였다. 또한 입양을 원하는 가정에서도 공개입양이라는 부담 때문에 국내입양은 2012년 이후 감소하는 추세가 되었다(김임순, 2021).

(2) 국내 입양특별법

2025년 7월 시행되는 입양 관련 법률 시행에 맞춰 입양의 모든 과정을 국가가 책임지는 입양체계를 구축한다(국가법령정보센터, 2024).

「국내입양특별법」제7조(국내입양 우선 추진)를 보면 ① 국가 및 지방자치단체는 양자가 될 아동의 양부모가 될 사람을 국내에서 찾기 위한 정책을 최우선적으로 시행하여야 한다. ② 보건복지부장관은 제1항에 따른 국내입양을 위한 조치에도 불구하고 국내에서 양자가 될 아동에게 적합한 양부모가 될 사람을 찾지 못한 경우「국제입양에 관한 법률」에 따른 국제입양을 추진할 수 있다.

(3) 출생통보제와 보호출산제 도입

2012년 시행된 '입양 특례법'에 따르면 입양을 보내려면 반드시 친부모 또는 미혼모가 출생신고를 하였다. 그러나 현실은 오히려 아동유기 비율이 증가하면서 아동 유기 · 살해를 예방하기 위하여, 위기임산부와 아동의 안전을 위해 '보호출산제'가 필요하다는 논의가 지속되었다.

보건복지부는 2024년 7월부터 출생통보제와 보호출산제를 동시에 시행했다(보건복지부 홈페이지, 2024). 추진배경은 모든 아동의 신속한 출생신고와 아동유기 방지를 위한 근본적 제도 개선으로 '의료기관 출생통보제'와 '보호출산제'를 병행하여 도입하였다. 법적 근거로는 「위기 임신 및 보호출산 지원과 아동보호에 관한 특별법」으로, 제1조(목적) 이 법은 경제적 · 심리적 · 신체적 사유 등으로 인하여 출산 및 양육에 어려움을 겪고 있는 임산부의 안전한 출산을 지원하고 그 태아 및 자녀인 아동의 안전한 양육환경을 보장함으로써 생모 및 생부와 그 자녀의 복리 증진에 이바지함을 목적으로 한다.

출생통보제는 출생신고가 누락되지 않도록 의료기관에서 아동의 출생정보를 지자체에 즉시 통보하도록 의무화하는 제도이다. 또한 보호출산제는 출생통보제 도입 시 우려되는 위기임산부의 의료기관 밖 출산과 아동유기 방지를 위해 위기임산부에 대한 상담을 강화하고, 가명으로 출산할 수 있도록 하는 제도이다. 따라서 지원대상은 임신 중 여성 및 분만 후 6개월 미만인 여성으로서 경제적 · 심리적 · 신체적 사유 등으로 출산 및 양육에 어려움을 겪고 있는 위기임산부를 말한다.

위기임산부를 위한 '위기임산부 상담'은 경제적 · 심리적 · 신체적 사유 등으로 인하여 출산 및 양육에 어려움을 겪고 있는 위기임산부가 안전하게 임신 및 출산, 양육환경을 조성할 수 있도록 임신 · 출산 · 양육 등의 정보를 안내하고, 상담서비스를 제공한다. '위기임산부 상담'은 철저한 비밀보장을 원칙으로 위기에 놓인 임산부 누구나 안심하고 상담받을 수 있도록 365일 24시간 '안심상담' 서비스를 지원한다.

현재 출생통보제와 보호출산제가 시행되면서 모든 아동의 권리를 보호하고 어떤 임산부라도 체계적인 상담을 통해 모두가 차별받지 않고 살아갈 수 있는 권리가 실현될 수 있도록 정부와 사회의 지속적인 보완정책이 필요할 것이다.

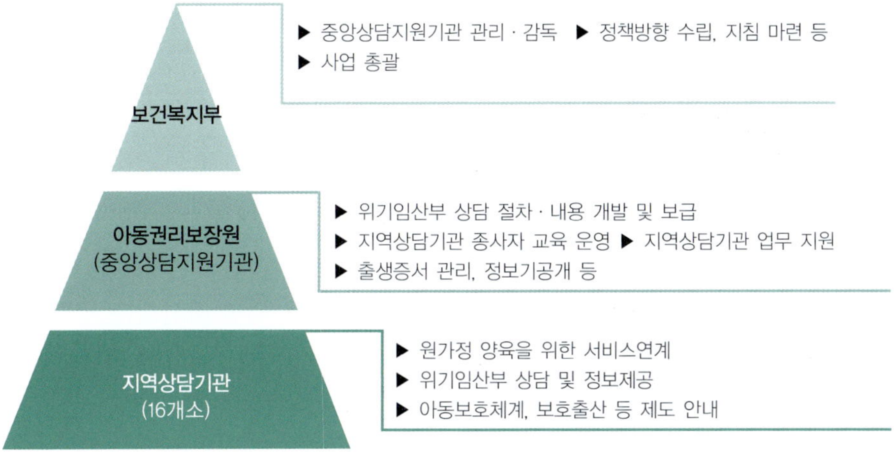

[그림 12-1] 출생통보제와 보호출산제 추진체계

출처: 보건복지부 홈페이지(2024).

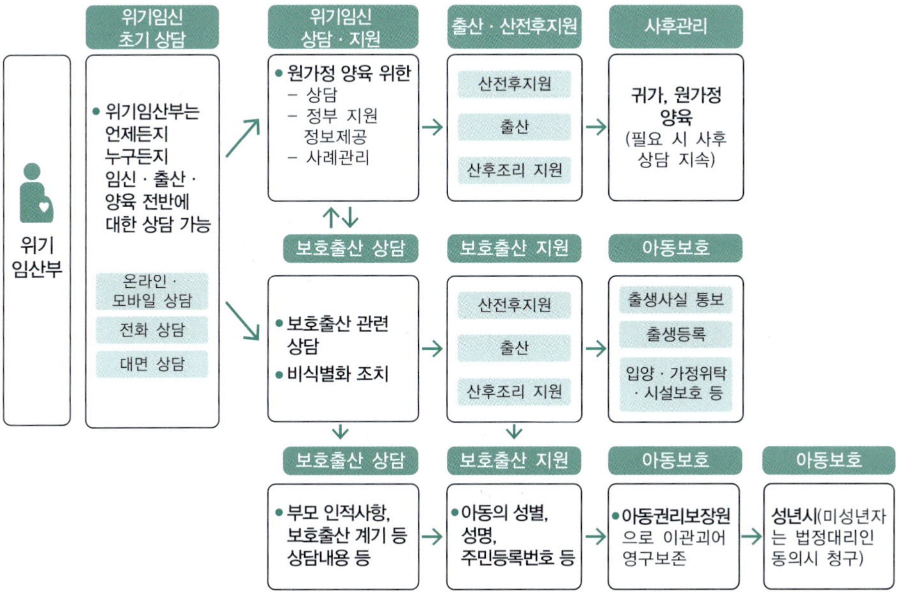

[그림 12-2] 위기임신 및 보호출산 지원제도 기본체계

출처: 보건복지부 홈페이지(2024).

(4) 입양숙려제

입양숙려제도는 2012년부터 시행되었으며 친생부모가 아동 최선의 이익을 위해 원가정 보호를 우선적으로 고려할 수 있도록 아동의 출생 후 1주일의 숙려기간을 두는 제도이다(아동권리보장원 2024). 즉 입양동의는 아동의 출생 후 1주일이 경과한 후에만 가능한 것이다(입양특례법 제13조).

이상에서 살펴본 것처럼 우리 사회에서 요보호아동을 위한 최선책은 국내입양이라는 공감대는 형성되어있는 것 같다. 앞으로 우리 사회의 건강한 입양문화를 위하여 입양은 개인, 가족, 집단을 넘어 지역사회와 국가의 문화 및 정책적인 부분까지 모두 고려되는 통합적인 복지서비스로 확대되어야 할 것이다.

2) 입양가족을 위한 과제

(1) 입양에 대한 가치 인식

과거에 비해 입양에 대한 사회적 인식변화가 있어도 여전히 혈연중심의 가족가치관이 내재되어 있으므로 입양에 대한 인식전환이 필요하다. 무엇보다 입양이 안정적으로 잘 이루어지기 위해서는 입양아동이 입양가정과 연결되기 훨씬 이전부터 이미 작동하기 시작해야 한다. 이를 위해 기본적으로 우리 사회가 입양에 대해 어떻게 인식하고 있는가부터 점검하는 단계가 필요할 것이다.

엘리자베스(Elizabeth Cole)와 캐서린(Kathryn Donley)은 입양 현장에 내재해 있는 입양의 열 가지 가치를 제시하였다(이미선 역, 2023).

① 아이들은 가족 안에서 성장할 권리를 부여받았다. 그들은 적어도 한 사람의 성인을 포함한 안전하고, 양육적인 환경을 필요로 한다.

② 만약 친생가족이 이러한 환경을 제공할 능력이 없거나 의지가 없는 경우, 그 아이는 대안적인 가족을 필요로 할 것이다.

③ 대안가족을 필요로 하는 아이들을 위해, 일단 그 아이의 친생부모가 양육을 제공할 능력이나 의지가 없다고 판단 될 경우, 입양은 대리양육을 위한 가장 우선시되는 방식이다.

④ 입양결정은 아이가 입양가정으로 배치되는 초기에 이루어져야 하며, 가능한 한 배치가 지연되지 않도록, 그리고 불확실성 또한 가장 최소화되는 상태에서 진행되어야 한다.

⑤ 입양은 모든 참여자들의(입양인, 친생부모, 양부모)일생에 걸친 경험을 만들어 낸다.

⑥ 친생부모와 양부모는 입양 전후에 상호 공유할 정보 및 입양 합의의 형태와 정도를 선택하는 것이 바람직하다.

⑦ 입양된 자녀는 자신의 입양배경과 입양가정으로의 배치, 중요한 유전적, 사회적 내력, 친생부모 그리고 출생에 대한 정보를 부여받을 권리가 있다.

⑧ 정보는 양부모에게 자유롭게 제공되어야 하며, 이를 통해 나이에 맞는 적절한 방식으로 유년기 동안 그들의 자녀와 의사소통이 가능해질 수 있다.

⑨ 만약 양부모가 입양인에게 정보를 제공하기를 거부할 경우, 입양인은 정보공개를 위한 접근권을 가져야 한다.

⑩ 양부모가 되기 위한 준비는 양부모에 대한 조사나 양부모 자격 실사에서 탈락시키는 것에만 신경을 쓰기보다는, 그들의 잠재적인 양육 능력을 강화시키는 것에 중점을 두어야 한다.

이러한 입양의 가치들은 아동의 욕구를 우선적으로 반영해야 한다. 따라서 입양이 아동을 위해 성공적으로 되려면 입양 시스템이 반드시 성공적으로 작동되어야 한다. 또한 입양아동은 현실적으로 안전하고, 양육에 알맞은 환경을 제공받을 수 있어야 한다.

(2) 입양가족에 대한 인식개선

입양제도가 변화하고 공개입양 비율이 증가하고 있지만, 우리 사회는 혈연사회에 대한 편견과 인식이 깊게 자리하고 있기에, 여전히 입양가족은 입양자녀 양육의 어려움으로 '사회적 편견'을 들고 있다. 김지선(2021)의 연구에 의하면 입양부모에게 입양자녀 양육에 있어 가장 어려운 점을 물어본 결과, 전체 197명 중 97명(49.2%)이 '사회적 편견'이라고 응답하였다. 또한 입양부모가 공개입양에 대해 준비를 하고 공개입양을 했음에도 아이에게 입양사실을 공개하는 순간은 입양부모 모두 긴장하고 두려워하는 것으로 나타났다(김임순, 2021). 따라서 입양은 여전히 입양가족에게는 부담이 되고 어려운 현실이 될 수 있으므로, 사회적 편견과 차별에 대한 인식 개선이 필요하다.

이를 위해 입양가족에 대한 반편견 입양교육(학교 등)을 통해 생애전반에 걸친 입양에 대한 인식전환이 필요할 것이며, 국가 및 지방자치단체에서 지속적인 입양관련 정책이 뒷받침되어야 한다. 또한 현재까지 입양가족 자조모임 및 단체들이 입양인식 및 제도개선을 위한 사회활동에 활발히 참여하고 있는 점을 감안할 때, 입양가족과 자조모임 단체 및 지역사회, 민간 및 공공 영역이 '입양 네트워크'를 함께 구축한다면 사회 체계 안에서 입양가족에 관한 이해를 높이는데 기여할 수 있을 것으로 보인다.

결론적으로 입양가족에 대한 사회와 정부의 노력과 개입에 대한 논의가 체계적으로 진행되어야 할 것이며, 입양인 · 친생부모 · 양부모 모두가 따뜻한 분리가 가능할 수 있는 사회가 필요할 것이다.

(3) 입양 후 서비스 제공

입양관련 문제는 입양으로만 끝나지 않으며, 입양 후 서비스에 대한 욕구가 기본적으로 포함되어 있다는 것을 인식해야 한다. 입양 구성원들은 일생동안 이 문제를 다루기 위해 도움이 필요할 수 있으며, 초기에 잘 적응했던 것들이 개인적 욕구와 환경이 변화함에 따라 예전만큼 잘 적응하지 못할 수도 있다. 그러므로 입양 시스템의 기능방식에 있어서 변화가 요구된다. 입양인은 자신들이 두 가정에 속해 있다는 사실에 직면할 때, 그들은 추가적인 정보가 필요하거나, 혹은 친생부모와의 연락을 요구할 것이다. 친생부모 역시 정보 및 연락과 관련하여 다양한 욕구가 있을 것이다(이미선 역, 2023. 재구성). 모든 관계와 마찬가지로, 입양인 · 친생부모 · 양부모 간의 경계선은 각각의 변화하는 욕구에 적응하기 위해 일생동안 유연해야 할 필요가 있다.

또한 입양 후 입양 가정에서 발생할 수 있는 다양한 심리적 이슈들과 어려움 또는 긍정적인 발전들을 서로 소통하고 각 생활주기별 욕구나 발달 과업을 중심으로 입양부모와 아동, 형제들을 포함한 입양가족 전체에 대한 각 단계와 수준에 맞는 교육 프로그램이 구체화 될 필요가 있다(김지선, 2021).

특히 입양 후 아동이 잘 적응하고 있는지에 대한 점검을 위해 입양 후 감독제도와 같이 법원을 통한 감독을 고려해 볼 수 있다. 미국의 입양 후 감독제도는 법원을 통해 아동의 최상의 복리를 위해 훈련된 지역사회 자원봉사자에 의해 수행되며, 이들은 법관의 명령에 의해 아동이 학대 또는 방치 사례를 조사하고 법관에게 아동의 영속성에 대한 결정을 내리는 데에 도움이 되는 정보를 제공하도록 배정된다(최용길. 2020). 이러한 제도는 입양 후 아동에게 있을 수 있는 학대나 방임에 대한 예방차원을 위하여 필요할 것이다.

(4) 입양관련 법과 정책에 대한 전환

현재 임산부들이 양육과 입양결정을 위해 일주일이라는 '입양숙려기간'에 대한 기간연장이 필요하다는 논의가 지속되고 있으며, 임산부들이 마지막 선택을 하기 전에 보다 체계적인 상담시스템이 구축되어야 한다. 즉 최종 입양선택 전에 임산부들이 임신한 순간부터 그들의 다양한 어려움이나 갈등을 지원하고, 궁극적으로 아이를 포기하지 않고 양육할 수 있는 근본적인 제도가 필요할 것이다.

따라서 앞으로의 입양정책은 기존의 제도를 보완하거나 수정하는 것도 중요하지만, 임신한 여성들이 다양한 선택권과 결정권을 할 수 있는 방향으로 논의되어야 한다. 또한 입양가족과 관련된 가족, 이웃과 공동체, 사회가 비슷한 수준의 이해를 통해 다양한 삶의 하나의 방식으로 우리 사회에서 함께 공존해야 할 것이다.

〈참고자료 12-3〉

외국의 다양한 임산부 정책

세계 각국은 영아가 유기, 방임되지 않도록 위기 징후 임산부 발굴, 보호(익명)출산제 등 다양한 제도를 운영하고 있다.

독일은 2014년부터 '신뢰출산제'를 시행했다. 원치 않는 임신을 한 여성은 상담과 의료지원을 받으며 비밀리에 자녀를 출산할 수 있다. 이때 자신의 신원을 밀봉한 뒤 비공개할 수 있으며, 자녀가 16세가 될 때까지 익명성을 보장받을 수 있다. 모든 과정은 '임신갈등상담소'를 중심으로 운영된다. 상담소는 철저한 비밀 보장을 원칙으로 개별, 지속적 상담을 통해 위기 징후 임산부를 발굴하고, 출산부터 입양 등의 모든 절차에 관여한다. 독일은 베이비박스와 같은 개념인 '베이비 해치(baby hatch)'도 운영하고 있다.

프랑스는 1993년 '익명출산제도'를 공식 도입했다. 임신부가 출산 시 자신의 신원을 밝히지 않고 싶다면, 아동 출생등록 서류에 엄마 성명 대신 문자 'X'를 기재하면 된다. 이 같은 익명출산 여성은 프랑스에서 '그림자 엄마'라고도 불린다. 프랑스는 모든 산모에게 6개월 이후 발생하는 모든 의료 비용(입원비, 출산비, 산후관리 등)을 100% 국가가 부담해 준다. 출산 후엔 조산사가 가정을 방문해 건강검진 및 관리 서비스를 제공한다.

영국은 국가의료제도(NHS)에 등록된 임산부를 상대로 임신 기간은 물론, 출산 후 1년까지 무료 진료 서비스를 해준다. 또 산후에도 국가 소속 건강 관리사(Health Visitor)들이 정신적, 육체적 건강을 무료로 관리해 준다.

출처: 문화일보(2023. 7. 14.). 독일, '신뢰출산제' 시행 … 산모 신원 밀봉하고 16세까진 아이에게도 비밀.

핵심용어

입양, 입양아동, 입양친부모, 입양양부모, 공개입양, 입양특례법, 국내입양특별법, 입양숙려제, 위기임신, 출생통보제, 보호출산제, 반편견교육

학습실천과제

1. 그림책 '나도 가족일까?'(다비드 칼리, 2016)를 읽고 진정한 가족의 모습은 어떤 가족인지 의견을 나누어 보자.
2. 입양을 하기 전 임산부들이 '자기결정권'을 행사할 수 있도록 어떤 정책과 지원이 필요한지 토론해 보자.
3. 국내입양특별법 도입을 통해 추후 우리 사회에서 입양가족을 위해 어떠한 시도와 변화가 필요한지 논의해 보자.

제13장

노인가족과 복지

〈학습목표〉

1. 초고령사회에 진입한 현재 노인가족의 실태에 대해 설명할 수 있다.
2. 노인가족의 돌봄 특성과 이슈에 대해 탐색할 수 있다.
3. 노인가족 관련 법과 복지 정책을 이해하여 필요한 과제를 추론할 수 있다.

우리나라는 현재 노인인구가 과반수가 되는 초고령사회로 빠르게 진입하고 있다. 노인의 특성 또한 이들의 경제적 수준, 건강 수준, 교육 수준 등에 따라 다양성과 이질성이 두드러지고 있어, 노인가족을 하나의 특성이 아닌 다양한 욕구와 특성을 갖고 있다는 관점에서 복지서비스를 고려할 필요가 있다. 현재 제4차 저출산 · 고령사회기본계획(2020)에 따라 '건강하고 능동적인 고령사회 구축'을 목표로 소득공백없는 노후생활보장체게, 예방적 보건 · 의료서비스 확충, 지역사회 계속 거주를 위한 통합적 돌봄, 고령친화적 주거환경 조성, 존엄한 삶의 마무리 지원이라는 핵심과제를 수행 중에 있다. 앞으로 노인가족 역시 매우 급진적인 변화를 경험할 것이라 여긴다. 따라서 본 장에서는 노인가족의 현재 실태를 이해하고, 초고령사회를 맞이하여 주 이슈가 된다고 여기는 돌봄의 형태에 대해 논의해 볼 수 있는 기회를 마련하고 현재 수행 중인 노인가족을 위한 지원 정책과 실천에 대해 알아보고자 한다.

1. 노인가족의 이해

1) 노인의 정의

노인[1)]이라는 용어는 말 그대로 '나이 들어 늙은 사람'이라는 의미이다. 이때 늙어 간다는 것, 즉 노화는 생물학적, 심리적 그리고 사회적 기능이 쇠퇴한다는 의미를 지닌다. 따라서 노인이란 용어는 '나이가 들어 제반 기능이 저하된 사람'을 의미한다. 그러나 일상생활, 학술연구, 정책 등에서 노인을 호칭하는 우리말은 노인이라는 단어에 국한되지 않고 노년, 고령자 등 다양하다. 먼저 '노인'이라는 용어는 나이 든 사람에 대한 일반적 호칭으로 가장 널리 사용되고 있다. '노년'이라는 용어는 노인이라는 용어가 지닌 부정적 의미를 줄이기 위한 시도로 제안된 용어지만, 주로 노년기라는 인간발달 단계상의 시간적 의미를 지닌다. '고령자'라는 용어는 노인만을 지칭하기보다는 장년층에서 노년층까지의 보다 넓은 인구를 통칭하는 경우에 주로 사용된다. 이 외에도 우리나라에서는 가족관계에서 활용하는 용어를 확장하여 할아버지, 할머니라는 용어로 부르기도 하며, 비하적인 의미를 지닌 용어 또한 많이 사용되고 있다. 노인복지 실천 현장에서는 '어르신'이란 용어를(권중돈, 2022) 사용하고 있다.

외국에서도 노인을 의미하는 다양한 용어가 사용되고 있다. 영어권 국가에서는 늙은 사람(older person), 나이 든 사람(aged), 연장자(elderly), 선배시민(senior citizen), 황금 연령층(golden age)이라는 용어를 사용하고 있다. 프랑스에서는 적극적인 노후생활을 영위한다는 의미로 제3세대라는 용어를, 중국에서는 60대

1) 노인의 조작적 정의
- 개인의 자각에 따른 노인: 스스로의 주관적 판단에 의해 규정하는 것.
- 역연령에 따른 노인: 달력상의 나이로 규정하는 것(노인복지법과 기초연금법에서는 65세를 노인으로 규정하는 등 관련 법이나 정책에서 규정하고 있는 연령으로 정의함).
- 사회적 역할 상실에 따른 노인: 직장에서의 퇴직 등에 의해 규정하는 것.
- 기능적 연령에 따른 노인: 개인의 외모, 신체적 기능, 생산성 등의 기능 수준을 근거로 규정하는 것.

는 장년(長年), 70대 이상은 존년(尊年)이라는 용어를 그리고 일본에서는 실버(silver) 또는 노년이라는 용어를 노인이라는 용어와 함께 사용하고 있다. 이와 같이 어떤 문화권이든 간에 긍정-중립-부정의 세 가지 의미를 지닌 다양한 용어로 노인을 호칭하고 있다. 부정적 의미를 지닌 노인 관련 용어들은 노년기의 기능 저하, 사회적 지위의 하락 등을 드러내어 노인을 사회적으로 비하 또는 차별하는 경우에 주로 사용된다. 긍정적 의미의 관련 용어들은 노인의 높은 사회적 지위를 인정하고 사회의 웃어른으로 존중하고자 하는 의도를 내포한다.

권중돈(2022)은 긍정이나 부정의 의미를 지닌 노인 관련 용어들은 일상생활의 대인관계 또는 전문 원조과정에서 주로 사용되며, 객관성과 중립성을 요구하는 노인 관련 학문분야나 연구에서는 중립적 의미를 지닌 용어를 사용하는 것이 옳다고 하였다. 이에 학술적 논의를 위해서는 부정적 의미가 없는 것은 아니지만 현재 사용하고 있는 우리말 중에서 상대적으로 중립적 의미를 지닌 '노인'이라는 용어를 사용하는 것이 바람직하다고 하였다.

2) 노인가족의 실태

(1) 고령사회에서 초고령 사회로의 진입

통계청(2023) 자료에 따르면 2023년 65세 이상 고령인구는 우리나라 인구의 18.4%인 950만 명이며, 이는 향후 계속 증가하여 2025년은 20.6%[2), 2035년은 30.1%, 2050년에는 40%를 넘어설 것으로 예측되고 있어, 바야흐로 우리나라는 노인인구가 과반수가 되는 초고령 사회로 빠르게 진입하고 있음을 알 수 있다. 또한 생산연령인구 100명이 부양하는 고령인구를 의미하는 노년부양비는 2023년 26.1명이며, 2035년에는 48.6명, 2050년에는 78.6명에 이를 것으로 전망하고 있어 향후 노인부양 및 돌봄 부담에 관한 이슈는 계속해서 증대될 것이라 여긴다.

2) 65세 이상의 인구가 전체 인구의 20% 이상인 경우를 초고령사회라 칭한다.

(2) 노인가족의 구성

초고령 사회 진입을 앞두고, 가구주 연령이 65세 이상인 고령자 가구 역시 증가하고 있는데(〈표 13-1〉 참조), 2023년 549만 1천 가구로 전체 가구의 25.1%를 차지하고 있는 것으로 나타났다. 향후 65세 이상 고령자 가구는 계속 증가하여 2039년에는 천만 가구를 넘고, 2050년에는 우리나라 전체 가구의 절반(49.8%)을 차지할 것으로 예측되고 있다. 2023년 고령자 가구 유형을 살펴보면, 1인 가구가 36.3%로 가장 많고, 부부(35.3%), 부부+미혼자녀(9.2%), 부(모)+미혼자녀(5.5%) 순으로 대다수가 혼자 또는 배우자와만 사는 노인단독가구 형태가 우세함을 알 수 있다.

〈표 13-1〉 고령자 가구

	총가구	고령자 가구[1]	비중	고령자 가구 유형 및 구성비									
				부부	구성비	부부+미혼자녀	구성비	부(모)+미혼자녀	구성비	1인 가구	구성비	기타	구성비
2010	17,495	2,923	16.7	985	33.7	286	9.8	149	5.1	991	33.9	512	17.5
2020	20,731	4,640	22.4	1,610	34.7	443	9.6	259	5.6	1,618	34.9	710	15.3
2023	21,834	5,491	25.1	1,936	35.3	505	9.2	305	5.5	1,993	36.3	752	13.7
2025	22,309	6,147	27.6	2,180	35.5	563	9.2	344	5.6	2,248	36.6	812	13.2
2030	23,180	7,654	33.0	2,746	35.9	669	8.7	435	5.7	2,861	37.4	943	12.3
2035	23,709	9,054	38.2	3,263	36.0	751	8.3	518	5.7	3,458	38.2	1,064	11.8
2039	23,870	10,103	42.3	3,632	36.0	808	8.0	581	5.8	3,925	38.9	1,157	11.4
2040	23,866	10,290	43.1	3,688	35.8	811	7.9	592	5.8	4,023	39.1	1,176	11.4
2045	23,572	10,984	46.6	3,885	35.4	815	7.4	632	5.8	4,410	40.1	1,243	11.3
2050	22,849	11,375	49.8	3,958	34.8	812	7.1	658	5.8	4,671	41.1	1,276	11.2

자료: 통계청, 「장래가구추계: 2020~2050」.

주: 1) 가구주의 연령이 65세 이상인 가구

출처: 통계청(2023). 2023 고령자통계 보도자료집(2023.9.26.). p. 23.

그렇다면 2023년을 기준으로 '자녀가 있는데 따로 살고 있다'고 한 응답자(68.4%)에게 그 이유를 질문한 결과(〈표 13-2〉 참조), '따로 사는 것이 편해서'(37.1%), '본인 또는 배우자의 독립생활이 가능'(29.6%), '자녀에게 부담이 될까봐'(19.6%) 순으로 나타났다. 반면 '현재 자녀와 함께 살고 있다'고 한 응답자(31.6%)에게 그 이유를 질문한 결과, '같이 살고 싶어서'(35.9%), '자녀의 독립생활이 불가능'(32.0%), '본인 또는 배우자의 독립생활이 불가능'(21.3%) 순으로 나타났으며, 특히 자녀가 독립을 하지 못했기 때문에 함께 살고 있다는 것에 주목할 필요가 있다.

현재 자녀와의 동거 · 비동거와 관계없이, 조사대상자의 대다수(78.8%)는 '향후에 자녀와 같이 살고 싶지 않다'고 하였고, 이는 2년 전보다 1.5% 증가한 수치이다. 또한 성별에 따른 차이도 나타났는데, 남성이 여성보다 비동거를 원하는 비중이 높은 것으로 나타났다.

이에 따라 앞으로 배우자와만 살고 있거나 또는 1인 가구 형태로 거주하는 노인가족형태는 계속해서 증가할 것이라 예측된다. 이러한 욕구가 증가하고 있음에도 불구하고 자신 또는 배우자의 독립생활이 어려워 자녀에게 의존하거나 또는 반대로 자녀의 독립생활이 어려워 노부모에게 의존하며 함께 살 수밖에 없는 노인가족의 돌봄 스트레스는 향후 더 큰 이슈로 나타날 것이라 여긴다.

〈표 13-2〉 자녀와 동거 여부 및 이유[3]

	현재														향후	
	동거	같이 살고 싶어서	자녀의 독립 생활 불가능	본인[4] 또는 배우자 독립 생활 불가능	손자·손녀 양육 또는 가사 도움	자녀가 학생 또는 미성년자	기타	비동거	따로 사는 것이 편해서	본인[2] 또는 배우자 독립 생활 가능	자녀에게 부담이 될까봐	본인[2] 또는 배우자, 자녀의 직장·학업	기타	동거	비동거
2021년	30.8	36.1	30.3	22.5	9.1	0.9	1.0	69.2	32.8	31.8	20.1	14.3	1.0	22.8	77.2
2023년	31.6	35.9	32.0	21.3	8.9	1.2	0.8	68.4	37.1	29.6	19.6	13.0	0.7	21.2	78.8
남자	30.9	40.1	38.6	11.8	7.0	1.8	0.8	69.1	34.9	32.9	17.0	14.6	0.7	19.4	80.6
여자	32.2	32.6	26.8	28.8	10.4	0.7	0.8	67.8	38.9	26.8	21.8	11.7	0.7	22.8	77.2

출처: 통계청(2023). 2023년 사회조사결과 보도자료집(2023.11.8.), p. 15.

(3) 노인가족의 경제적 독립과 가족관계 만족도

65세 이상 고령자의 공적연금 수급률은 해마다 증가하여, 2022년에는 전체 고령자의 57.6%가 공적연금을 받고 있는 것으로 나타났다(통계청, 2023). 그러나 우리나라 은퇴연령층(66세 이상)의 상대적 빈곤율은 경제협력개발기구(OECD) 가입국 중 높은 수준([그림 13-1] 참조)으로 나타나, 노인의 경제적 욕구는 그 어느 때보다 높을 수밖에 없음을 알 수 있다.

3) 자녀가 있다고 응답한 60세 이상 사람을 대상으로 함.

4) 2023년 본인 → 본인 또는 배우자로 변경.

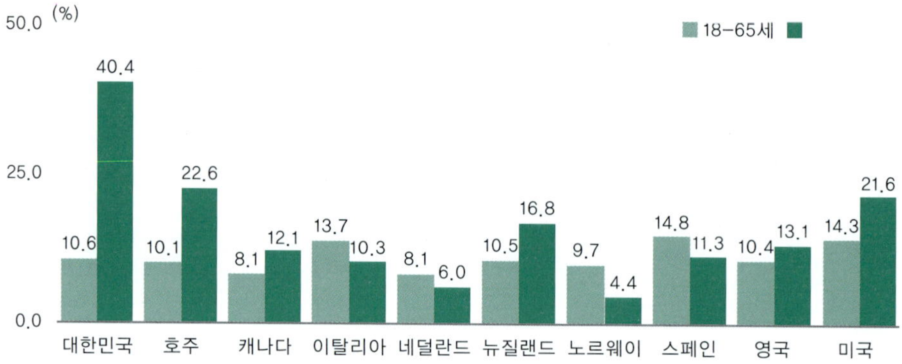

[그림 13-1] OECD 주요 국가 은퇴연령층의 상대적 빈곤율(중위소득 50% 이하, 2020)

자료: OECD,「Social and Welfare Statistics」(2023.9.1. 기준).

주: OECD 주요 국가 은퇴연령층의 상대적 빈곤율은 2020년 기준 자료임.

출처: 통계청(2023). 2023 고령자통계 보도자료집(2023.9.26.), p. 34.

노인가족의 경제적 상황을 알아보기 위해, 이들이 생활비를 어떻게 마련하고 있는지를 조사한 결과([그림 13-2] 참조), '자녀 · 친척 지원'은 12.0%로 10년 동안 16.8%가 감소한 반면 '본인 또는 배우자가 부담하고 있다는 76.0%로 10년 동안 12.4%가 증가하였다. 생활비를 주로 본인 또는 배우자 부담으로 하는 경우, 마련 방법을 조사한 결과 '근로소득 및 사업소득'(57.8%), '연금 · 퇴직급여'(29.0%), '재산소득'(8.1%) 순으로 나타나 과반수 이상이 일을 통해 자신과 배우자의 노후를 책임지고 있음을 알 수 있다. 그러나 '정부 · 사회단체'의 지원에 의존하고 살고 있는 경우 역시 2023년 11.9%로 10년 동안 4.3% 증가하여 국가 및 사회적 책임이 필요한 노인가족 역시 늘어나고 있음을 주목하여야 할 것이다.

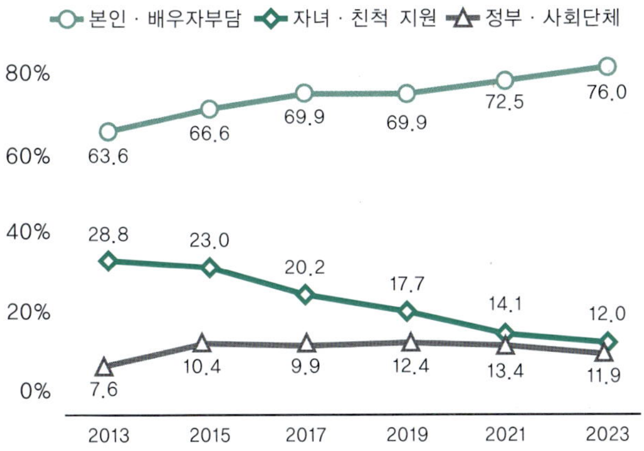

[그림 13-2] 고령자의 생활비 마련 방법

출처: 통계청(2023). 2023년 사회조사결과 보도자료집(2023.11.8.), p. 14.

그렇다면 65세 이상 인구의 고용률이 어느 정도인지 살펴본 결과([그림 13-3] 참조), 2022년 기준으로 36.2%가 취업을 하고 있는 것으로 나타났으며, 지난 10년간 6.1% 증가한 수치임을 알 수 있다. 반면 65세 이상 고령자 중 비취업자는 2012년 69.9%에서 2022년 63.8%로 지속적으로 감소하고 있는 것으로 나타났다.

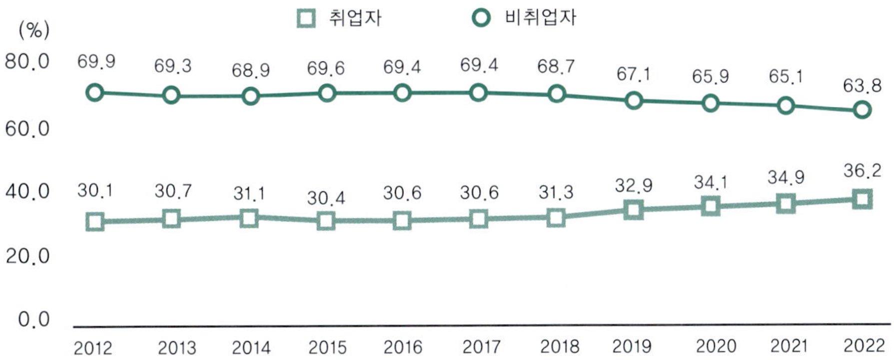

[그림 13-3] 취업자 · 비취업자 비중 변화(65세 이상)

자료: 통계청, 「경제활동인구조사」.

출처: 통계청(2023). 2023 고령자통계 보도자료집(2023.9.26.), p. 6.

이를 바탕으로 실제 65세 이상 노인의 취업 여부가 배우자, 자녀 등 전반적인 가족관계 만족도에 영향을 미치는지 조사한 결과([그림 13-4], [그림 13-5] 참조), 65세~74세, 75세 이상 모두 일하고 있는 고령자가 배우자, 자녀, 전반적인 가족관계에서 비취업 고령자보다 만족도가 높은 것으로 나타났다.

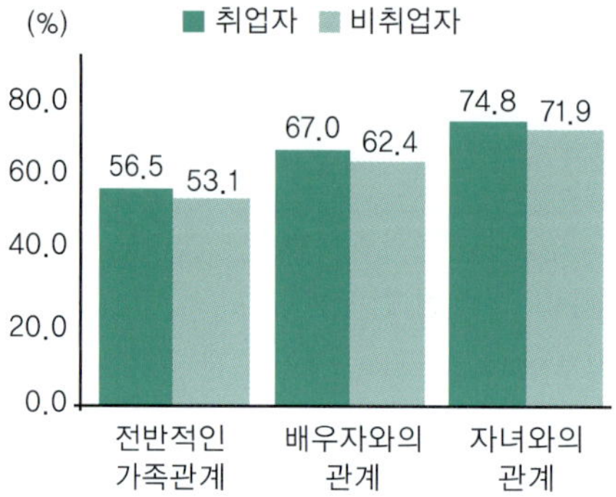

자료: 통계청, 「2022년 사회조사」.

[그림 13-4] 가족관계 만족도(65~74세)

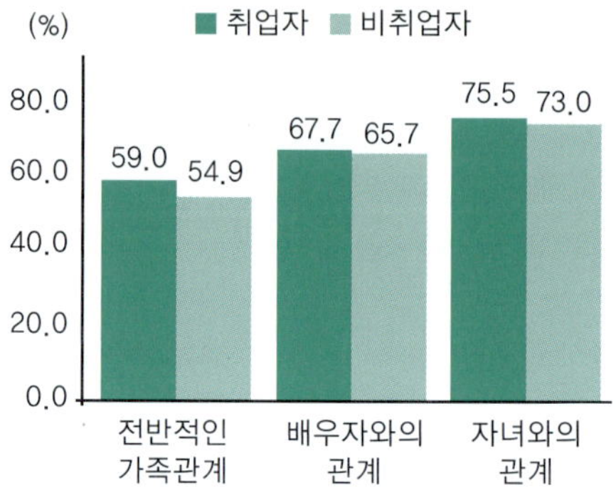

[그림 13-5] 가족관계 만족도(75세 이상)

출처: 통계청(2023). 2023 고령자통계 보도자료집(2023.9.26.), p. 10.

또한 65세 이상 일하는 고령자 중 81.9%는 향후 자녀와 동거를 희망하지 않았으며, 이는 비취업 고령자(72.9%)보다 9.0% 높은 것으로 나타났다(통계청, 2021). 이를 좀 더 자세히 살펴보면([그림 13-6], [그림 13-7] 참조), 65~74세 일하는 고령자 중 82.3%는 자녀와 동거를 희망하지 않았고, 비취업 고령자(78.0%)보다 4.3% 높은 것으로 나타났다. 그리고 75세 이상 일하는 고령자 중 80.7%는 자녀와 동거를 희망하지 않았고, 비취업 고령자(67.8%)보다 12.9% 높은 것으로 나타났다.

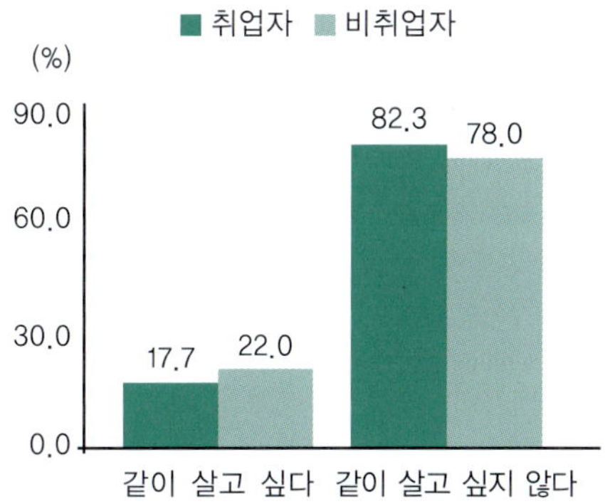

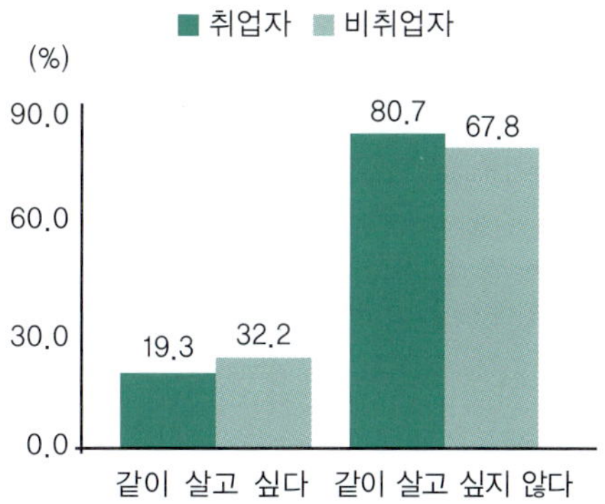

자료: 통계청, 「2021년 사회조사」.

[그림 13-6] 향후 자녀와의 동거의향(65~74세) [그림 13-7] 향후 자녀와의 동거의향(75세 이상)

출처: 통계청(2023). 2023 고령자통계 보도자료집(2023.9.26.), p. 16.

이를 통해 노인의 경제적 독립은 배우자와 자녀 그리고 전반적인 가족관계 만족도에 영향을 미치고 있으며, 특히 75세 이상은 관계 만족도에 더 많은 영향을 미치고 있는 것으로 나타나 고령일수록 경제적 독립을 한 노인과 그렇지 않은 노인 간의 가족관계는 더욱 차이가 나타날 것이라 전망된다. 더불어 노인의 취업 여부와 관계없이 대다수의 고령자는 자녀와 같이 살고 싶지 않다는 의견을 보였다. 특히 75세 이상 노인 역시 취업 여부에 따라 차이를 보이고 있는데, 비취업자의 경우 '자녀와 같이 살고 싶다'의 의견이 32.2%로 증가한 수치에 비추어, 경제적 · 신체적 독립이 낮아진 고령의 시기에 배우자 또는 자녀돌봄 관련 지원뿐만 아니라 자녀와의 동거 또는 의존이 어려운 경우 이에 대한 여러 가지 대안이 필요하게 될 것이라 전망된다. 이에 따라 건강한 고령자들은 계속해서 독립적인 생활을 원할 수밖에 없으며, 이를 해결하기 위한 취업 욕구와 일할 수 있는 일자리 지원 역시 지속적으로 확대 요청될 것이라 여긴다.

(4) 노인가족의 장기요양 인정자 비중

2021년 65세의 기대여명은 21.6년, 75세의 기대여명은 13.4년으로 전년도 대비 각각 0.1년씩 늘어났다. 성별로 살펴보면, 65세 여자의 기대여명은 23.7년으로 남자(19.3년)보다 4.4년 더 길고, 75세 여자의 기대여명은 14.9년으로 남자

(11.7년)보다 3.2년 더 긴 것으로 나타났다. 이는 경제협력개발기구(OECD) 평균보다 높은 수준으로, 65세 여자의 기대여명은 OECD 평균보다 2.5년, 남자는 1.5년 더 높은 것으로 나타났다(통계청, 2023).

그렇다면 건강하지 않은 노인이 어느 정도인지 살펴보기 위해 65세 이상 고령자의 장기요양 인정자 비중을 살펴본 결과, 전체 10.5%가 장기요양 인정자로 나타났으며, 해마다 그 숫자가 증가하고 있음을 알 수 있다. 성별 장기요양인정자 비중은 여자가 13.7%로 남자(6.4%)의 2.1배 수준이며, 장기요양인정자 비중은 65~69세는 1.7%, 70~79세는 6.9%이며 80세 이상은 29.2%로 나이가 많을수록 증가하고 있어, 초고령사회에 진입한 우리나라의 경우 건강하지 않은 노인의 돌봄을 어떻게 할 것인가에 대한 이슈는 계속해서 제시될 수밖에 없음을 알 수 있다.

2. 초고령사회: 노인가족의 돌봄 특성과 이슈

1) 노인의 삶의 만족도와 노-노 세대관계

(1) 노인의 삶의 만족도

노년기에 행복 수준이 어떻게 변하는지에 관한 관심으로 여러 가지 연구들이 진행되어 왔다. 나이와 행복 또는 삶의 만족 간 관계가 서로 관련이 없다는 주장과 나이가 들어도 생애 마지막 단계 이전까지 삶의 만족 또는 행복이 증가하거나 최소한 감소하지 않는다는 주장도 제시되어 왔다.

나이와 삶의 만족에 대한 우리나라 연구에서는 상이한 결과들이 제시되었다. 청 · 장년기보다 노년기에 삶의 만족도가 낮다는 연구(김성아 · 정해식, 2019), 노년층에서도 나이가 많은 집단에서 삶의 만족도가 감소한다는 연구(박기남, 2005)도 제시된 바 있다. 이외에 나이와 사회활동, 소득, 건강 등도 삶의 만족도에 영향을 준다는 보고도 제시된 바 있는데, 자녀와 함께 살지 않는 노인을 대상으로 한 연구에서는 85세 이상 초고령 노인을 제외하면 나이가 많을수록 삶의 만족이 증가하며, 사회활동 참여가 증가할수록 삶의 만족도가 증가하는 것(김정현 · 전미혜, 2018)으로 나타났다.

나이 외에 주관적 건강(왕연연 외, 2022) 상태가 좋을수록 삶의 만족이 증가하는 것으로 나타났으며, 빈곤은 삶의 만족을 떨어뜨리는 주된 요인으로 제시(김준범 · 장대연, 2019)된 바 있다. 또한 자녀 동거의 삶의 만족에 대한 영향은 성별로 차이가 있다는 연구도 제시되었는데(이신영, 2009), 여성의 경우 자녀 동거가 삶의 만족과 유의미한 관계를 보이지만 남성의 경우는 유의미한 관계를 보이지 않는 것으로 나타났다. 이외에 배우자 유무, 취업 유무도 삶의 만족과 유의미한 관계를 보이는 것으로 나타났는데(정순돌 · 이선희, 2011), 즉 배우자가 있는 경우, 취업한 경우 삶의 만족이 높은 것으로 나타났다. 85세 미만 노인을 대상으로 나이와 삶의 만족이 성별에 따라 차이가 있는지를 연구한 결과(김영범, 2023), 남성과 여성 모두 나이가 들수록 여가활동 참여 수준이 유의미하게 증가하는 것으로 나타났으며, 나이는 삶의 만족도에 유의미한 직접 효과는 없는 것으로 나타났다. 특히 남성의 경우 여성에 비해 자녀접촉이나 친구 · 이웃과의 접촉이 아닌 여가활동을 많이 할수록 삶의 만족도가 높게 나타나 즐거움을 주는 활동이 성별로 차이가 난다고 주장하였다. 즉 남성은 노년기에도 가능한 정서적 교감보다는 성취나 독립성과 같이 남성성을 드러내는 활동에서 만족감을 느끼는 것으로 나타나 삶의 만족에 영향을 미치는 활동에 성별 차이가 있다고 하였다.

(2) 노-노 세대관계: 초고령부모와 노인자녀

노년기가 되어도 여전히 부모가 생존해 있는 상황이나 자녀가 이미 노인인 상황, 즉 부모와 자녀 모두 노인으로 구성되는 세대조합은 수명증가로 인해 인류가 맞이하게 된 다소 생소한 가족관계의 모습이라 할 수 있다. 그동안에도 예외적으로 긴 수명을 누리는 사람들이 존재하였고 이러한 장수인 혹은 백세인들의 자녀들도 '노인'이었지만 이들은 이례적으로 긴 삶을 사는 '소수의 특별한 사례'였다. 그러나 평균수명의 비약적인 증가로 인해 이제 '노(老)-노(老) 세대조합'은 보다 많은 사람들이 경험하게 될 예측 가능한 생애 과정의 한 국면이 될 것이다. 초고령부모와 그들의 자녀가 공존하는 삶은 그들의 관계 역동을 복잡하게 할 수 있고 노화에 대한 인식에도 영향을 미칠 수 있다.

노인자녀의 입장에서 보면, 일반적으로 노인이라고 규정하는 65세 전후로 은퇴를 경험하고, 연금수혜 자격이나 경로우대 등 다양한 법과 정책 실행에서도 노인의 지위를 지니게 되며, 신체적 노화에 따른 건강문제들 또한 경험한다. 노화 인식에 부정적으로 영향을 미칠 수 있는 이러한 변화들에도 불구하고 여전히 생존 부모에게 다양한 도움을 제공하는 상황은 노인자녀들에게 있어 노화로 인한 상실들을 극복하고 자신이 여전히 유용하고 쓸모 있다는 생각을 유지하는데 도움이 될 수 있다. 하지만 노인이 되어서도 여전히 부모에게 돌봄을 제공해야 하는 상황은 과도한 부담감으로 작용할 수 있으며, 자신의 인생 계획이 부모의 장수와 맞물려 기대치 못한 방향으로 변경되어야 하는 상황은 삶의 전반에 부정적인 영향을 미치기도 한다(Brandao, Riberiro, Oliverira & Paul, 2017; 김주현 외, 2023. 재인용). 한편, 초고령부모에게 있어 배우자나 친구와 같은 사회관계망의 상당 부분을 상실하는 과정에서 자녀는 실질적으로나 정서적으로 가장 의미 있고 중요한 관계이며, 특히 초고령노인들은 만성적인 건강문제로 인하여 주변 사람들로부터의 돌봄과 도움을 필요로 하는데, 이러한 상황에서 자녀는 종종 초고령노인에게 거의 유일한 사회적 상호작용의 창구이자 돌봄 제공자가 된다(Boerner, Jopp, Park & Rott, 2016, 김주현 외, 2023. 재인용). 이에 따라 자녀가 제공하는 돌봄은 초고령부모의 삶의 질에 핵심적인 요인이라 할 수 있다. 그러나 백세인에 대한 질적 연구나 부양 관련 연구들(전경숙 외, 2013; 한경혜 외, 2004)에 따르면 초고령부모들은 자신들이 자녀에게 과도한 짐을 지우고 있다는 점을 걱정하고 있으며, 이러한 우려는 자신의 '오래 삶'에 대한 부정적인 인식과 연결될 수 있다고 하였다.

실제 65세 이상 노인자녀와 초고령부모로 구성된 자료를 분석한 김주현 외(2023)의 연구 결과, 초고령부모들은 노인자녀보다 전반적으로 자신의 노화에 대해 덜 긍정적으로 인식하고 있는 것으로 나타났다. 특히 만성질환이나 기능수행에 어려움을 많이 경험하는 초고령부모일수록 자신의 노화에 대해 훨씬 부정적인 것으로 나타났다. 노인자녀의 경우 부모에 대한 부양부담을 높게 지각할수록 자신의 노화에 대해 덜 긍정적으로 인식하고 있었고, 초고령부모의 경우 자녀의 돌봄에 대해 만족을 높게 지각할수록 스스로의 노화에 대해 긍정적으로 인식하는 경향이 있는 것으로 나타났다. 즉 돌봄에 대한 주관적 인식은 노인자녀와 초고령부모 모두에게서 노화의 인식과 유의한 관련성을 갖고 있는 것으로 나타났지만, 자녀가 부모에게 제공한 돌봄의 정도는 부모와 자녀 모두에게서 노화 인식과 관련성이 나타나지 않았다. 중요한 것은 자녀가 얼마나 많은 지원을 제공하는가가 아니라, 이러한 지원이 이루어지는 맥락과 주관적 평가가 중요하다고 주장하였다. 초고령 부모에 대한 부양의무가 거의 전적으로 자녀에게 지워지는 상황은 노인자녀로 하여금 자신이 실제 제공하는 돌봄 정도와는 별개로 부양에 대한 부담을 높게 지각하도록 할 수 있다. 또한 자녀 외의 다른 이용 가능한 관계 자원이 부재한 상황에서 부모 역시 자녀의 돌봄에 전적으로 의존할 수밖에 없고, 자신의 필요가 자녀의 지원을 통해 적절하게 충족되기는 쉽지 않다. 이러한 맥락에서 노인부양의 주체가 국가, 지역사회 등으로 보다 다원화되어, 가족의 부담을 완화시키는 것이 필요하다. 2008년부터 도입된 '노인장기요양보험'이 건강문제가 있는 노인의 돌봄에 상당 정도 기여하고 있는 것은 사실이지만, 등급 기준이 까다로울 뿐 아니라 등급 인정을 받는다 할지라도 재가 급여를 통해 받을 수 있는 지원의 정도는 가족의 돌봄 부담을 완화시키는 데는 여전히 부족하다. 특히 초고령기에 도달하는 인구가 급속히 증가하는 상황에서는 돌봄의 일차적 책임자인

자녀 또한 노인일 가능성이 높아지는데, 이러한 노인자녀의 부담을 완화시킬 수 있는 보다 다양한 방안들이 모색되어야 할 것이다.

2) 일하고 있는 가족: 돌봄의 호혜성과 스트레스[5)]

(1) 노인의 손자녀 양육 지원과 스트레스

최근 손자녀를 돌봐주는 노인의 역할에 대한 사회적 관심이 증가하고 있다. 2020년 노인실태조사(보건복지부, 2020)에 따르면, 지난 1년간 직접 돌봐 준 10세 미만의 손자녀가 있다고 응답한 비율은 조사대상자의 9.0%이다. 평균 2.3명의 손자녀를 돌보는 것으로 나타났으며, 이 중 1명 또는 2명의 손자녀를 돌보는 비율이 각각 35.4%, 3명 이상 29.2% 순으로 나타났다.

현재 우리나라는 조부모의 손자녀 양육참여가 꾸준히 증가하고 있는 것으로 나타났다(남현우 · 김용미, 2019). 물론 전체 노인을 대상으로 봤을 때 손자녀 양육에 참여하는 노인의 비중은 그리 크지 않아 보이나, 손자녀가 있는 조부모 중 손자녀 양육에 참여하는 조부모의 비중은 상당히 높은 것으로 나타났다(신유미, 2017). 특히 우리나라에서는 육아를 여성의 일로 간주하는 사회적 분위기가 여전히 팽배하여, 어린 자녀가 안정되고 안전한 환경에서 성장할 수 있도록 어머니 역할을 대신해 줄 수 있는 돌봄 제공자로서 조모는 더할 나위 없이 적합한 자원으로 고려(박효진 · 박소영, 2013)된다.

---

5) 2024년부터 가족센터의 기본사업으로 시작된 "위기 · 취약가족 지원(온가족돌봄지원사업)"내에 가족관계 향상을 위한 교육 · 문화프로그램 및 자조모임 등 사회적 관계망 향상 지원이 있다. 그 중 (손자녀돌봄) 조부모 역할 지원: 자녀의 맞벌이, 자녀가족의 해체 등의 이유로 손자녀를 돌보는 조부모에게 심리, 정서상담 및 교육 등을 제공하거나, (노부모부양가족) 장애, 질병 노부모 부양가족에 대한 심리, 정서상담, 부양가족 간 소통 커뮤니티 운영, 노부모 케어교육(예: 노인마음 이해하기, 노인과의 의사소통, 노인돌봄(보건, 영양, 건강교육 등) 등 교육)을 진행하도록 권장하고 있다. 그러나 실제 가족센터 내에서 이 프로그램이 정기적으로 매우 잘 운영되고 있지 않고 있는 실정이다.

현재 우리나라에서 조모가 손자녀 양육에 참여하는 형태를 일컫는 명칭들은 매우 다양하다. 그러나 큰 범주에서 살펴보면 손자녀 양육 상황의 경우 일반적으로 성인자녀와 분담하여 일시적으로 양육하는 비전담양육(지원양육, 공동양육)의 경우와 조손가족과 같이 부모역할을 상실한 자녀를 대신하여 조모가 전적으로 손자녀를 양육하는 전담양육(주양육)의 경우로 나뉜다.

최근 맞벌이 가구는 계속해서 증가하는 추세이며, 맞벌이 여성은 직장생활과 가정생활이라는 두 영역에 대한 책임으로 자녀양육의 어려움을 경험하게 된다(김은정 외, 2014). 이러한 문제 해결을 위해 다양한 보육정책을 실행함으로 사회적 책임을 증가시키고자 노력하고 있음에도 불구하고, 여전히 맞벌이 가구에게 자녀양육의 문제는 가장 큰 어려움으로 보고되고 있다. 맞벌이 가구의 자녀양육은 개인대리 양육이나 시설양육으로 해결되는데, 이 두 가지 서비스를 조합하여 이용하는 경향이 높은 것으로 보고(류연규 · 김영미, 2014)되고 있다. 특히 개인 양육 제공자는 대부분이 조부모인 것으로 확인되는데, 조부모 중 조모가 자녀와 함께 손자녀 양육을 담당하는 비전담양육(지원양육)의 경우가 많아지고 있다(송시영 · 전혜정 · 주수산나, 2020). 이는 혈연에 의한 지원양육이 맞벌이 부모가 선호하는 '믿고 맡길 수 있는' 서비스라고 인식되는 것으로 분석된다. 이러한 지원양육의 증가는 이전보다 건강한 노인들이 많아지고 노년기의 생산적 활동을 권장하는 사회적 분위기 또한 영향을 미치는 것으로 나타났다(이승남 · 김현수, 2020). 앞으로도 취업모가 증가할수록 할머니인 조모가 손자녀 지원양육에 참여할 가능성은 더욱 늘어날 것으로 전망된다.

조모의 손자녀 양육과 관련하여 손자녀를 돌보는 것이 노년기 역할상실 문제를 해결하고, 손자녀 양육을 통해 즐거움, 만족감, 양육효능감 등 긍정적인 경험을 하는 것으로 나타나기도(한경혜 외, 2008) 하였으나, 실제 노년기에 손자녀를 돌보는 일은 조모에게 신체적 · 정서적으로 부정적인 영향을 미칠 수 있다. 예를 들어, 손자녀 양육을 지원하는 과정에서 아이와 놀아주고, 옷 입혀주고, 씻겨주고, 업어주는 등의 많은 일들은 상당한 강도의 육체적 노동을 수반하여 건강상의 문제 등 신체적인 스트레스에 노출될 수 있다. 또한 양육 가치관 차이로 인한 가족갈등, 사회생활 제약 및 여가시간 부족 등으로 심리적 · 정서적인 스트레스를 경험(권인수, 2000, 박혜리 외, 2020)할 수밖에 없다.

이에 손자녀를 양육하는 조부모의 스트레스 완화에 어떤 요인이 영향을 미치는지에 관한 연구 결과(진지혜 · 안정신, 2010, 박혜리 외, 2020) 조모 스스로 조부모로서의 의미인식, 자기통제감 등의 개인적 특성과 사회적 지지와 같은 환경적 특성이 긍정적 결과를 야기시키는데 중요한 변인으로 나타났다. 이에 조혜진 외(2023)는 양육지원 조모의 양육스트레스를 줄여줄 수 있는 실질적인 프로그램들이 적극적으로 시행될 필요가 있다고 주장하였다. 최근 세살마을 조부모육아교실, 지자체 손주돌보미사업, 가족센터, 복지관 및 주민센터 프로그램 등 다양한 기관에서 조부모 양육지원과 관련하여 다양한 서비스를 제공(〈참고자료 13-1〉 참조)되고 있으나 손자녀 양육에 필요한 지식을 제공하는 교육이 대다수이지, 실질적으로 조부모의 양육스트레스에 초점을 맞춰 지원하는 프로그램은 미비한 것으로 보인다. 향후 조부모의 손자녀 양육 스트레스를 관리하기 위해서는 직접적인 스트레스, 우울감 등의 감정관리와 더불어 양육 관련 디지털 정보활용 방법, 육아방법 코칭을 통한 자신감 향상 등의 간접적인 관리도 중요해질 것이라 여긴다.

(2) 가족(배우자, 자녀)의 노인돌봄 지원과 스트레스

현재 65세 이상의 노인을 돌보는 가족돌봄자의 대부분은 비슷한 연령대의 배우자나 4, 50대의 자녀들이다. 그동안 주로 돌봄자 역할을 해왔던 여성들의 활발한 노동시장 진출과 남성의 돌봄 역할 증가로 일과 돌봄을 병행하는 가족 돌봄자의 돌봄 부담은 증가될 수밖에 없다. 특히 일하는 가족 내 주 돌봄자는 일과 돌봄이라는 이중적 어려움에 처할 수 있다. 노인돌봄 역할을 수행하며 일을 하는 주 돌봄자는 시간 부족의 어려움을 겪을 수 있고, 가족관계나 대인관계의 변화 그로 인해 개인 생활에 전반적인 영향을 미칠 수 있다. 일하는 가족 주 돌봄자의 경우 직장에서 이직, 근무시간 단축 등의 이동이나 갑작스러운 결근, 조퇴 등을 통해 결국 퇴사로 이어지기도 하며(Leung et al., 2019), 스트레스와 불안, 고독감과 고독감과 고립감, 질병의 위험도 보고되고 있다.

또한 일을 하면서 몸이 불편한 노인을 돌보는 가족돌봄자의 경우 상당수가 극심한 심리, 정서적 어려움에 처해 있으며, 돌봄휴가나 정책을 필요로 하지만 제도를 알지 못하거나 이용할 수 없는 경우가 대부분이었다(김미현, 2018). 서울시 사회복지재단의 '일하는 가족돌봄자 지원방안 연구'(김미현 외, 2017)에 따르면, 돌봄자는 '심리 · 정서적 어려움', '사회 · 문화적 활동 참여의 어려움', '신체적 어려움', '경제적 어려움' 등 다양한 어려움을 호소하고 있으며, 그 중 '심리 · 정서적 어려움'을 가장 심하게 겪는 것으로 조사되었다. 또한 돌봄으로 인한 스트레스에 대하여 가족이나 친구와 상담한다고 응답한 비율이 각각 71.0%와 61.0%로 노인돌봄으로 인한 스트레스 해결방안의 미흡함을 지적하고 있다. 또한 가족 주 돌봄자에게 유연근무제 및 유급휴가와 같은 정책은 일과 돌봄의 균형에 도움이 되지만, 많은 고용주들이 돌봄의 책임을 개인에게 전가하고 근로환경의 측면에서 다루지 않고 있다(Nicksic et al., 2020). 따라서 일하는 가족 주 돌봄자를 위한 돌봄 부담의 원인을 규명하고 경감 방안을 마련하는 것은 현대 사회의 가족구조에서 매우 중요한 일이라 할 수 있다.

그러나 최근 돌봄에서 파생된 긍정적 측면에 대해서도 주장되고 있다. 즉 돌봄이 가족 주 돌봄자에게 신체적, 정신적 고통을 포함한 부담만을 주는 것이 아닌 일종의 역경 후 성장(post traumatic growth)처럼 변화과정을 통해 만족하거나 개인 내적 성장을 경험하도록 하는 변수로써 설명되기도 하였다. 실비아(Silva) 외(2020)는 돌봄 부담을 주관적 부담, 객관적 부담, 관계적 부담의 세 가지 하위 요소로 보고 돌봄을 통해 나타나는 긍정적인 감정의 관점을 추가하였다. 즉 돌봄 과정에서 나타나는 긍정적 측면인 삶의 확장(uplife)의 개념까지 돌봄 부담과 함께 고려되어야 한다고 강조하고 있다.

일하는 가족 주 돌봄자의 노인 돌봄부담에 관해 연구한 강금희 외(2024)는 주 돌봄자의 노인돌봄 부담이 높은 것은 사실이나, 이들은 자녀나 배우자이기 때문에 당연히 해야 할 일이라고 생각한다고 하였다. 즉 일을 마치고 돌봄 환경으로 출근한 가족 돌봄자는 자신이 돌봄자로서 행하는 돌봄인지, 가족이기에 행하는 당연한 돌봄인지에 대한 구분 자체가 모호하고, 이것이 가사활동인지 돌봄활동인지에 대한 경계 역시 불분명한 것으로 나타났다. 이는 한국 사회의 특징으로 돌봄 대상자를 가족의 일부로 생각하는 측면이 더 강하여 자신이 돌봄자라는 개념보다 자녀나 배우자라는 개념이 크기 때문이라고 해석하고 있다.

베이비부머 세대의 노인인구 편입과 함께 맞벌이 및 핵가족의 증가로 우리 사회의 노인인구에 대한 돌봄 양상은 지속해서 변화될 전망이다. 향후 가족 주 돌봄자의 돌봄 부담 감소를 위하여 가족의 건강지원 방안이 모색될 필요가 있다. 현재 노인 돌봄 부담 경감을 위한 가족지원제도로 2019년부터 가족상담 지원서비스를 지원하고 있다. 2023년 현재 건강보험공단이 개발한 전문 프로그램을 활용하여 대상자의 욕구에 맞는 15주간의 프로그램이 제공되고 있으나, 아직까지 전국적인 시행이 이루어지지 않고, 개별상담 및 집단활동의 형태에서 크게 벗어나지 못하는 것이 현실이다. 다양한 돌봄 서비스를 제공하는 과정에서 가족 주 돌봄자의 건강상태가 함께 고려될 경우 공적돌봄과 가족돌봄이 상호 보완적인 관계가 형성될 수 있을 것이다.

미국 대통령이었던 카터 전 영부인은 '세상에는 돌봄자였던 사람, 현재 돌봄자인 사람, 돌봄자가 될 사람, 돌봄이 필요한 사람, 이렇게 네 부류의 사람이 있다'라고 하였다(RCI, 2023). 사람은 삶에서 누구나 돌봄을 제공하거나 받을 수 있으며, 전 생애에 걸쳐 돌봄을 주고받는 관계에 놓이게 된다. 이러한 맥락 안에서 돌봄자 정체성을 형성하는 것은 자연스러운 과정이며, 특히 일을 하면서 노인가족을 돌보는 것이 권리가 될 수 있도록 근로정책과 병행하여 노인돌봄친화적인 근로여건으로 개설될 필요가 있다. 또한 1인 가구의 증가추세와 더불어 비동거 가족 돌봄자의 증가에 따른 돌봄지원 정책 개발도 시급하게 논의되어야 할 것이다.

3. 노인가족을 위한 지원 정책과 실천

1) 노인가족을 위한 관련 법

모든 노인복지정책이나 실천은 노인복지 관련 법에 근거하여 이루어지고 있다. 현재 우리나라의 노인복지 관련 법은 「저출산 · 고령사회기본법」, 「노인복지법」, 각종 연금보험법, 「고용상 연령차별 금지 및 고령자고용촉진에 관한 법률」, 「국민기초생활보장법」, 「국민건강보험법」, 「치매관리법」, 「주택법」, 「주거급여법」, 「고령친화산업진흥법」, 「기초연금법」, 「노인장기요양보험법」, 「평생교육법」, 「농어업인의 삶의 질 향상 및 농어촌지역 개발 촉진에 관한 특별법」, 「효행 장려 및 지원에 관한 법률」, 「대한 노인회 지원에 관한 법률」, 「고독사 예방 및 관리에 관한 법률」 등 매우 다양하지만, 「노인복지법」이 기본법으로서의 지위를 갖고 있기 때문에, 노인복지법의 내용과 개정된 것에 대해서 권중돈(2022)이 정리한 내용을 간략히 제시하고자 한다.

「노인복지법」은 1969년 처음으로 입법이 시도된 이후 민간부문에서 제시한 「노인복지법」 제정을 위한 각종 법안이 입법 결정과정에서 폐기 또는 상당한 변화를 겪었으며, 1980년 보건사회부에서 마련한 「노인복지법」 초안을 기반으로 1981년 6월 5일 제정되었는데, 이는 노인인구의 증가와 사회변화로 인하여 사회문제화된 노인문제에 대처하고, 전통 가족제도에 근거한 경로효친의 가치를 유지하며, 노인복지시책을 더욱 효과적으로 추진하기 위함을 목적으로 하고 있다. 이는 노인복지 증진의 당위성을 제시하였다는 점에서 의의를 지니지만, 노인복지를 노인의 권리로 규정하기보다는 국가의 자선적 시혜로 보는 시각이 강하고, 복지보다는 경제성장을 더욱 우선시하고, 국가 개입을 최소로 줄이는 대신 노인 개인이나 가족의 책임을 더욱 중시하고 있다는 문제점을 갖고 있었다.

그 이후「노인복지법」은 2회의 전문 개정을 포함하여 60회 이상 개정이 이루어졌으나, 현재도 노인을 수동적인 보호 대상자로 간주하고, 주로 취약계층 노인만을 대상으로 지원하고 있다는 문제점이 계속해서 제기되면서 노인이 적극적인 생산과 소비에 참여하는 주체가 될 수 있도록 하기 위한 전면 개정이 반드시 이루어져야 한다는 주장이 계속해서 제기되고 있다.

우선 1989년 노인복지법에 대한 전문 개정이 이루어졌는데, 이때 국가의 노인복지에 대한 책임을 좀 더 강조하고 있으며, 노후소득보장, 고용보장, 재가노인복지사업, 여가 증진, 노인복지시설 범위의 확대 등과 같은 더욱 적극적인 복지조치가 이루어질 수 있는 토대를 마련하였다. 1993년에 이루어진 제3차 개정은 2차 개정의 이념을 그대로 답습하기는 했으나, 민간기업이나 개인이 유료 노인복지시설을 설립, 운영할 수 있도록 함으로써 고령친화산업의 발전을 위한 계기를 마련하였다는 점에서 큰 의의를 지닌다. 그러나 노인복지에 대한 국가의 적극적 개입이 이루어진 적이 없는 상황에서 민간부문으로 그 책임을 전가한다는 비판과 함께 계층 간 노인복지수준의 불평등을 심화할 위험성을 내포한 잘못된 개정이라는 비판도 받았다. 3차 개정의 또 다른 의의는 가정봉사원파견사업에 국한되어 있던 재가노인복지사업의 변화를 주간보호, 단기보호로 확대함으로써 재가노인복지사업의 활성화를 위한 기반을 구축하였다는 점이다.

1997년 8월의 5차 개정에서는 노인문제에 대한 더욱 근본적인 대책이 요구됨에 따라, 국민연금의 적용을 받지 못하는 빈곤노인에게 지급되던 노령수당을 경로연금으로 개정하였다. 그리고 치매 및 중증질환 노인을 보호할 수 있는 시설의 운영 지원, 노인의 고용 증진을 위한 취업알선기관 지원, 부양구상권제도 그리고 재가복지시설 설치에 관한 규제 완화 등의 새로운 법 조항을 신설하는 등 전면적인 법 개정이 이루어졌다.

2004년 1월에 있었던 10차 개정에서는 노인학대의 예방과 학대받는 노인의 보호를 위한 긴급전화, 노인보호전문기관의 설치 등에 관한 조항을 신설함으로써 심화되고 있는 노인학대 문제의 예방과 해결을 위한 법적 근거를 마련하였다. 2005년 3월의 11차 개정에서는 노인의료복지시설의 설치와 폐지 등의 신고와 관련된 업무를 기초자치단체장에게 위임하여, 노인복지시설의 설치 절차를 간소화하였다. 2005년 7월의 12차 개정에서는 노인의 능력과 적성에 맞는 일자리 사업을 개발, 보급하고 노인인력에 대한 교육훈련을 담당하는 노인일자리전담기관의 설치 · 운영을 명문화함으로써 노인 일자리 창출사업의 활성화를 위한 토대를 마련하였다. 2007년 1월 13차 개정에서는 노인의 생활실태와 복지욕구를 파악할 수 있는 노인실태조사를 3년 주기로 실시하도록 하였으며, 치매극복의 날(9월 21일)을 지정하고 보건소에 치매상담센터를 설치할 것을 명시함으로써 치매에 관한 대책을 강화하였다. 그러나 2011년 8월 「치매관리법」 제정으로 모든 치매 관련 조항은 「노인복지법」에서 삭제되어 「치매관리법」에 의해 정책이 실행되고 있다. 2007년 4월의 15차 개정에서는 「기초노령연금법」의 제정과 함께 경로연금제도를 폐지하였으며, 2014년 5월 「기초연금법」 제정으로 기초연금으로 전환되었다. 2007년 8월의 17차 개정에서는 홀로 사는 노인에 관한 지원, 실종노인에 대한 신고 의무제도가 신설되었으며, 「노인장기요양보험법」의 제정(2007. 4. 2.)과 시행(2008.7.1.)에 대응하여 요양보호사 자격제도가 도입되고, 노인주거복지시설(양로시설, 노인공동생활가정, 노인복지주택), 노인의료복지시설(노인요양시설, 노인요양공동생활가정, 노인전문병원), 재가노인복지시설(방문요양서비스, 주 · 야간보호서비스, 방문목욕서비스, 그 밖의 서비스)의 무료 · 실비 · 유료의 구분을 폐지하고 시설 종류를 단순화하였다. 그리고 노인여가복지시설의 노인복지회관은 노인복지관으로 명칭이 변경되었다.

2010년 1월의 22차 개정은 요양보호사 자격시험 제도를 도입하고, 요양보호사 교육기관의 설립을 신고제에서 지정제로 변경하여 요양보호사 인력 양성 및 자격을 더욱 강화하였다. 2010년 3월의 23차 개정은 노인복지주택 소유자의 재산권 행사를 보장하고 노인복지주택의 활성화를 위해 입소자격을 완화하는 특례조치를 마련하였다. 2010년 4월의 24차 개정 및 2011년 6월의 25차 개정에서는 노인일자리사업 및 권익보호를 위한 조치를 강화함과 아울러 노인복지시설의 내실화를 위한 법률 개정이 이루어졌다. 즉 노인일자리전담기관과 노인보호전문기관의 종류를 상세하게 구분하였으며, 노인학대 신고의무자 범위 확대 및 신분보호조치를 강화하고 노인학대 현장조사 거부 및 방해 행위에 대한 처벌 조항을 신설하였으며, 노인전문병원, 노인휴양소를 노인복지시설의 종류에서 삭제하고, 경로당의 표준모델과 프로그램 개발 보급에 관한 사항을 규정하였다. 2012년 2월의 28차 개정에서는 경로당 활성화를 위한 경로당 양곡구입비 부조 및 공과금 감면에 대한 조항이 신설되었으며, 35차와 36차 개정에서는 노인학대 관련 조치 강화와 노인복지주택 운영 및 입소와 관련된 조항이 개정되었다.

이러한 노인복지법의 개정과 아울러 다양한 노인복지 관련 법이 제정, 시행되었다. 농촌지역의 고령화 문제를 완화하고 농촌 노인의 삶의 질을 향상하는 데 기여할 목적으로 농어촌지역에 거주하는 노인의 복지 증진을 위하여 복합노인복지시설의 설치, 요양지원 등을 주요 내용으로 하는 「농어촌지역 주민의 보건복지 증진을 위한 특별법」이 2004년 1월 29일 제정되었다. 또한 2005년 5월 자녀의 출산 및 양육이 원활하게 이루어지고 노인이 중요한 사회적 행위자로서 건강하고 활력있는 사회생활을 영위할 수 있도록 저출산 · 고령사회정책의 기본 방향과 추진체계에 관한 사항 등을 규정한 「저출산 · 고령사회기본법」이 제정되었다. 이 법률의 제정으로 저출산 · 고령사회에 직면할 수 있는 노인문제의 해결을 위한 보건복지, 인구, 고용, 교육, 금융, 문화, 산업 등 노인복지 전반에 관한 종합대책 수립이 의무화되고 국가의 노인복지 책임이 더욱 강화되었다. 그리고 2006년 12월 「고령친화산업 진흥법」이 제정되어 급증하는 노인인구의 다양한 상품 및 서비스 수요를 충족할 수 있는 고령친화산업의 기반을 조성하고 고령친화 제품 및 서비스의 품질 향상 등 고령친화산업을 체계적으로 육성할 수 있는 법적 기반이 마련되었다. 그리고 「노인장기요양보험법」(2007.4.), 「치매관리법」(2011.8.), 「기초연금법」(2014.5.)이라는 세 개의 관련 법률 제정으로 노인복지정책에 획기적 변화가 일어났다.

이와 같이 노인복지법 제정 이후 오늘에 이르기까지 여러 번의 개정을 통하여 인구고령화와 이에 따른 정치, 경제, 사회적 환경의 변화와 노인의 욕구와 문제가 지니는 특성의 변화를 어느 정도 반영하여 왔다. 더불어 관련 법률 등의 제정을 통해 더욱 다양한 문제해결 방법을 활용하는 방향으로 변해 온 것도 사실이다. 그럼에도 불구하고 노인복지법은 성공적 노화를 촉진하고 인권관점의 노인복지실천을 강조하는 최근의 노인복지 동향을 적절히 반영하고 있지 않고 있으며, 서비스 수급자 중심주의가 아닌 공급자 중심주의에 근거한 법체계로서 다양한 노인의 욕구를 충분히 포괄하지 못하고 있다는 지적(권중돈, 2022)을 계속해서 받고 있다.

초고령사회 도입과 더불어 다양한 노인의 욕구와 지역사회 돌봄(community care)을 중시하는 상황 등이 반영되고, 노인복지제도의 기본법으로서의 성격을 강화하는 등 노인복지법의 전문 개정은 계속해서 요구되고 있는 실정이다.

2) 노인가족을 위한 복지정책

현재 고령 단계 기간이 계속해서 늘어나고 있으며, 이 시간이 삶의 마무리가 아닌 새로운 삶으로써 중요한 시기라는 인식이 점차 증가하고 있다. 개인 노력과 국가의 지원으로 노인의 삶의 만족도는 많이 높아졌으나, 여전히 4명 중 3명은 삶의 만족도가 낮은 것으로 나타나고 있으며, 노후 삶도 절반 정도만 준비를 하고 있는 것으로 나타났다. 본 장에서는 제4차 저출산 · 고령사회기본계획(2021~2025)을 통해 시행 중인 고령화 복지정책('건강하고 능동적인 고령사회 구축')을 중심으로 관련 정책들을 제시하고자 한다.

(1) 소득공백 없는 노후생활보장체계

2014년 기초연금 시행 이후 급여 인상으로 노인 빈곤율은 감소하였으나, 여전히 우리나라 노인 빈곤수준은 OECD 국가의 최고 수준이다. 베이비부머의 노후

준비도 불충분한 상황[6]으로, 연금 수급자의 증가에도 불구하고 노후빈곤이 지속될 우려가 있다고 예측되고 있어, 이들의 안정적 노후소득보장을 위한 제도적 기반 강화는 매우 중요한 정책적 과제라 할 수 있다.

① 공적생활보장체계를 통한 소득보장

노후생활보장체계를 분류하면, 사회보험, 공공부조, 사회수당, 사적 소득보장, 기타 간접보조방식으로 분류되는데, 이 중 공적 소득보장체계의 기본 개념을 정리하면 〈표 13-3〉과 같다.

〈표 13-3〉 주요 소득보장 방식의 특징

종류	세부 내용
사회보험	• 피보험자의 기여, 즉 보험료를 기준으로 급여를 지급하는 공적 연금제도 • 재정은 3자(본인, 고용주, 국가) 기여방식을 채택하며 관리는 국가가 담당 • 원칙: 자조성, 사회성, 보험성, 부양성, 강제성 • 기초연금은 공공부조식 공적 연금이지만 조세를 기본 재원으로 한다는 점에서 공공부조의 성격을 동시에 지님
공공부조	• 기준 중위소득 이하의 개인(가족)에게 최저생활 보장에 필요한 수입을 국가가 조세로 보조하는 방법 • 원칙: 최저생활보장, 보충급여, 자립지원, 개별성 등 • 자산조사에 의한 개인 욕구의 측정과 확인을 통해 급여기준 설정 • 전체 국민이 최저한도 이상의 인간다운 생활 보장을 받을 권리보장
사회수당	• 일정 범주에 속한 모든 국민에게 조세에 의하여 일정액의 현금이나 서비스를 제공하는 방법으로 일부 지방자치단체에서 조례에 근거하여 실시함 • 경제 효과보다는 사회통합 효과 추구

출처: 권중돈(2022). 노인복지론. p. 386.

공적연금은 소득 감소 또는 상실을 초래하는 여러 가지 사회위험 중 노령, 장애, 사망으로 발생하는 경제적 어려움에 대응하기 위한 사회대책이다. 현재 우리

6) 제4차 저출산 · 고령사회기본계획 보고집(2020)에 따르면 베이비붐 세대 연령대의 국민연금 가입률이 50대 74%, 40대 72%로 나타났다.

나라에서 실시되고 있는 공적 연금제도는 국민연금과 공무원연금, 군인연금, 사립학교교직원연금이라는 특수직역연금제도로 구분되며, 이들과는 성격을 달리하는 공공부조식 공적 연금제도인 기초연금제도가 있다.

이 중에서 가장 대표적인 노후생활보장체계는 1988년 도입된 국민연금제도로서, 2008년부터 본격적인 노령연금 급여가 이루어지고 있다. 그 외 공무원연금, 사립학교교직원연금, 군인연금은 오래전부터 본격적인 급여가 이루어지고 있으며, 현재 해가 갈수록 공적 연금 수급자 비율이 높아지고 있고, 연금 수급액이 많지 않은 관계로 공적 연금제도가 안정적 노후소득보장기제로서의 기능을 수행하는 데는 많은 한계가 있는 것이 사실이다. 이에 따라 정부는 60세 이상 근로자가 국민연금 가입기간을 연장하여 노후소득의 적정성을 확보할 수 있도록 임의계속가입을 적극 권장하여 2022년 기준 226,778명이 가입을 하였다(최경덕 외, 2023)고 한다. 기초연금제도는 1991년 도입된 노령수당제도를 기초로 하여 1998년부터 경로연금제도 그리고 2008년부터 기초노령연금제도로 변경되었다가 2014년 7월부터 시행된 제도이다. 이 제도는 국민연금제도 가입이 어려운 저소득 노인 및 기초생활보장 대상 노인의 소득보장 지원으로 노후생활의 안정도모를 위한 도입한 공공부조식 공적 연금제도로 2024년 기준 월 최대 334,810원을 받을 수 있다.

공공부조는 국민의 건강하고 문화적인 최저생활 보장을 목적으로 하며, 생활능력을 상실한 자와 일정한 생활능력을 상실한 자와 일정한 생활수준에 미달한 자에 대하여 국가가 그들의 최저생활과 자립 촉진을 목적으로 수립한 가장 직접적이며 최종적인 경제적 보호제도이다(최일섭 · 이인제, 1996). 1961년 생활보호법이 제정되면서 공공부조의 기틀을 마련하였으며, 2000년 10월에는 생활보호제도를 대폭 수정하여 국민기초생활보장제도로 전환되었으며, 2015년 7월부터 맞춤형 급여체계로 개편하여 빈곤예방과 탈수급 유인기능을 강화하였다. 국민기초생활보장제도는 생활이 어려운 자에게 필요한 급여를 행하여 이들의 최저생활을 보장하고 자활을 조성하는 것을 목적으로 하는 공공부조제도이다. 저소득노인에 대한 소득보장 강화를 위해 2021년 기초생활보장제도 생계급여 부양의무자 기준이 폐지되었으며, 이를 통해 2022년 저소득 노인 약 15만 가구가 지원을 더 받을 수 있게 되었다(최경덕 외, 2023). 2023년 국민기초생활보장제도에 의한 급여를 받는 65세 이상 노인은 1,015,379명으로 전체 수급자의 41.3%를 차지하고 있는 것으로 나타났다(보건복지부, 2024). 향후 급여를 수급하는 노인의 수는 더욱 늘어날 것으로 전망된다.

사회수당은 국가가 조세로서 일정한 액수의 현금 또는 서비스를 제공하는 제도이다. 특정 인구집단을 대상으로 보편주의적 기본 원칙에 따라 급여를 지급하여, 경제비용 효과보다는 사회통합 효과를 중시하는 공공부조제도의 일부이다. 2008년 기초연급제도 시행으로 폐지되어, 현재 중앙정부 차원에서 전국적으로 시행하는 노인을 위한 사회수당은 존재하지 않는다. 다만, 지방정부 차원에서 조례를 제정하여 일정 연령 이상의 노인을 대상으로 한 장수수당이나 효도수당, 경로수당 등의 명목으로 수당을 지급하는 경우가 있다.

그 외 노인의 지출을 경감하여 노인의 소득을 보전해 주는 제도로서 경로우대제도가 있으며, 노인을 부양하는 가족의 세금부담을 경감함으로써 간접 소득보장 효과를 갖게 하는 세금감면제도도 있다.

② 노인 일자리 사업을 통한 소득보장

「고용자고용촉진법」은 55세 이상의 고령자 그리고 50~55세 미만의 준고령자에 대한, 고용연장, 일자리 지원, 정년과 연령차별금지와 관련된 부분으로 구성되어 있다. 이 법에 입각하여 고용노동부는 베이비붐 세대의 대량퇴직이 시작되고 중장기적으로 출산율 감소와 인구고령화로 인한 인구구조의 변화에 대응하고자 고령자가 좋은 일자리에서 오랫동안 일할 수 있는 기반을 조성하기 위하여 2021년 고령자 고용활성화 대책(고용노동부, 2021)을 수립하여 추진하고 있다. 고용노동부에서는 '일자리 기회는 확대하고 일터 문화는 혁신'이라는 기본 고용

정책 방향에 입각하여 5060세대, 즉 중장년과 노인의 고용보장의 방향을 '노동시장에서 더 오래 일할 수 있도록 지원'하는 것으로 설정하고 있다.

고령자의 재취업을 지원하기 위한 정책사업으로 중·장년일자리희망센터, 생애경력설계서비스, 고령자인재은행 등이 있다. 또한 퇴직 후 사회공헌 및 일자리 지원을 목적으로 한 정책사업으로 신중년 사회공헌사업, 신중년 경력형 일자리 사업, 신중년 적합직무 고용장려금 제도가 있다.

또한「노인복지법」에 근거 노인의 사회참여와 취업 활성화를 위하여 노인일자리전담기관으로 노인인력개발기관, 노인일자리지원기관, 노인취업지원기관을 설치·운영하고 이에 대한 지원이 있어야 한다. 이에 기초하여 보건복지부는 노인취업기관, 노인일자리지원기관, 노인 일자리 및 사회활동 지원사업, 노인인력개발기관, 노인사회활동 활성화 대회 등의 노인고용촉진사업을 추진하고 있다.

(2) 예방적·보건·의료서비스 확충

우리나라 노인의 기대수명은 길어졌으나, 건강수명은 오히려 줄어들고 있는 추세이다. 고령자 중 현재 자신의 건강에 불만족한 비율이 44%로 OECD 회원국 중 가장 최고 수준으로 나타나고 있다. 2020년 노인실태조사(이윤경 외, 2020)에 따르면 3개월 이상 지속적으로 앓고 있으며, 의사의 진단을 받은 만성질병이 있는지를 조사한 결과 전체 노인의 84%가 1개 이상의 만성질병을 앓고 있다고 하였으며, 2개 이상의 복합이환자는 54.9%로 평균 1.9개의 질환을 앓고 있는 것으로 나타났다. 또한 노인 자살률 또한 OECD 회원국 중 가장 높은 수준으로, 노인 우울증 환자 또한 계속해서 증가하고 있는 추세이다. 그 외 치매노인의 증가에 따른 치매 의료비 등 사회적 비용 역시 급증할 전망이다.

이에 건강한 고령화(healthy aging)를 위한 중·고령자의 사전 예방적 건강관리 체계 강화와 지역사회 중심의 연속적·통합적 보건의료체계 구축을 통한 효율적 노인의료 제공 그리고 예방-조기발견-치료 · 관리-돌봄의 내실화를 통한 치매 국가책임제 또한 지속적으로 강화되어야 한다.

현재 노인의 중증질환 조기발견 및 치료, 생활습관 개선을 위한 '노인건강검진' 강화로, 노인 건강특성을 반영한 종합적인 평가가 가능하도록 고령자의 건강검진 항목 재조정 및 적용을 확대하고 있다. 또한 경로당, 마을회관, 복지관 등에 주 2~3회 고령자 운동프로그램 강습 및 낙상예방, 영양관리 등 맞춤형 건강증진 서비스를 제공하고 있으며, 보건소 등을 활용하여 요실금, 노인 안질환, 골다공증 등 고령자의 생활불편사항 및 주요 질병의 예방 · 관리 등 건강교육도 실시하고 있다. 또한 동네의원 · 보건소 · 지역 보건의료단체 등이 연계되어 만성질환 관리가 될 수 있도록, 고혈압, 당뇨병 등의 적정성 평가를 통해 우수 동네의원에 대한 정보제공을 강화하고 있다. 그리고 독거 · 취약계층의 등 고위험군 노인의 우울증 스크리닝 및 정신건강복지센터의 치료 · 심리지원이 이루어지고 있으며, 농촌 및 도농복합지역을 중심으로 지역 노인자살예방사업도 추진 중이다.

거동이 어려운 노인의 경우 방문형 진료, 간호 등의 서비스가 제공되고 있는데, 그중 하나로 2019년 12월부터 시행 중인 '왕진시범사업'을 예로 들 수 있다.

마지막으로 치매 조기발견 지원을 위해 현재 치매 단계별 인지훈련 콘텐츠가 개발, 확산 중이며, 치매예방 실천지수, 치매예방운동법 등 인지건강 증진 프로그램이 건강백세운동교실, 노인복지관, 경로당, 마을회관 등을 통해 전국적으로 운영 중에 있다. 또한 초기 치매환자 집중관리(예: 경증 치매 진단자 가족상담-치매쉼터-가족교실-사례회의 등 단기과정(3~6개월) 등), 초로기(만 65세 이전 발병) 치매쉼터 프로그램 운영 등을 통해 초기에 보다 집중적으로 개입하여 치매 악화가 지연될 수 있도록 하는데 많은 노력을 하고 있다. 현재 시군구 단위 '치매안심센터'를 중심으로 지역 내 자원 연계를 통한 치매 예방 · 치료 · 관리를 위한 제공체계가 구축되어 있으며, 치매안심센터 분소 설치 등을 통해 서비스 접근성 및 이용 편의를 고려하여 운영 중이다. 그 외 치매환자 돌봄 가족에 대한 지원을 위해 치매 가족휴가제 확대(2022년 연간 9일에서 2025년 연간 12일로 확대 예정) 및 치매가족 상담수가를 도입하고, 치매 및 활자 돌봄에 대한 이해와 돌봄 역량 향상을 위한 가족교실이 운영 중이다.

(3) 지역사회 계속 거주를 위한 통합적 돌봄

대다수의 노인은 거동이 불편해도 살던 곳에서 지내기를 희망하나(이윤경 외, 2020), 통합적 돌봄 미비, 주거 열악 등으로 병원 · 시설을 선택하는 것이 현실이다. 이곳의 획일적 서비스, 일상생활의 중단, 지역사회와의 단절 등으로 노년기 삶의 질 저하와 사회적 입원 증가, 재활난민 등 사회적 문제가 발생되고 있어서 정부는 허약해져도 집이나 살던 지역에서 계속 거주할 수 있는 지역사회 돌봄 체계[7]를 전국적으로 확산하겠다는 의지를 표명하고 있다. 현재 지역사회 통합돌봄 모델 창출을 위한 시범사업이 운영 중이며, 그 결과를 바탕으로 지자체 중심의 지역사회 통합돌봄 추진체계 구축이 이루어질 전망이다.

그리고 장기요양수급자 상태 및 욕구에 따라 서비스를 혼합 이용(예: 방문요양+방문목욕+방문간호+재활 등을 노인의 상태에 따라 유연하게 제공)하고, 이들에 대한 사례관리 강화를 통해 '케어 매니지먼트'가 될 수 있도록 하고 있다. 그 외 보호자 부재 시 단기 보호 · 돌봄 서비스 제공 확대를 위한 인프라 확충이 지속적으로 이루어지고 있으며, 노인의 기능 유지 및 호전을 위한 전문적인 다양한 서비스가 보장될 수 있도록 하고 있다. 또한 가족 돌봄의 내실화를 위해 가족

7) 선진국의 커뮤니티 중심 고령자 돌봄체계.
- (스웨덴) 1992년 아델 개혁으로 노인 의료, 복지 책임 주체를 기초지자체로 일원화, '사회서비스법' 개정(2001년)으로 지역 책임 및 재량 확대.
- (영국) 1970년대 시봄(Seebohm)개혁으로 지방정부 사회서비스부 설치, 1980년대 시범사업을 통한 모델 개발, 1990년 '커뮤니티케어법'을 제정.
- (일본) 2013년 단카이세대(1947~1949년생, 약 700만 명)가 후기고령자(75세)가 되는 2025년을 대비한 '사회보장제도개혁 국민회의 보고서' 발표, 2014년 '의료개호일괄법' 제정.

요양비(섬·벽지 등 장기요양서비스 이용이 어려운 수급자에게 월 15만 원 현금 지급), 가족요양보호사(요양보호사인 가족이 요양서비스를 제공하고 방문요양 급여 일부 수령) 등의 형평성들이 제고되었으며, 가족돌봄자가 일과 돌봄의 병행 및 휴가 등을 위한 단기보호서비스 등에 대한 지원(대한민국정부, 2020)이 이루어지고 있다.

(4) 고령친화적 주거환경 조성

나이가 들어도 살던 지역에서 계속 거주(Aging in Community)가 가능하도록 지역사회 전반의 고령친화적 주거·도시 환경 구축이 이루어지는 것이 필요하다. 노인의 활기찬 생활을 위해 안전하고, 편안하게 이동할 수 있는 교통, 정주 환경 조성이 요구되고 있으며, 베이비붐 세대의 다양한 욕구를 반영한 지역사회 공간 확대가 필요하다.

현재 노인이 안전하게 거주할 수 있도록 문턱제거, 안심센서 설치 등 유니버설 디자인을 적용한 고령자 맞춤형 공공임대주택이 공급되고 있으며, 노인이 살던 집에서 안전하고 편안하게 계속 거주할 수 있도록 하는 맞춤형 주택개조 지원(고령가구 중 주거급여 수급가구 중 주택상태에 따라 수선유지급여(457~1,241만 원) 및 편의시설지원금(50만 원))도 운영 중에 있다. 노화대응 주택개조를 위한 가이드라인이 개발, 보급되어 있으며, 현재 주거복지센터와의 협업을 통해 주택개조 상담 및 안내 지원이 이루어지고 있다.

고령친화커뮤니티 확산을 위해 지역 고령친화지표(Age-Friendly Index)[8]를 개발하고, 평가 추진 중에 있으며, 대도시(수도권) 베이비부머가 이주하여 지역의 다양한 세대와 교류하며 건강하고 활기찬 노후를 보낼 수 있도록 하는 단지 모형도 기획, 개발 중에 있다.

(5) 존엄한 삶의 마무리지원

후기 고려자의 증가에 따라 생애말기 삶의 질 보장과 '품위 있는 죽음(death with dignity)'에 대한 사회적 요구가 증가하고 있다. 고령층은 죽음에 있어 자기결정권을 중시하나, 실제 죽음준비는 임종에만 집중되어 있는 상황이다. 따라서 생애말기 노인의 신체적 · 심리적 고통 경감 및 가족의 부담 완화를 위한 종합적인 웰다잉 지원 체계 구축의 필요성이 높아지고 있다.

우리나라의 웰다잉 관련 제도는 크게 공공 부문과 민간 부문으로 양분되며, 공공 부문은 중앙부처 제도와 지자체 제도로 구분해 볼 수 있다. 〈표 13-4〉와 같이 공공 부문 중앙부처의 제도로는 요양비, 호스피스, 완화 의료서비스, 연명의료, 장사제도, 유족연금 등이 있으며, 지자체 제도로는 웰다잉 문화 조성에 관한 조

8) WHO Global Age-Friendly Cities 가이드라인

분 야	주요 항목
외부환경 및 시설	도시기반시설의 안전성, 편리성, 접근성 제고
교통수단 편의성	이용이 쉽고 저렴한 대중교통, 고령자 사회참여 및 의료서비스 접근성
주거환경 안전성	고령자의 편안하고 안전한 삶 실현
인적자원의 활용	고령자 욕구에 따른 자원봉사, 취업기회, 시민참여활동 및 지역사회공헌
여가 및 사회활동	가족,사회,문화,종교, 여가활동 접근성, 행정정보지원을 통한 사회적 소속감
존중 및 사회통합	고령자 이미지 향상 관련 교육, 매체활용, 고령자 역할을 통한 세대통합
의사소통 정보	고령자 특성 반영 다양한 정보제공체계, 정보접근성 강화
건강 및 지역돌봄	의료서비스의 충분성, 적절성, 접근성, 건강생활 유지 및 자립생활 가능성

※ 뉴욕시 고령친화지구; 매년 약 5억원 지원하고, 고령자 의견수렴을 통해 생활환경 개선
출처: 대한민국정부(2020). 제4차 저출산 · 고령사회기본계획(2021-2025), p. 111.

례, 고독사 예방사업, 죽음준비교육, 상담, 공영장례사업 등이 있다. 민간 부문 제도로는 죽음 준비교육, 상담 프로그램, 상조보험 등이 있다.

그러나 법적, 제도적 기반이 제시하고 있는 죽음의 범주가 매우 협소하며, 현재까지 우리 제도는 죽음을 삶의 연속선상에서 파악하기보다는 죽음을 하나의 이벤트로 간주하여 직전과 직후에 필요한 법적 및 제도적 기반을 구축하는데 정책 운영의 중심을 두고 있다. 또한 심리, 사회 영역과 관련된 정책적 관심 역시 매우 부족한 상황이며, 가족을 대상으로 한 서비스 필요성 인식과 정책적 기반 역시 초기 단계에 머물러 있다(김경아, 2023) 할 수 있다.

〈표 13-4〉 국내 죽음 및 웰다잉(well-dying) 관련 제도 현황

<table>
<tr><th colspan="3" rowspan="2">제도 운영 주체</th><th colspan="4">죽음 여정 단계</th></tr>
<tr><th>생애 후반기</th><th>임종 전기</th><th>임종기</th><th>임종 후기</th></tr>
<tr><td rowspan="10">공공</td><td rowspan="7">중앙정부</td><td>장기 · 인체 조직 기증 및 이식(보건복지부)</td><td>○</td><td>○</td><td>○</td><td>○</td></tr>
<tr><td>요양비(보건복지부)</td><td>○</td><td>○</td><td></td><td></td></tr>
<tr><td>호스피스 · 완화의료 서비스(보건복지부)</td><td></td><td>○</td><td>○</td><td>○</td></tr>
<tr><td>연명의료(보건복지부)</td><td></td><td>○</td><td>○</td><td></td></tr>
<tr><td>장사제도(보건복지부)</td><td></td><td></td><td>○</td><td>○</td></tr>
<tr><td>유족연금(보건복지부)</td><td></td><td></td><td></td><td>○</td></tr>
<tr><td>사망신고(보건복지부)</td><td></td><td></td><td></td><td>○</td></tr>
<tr><td rowspan="3">지방정부</td><td>웰다잉 문화 조성에 관한 조례
(예: 서울, 부산, 대전, 울산, 경기, 충북, 충남, 경북, 경남, 제주의 31개 지자체)</td><td>○</td><td>○</td><td>○</td><td></td></tr>
<tr><td>고독사 예방 사업(132개 지자체)
(예: 서울시 '나비남 프로젝트', 서울 강남구' 청장년 1인 가구 고독사 예방 종합대책', 전남 '고독사지킴이단' 등)</td><td>○</td><td>○</td><td></td><td></td></tr>
<tr><td>죽음준비교육 · 상담
(예: 서울 종로구 '인생의 아름다운 마무리', 광주광역시 '장수노트 어르신 건강지킴이' 등)</td><td>○</td><td>○</td><td></td><td></td></tr>
</table>

<table>
<tr><th colspan="3" rowspan="2">제도 운영 주체</th><th colspan="4">죽음 여정 단계</th></tr>
<tr><th>생애 후반기</th><th>임종 전기</th><th>임종기</th><th>임종 후기</th></tr>
<tr><td>공공</td><td>지방정부</td><td>공영장례사업
(예: 서울시 '그리다', 서대문구 '두레' 등)</td><td></td><td>○</td><td>○</td><td>○</td></tr>
<tr><td colspan="2" rowspan="4">민간</td><td>죽음준비교육 · 상담 프로그램
(예: 대한웰다잉협회, (사)시니어희망공동체, 불교여성개발원 등)</td><td>○</td><td></td><td></td><td></td></tr>
<tr><td>사전연명의료의향서(국립연명의료관리기관)</td><td>○</td><td>○</td><td></td><td></td></tr>
<tr><td>상조보험</td><td>○</td><td></td><td>○</td><td></td></tr>
<tr><td>유류품 처분</td><td></td><td></td><td></td><td>○</td></tr>
</table>

주: 주요 제도는 2018년 기준이며, 호스피스, 완화의료서비스 제도의 경우 말기환자 사후에 유족인 가족에 대한 상담 서비스 및 일상생활로의 복귀를 돕는 지원 정책이 최근 확대되고 있어 이를 반영하였음.

출처: 김경아(2023). 한국과 주요국의 웰다잉(Well-dying) 지원 정책의 현황과 시사점. 한국노년학, 43(3), pp. 323-324 발췌.

4. 노인가족을 위한 과제

현재 우리나라는 매우 빠른 속도로 초고령사회에 진입이 되었으며, 앞으로 노인복지서비스 수요자 규모는 계속해서 증대될 것이다. 2030년경 50대 이상 인구가 전체 인구의 절반 이상을 차지하게 될 것이며, 이에 따른 개인적 · 사회적 비용 역시 계속해서 늘어날 것으로 예측된다. 현재 노인들은 자신의 힘으로 노년을 보내고 싶고, 그렇게 해야만 하는 세대이며, 현재 배우자와 둘이 살고 있거나 또는 혼자 사는 가구 형태가 자녀와 함께 사는 형태보다 훨씬 숫자를 능가하고 있다. 노인으로서의 삶이 장기화되면서 경제적 · 신체적 · 심리적 의존 여부에 따라 이들이 삶도 매우 다양해질 수밖에 없다. 현재 정부는 노인복지 자원 확대를 위한 정책적 의지로서 '100세 시대 일자리 · 건강 · 돌봄 체계 강화'를 중요한 정책 과제로 대두시키고 있으며, 복지시설을 디지털-스마트 복지시설로 업그레이

드하겠다는 공약을 내세우고 있다.

이에 따라 향후 고려되어야 할 과제는 다음과 같다.

1) 노인인구 집단의 다양성과 이질성에 대한 이해

노인인구의 다양성과 이질성에 대해 이해하고, 이에 맞는 서비스 및 복지정책이 개발되어야 할 것이다. 우리나라는 매우 빠르게 초고령사회로 진입이 되면서 노인의 양적 증가뿐만 아니라 질적 변화 또한 급속하게 진행되고 있다. 현재 독거 및 노인부부가구의 증가, 결혼상태 및 주거유형 변화, 자녀동거 이유 변화, 건강상태 및 만성질환 여부, 소득수준 양극화, 고학력자 증가, 스마트폰 및 컴퓨터 사용 능력, 심리사회적 특성 차이, 여가와 사회활동 성향 차이 등에 따라 노인집단의 특성은 매우 다양하게 나타나고 있으며, 또한 각 개인의 욕구에 따라 이들은 서로 매우 다른 이질적인 집단으로 설명되고 있다. 따라서 노인 및 노인가족에 대한 접근이 단순한 노인의 특성에 따라 진행되는 것이 아니라 각각의 다양성을 이해하고 이에 맞는 다양한 접근방법과 실천이 이루어져야 할 것이다. 더불어 노인을 타인의 도움을 필요로 하는 불쌍한 존재로 인식되고 자선, 연민, 동정의 시각으로 바라보는 기존의 주류적 관점에서 노인은 도움을 받을 권리가 있는 주체이자 자율적인 결정을 내릴 수 있는 인격체로 노년기와 노인을 인권 관점에서 바라봐야 한다(최혜지 외, 2020)는 주장 역시 향후 반드시 고려되어야 할 일이라 여긴다.

2) 노인가족을 위한 다양한 사전예방 · 사후치료적 프로그램 실시

노인의 생애과정(노년기 초기-중기-말기)이 길어짐에 따라 발생될 수 있는 노인가족을 위한 서비스 요구가 증가하고 있다. 현재 노인들은 혼자 살고 있거나, 부부만 살고 있는 형태가 가장 많다. 또한 노년기 이혼 및 재혼도 증가하고 있으며, 경제적, 신체적 독립 여부에 따라 자녀와의 관계도 매우 다양한 양상을 드러내고 있다. 이에 노인가족 내에서 발생할 수 있는 문제에 대한 사전예방적 차원의 교육프로그램과 사후치료적 접근의 심리·정서지원 프로그램이 보다 많이 개발, 운영되어야 할 것이다. 현재 가족센터, 노인종합복지관, 종합사회복지관, 지역사회 종교단체, 민간조직을 중심으로 다양한 프로그램이 실시되고 있으나, 여전히 노인가족의 다양성을 포함하고 있지 못하고 있는 것이 사실이다. 노인부부의 관계향상을 위한 다양한 프로그램이 있어야 할 것이며, 혼자 살고 있는 노인 역시 저소득층 노인뿐만 아니라 그 이상 되는 노인 1인 가구 역시 사회적 관계망을 형성하고 자신을 잘 돌볼 수 있는 다양한 프로그램 역시 개발될 필요가 있다. 그 외 노년기 부부 갈등 완화를 위한 심층적인 노인상담 프로그램과 사별 또는 이혼 후 다시 재혼을 할 경우보다 건강한 부부관계를 형성할 수 있도록 하기 위한 재혼준비 또는 재혼 후 프로그램 역시 다양하게 운영될 필요가 있다. 또한 최근 청년층의 취업난과 결혼기피 또는 지연 현상으로 성인이 되어도 부모로부터 독립하지 못하는 현상은 현재 노인세대가 안정적인 노후를 준비하지 못하는 위험요인이 되기도 하고 있다. 과거와 다르게 노인부부관계, 부모-자녀관계에서 발생되고 있는 여러 가지 현상들을 바라보며, 노인가족 내에서 발생되는 다양성들을 아우르는 노인가족 프로그램들이 보다 더 적극적으로 개발, 운영되길 바란다.

3) 노인가족과 돌봄에 대한 구체적 이해와 스트레스 완화 방안 제공

돌봄의 호혜성과 이에 따른 스트레스 완화를 위한 다양한 방안들이 모색될 필요가 있다. 현재 부모세대이건 자녀세대이건 모두 일을 하고 있는 경우가 점차 높아지고 있다. 노인은 손자녀 양육에 따른 돌봄을 제공하기도 하며, 배우자가 건강하지 못할 때 배우자에게 돌봄을 제공하기도 한다. 또한 자신이 초고령의 노인일 때 노년기에 들어선 자녀로부터 돌봄을 제공받기도 한다. 즉 돌봄의 주고받음은 다양한 방식으로 이루어질 수 있다. 그러나 어떤 방식의 돌봄을 주고받건 모두 신체적, 심리적 스트레스를 야기시키는 것은 사실이다. 따라서 돌봄 부담 경감을 위해 우선적으로 돌봄 부담을 체계적으로 이해하고, 돌봄 부담 상황에 대한 체계적인 지식 기반 구축이 이루어져야 할 것이다. 현재 베이비부모 세대의 노인인구 편입과 함께 맞벌이 및 핵가족의 증가로 우리 사회의 노인인구에 대한 돌봄 양상은 지속적으로 더 많은 변화를 경험할 것이다. 돌봄 부담 경감을 위한 가족지원제도로 가족상담 지원 서비스 및 교육을 실시하고 있으나 여전히 그 내용과 형태에 있어 매우 미흡하다. 향후 다양한 형태의 돌봄을 제공하고 있는 주 돌봄자에게 신체적, 정신적 건강검진 등 지원체계를 마련하고, 돌봄자만이 아닌 가족 모두가 함께 참여할 수 있는 다양한 교육 프로그램과 자조모임이 활발히 운영될 수 있도록 지원이 이루어져야 할 것이다.

4) 품위 있는 죽음과 웰다잉(well-dying)에 사회적 관심 확대와 서비스 개발

급속한 고령화와 함께 생애 말기의 삶의 질에 대한 관심이 지속적으로 증가하면서 품위 있는 죽음과 웰다잉(well-dying)에 대한 사회적 관심이 확대되고 있다. 죽음을 회피하기보다는 삶의 한 요소로 편하게 논의할 수 있는 사회적 분위기를 조성하고 남은 가족을 대상으로 한 서비스 강화와 정책적 기반 마련 역시 지속적으로 이루어져야 할 것이다. 현재 웰다잉 지원 정책 중 중요한 분야를 담당하게 될 호스피스, 완화의료 인력을 포함한 보건 · 복지 인력에 대한 처우개선이 낮을 뿐만 아니라 이에 대한 인식이 부족하여 서비스 제공에 있어 낮은 우선순위를 적용하고 있다는 것은 여전히 우리가 갖고 있는 현실적 어려움이라 할 수 있다. 향후 이에 대한 지속적인 관심으로 다양한 웰다잉 지원 정책 추진이 이루어져야 할 것이다.

〈참고자료 13-1〉

가족센터 조부모 대상 프로그램 주요 내용

영역	주요 내용
교육	• 조부모 역할교육 - 조부모 역할 이해(권위 있는 조부모 되기 등), 아동학대 예방교육 • 손자녀 이해교육 - 발달단계 신체, 심리, 사회적 특성 등 • 양육 기술 교육 - 애착관계 형성, 대인관계 기술, 문제행동 대처방법, 의사소통 교육, 안전관리 교육, 성교육 방법 등 • 세대 갈등 예방 교육 - 세대 차이 이해교육 - 스마트폰 활용 교육 • 손자녀 돌봄 결혼이민자 친정 부모 대상 한국어 교육 - 기초 한국어교육
상담	• 집단상담 프로그램 - 양육 스트레스 해소 프로그램
문화	• 스트레스 해소 및 손자녀와 상호작용을 위한 문화 활동 프로그램 - 손자녀와 함께하는 놀이 프로그램 (숲 힐링 놀이, 책놀이 등) - 문화체험 프로그램(원예 체험, 요리 체험 등)
통합	• 가족캠프 - 조부모 대상 교육, 상담(가족관계 향상) 및 문화 체험, 활동프로그램

그 외 육아종합지원센터는 2013년에 서울시, 삼성생명, 가천대(세살마을연구소)와 함께 출산양육 친화환경을 조성하고 자녀양육에 대한 부담감을 경감하기 위하여 세 살마을 부모교육(조부모 대상사업)을 수행하였다. 조부모 프로그램은 영유아 손자녀를 두거나, 둘 예정인 조부모를 대상으로 영유아 놀이법이나 안전사고 대처법, 성인자녀와 갈등해소 방법 등 체계적인 교육을 통해 조부모의 육아스트레스를 완화하고, 손자녀를 맡기는 부모의 양육에 대한 부담감을 경감시키기 위하여 실시되었다. 실제 세 살마을 부모교육은 육아종합지원센터뿐만 아니라, 서울특별시 내에서 가족센터 그리고 보건소 등에서도 실시되었다. 또한 육아종합지원센터는 2015년 보건복지부 연구용역으로 개발한 클로버 부모교육을 기반으로 조부모교육을 실시하기도 하였다. 클로버 부모교육은 '소중한 나, 멋진 아이, 긍정의 가족, 아름다운 이웃'이라는 주제로 부모-자녀 체험활동으로 구성되어 있다.

또한 보건소에서도 모성보호, 영유아의 건강유지 및 증진을 위한 다양한 사업 등을 수행하며, 특히 임신, 출산, 육아교실 등을 운영하고 있는데, 최근 조부모에 의한 손자녀 돌봄이 이루어짐에 따라 임신, 출산, 육아교실 사업에 조부모를 포함하거나, 조부모를 대상으로 하는 사업들을 운영하고 있다. 이 외에도 여성, 노인, 장애인 등 보건의료 취약계층의 건강유지, 증진, 정신건강증진 및 생명존중에 관한 사항과 관련된 사업들을 수행하므로, 노인을 대상으로 하는 스트레스 예방 및 해소와 관련된 프로그램들을 운영하고 있다.

도서관은 기본적으로 평생교육을 주요한 목적으로 다양한 프로그램들을 다루고 있는데, 시대의 변화에 따라 자녀교육 관련 강좌에 손자녀 돌봄 조부모를 대상으로 하는 교육 역시 운영을 하고 있는 것으로 나타났다.

마지막으로 노인(종합)복지관은 노인의 교양, 취미생활 및 사회참여활동 등에 대한 각종 정보와 서비스를 제공하고, 건강증진 및 질병 예방과 소득보장, 재가복지, 그밖에 노인의 복지증진에 필요한 서비스를 제공함을 목적으로 하는 시설로, 노인복지법(제36조)에 의해 설립, 운영된다. 노인(종합)복지관은 상담 및 지도, 취업알선, 기능회복, 교양강좌 등을 진행하고 있는데, 그 중 가족기능 지원의 차원에서 손자녀 돌봄 조부모를 대상으로 한 다양한 사업을 실시하거나, 노인의 건강생활 지원 차원에서 스트레스 경감을 위한 다양한 차원의 개입을 실시하고 있다.

출처: 한국건강가정진흥원(2023). 손자녀 돌봄 조부모 상담 · 교육 프로그램 개발(2023.9.), pp. 40-41.

핵심용어

노인, 고령사회, 초고령사회, 장기요양인정자, 노-노 세대관계, 돌봄의 호혜성, 노인복지법, 공적생활보장체계, 치매국가책임제, 고령친화적 주거환경, 웰다잉

학습실천과제

1. 노인 관련 드라마, 영화 또는 도서를 선정하여 살펴보고, 내용에서 표현하고 있는 노인과 가족의 모습 또는 특성에 대해 탐색하시오.
2. 내가 살고 있는 지역에 노인과 가족을 대상으로 사업을 하고 있는 기관이 어떤 것들이 있는지 조사하고, 그 기관에서 주로 운영하는 프로그램이 무엇인지 비교 분석하시오.
3. 품위 있는 죽음 또는 존엄한 삶의 마무리는 향후 더욱 중요한 이슈가 될 것이다. 우리나라는 이를 어떻게 실천해 나가야 하는지 논의하시오.

제14장

다양한 생활양식과 가족복지의 과제

〈학습목표〉

1. 사회의 변화에 따른 다양한 생활양식을 이해할 수 있다.
2. 가족의 다양성을 반영한 가족복지의 과제에 대하여 탐색할 수 있다.

현재 사회는 끊임없이 변화하고 있으며, 이러한 변화는 사람들의 삶의 방식과 가치관에도 영향을 미치고 있다. 특히 과거와 다르게 다양한 가족형태가 등장하면서 그 외에도 비전형적인 가족형태라고 할 수 있는 1인 가구, 비혼 동거가족, 비혈연 공동체 가족 등 다양한 생활양식들이 증가하고 있다. 비혼, 이혼 등의 증가로 인해 다양한 형태의 1인 가구가 증가하고 있으며, 법적 혼인관계가 아니더라도 친밀한 관계를 형성하면 가족이 될 수 있다고 생각하는 비혼 동거가족, 혈연중심의 가족을 넘어 서로 친밀한 관계를 유지하며 생활하는 비혈연 공동체 가족 등의 다양한 생활양식에 대하여 이해한다. 이를 위해 가족구성에 대한 다양성 및 자율성을 수용하고, 다양한 가족유형을 반영한 생활동반자제도 도입이 고려되고 있다. 또한 가족복지의 과제로는 가족 및 가족정책 패러다임의 전환이 필요하며, 가족에 대한 희생과 의무감보다는 건강한 가족을 위한 친밀하고 느슨한 관계맺음을 위하여 건강가족적 관점은 더 강화되어야 할 것이다. 이 장에서는 다양한 생활양식에 대해 알아보고 앞으로 가족복지의 과제에 대해 살펴보고자 한다.

1. 다양한 생활양식

현재 우리 사회는 가족의 다양성이 점차 확장될 것으로 예상한다. 이미 이혼 및 재혼, 다문화가족 등은 일찍이 변화가 시작되었고, 이러한 가족의 다양성은 이제 새롭지 않은 사실이다. 성인 남녀가 결혼하고 아이를 낳고 남성은 생계를 책임지고, 여성은 가사와 돌봄을 책임지는 모습, 그리고 혼인 관계는 일방이 사망하지 않는 이상 유지되는 가족에서 변화가 나타났다. 즉, 두 명의 부모와 미혼 자녀로 이루어진 전형적인 가족유형(family type)으로부터 벗어난 다양한 가족의 형태는 더 확장된 모습으로 늘어나고 있는 실정이다.

특히 1인 가구는 급격히 증가하면서 다양한 형태로 나타나고 있으며, 그 외에 전형적인 가족이 아닌 다양한 비혈연공동체를 형성하는 등 보다 확장된 '관계맺음'이 진행되고 있다.

다양한 삶을 지향하는 이들은 주거공간이나 돌봄, 관계의 상호지원을 위하여 혈연관계 외 공동체를 형성하여 생활하는 사회적 가족의 형태로 나타난다. 즉, 주거공동체 실험을 통하여 상호의존적 돌봄의 생계양식 외 관계측면에서의 가능성을 타진하고, 개인화가 진행되는 과정에서 공동체를 통한 친밀성의 재구성 실험의 가능성을 보여주고 있다(김혜경, 2017. 재구성).

여성가족부(2021)의 '가족다양성 국민인식조사 결과'에서도 '혼인 · 혈연관계가 아니더라도 함께 살고 생계를 공유하면 가족'이라는 응답이 68.5%로 '법적인 혼인이나 혈연으로 연결돼야 가족'이라는 응답(64.6%)보다 더 높았다. 이는 시대 변화에 따라 가족의 의미가 변화하고 있음을 알 수 있다.

〈표 14-1〉 주요 가구유형별 가구, 2022-2052

(단위: 만 가구, %)

		가구						구성비				
		2022	2027	2032	2042	2052	연평균 변화	2022	2027	2032	2042	2052
계		2,166.4	2,280.7	2,365.2	2,436.6	2,327.7	5.4	100.0	100.0	100.0	100.0	100.0
1인 가구		738.9	855.3	926.6	994.0	962.0	7.4	34.1	37.5	39.2	40.8	41.3
친족가구	계	1,377.5	1,358.5	1,361.0	1,356.6	1,284.6	-3.1	63.6	59.6	57.5	55.7	55.2
	부부	374.3	419.1	466.4	529.6	531.8	5.3	17.3	18.4	19.7	21.7	22.8
	부부+자녀	590.5	549.7	520.1	464.6	404.8	-6.2	27.3	24.1	22.0	19.1	17.4
	부+자녀	50.0	48.0	45.9	42.7	39.8	-0.3	2.3	2.1	1.9	1.8	1.7
	모+자녀	150.6	148.2	146.2	143.5	137.6	-0.4	7.0	6.5	6.2	5.9	5.9
	3세대 이상	68.0	51.7	41.6	31.9	26.4	-1.4	3.1	2.3	1.8	1.3	1.1
	기타*	144.2	141.9	140.9	144.3	144.2	0.0	6.7	6.2	6.0	5.9	6.2
비친족가구		50.0	66.8	77.5	86.0	81.1	1.0	2.3	2.9	3.3	3.5	3.5

* 부부+부(모), 조부(모)+손자녀 등

출처: 통계청(2024). 장래가구추계: 2022~2052년. 보도자료.

통계청(2024) 자료에 의하면 부모와 자녀가 함께 사는 가구 비중이 감소하고 1인 가구와 부부 가구는 증가하면서 가구 유형 순위에 변화가 나타났다. 2022년 가구유형별로 보면 1인 가구(739만 가구 · 34.1%), 부부+자녀가구(590만 가구 · 27.3%), 부부가구(374만 가구 · 17.3%) 순으로 많았다. 이 구조가 2052년에는 1인 가구(962만 가구 · 41.3%), 부부가구(532만 가구 · 22.8%), 부부+자녀가구(405만 가구 · 17.4%) 순으로 변화할 것으로 전망한다. 또한 비혼 부부 · 동성 연인 등으로 구성된 비친족가구는 2022년 50만 가구에서 2052년 81만 1,000가구로 늘어날 것으로 전망했다. 전체 가구 중 차지하는 비중도 2.3%에서 3.5%로 늘어나면서 추후 지속적인 증가를 보일 것으로 예상된다.

한국여성정책연구원(2021)이 전국 만 18~69세 성인 남녀 2000명을 대상으로 실시한 설문조사 결과, 10명 중 6명 이상(62.7%)은 가족의 범위를 사실혼, 비혼 · 동거까지 확대하는 데 동의한다고 답했다. 앞으로 '결혼보다는 동거를 선택하는 사람이 늘어날 것', '혼인 · 혈연관계가 아니어도 생계 · 주거를 같이하는 사람이 늘어날 것'이라는 전망에는 각각 87.0% · 82.0%가 동의했다.

따라서 가족의 형태가 더 확장된 비전형적인 가족형태라고 할 수 있는 1인 가구, 비혼 동거가구, 비혈연 공동체 가구 등 다양한 삶의 양식에 대해 살펴보기로 한다.

1) 1인 가구

오늘날 우리 사회는 삶에 대한 태도, 결혼 가치관 등이 변화되면서 가족 형태가 다양해지고 있는데, 특히 비혼, 이혼, 사별, 분거가족 등으로 인해 1인 가구가 증가하고 있다. 이러한 1인 가구는 다양한 배경을 가지고 전 연령대에서 증가하고 있는 가족 형태라고 할 수 있다.

통계청 인구주택총조사(2023)에서 1인 가구가 처음 등장한 것은 1975년이다. 1975년경 우리나라 1인 가구는 4.2%에 불과했으나, 1980년 4.8%, 1990년 9%로, 2000년 15.5%, 2010년 23.9%, 2020년 31.7%로 증가했다. 1990년 이후 대략 15년 단위로 10%포인트 증가한 것이다. 2023년 1인 가구 비중은 35.5%로 이제 세 가구 중 한 가구 이상이 1인 가구다.

〈표 14-2〉 1인 가구, 1980~2023년(단위 : 천 가구, %)

연도	일반 가구	증감률	1인 가구	증감	증감률	연평균 증감률	구성비
1980년	7,969	19.9	383	102	36.2	6.4	4.8
1985년	9,571	20.1	661	278	72.7	11.5	6.9
1990년	11,355	18.6	1,021	361	54.5	9.1	9.0
1995년	12,958	14.1	1,642	621	60.8	10.0	12.7
2000년	14,312	10.4	2,224	582	35.4	6.3	15.5
2005년	15,887	11.0	3,171	946	42.5	7.3	20.0
2010년[T]	17,339	9.1	4,142	971	30.6	5.5	23.9
2015년[R]	19,111	10.2	5,203	1,061	25.6	4.7	27.2
2016년[R]	19,368	1.3	5,398	194	3.7	3.7	27.9
2017년[R]	19,674	1.6	5,619	221	4.1	4.1	28.6
2018년[R]	19,979	1.6	5,849	230	4.1	4.1	29.3
2019년[R]	20,343	1.8	6,148	299	5.1	5.1	30.2
2020년[R]	20,927	2.9	6,643	496	8.1	8.1	31.7
2021년[R]	21,448	2.5	7,166	522	7.9	7.9	33.4
2022년[R]	21,774	1.5	7,502	337	4.7	4.7	34.5
2023년[R]	22,073	1.4	7,829	327	4.4	4.4	35.5

출처: 통계청(2023) 인구주택총조사 결과. 보도자료. 2024. 7.27. p. 68.

이처럼 1인 가구의 증가현상은 가부장적 질서에 대한 여성들의 의식 변화와 경제활동 증가, 젊은 세대의 결혼관 변화에 따른 비혼과 만혼의 증가, 이혼과 별거 등으로 인한 독신자 증가, 평균수명 연장에 따른 배우자 사망 이후 독거기간 증가 등의 다양한 사회경제적 요인이 작용하고 있다(민보경, 2023).

민보경(2023)의 '1인 가구 유형 분석과 행복 제고를 위한 시사점'에 따르면, 1인 가구의 형성원인은 세대별로 다양하다. 청년층은 다른 지역으로 진학하거나 취업해 1인 가구가 되고 만혼과 비혼으로 1인 가구로 남는 경우가 많다. 중 · 장년층은 다양한 요인으로 나타나는데, 비혼이 지속되거나 이혼, 맞벌이, 자녀교육을 위한 기러기 부부 증가 등이 그 원인이다. 노년층은 사별로 1인 가구가 되는 경우가 많다. 청년층이 아닌 경우, 비자발적으로 1인 가구가 되어 삶의 만족도가 낮을 가능성이 크다.

노경혜 외(2018)의 '경기도 1인 가구 삶의 질 연구'에서, 청년은 스스로 선택한 1인 가구이기 때문에 전반적으로 높은 만족감을 갖고 있지만, 안전하고 개인적 공간에 대한 욕구가 높았다. 중 · 장년은 1인 가구 형성 사유가 다양한 만큼 저마다 차이는 있으나, 사회적 관계망 및 안전망에 대한 욕구가 있고 사회적 편견에 대한 스트레스를 받는 것으로 나타났다. 특히 중 · 장년 대상 지원 정책이 부재한 데에 불만이 높았다. 그 외 다른 연구들을 종합해 보면 노년 1인 가구는 경제 · 사회 · 건강 모든 측면에서 열악한 경우가 많다.

〈표 14-3〉 생애주기별 1인 가구의 주요특성

유형	청년기	중장년기	노년기
주요 특징	• 스스로 선택한 1인 가구이기 때문에 만족도가 높음 • 안전하고 개인적인 공간에 대한 욕구 • 1인 가구 특성화 환경 조성 및 인식 개선 요구	• 노후 및 건강에 대한 불안감 • 행동으로 연결되지 않는 사회적 관계망 및 안전망에 대한 욕구 • 사회적 편견에 대한 스트레스 • 중장년 대상 지원 정책 부재에 대한 불만	• 삶의 질에 영향을 주는 주요한 요인은 건강과 경제 • 여성은 자녀의 행복이, 남성은 일과 소속감이 주요 영향 • 일상생활, 외로움, 건강 문제
1인 가구 형성	• 학업, 취업	• 비혼, 이혼, 사별	• 1인 가구 형성요인은 다양하며, 자녀와 동거 의사 없음
성별 차이	• 여성의 경우 주거안전에 대한 요구	• 성별에 따른 경제적 기반 및 사회관계망의 차이로 많은 영역에서 성별 격차	• 여성참여자는 자녀와의 관계, 사회활동 활발 • 여성은 자녀의 행복, 남성은 소속감이 삶의 질과 관련

출처: 노경혜 외(2022). 경기도 1인 가구 정책 기본계획, p. 13.

2016년 서울시가 전국 최초로 1인 가구 지원조례를 제정하면서, 2019년 서울 서초구가 '1인 가구 지원센터'를 전국 최초로 설치했다. 이를 시작으로 각 지자체에서 1인 가구를 위한 다양한 제도적 지원들을 추진하고 있으며, 추후 지역특성을 반영하여 연령별, 성별로 보다 촘촘한 정책이 필요할 것이다.

〈참고자료 14-1〉

서울시 1인 가구 지원계획

구분	사업명	지원계획
생활 안심	서울시 병원 안심통행서비스	✓모바일 청구서 방식 도입으로 결제 방식 다양화 (카드, 계좌이체, 간편결제 등) ✓전화회신서비스(콜백시스템) 도입
	전월세 안심계약 도움서비스	✓운영요일 확대(월, 목 → 월, 목, 토) ※ 토요일은 10개 자치구 상반기 실시 예정
	청년 1인가구 건강한 밥상	✓대면+비대면 요리교실 → 100% 대면 요리교실 ✓(기존) 건강 프로그램 → (변경) 소통 프로그램
	중장년 1인가구 행복한 밥상	✓1인당 요리교실 횟수 확대로 식습관 개선 도움 (월 2~3회 → 월 4회 이상)
고립 안심	1인가구지원센터	✓숲체험, 서울명소 투어 등 야외활동 프로그램 강화 ✓센터 3개소 공간개선(강남구 · 용산구 · 강서구)
	씽글벙글 사랑방	✓4개소 추가조성으로 총 14개소 운영
	1인가구 상담 멘토링	✓강의식 운영방식 추가(1:1:1:多, 강의식 등 다양화) ✓고위험군 멘티에 대한 심리지원센터 등으로 연계 추진
	1인가구 맞춤형 경제교육	✓숲체험, 서울명소 투어 등 야외활동 프로그램 강화 ✓센터 3개소 공간개선(강남구 · 용산구 · 강서구)
안전 안심	안심마을보안관	✓16개 자치구 총 67명 배치 → 25개 자치구 총 95명 배치 ✓순찰구역 확대 : 총 32개 순찰로 → 총 90개 순찰로
	안심이앱	✓'안심영상' 신규개발 : 스마트폰 영상 실시간 관제센터 전송 ✓'안심경로' 기능추가 : 귀갓길 경로 추천 시 위험지역 회피 ✓'안심친구' 기능추가 : 위급상황 시 지인에게 위치전송
	안심장비	✓4안심홈세트 지원수량 확대 : 1,200대 → 1,500대
	생활 안심사업 지속운영	✓안심귀가스카우트 ✓안심택배함 ✓안심지킴이집

출처: 데일리안. 2024. 2. 22. '3대 안심지원'…서울시, 156만 1인 가구 챙긴다.

앞으로 1인 가구의 증가는 당연시 되는 현실을 반영한다면, 다양한 형태의 1인 가구들이 혼자 살아가는 고립된 모습이 아니라 사회적 환경과 친밀한 네트워크를 형성하면서 그들만의 '느슨한 연대'를 형성해야 할 것이다. 이를 위해 우리나라에서는 2023년 '제1차 고독사 예방기본계획(2023~2027년)'을 수립하고, 고립 가구들을 발굴하고 물질적 도움을 제공하며, 말벗이 되어주거나 심리상담을 해주는 등의 정신건강 돌봄도 함께 진행되고 있다.

그렇다면 '내가 힘들 때 믿고 의지할 수 있는 사람들이 주변에 있는가?'에 대한 대답은 그 사회가 얼마나 결속되어 있고, 건강하고 친밀한 인간관계를 맺고 있는가를 보여주는 '커뮤니티'이다(오마이뉴스. 2024.7.21). 현재 서울시 NPO 지원센터에서 발간한 '외로움 지원책 대백과(2024. 외로움을 지원하는 사람들)'는 지역 · 기업 · 시민사회 · 지인 및 지역의 다양한 모임 등의 다양한 지원과 경험을 통해 궁극적으로 1인 가구 등을 포함한 다양한 사람들이 고립되지 않고 지역에서 함께 하는 모습을 제시하고 있다.

〈참고자료 14-2〉 외로움을 지원하는 정부 및 시민사회 사업의 예시

: 〈외로움 지원책 대백과〉는 2024년 서울시 공익활동지원센터에서 진행된 '당신의 공익활동 경험을 쉽고 즐겁게 만드는 커뮤니티의 활동'의 결과물

- 지역주민들의 모임과 연결을 지원하는 정책

민간과 지역주민들의 공동체 의식을 강화하는 지원사업 확대하기. 이는 주민들이 스스로 고민하게 하고 다양한 협동조합을 설립하는 것 등과 같은 움직임을 가능케 하는 동력과 구심점이 되며, 무엇보다 주민들의 자발적인 움직임들이 생기고 그것을 행정체계가 적극 뒷받침해주고 지원해주는 방향으로 나아갈 때 사회문제들이 더욱 원활히 다뤄질 수 있다.

- 사회적 처방 활동가 양성기관 설립

운동이나 생활습관, 인간관계, 사회참여 등에 변화를 갖도록 제안한다. 의료진에게서 환자 의료기록을 받아 적절한 사회적 지원을 연결해 주는 역할을 맡는 사회적 처방 활동가들에게 상담 및 대화 전문가, 사회적 처방에 관한 교육, 연결자로서 익혀야 할 기술 훈련 등을 제공한다. (영국에선 '링크 워커'라고 부른다.)

- 행복한 대화 벤치
공감대화 훈련을 받은 대화 지원자들이 '행복한 대화' 배지를 착용하고, 공공장소 곳곳의 벤치에서 기다리고 있다. 누구든 뱃지를 착용한 지원자들에게 대화를 요청할 수 있다.

- 해피 택시, 해피 캡버
영국 교통부 사업의 일환으로, 교통수단이 외로움을 완화할 수 있도록 지원한 사업. 특정 색을 입힌 차량을 택시로 구입하고 '행복 대화'가 가능한 기사들을 태운다. 차량 예약 시스템(어플)을 사용하며, 행선지가 같은 이들이 그룹이 되어 이동하는 동안 서로가 대화할 수 있도록 지원하는 스태프진도 필요하다.

- AI 스피커 제공
대화는 물론 뉴스나 음악을 들려주고, 약 복용 시간을 알려주거나, 조명을 끄고 켜주고, 위급 시 119 등 말로 전화를 걸 수 있다. 돌봄 기관 쪽에서 대화가 끊기는 이상징후가 발견되면 즉시 대응할 수도 있다.

출처: 외로움 지원책 대백과, p. 21. 부분 발췌.

2) 비혼동거

사전적 정의에 따르면, 동거는 '한집이나 한방에서 같이 삶' 또는 '법적으로 부부가 아닌 남녀가 부부 관계를 가지며 한집에서 삶'이라는 의미이다(표준국어대사전, 2023). 현재 우리나라의 비혼 동거에 관한 공식적인 통계를 정확히 파악할 수 없지만, 이미 비혼동거 비율이 지속적으로 증가하고 있다.

여성가족부(2023) '가족실태 조사결과'에 따르면, '결혼과 출산은 필수'라는 전통적인 가족 가치관이 빠르게 뒤바뀌고 있는 것으로 나타났다. 특히 '결혼하지 않고 남녀가 함께 사는 것'에 대해서는 2020년 26.0%가 동의했지만, 2023년에는 39.1%가 동의해 동거에 대한 긍정적인 인식이 증가하고 있는 것으로 나타났다. 즉, 법적 혼인관계가 아니더라도 서로 의지하고 친밀한 관계를 형성하면 가족이 될 수 있다고 생각하는 사람들이 많아진 것이다.

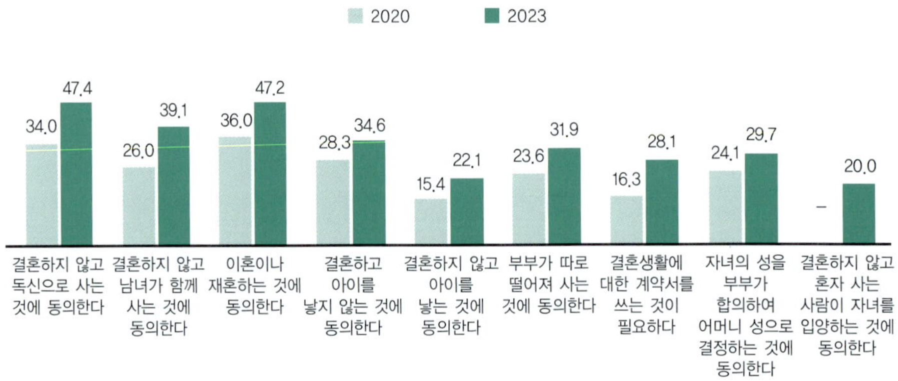

[그림 14-1] 삶의 방식과 가족 가치관에 대한 생각 – 동의 비율 (2020년, 2023년)

출처: 여성가족부(2023) 가족실태조사. 보도자료. 2024. 4. 16.

학자마다 동거를 분류하는 방식은 다양하지만 일반적으로 동거가 한 사회에 널리 퍼지고 자리 잡아가는 것에는 단계가 있다. 동거를 단순히 결혼하지 않고, 같이 사는 것으로 생각할 수 있지만 동거를 바라보는 학자들의 관점은 다양하다. 동거를 결혼의 준비단계로 보는 관점(Bumpass & Sweet, 1989)부터, 동거를 독립성과 자율성이 보장되는 결혼의 대안적인 형태로 보는 관점(Rindfuss & Vanden-Heuvel, 1990) 등이 있다.

이처럼 동거에 대한 가장 간단한 방식은 결혼과정으로의 동거와 결혼의 대안으로의 동거(Hiekel et al., 2014)로 구분하는 것이다.

첫째, 결혼과정으로의 동거(cohabitation as a stage in the marriage process)는 결혼제도에 긍정적인 태도를 가진 상태에서 동거하는 것이다. 이 유형의 동거는 좀 더 세분화하여 결혼을 전제한 동거, 서로를 배우자로 테스트하는 동거, 결혼할 경제적 기반이 부족하여 선택한 동거 등으로 분류할 수 있다. 둘째, 결혼의 대안으로의 동거(cohabitation as an alternative to marriage)는 보편적 결혼관에 반기를

드는 동거이다. 이 유형의 동거는 결혼제도를 거부하는 동거, 결혼의 필요성을 느끼지 못하는 동거 등으로 분류할 수 있다. 즉, 동거를 결혼의 준비단계로 보는 관점은 결혼에 대한 의사는 있으나 경제적 안정성 확보 등을 이유로 동거를 먼저 선택하는 유형을 의미하고, 동거를 결혼의 대안적 형태로 보는 관점은 결혼이 가지는 구속력에서 자유롭고 싶은 의지, 불확실한 결혼생활에 대한 불안에서의 해방 등으로 볼 수 있다(전보영 외, 2022).

최근 우리 사회에 나타나고 있는 동거의 형태는 주로 결혼의 대안적 형태, 즉 대안 동거이다. 비혼동거 경험이 있는 성인 남녀를 대상으로 조사한 결과(변수정, 2017), 결혼의 대안으로 동거를 선택(50.6%)하는 것으로 나타났다. 결혼에 대한 의사가 없으며, 결혼과 관계없는 동거를 선택하는 것이다. 이 결과는 결혼의 준비 단계로 동거를 선택(49.4%)한다는 응답보다 근소한 차이로 높았다. 또한 동거 관계를 법적으로 등록하고 인정받는 등의 제도에 대해 전체 응답자 중 28%는 '반대', 72.0%는 '찬성'의 입장을 보였다.

그렇다면 동거도 새로운 가족의 형태로 받아들여야 할 때이며, 사회적 인식과 여전한 편견들은 앞으로 우리 세대가 풀어야 할 과제이다. 동거가 일상화된 유럽에서는 혼인 외 출생아가 상당한 비중을 차지하고 있다. 유럽연합(EU) 통계청(유로스타트)에 따르면, 2018년 혼인 외 출생아는 전체의 42%로 조사됐다. 절반에 가까운 아기들이 비혼 관계에서 태어난 것이다. 2000년에 비하면 17%포인트 증가했다. 특히 프랑스 등 유럽 8개국은 해당 비중이 50%를 웃돌아 혼인 외 출생아가 혼인 부부 사이의 출생아보다 더 많았다(시사저널. 2024. 8. 29). 우리나라에서도 비혼 동거에서의 출산 이행이 이루어지게 하려면 먼저 개인이 맺는 관계와 그 형태에 대한 차별이 없어야 한다. 결혼하지 않고 함께 사는 것이 결혼하고 함께 사는 것만큼 사회 구성원 모두가 자연스럽게 생각하는 수준이 이르렀을 때 비로소 결혼하지 않은 사이에서 출산을 생각할 수 있을 것이다(변수정 외, 2023).

이에 따라 2014년에 비혼동거커플 등에게 서로에 대한 권리와 의무를 부여하는 (가칭)'생활동반자법'에 대한 논의가 이슈화 되었다. 즉, 다양한 동거가족 구성원들이 법률적 보호를 받을 수 있는 제도의 필요성을 강조한 바 있지만, 거센 반대에 부딪쳐 결국 발의되지 못했다. 추후 증가하는 비혼동거에 대한 정확한 통계조사를 중심으로 다양한 동거형태를 대안적 가족으로 수용하는 다각적이고 포괄적인 정책이 논의되어야 할 것이다.

3) 비혈연 공동체 가족

공동체의 사전적 의미는 생활이나 행동 또는 목적 따위를 같이 하는 집단이다(표준국어대사전). 그렇다면, 공동체 가족은 혈연중심의 가족을 넘어 서로 친밀한 관계를 유지하면서 유대감을 가지고 생활하는 가족을 의미한다. 대안가족의 하나의 형태로 나타나는 공동체 가족은 주거나 돌봄, 관계의 상호지원을 위하여 혈연관계 외 공동체를 형성하여 생활하는 사회적 가족의 형태가 있다. 이들은 주거공동체 실험을 통하여 상호의존적 돌봄의 생계양식 외 관계측면에서의 가능성을 타진하고, 개인화가 진행되는 과정에서 공동체를 통한 친밀성의 재구성 실험의 가능성을 보여주고 있다(김혜경, 2017). 비록 실험적 형태이지만 이들은 지금보다 더 유연하고 다양한 공동체들의 시행착오를 반복하면서 지속적으로 대안적 공동체 모습을 발전시켜 나가고 있다.

최근 비혼이 증가하면서 '비혼 공동체' 형태가 다양하게 나타나고 있다. 비혼을 선택하는 것이 더 이상 이례적이지 않은 상황에서 비혼여성들이 가장 필요로 하는 것은 또 다른 비혼여성이다. 나와 같은 선택을 한 공동체를 확인하는 것만으로도 큰 힘을 얻기 때문이다(이성희 · 한희선, 2020). 이와 같은 이유로 비혼인들은 고립을 벗어나기 위한 생존의 방법으로 느슨한 연대를 강조한다. 전주의 '비비 사회적협동조합(비비)'은 여성 공동체 주택건립과 여성의 주거권 확보를 목표로 내세운다. 2003년 30대 비혼여성 6명 안팎이 모여 서로의 삶을 응원하는 공동체에서 시작한 비비는(한겨레. 2024. 2. 19), 작년(2024년) 22년째 비혼 공동체 생활을 이어가면서, 비혼인들의 훌륭한 롤모델이 되고 있다.

또한 평균 수명의 증가로 인해 과거와는 다른 독립적이면서 함께 연대하는 삶을 지향하는 노인공동체의 출현이다. 북유럽에서는 이상적인 '따로 또 같이' 고령자 주거 시스템이 시작됐다. 복지 천국답게 일찍이 '시니어 코하우징(Co-housing)'을 개발했다. 거주자들이 개별 생활과 공동체 생활을 동시에 할 수 있는 협동 주거 형태다. 이는 고령화로 인해 증가하는 노인들을 위해 독거노인 문제를 해결하고, 노인생활의 질을 높이기 위해서였다. 1960년대 덴마크에서 시작된 코하우징은 1980년대 스웨덴, 노르웨이 등으로 확산했고, 이후 영국, 독일 등으로 전해졌다. 나라별 실정에 맞춰 다양한 형태의 고령화 주택과 복지시설로 자리 잡았다. 북유럽의 공동 노인주택 조합들은 공간 설계와 공동생활 규칙까지 직접 만들며 자발적으로 공동체를 만들어 냈다(아시아경제, 2023. 9. 12).

이처럼 비혈연 공동체는 혈연중심의 가족을 넘어 서로 가족으로서 지속적인 관계를 유지하며 유대감을 가지고 생활하는 공동체를 의미한다. 즉, '가족사랑'이 책임과 의무가 아니라 덜 부담스러운 방식으로 함께 살고 서로를 돌보는 방식이 출현하고 있다. 책임과 의무가 덜어진 가족의 자리에 '같이 사는 즐거움'을 어떻게 채울 것인가, 혈연과 혼인이라는 이유로 모든 의무를 지닌 가족이 아닌, 같이 사는 즐거움을 나누는 사람들로 가족의 정의가 달라질 수 있다. 현재 여러 가지 이유로 전형적인 가족형태는 점차 사라지고 사람들의 선택에서 멀어지고 있다. 그러나 가족이 주었던 유대감과 안정감을 여전히 귀중한 자원이기에, '가끔은 가족'이 되는 새로운 형태로 탄생되고 있다(이성희 · 한희선, 2020).

앞으로 공동체 가족은 개별 가족에서 충족하기 어려운 부분을 공동으로 해결하면서, 다양한 삶의 방식으로 연대를 한다면, 이들 역시 보다 유연하고 확장된 가족정책으로서 논의할 필요가 있다.

2. 가족복지의 과제

우리에게 가족은 어떤 의미일까? 오늘날 가족은 기존의 전형적인 가족의 개념이 달라지면서 가족을 형성하는 요건, 가족의 목표 등이 변화했다. 심지어 1인 가족이 급속도로 늘고 있지만 흥미로운 점은 이들도 조사해 보면 공동체 형태의 다양한 가족형태를 지향하고 있다는 것이다. 즉, 인간은 개인만의 삶보다는 어떤 형태이든 함께 하는 삶을 그리워하고 동경하는 속성이 있는 것이다. 가정이라는 시스템이 무너져도 어떠한 형태이든 가족이라는 형태는 지속된다고 볼 수 있다(이성희 · 한희선, 2011).

이로 미루어 볼 때 가족의 형태는 달라지더라도 이전과는 다르게 다양한 가족의 기능이 강화될 것이라는 것이 가족에 대한 일반적 전망이다. 다만, 우리가 변화하는 가족의 개념에 어떠한 틀을 부여할 것인가가 과제라 하겠다.

1) 가족과 가족정책 패러다임의 전환

2021년 발표된 여성가족부의 「제4차 건강가정기본계획」의 핵심 키워드는 '가족 다양성'이다. 지난 30년간 우리나라의 가족변화는 가족규모의 축소, 핵가족화 및 1인 가구 증가로 인한 가족세대의 단순화 특성을 보였다. 여전히 핵가족이 중심적 가족형태에 해당했지만, 그 비중은 점차 감소하는 추세이며 형태상으로 다양성은 이미 확장되고 있다. 즉, 한부모가족, 조손가족, 동거 · 비혼부부, 입양가족 등 친밀성의 모습은 법률과 혈연관계, 기성규범에서 벗어나 개개인의 선택과 가치관을 존중하는 모습으로 변화하고 있다(조선미 외, 2022). 이러한 가족의 진화는 궁극적으로 한 가지 형태의 가족형태가 오래 지속되지 않고 더 유연해질 수 있는 가능성이 커지면서, 가족의 자율성은 증가될 것이다.

따라서 가족을 견고한 하나의 집단이라고 보기보다는 개인의 점들이 연결되어 선으로 변하는 유연성을 가진 다양한 관계(장혜경 외, 2014)로 정의하면서 가족정책의 패러다임 또한 전환을 맞이하고 있는 시점이다.

이처럼 다양한 가족유형이 공존하고 있다는 것은 법과 정책에 있어서도 특정 형태의 가족 유형만을 인정하고 정책 대상으로 삼을 수 없다는 것을 의미한다. 이를 반영하여 가족정책에서도 가족구성원의 다양성과 특성이 반영되는 방향으로 정책적 전환이 논의되어야 할 것이다.

특히 미래사회는 1인 가구의 비중이 가장 높아질 것으로 예상하므로, 1인 가구 또한 다양한 가족 형태의 하나로 보는 관점이 논의 되어야 한다. 이에 따라 1인 가구를 가족생활주기에서 누구나 경험할 수 있는 보편적인 가족형태로 이해할 때 1인 가구 정책에 대한 수용도와 확장성은 커질 수 있으며 진정한 의미의 가족정책과의 연계가 가능해질 수 있다(노경혜 외, 2022).

앞으로 가족복지정책은 이러한 가족의 다양성과 개별성을 반영하여 가족정책의 방향을 사회변화와 연계하여 재검토하고 추진되어야 할 것이다.

2) 친밀하고 느슨한 관계 맺음

서울시 여성가족재단(2020)은 서울시에 거주하며 '혼인과 혈연관계가 아닌 가구를 구성하여 주거와 생계'를 같이 하는 298명을 대상으로 '다양한 가족, 당연한 권리'에 대한 조사 결과를 살펴보면, 가족의 조건은 '강한 정서적 유대감'(50.3%), '인생의 미래를 함께 계획'(26.2%)으로 나타났다. 또한 현재의 가구형태로 살면서 느끼는 가장 힘든 것은 '정부의 지원과 서비스로부터 제외'(49.0%), '제도로 보장되지 않아 관계의 지속성에 대한 불안'(26.8%)으로 나타났다.

이를 통해 궁극적으로 다양한 가족에 대한 정부정책과 제도의 필요성이 제기됨을 알 수 있다. 실제 동거인들이 계약과 신고를 통해 혼인신고와 비슷한 수준의 지위를 보장받는 제도인 '생활동반자제도 도입'에 대한 생각으로, 전체 96.0%가 찬성(매우 찬성 83.9%, 약간 찬성 12.1%)으로 대다수 사람들이 긍정적으로 응답하였다.

이에 따라 '생활동반자관계'의 법적 지위를 부여하는 방안 등이 정책적으로 추진되고 있는 실정이다. 이러한 변화는 사회적으로 어떤 관계이든 다양한 선택을 제공한다는 측면에서 제도적 필요성에 대한 공감대가 이루어지고 있음을 보여준다.

〈참고자료 14-3〉

혈연 · 혼인 없어도 '가족' … 생활동반자법 최초 발의

혼인 · 혈연관계와 상관없는 다양한 형태의 생활공동체를 인정하고, 사회가 이를 법률적으로 보호하도록 하는 생활동반자법이 국내 최초로 발의됐다. 생활동반자법이 여의도에 등장한 것은 9년 만이다.

용혜인 기본소득당 의원은 서울 영등포구 국회 소통관에서 기자회견을 열고 "성년이 된 두 사람이 상호 합의에 따라 생활을 공유하며 돌보고 부양하는 관계를 생활동반자 관계로 규정하는 '생활동반자관계에 관한 법률안'을 대표 발의한다"고 밝혔다. 법안엔 생활동반자관계의 성립 · 해소 및 효력과 그에 관한 등록 · 증명에 관한 사항을 규정하는 내용이 담겼다.

이에 학계 및 시민사회 등지에선 '법적가족 밖의 가족'들에게도 혼인 · 혈연 가족에 준하는 사회보장을 제공해야 한다는 지적이 이어져 왔다. '생활동반자 관계'를 통해 다양한 형태의 공동체에 사회보장제도상의 권한과 보호를 부여하는 생활동반자법은 그 대표적인 대안으로 꼽힌다.

> 용의원은 이번 법안에 대해 "생활동반자는 성별과 관계없이 맺을 수 있기에 더욱 다양한 형태의 가족을 제도적으로 포괄할 수 있다"라며 "혼인 외의 가족 구성과 출산을 인정하고 지원하는 것은 우리 사회가 마주한 저출산 · 인구위기 해결의 마중물이 될 것"이라고 평하기도 했다.
>
> 이종걸 가족구성권연구소 연구위원은 "현재는 (법적가족 밖의 가족 형태가) 주로 1인 가구로만 알려져 있지만, 사실 이런 1인 가구 안에는 수많은 비친족 가족들이 숨어있다"라며 "앞으로 정부는 실태조사 등을 통해 이런 '보이지 않는 가족'들을 통계적으로 가시화하고, 그들이 직면한 문제를 구체적으로 인지해 해소해 나갈 필요가 있다"고 강조했다.

출처: 프레시안. 2023.4.26. 부분 발췌. 혈연 · 혼인 없어도 '가족' … 생활동반자법 최초 발의됐다.

전 세계의 미래학자들은 결혼이 가까운 미래에 사라질 제도라고 보고 있다. 프랑스의 대표적 경제학자 자크 아탈리(Jacques Attali)는 2005년 「포린 폴리시(Foreign Policy)」 기고에서 "2030년이면 결혼제도가 사라지고 90%가 동거로 바뀔 것"이라고 주장한 바 있다(시사저널, 2016. 10. 21). 이에 따라 프랑스와 스웨덴 등 유럽 주요국들은 수십 년 전부터 가족 구성의 다양성과 자율성을 인정하고 있다. 대표적인 사례가 법적으로 혼인하지 않았지만, 친밀한 관계를 맺고 있는 파트너의 법적 권리를 혼인에 상응하는 수준으로 보장하는 '시민결합' 제도다. '시민결합'은 이러한 위기를 극복하기 위해 선택한 대안이라고 할 수 있다.

앞으로 미래사회는 촘촘한 관계보다는 '느슨한 관계'에 초점을 맞출 것이라고 예상한다. 느슨한 관계는 서로 연결되어 있지만 아주 긴밀하거나 끈끈하지는 않고 서로 떨어져 있지만 필요하면 얼마든지 연대할 수 있는 관계이다.

3) 건강가족 관점으로의 강화

궁극적으로 가족복지와 가족정책의 모든 분야에 건강가족적 관점으로 더 강화되어야 할 것이다. 현재 건강가정기본법에서는 민주적이고 양성평등한 가족관계를 강조하고 있다. 또한 앞에서 제시했듯이, 제4차 건강가정기본계획 개정안은 기본직으로 모든 가족이 차별 없이 존중받으며 정책에서 배제되지 않도록 하는 가족의 다양성 보장과 함께, 남녀 모두의 일하고 돌볼 권리를 동시에 보장하는 성평등 관점으로의 정책 강화를 제시하고 있다.

무엇보다 전통적인 가부장적 가족주의에서 벗어나 어떠한 가족형태이든 가족 내 친밀성은 중요한 트렌드가 되었다. 그러나 여전히 가족을 구성할 권리를 '혼인'만으로 제한한다는 것은 평등과 차별의 문제이다. 실제로 기존의 가부장적 가족문화는 청년세대의 가족형성의 지연과 약화를 가져오는 주요 요인으로 기능하고 있다. 특히 여성의 경우 결혼과 출생 등으로 인하여 경력단절 경험이 지속된다면 결혼이나 가족형성에 대한 태도는 변화되기 어려울 것이다(홍승아 외, 2017).

이를 위하여 우리는 진정한 의미에서의 가족해체를 막기 위해서라도 가족이 가져야 하는 최대한의 구성요건을 강요하고 규정해야 하는 것이 아닌, 가족이 지니고 있는 최소한의 요건을 받아들이면서 가족의 본질적 목표인 평등과 인간성이 보장되는 가족의 건강성과 기능성을 강화해야 한다(이성희 · 한희선, 2020).

따라서 가족구성원 모두가 주체적이고 평등한 사회구성원으로서 삶을 영위할 수 있고, 어떠한 가족이든 가족의 기능이 강화되는 건강가족이 되기 위한 정책과 실천적 개입은 더욱 요구되는 실정이다. 이를 위해 지역의 가족센터에서 진행하는 가족상담, 가족생활교육, 가족문화사업 등과 같은 서비스는 가족의 기능을 강화하는 전형적인 사업의 형태로 제공되고 있다.

앞으로 가족의 형태는 더욱 확장될 것이며, 어떠한 가족이라도 건강가족이 되기 위하여 그들의 다양한 삶의 방식을 수용하는 정부의 정책 전환은 지속적으로 논의되어야 할 것이다.

핵심용어

다양한 생활양식, 비정형가족, 1인 가구, 비혼동거, 비혈연 공동체 가족, 가족정책 패러다임, 생활동반자법, 외로움, 건강가족 관점

학습실천과제

1. 1인 가구, 비혼 동거가구, 비혈연 공동체 가구 등에 대해 어떤 생각을 가지고 있는지 서로 의견을 나누어 보자.
2. 어떠한 가족형태이든 차별받지 않아야 한다는 '생활동반자법' 도입에 대하여 어떤 생각을 가지고 있는지 논의해 보자.
3. 앞으로 우리 사회의 가족복지정책 발전을 위하여 정부, 사회가 함께 시도해야 할 정책은 무엇이라고 생각하는지 토론해 보자.

참고문헌

〈국내도서〉

강은미(2022). 입양사실 공개과정에서 입양모의 심리적 경험연구. 백석대학교 기독교전문대학원 박사학위논문.

강이수(2007). 산업화 이후 여성노동시장의 변화와 일-가족 관계. 페미니즘 연구. 7(2), 1-35

고선강 · 송혜림 · 강은주(2023). 한부모가족의 특성에 따른 가족건강성 차이. 가족자원경영과 정책, 27(1), 25-39.

고용노동부(2021). 고용형태별 근로실태조사.

공계순 · 박현선 · 오승환 · 이상균 · 이현주(2008). 아동복지론. 학지사.

관계기관 합동(2023). 제4차 다문화가족정책 기본계획(2023~2027) 자료집.

관계부처합동(2023). 2023~2027 제1차 한부모가족정책 기본계획 자료집(2023.4.10.)

구미향(2006). 공개입양 가정의 부모가 경험하는 갈등의 유형과 특성 분석. 아동학회지. 27(3)

국회예산정책처(2016). 저출산 대책평가 I. 사업평가 16-26. 통권 383호.

권금주(2011). 가족정책론. 교문사.

권인수(2000). 손자녀를 돌보는 조부모의 부담감과 사회적지지. 아동간호학회지, 6(2), 212-223.

권중돈(2022). 노인복지론(8판). 학지사.

권지성 · 변미희 · 안재진 · 최운선(2016). 국내 입양부모의 입양 후 적응을 위한 사후 서비스 이용 경험에 관한 연구. 한국가족복지학. 21(2), 345-366.

권진숙 · 신혜령 · 김정진 · 김성경 · 박지영(2008). 가족복지론(2판). 공동체.

김경아(2023). 한국과 주요국의 웰다잉(Well-dying) 지원정책의 현황과 시사점. 한국노년학, 43(3), 303-329.

김다애 · 조은숙(2019). 재혼가족 계부모의 역할긴장과 우울의 관계에서 계부모-배우자 간 의사소통의 매개효과 연구-계부모의 성차를 중심으로. 가족과 가족치료, 27(4), 599-620.

김미현(2018). 일하는 가족돌봄자 지원방안 연구: 노인 돌봄가족을 중심으로. 장기요양연구, 6(1), 80-119.

김미현 · 신형석 · 이정화 · 양난주(2017). 일하는 가족돌봄자 지원방안 연구(노인돌봄가족을 중심으로). 서울시복지재단.

김민정 외 (2019). 저출산시대의 가족정책. 한울아카데미.

김상용(2009). 입양촉진 및 절차에 관한 특례법의 개선방향. 가족법 연구. 23(2), 217-256.

김성아 · 정해식(2019). 연령대별 삶의 만족 영향요인 분석과 정책과제. 보건복지포럼, 4, 95-104.

김성천 · 박지영(2012). 사회복지현장에 기반한 가족중심사례 실천 모색:현장사례분석을 중심으로. 사례관리연구, 3(1), 39-64.

김소영 · 선보영 · 전미영 · 남지민(2017). '가족친화 지역사회 조성'정책 10년 평가와 과제. 한국여성정책연구원 연구 보고서.

김수정(2015). 누가 맞벌이화를 주도하는가? 맞벌이 이행에서 시기, 연령, 코호트 효과 분석. 한국여성학, 31(4), 147-180.

김승권(2008). 한국 가정폭력의 실태와 정책 과제: 부부폭력의 실태와 정책과제. 보건복지포럼: 이달의 초점, 9월호.

김영란 외(2018). 가사노동시간 측정 및 행동평가 기준의 젠더불평등 개선방안. 한국여성정책연구원 이슈페이퍼.

김영란 외(2023). 젠더관점의 사회적 돌봄 재편방안 연구 보고서 I. 한국여성정책연구원 연구보고서. 2023 연구보고서 12.

김영모(1999). 한국가족정책연구. 한국복지정책연구소출판부.

김영범(2023). 노년기 나이와 삶의 만족: 성별 차이를 중심으로. 한국노년학, 43(4), 463-479.

김영화 · 이진숙 · 이옥희(2015). 성인지적 가족복지론. 양서원.

김오남(2006). 결혼이민자 가족의 아내학대와 영향요인 연구. 한국사회복지학회지, 11, 5-35.

김유경 · 이여봉 · 손서희 · 조성호 · 박신아(2016). 사회환경 다변화에 따른 가족위기 진단과 대응 전략. 한국보건사회연구원 연구보고서 2016-08.

김윤재 외(2022). 가족복지론. 지식공동체.

김윤재 · 김순옥 · 김재원 · 강영숙 · 김진환 · 진미(2015). 가족복지론. 공동체.

김은정 · 이진숙 · 최인선(2014). 자녀양육 실태 및 돌봄지원서비스 개선방안: 맞벌이 가구를 중심으로. 보건사회연구원.

김이선 · 박경숙(2019). 한국 여성의 생애: 갈등적 성별화와 계층화. 경제와 사회 122, 138-170.

김임순(2021). 공개입양 부모가 입양상담 과정에서 경험하는 심리현상. 제주대학교 사회교육 대학원 석사학위논문.

김재엽 · 조춘범 · 정윤경(2008). 청소년의 가정폭력 경험이 부모폭력에 미치는 영향과 인터넷 중독의 매개효과. 한국사회복지학, 60(2), 29-51.

김정우(2018). 가족친화적 기업문화가 근로자에게 미치는 영향. 인천대학교 경영대학원 석사학위논문.

김정현 · 전미혜(2018). 노년기 연령집단에 따라 사회활동 유형이 행복감에 미치는 영향. 한국노년학, 38(1), 1-21.

김주현 · 김경민 · 민주홍 · 김이정 · Kathrin Boerner · 한경혜(2023). 초고령부모와 노인자녀의 노화에 대한 인식. 한국노년학, 43(1), 21-38.

김준범 · 장대연(2019). 노년기 빈곤이 계층의식을 매개로 삶의 만족도에 미치는 영향: 독거노인과 동거노인의 비교를 중심으로. 한국노년학, 39(1), 93-108.

김지선(2021). 입양 아동자아개념에 영향을 미치는 요인. 충남대학교 석사학위논문.

김지애(2019). 일 · 가정양립 지원정책이 유치원교사의 삶의 만족도에 미치는 영향. 중앙대학교 대학원 석사학위논문.

김지연(2023). 30대 여성 경제활동참가율 상승의 배경과 시사점. 한국개발연구원KDI 현안분석. 2023.10.30.

김지현 · 권미경 · 최윤경(2018). 돌봄취약계층 맞춤형 육아지원 방안(IV). 육아정책연구소, 2018(2), 78-79.

김혜경 · 도미향 · 문혜숙 · 박충선 · 손홍숙 · 오정옥 · 홍달아기(2017). 가족복지론. 공동체.

______________________________(2020). 가족복지론(6판). 공동체.

김혜경(2017). '가족 이후'의 대안적 친밀성: 비혼 청년층의 공동주거 사례를 통해 본 돌봄과 우정의 공동체 실험. 한국사회학, 51(1), 155-198.

남현우 · 김용미(2019). 조부모의 손자녀 양육참여 관련 국내 학술지 논문의 연구동향 분석. 아동교육, 28(4), 189-208.

노경혜 · 이나련 · 황경란(2018). 경기도 1인가구 삶의 질 연구. 경기도 여성가족재단. 정책보고서. 2018-23

노경혜 · 정혜원(2022). 경기도 1인가구 정책 기본계획(2023-2027)수립연구. 경기도 여성가족재단. 정책보고서. 2022-05

노선우 · 박승두 · 신혜원 · 윤혜지(2021). 양천사건이 입양에 던지는 물음들에 답하다. 공익과 인권. 21(1), 351-382.

노진숙(2013). 기혼자들의 결혼유지와 이혼결정 과정 분석. 경성대학교 박사학위논문.

대통령직속 저출생고령사회위원회(2024). 정책수요자별로 보는 저출생 추세 반전을 위한 대책 브로슈어.

대한민국정부(2020). 제4차 저출산 · 고령사회기본계획(2021~2025) 자료집.

류동(2022). OECD 국가의 일 · 가정 양립정책이 출산율에 미치는 영향. 서울시립대학교 사회복지대학원 박사학위논문.

류현규 · 김영미(2014). 영유아를 둔 취업모와 비취업모의 양육방식을 결정하는 요인은 무엇인가? 4회 여성가족패널 학술대회.

문은영(2011). 서울시 한부모가족 실태조사를 통해 본 부자가족의 현황과 문제점. 공공사회연구, 1(2), 135-174.

문현숙 · 김득성(2000). 이혼 후 적응과정에 관한 사례연구. Family and Environment Research, 38(3), 99-120.

민보경(2023). 1인 가구유형 분석과 행복제고를 위한 시사점. 국회미래연구원. 국가미래전략 insight. 74호. 2023.08.07

민현주(2012). 자녀출산과 양육시기동안의 여성취업 유형화: 집단중심추세모형(Group-Based Trajectory Model)의 적용. 한국사회학, 46(2), 61 - 87.

박경례 · 박재연(2021). 재구성 가족의 삶의 질에 영향을 미치는 요인에 관한 연구-재혼을 경험한 성인의 관점에서. 가족과 가족치료, 29(1), 191-220.

박경숙(2021). 경력단절여성의 직업능력향상교육 효과성과 재취업 후 심리적 변화 탐색. 광주대학교 박사학위논문

박기남(2005). 성별, 지역별 특성에 따른 노인의 삶의 만족도 연구. 여성연구, 2(69), 5-34.

박미정(2014). 국내 입양현황과 개선방안, 참여연대 복지동향.

박미진 · 정성미 · 정수연 · 조미라(2023). 한부모가구의 일-생활 균형 정책 개선방안 연구. 한국여성정책연구원 연구보고서 15.

박복순 · 박선영 · 김정혜 · 정다은 · 성정숙(2019). 여성 · 가족관련 법제의 실효성 제고를 위한 연구(VII): 가족의 다양화에 따른 법적 대응. 한국여성정책연구원. 연구보고서 7.

박재범(2020). 2030세대의 양성평등 의식, 부모됨의 인식, 출산의식의 구조적 관계 분석. 인문사회21, 11(6), 2349-2364.

박정임(2017). 맞벌이 가정의 부모교육 요구에 영향을 미치는 요인에 관한 연구. 경기대학교 석사학위논문.

박주희(2024). 가족복지론. 양서원.

박혜리 · 배성희(2020). 학령전기 손자녀를 양육하는 조부모의 양육 스트레스, 양육 보상감, 삶의 만족도. Health & Nursing, 32(1), 21-32.

박효진 · 박소영(2013). 영유아기 손자녀를 둔 조모의 양육지원에 영향을 미치는 요인에 관한 연구. 한국영유아보육학, 77, 227-246.

배태순(2000). 현대사회에서의 입양의 이해와 입양의 성공. 경남대학교 출판부.

변수정 · 엄다원 · 안문희(2023). 한국의 비혼동거 특성과 정책적 함의. 연구보고서. 2023-35.

변수정(2017). 비혼 동거인구의 경험 및 가치관. 한국보건사회연구원. 보건 · 복지 Issue&-Focus, 제 332호, 1-8.

변수정(2020). 가족유형 다양화에 따른 영유아 특성과 정책과제. 한국여성정책연구원. 연구보고서. 2020-39.

변화순 · 송다영 · 김영란(2001). 가족유형에 따른 생활실태와 복지욕구에 관한 연구, 2001 연구보고서 240-10, 한국여성개발원.

보건복지부(2019). 2019 보건복지통계연보.

_________(2023), 2023 국내외 입양통계

_________(2024). 2023년 국민기초생활보장 수급자 현황. (2024.7.)

_________(2024). 2024년 노인보건복지사업안내(Ⅰ).

_________(2024). 출생통보제와 위기임신 지원제도 보도자료집(2024.7.18.)

_________(2024). 입양 보도자료. 2024.5.11.

_________(2024). 입양 보도자료. 2024.5.30

보건복지부 · 한국보건사회연구원(2020). 2020년 노인실태조사.

한국사회복지관협회(2012).사회복지관사례관리메뉴얼.

서병숙 · 이정숙 · 김혜경 · 이신숙 · 왕석순 · 이현(2002). 현대가족과 복지. 교문사.

서울시 공익활동지원센터(2024). 외로움 지원책 대백과. 외로움을 지원하는 사람들

서울시 여성가족재단(2020). 젠더 이슈. 다양한 가족, 당연한 권리 : 비혼 · 비혈연 가족의 권리 보장을 위하여.

성미애(2020). 청소년 자녀가 있는 남성 한부모의 어려움 관련 변인. 한국가정관리학회지, 38(1), 1-15.

_____(2023). 동거, 결혼의 과정인가? 결혼의 대안인가?(Ⅰ): 동거하고 있는 50, 60대 남녀 파트너십에 대한 인식과 향후 관계 전망 및 정책적 욕구. 한국가족관계학회지, 28(3), pp.3-32.

_____(2024). 동거, 결혼의 과정인가? 결혼의 대안인가?(Ⅱ): 30, 40대 동거남녀의 파트너십과 정책적 지원에 대한 인식. 한국가족관계학회지, 29(1), 3-35.

성영혜 · 송주미(1997). 가족복지에 관한 이론적 고찰. 한국가족복지학, 2(1), 51-72.

성정현 · 여지영 · 우국희 · 최승희(2011). 가족복지론. 양서원.

송다영(2023). 여성의 일 · 가족양립 현실과 정책과제, 한국여성정책연구원. 2023. 겨울. 이슈리뷰 2.

송시영 · 진혜정 · 주수산나(2020). 손자녀 양육이 조부모의 우울감에 미치는 영향에 대한 주관적 건강상태의 조절 효과. 한국노년학, 40(3), 459-475.

송정아 · 전영자 · 김득성(2001). 가족생활교육론. 교문사.

송혜림 · 고선강 · 강은주(2022). 한부모가족 건강성 지표 개발 연구. 가족자원경영과 정책, 26(2), 53-70.

신유미(2017). 손자녀돌봄이 조부모의 우울수준에 미치는 영향. 한국사회복지학, 69(4), 153-176.

신혜원 · 정익중 · 민성혜 · 권지성(2011). 연장 입양아 가족의 부모-자녀 애착증진 프로그램 개발 및 효과연구. 대한가정학회지, 49(2).

여성가족부 (2022). 2022년 가정폭력 실태조사 연구.

______(2018). 양육비이행관리원, 3년간 양육비 275억원 받아내. 보도자료(2018. 3.22.)

______(2019). 2018년 전국다문화가족실태조사 연구. 연구보고 2019-01.

______(2019). 2019년 가정폭력실태조사 연구. 연구보고 19-25.

______(2021). 가족 다양성 국민인식조사.

______(2021). 제4차 건강가정기본계획(2021~2025).

______(2022), 2022년 경력단절여성 등의 경제활동 실태조사.

______(2022). 2021년 국민 다문화 수용성 조사.

______(2022). 2021년 전국 다문화가족 실태조사.

______(2022). 2021년 한부모가족 실태조사 결과 보도자료집(2022.5.23.).

______(2023). 2023년 가족실태조사. 여성가족부 보도자료. 2024.4.16.

______(2023). 가족실태조사. 보도자료. 2024.4.17.

______(2024). 2024년 가족사업안내 1권, 2권.

______(2024). 한부모생활안정과 자녀양육지원 확대한다 보도자료집(2024.9.9.).

______(2024). 2023년 가정폭력 피해자 지원사업 운영 실적 보고:공개용.

______(2024). 2023년 가족실태조사결과 보도자료집(2024.4.17.).

______(2024). 2023년도 가정폭력 상담소 운영 현황('23.12.31. 국비 지원 기준).

______(2024). 2024년 가족사업 안내(1권).

______(2024). 2024년 한부모가족지원사업 안내.

오지혜(2015). 한국 기혼여성의 이혼태도에 관한 연구, 가족과 문화, 27(1), 233-270.

왕연연 · 허만세 · 김영숙(2022). 노인의 건강상태가 삶의 만족도 변화에 미치는 영향. 보건사회연구, 42(3), 351-368.

원영희 · 손화희(2016). 가족복지론. 학지사.

유계숙 · 장혜경 · 전혜정 · 김윤정 · 민성혜 · 박은미 · 안재희 · 장보현 · 한지숙(2009). 가족정책론(개정판). 시그마프레스.

유다은 · 지은(2019). 부모이혼을 경험한 청년기 성인의 대인관계 및 결혼관에 대한 사례연구. 한국가족관계학회지, 24(1), 149-176.

유순희 · 정민자(2018). 황혼이혼 결정과정에 관한 연구-근거이론-. 한국가정관리학회지, 36(2), 54-71.

유영주 · 강학중 · 김밀양 · 김순기 · 김연 · 박정희 · 배선희 · 손정영 · 안재희 · 양순미 · 오윤자 · 이인수 · 이정연 · 이창숙 · 전영자 · 최희진 · 홍성례 · 홍숙자(2008). 새로운 가족학(4판). 신정.

유혜량(2015). 해외입양 한인의 정체성 정치에 관한 연구. 전남대학교 대학원 박사학위논문.

윤경자 · 김정옥 · 현은민 · 전영자 · 유계숙 · 김은경(2009). 건강가정론. 공동체

윤소영 · 조성은 · 정지은 · 정영금 · 차성란(2024). 가족과 문화: 변화를 읽다(2판). 신정.

이가은 · 이재림(2023). 성평등적 부모역할 태도와 맞벌이 부부의 출산의향 및 추가 출산의향: 자기효과와 상대방효과. 가정과 삶의 질 학회 학술발표 대회자료집. 2023(6). 263-263.

이경희 · 이소희 · 방은령(2004). 가족복지. 형설출판사.

이미선(2008). 입양과 관련된 심리적 이슈들에 대한 고찰, 임상사회사업연구, 5(3), 49-65.

이선미(2015). 이혼의 법적 절차 및 사례와 개선방안. 한국가족관계학회 춘계학술대회자료집, 3-13.

이설아 · 전혜정 · 주수산나(2021). 이혼이 성인 남성과 여성의 우울 수준에 미치는 영향. 가족과 문화, 33(2), 66-88.

이성희 · 한은주 · 왕석순 · 임선영(2022). 가족복지(2판). 창지사.

______ · 한희선(2011). 결혼과 가족. 파란마음.

__________(2020). 성평등 관점에서 본 결혼과 가족. 공동체.

______ · 전길량 · 한은주 · 조경욱(2012). 가족복지론. 파란마음.

______ · 한은주 · 왕석순 · 임선영(2019). 가족복지론. 창지사.

____________________(2022), 가족복지(2판). 창지사.

이소영(2023). 저출산 분야 현안 분석 및 정책 발굴을 위한 심층연구. 한국보건사회연구원 2023-114.

이소희 · 최덕경 · 강기정(2004). 가족문제와 가족복지. 대왕사.

이신영(2009). 자녀 동거여부에 따른 여성노인과 남성노인의 생활만족도 영향요인. 젠더와 문화, 2(1), 125-149.

이어봉(2006). 탈근대의 가족들: 다양성, 아픔, 그리고 희망. 양서원

이영숙 · 박경란 · 전귀연(2008). 가족문제와 복지(2판). 신정.

이영주 외(2018). 가족복지론. 양서원.

이영주 · 최경화 · 정윤대 · 김현희 · 오정아(2019). 가족복지론(2판). 양서원.

이영호 · 박지윤(2021). 청소년부모의 지원정책 개발을 위한 조사연구-10대에 첫 자녀를 임신한 미혼한부모를 대상으로-. 가족자원경영과 정책, 25(1), 113-132.

이원숙(2017). 가족복지론(4판). 학지사.

이유리(2024). 결혼과 가족. 박영사.

이윤경 · 김세진 · 황남희 · 임정미 · 주보혜 · 남궁은하 · 이선희 · 정경희 · 강은나 · 김경래(2020). 2020년도 노인실태조사. 보건복지부 · 한국보건사회연구원.

이윤정 · 박수선 · 이무영 · 강기정(2021). 가족복지론(2판). 공동체.

이은영 · 김수진(2021). 국내 재혼관련 연구 동향분석: 2008~2019년 발간된 학술지를 중심으로. 한국가족관계학회지, 26(1), 99-121.

이재인(2006). 노동권과 부모권의 관점에서 본 한국의 보육정책. 가족과 문화, 18(2). 67-88.

이정숙(1984). 가족복지에 관한 탐색적 고찰. 한국사회복지학, 5, 63-86.

이정화 · 이재림 · 이규호 · 민주홍(2023). 결혼과 가족-친밀한 관계의 변화와 선택. 신정.

인구보건복지협회(2018). 양육미혼모실태 및 욕구조사 결과 발표 보도자료집(2018.8.21.).

임은주 · 이근매(2022). 유자녀 입양모의 양육경험에 관한 내러티브 탐구. 임상미술심리 연구, 12(1), 119-146.

임춘희(2018). 이혼 후 파트너십으로서의 동거와 이중주거 커플관계(LAT). 한국가족관계학회지, 23(3), 51-76.

장은경 · 최희정(2019). 중년에서 이혼과 신체건강의 관련성: 성별에 따른 가족/사회관계 만족도의 매개효과. 한국가족관계학회지, 24(1), 23-43.

장창수 · 배지연(2016). 대전시 입양가족 실태조사 및 가족지원 서비스 개발연구. 대전발전연구원.

장혜경 · 김영란 · 김소영 · 이아름 · 안경희 · 류연규 · 이한나(2014). 가족의 미래와 여성 · 가족정책 전망(Ⅳ). 한국여성정책연구원.

저출산고령화사회위원회(2024). 결혼 · 출산 · 양육 · 인식조사 연구: 2024.06. 연구용역.

전보영 · 빈보경 · 최여진(2022). 행복한 삶을 위한 가족의 이해. 교문사.

정가원 · 홍승아 · 김난주 · 김수진 · 성지혜(2019). '가족친화 지역사회 환경 조성 정책 실효성 강화 방안 연구'. 한국여성정책연구원 연구보고서 9.

정성미(2024). 유연한 근무환경 조성, 성 격차 해소와 저출생 해결을 위한 열쇠. 한국여성정책연구원 개원 41주년 기념 세미나: 유연한 근무를 '뉴노멀'로:성격차 해소와 저출

생 해결의 열쇠.

정소영 · 이명신(2020). 맞벌이 부부의 역할갈등이 갈등해결 전략에 미치는 영향 성역할 태도와 부부친밀감의 매개효과. 사회과학연구, 36(1), 217-242.

정순돌 · 이선희(2011). 노인 삶의 만족도 변화: 전국노인생활실태 및 복지욕구조사 3개년도(1994, 2004, 2008년) 결과 비교. 한국노년학, 31(4), 1229-1246.

정용주(2011). 한국인의 입양 인식과 입양 정책의 과제. 호남대학교 박사학위논문.

정익중 · 권지성 · 민성혜 · 신혜원(2011). 연장입양가족의 적응과정에 대한 질적연구: 주양육자인 입양모의 입장에서. 사회복지연구, 42(1), 399-432.

정현숙 · 공미혜 · 전영주 · 조은숙 · 정혜정(2020). 가족과 젠더. 신정.

정현숙 · 옥선화(2016). 가족관계. 한국방송통신대학교 출판부.

조덕상 · 한정민(2024). '여성의 경력단절 우려와 출산율 감소' 보고서. 한국개발연구원, KDI FOCUS. 2024.4.16.

조선미 · 양준영 · 임연규 · 박송이 · 이진숙(2022). 통계로 보는 여성-다양한 가족과 변화하는 가치관-진단 및 시사점. 젠더리뷰. 2022년 가을호. 제 66호. 2022.10.4.

조혜진 · 권이재 · 윤민석(2023). 손자녀 지원양육 조모의 양육스트레스 관리 프로그램 개발 및 효과성 평가 연구. 한국노년학, 43(1), 1-20.

조흥식 · 김인숙 · 김혜란 · 김혜련 · 신은주(2010). 가족복지학(4판). 학지사.

조희금 · 김경신 · 정민자 · 송혜림 · 이승미 · 성미애 · 이현아(2009). 건강가정론. 신정.

진미정(2018), 가족정책 관점에서의 가족친화 지역사회 개념화. 한국가족복지학 23(2), 337-361.

최경덕 · 최인선 · 오신휘 · 장인수 · 이소영 · 황남희(2023). 2022년 저출산 · 고령사회정책 성과 평가. 저출산 · 고령사회위원회, 한국보건사회연구원.

최경석 · 김양희 · 김성천 · 김정윤 · 박정윤 · 윤정향(2003). 가족복지의 이해. 인간과 복지.

______(2001). 한국가족복지의 이해. 인간과 복지.

최규련(2007). 가족관계론. 신정.

최덕경 · 강기정 · 박경애(2010). 가족복지론. 파란마음.

최명민 · 이기영 · 최현미(2009). 문화적 다양성과 사회복지. 학지사.

최선화 · 공미혜 · 전영주 · 최희경(2022). 변화하는 사회의 가족복지. 학지사.

최연실(2015). 한국가족의 변화: 어떻게 읽어낼 것인가?, 한국가족을 말하다, 현상과 쟁점. 하우.

최용길(2020). 우리나라 입양제도의 개선방안에 관한 연구. 제주대학교 대학원 박사학위논문.

최인선 · 이소영(2022). 출산 양육기 여성의 일자리 질 변화 유형과 영향 요인:불안정 노동과 경력단절을 중심으로. 여성연구, 113(2), 107 - 141.

최일섭 · 이인재(1996). 공석부조의 이론과 실제. 집문당.

최혜지 · 이미진 · 전용호 · 이민홍 · 이은주(2020). 노인복지론. 사회평론아카데미.

통계청 통계개발연구원(2024). 국민 삶의 질 2023. 연구보고서.

통계청(2022). 사회조사로 살펴본 청년 의식변화 조사.

______(2023). 저출산과 우리사회의 변화 보도자료집(2023.7.21.).

______(2023). 2023년 12월 및 연간 고용동향.

______(2023). 2023년 출생통계.

______(2023). 2023년 하반기 지역별 고용조사: 맞벌이 가구 취업 현황 보도자료. 2024.6.18.

______(2023). 2022년 다문화 인구동태 통계.

______(2023). 2023 고령자통계 보도자료집(2023.9.26.).

______(2023). 2023 통계로 보는 1인 가구 보도 자료집 (2023.12.12.).

______(2023). 2023년 사회조사결과 보도자료집(2023.11.8.)

______(2023). 사회조사로 살펴 본 청년의 의식변화 보도자료집(2023.8.28.)

______(2024) 2023 한국의 사회지표 보도자료집(2024.3.26.)

______(2024). 2023 혼인 · 이혼통계 보도자료(2024.3.19.).

______(2024). 2023년 인구주택총조사 결과 보도자료(2024.7.29.)

______(2024). 2023년 혼인 · 이혼통계 보도자료집(2024.3.19.)

______(2024). 2024년 2/4분기 가계동향조사 결과.

______(2024). 맞벌이가구 및 1인가구 취업현황 보도자료집(2024.6.18.)

______(2023). 인구주택 총조사.통계청 보도자료.2024.7.26

______(2024). 장래가구추계: 2022-2052년. 통계청 보도자료..2024.9.12.

한경혜 · 김주현 · 강혜원(2004). 성인 남녀의 이혼 과정 각 단계에서의 성별차이. 한국가족관계학회지, 9(2), 93-118.

한국건강가정진흥원(2023). 손자녀 돌봄 조부모 상담 · 교육 프로그램 개발. (2023.9.)

____________(2023). 2022 가족지원사업 연간결과보고서.

한국교육개발원(2023). 교육통계서비스: 2023년 9월 이슈통계: 다문화학생현황.

한국미혼모지원네트워크(2019). 청소년부모 생활실태조사 및 개선방안 연구. 한국미혼모지원네트워크.

한국여성정책연구원(2021). 2021년 가족정책포럼:비혼동거 실태조사 결과와 정책적 함의. 2021.9.15.

홍봉수, 강해자, 배재덕, 윤은영, 조웅, 김영호, 김미연, 전경란, 이순자, 박명옥, 배진서(2018). 가족복지론. 지식공동체.

홍성희(2012). 다문화가족의 문화 차이 인식과 문화적응의 양상. 한국가정관리학회지, 30(2), 153-172.

홍승아 · 성민정 · 최진희 · 김진욱 · 김수진(2017). 1인가구 증가에 따른 가족정책 대응방안 연구. 한국여성정책연구원 연구보고서-19.

〈외국문헌〉

Aldous, J. & Duman, W.(1990). Family policy in the 1980's: controversy and consensus. *Journal of Marriage and the Family, 52*, 1136-1152.

Barroso, R., & Barbosa-Ducharne, M. A.(2019). Adoption-related feelings, loss, and curiosity about origins in adopted adolescents. *Clinical Child Psychology and Psychiatry, 24*(4), 876-891.

Cascardi, M., O'Leary, K. D., Lawreence, E. E., & Schlee, K. A.(1995). Characteristics of women physically abused by their spouses and who seek treatment regarding matial conflict. *Journal of Consulting and Clinical Psychology, 63*(4), 616-623.

Clark, S. C.(2000). Work/Family Border Theory: A New Theory of Work/Family Balance. *Human relations, 53*, 747-770.

Clark, S. C.(2001). Work cultures and work/family balanceWork/Family Balance. *Journal of Vocational Behavior, 58*, 348-365.

Collins, D., Jordan, C., & Coleman, H.(1999). *An Introduction to Family Social Work. F. E.* Peacock Publishers, Inc.

Elinor B. Rosenberg. 이미선 번역(2023). 입양인의 생애주기. 신정.

Feldman, F. L. & Scherz, F.H.(1968). *Family Social Welfare:Helping Troubled Families*. N.Y.:Atherton Press.

Hawkins,A.J., Willoughby, B.J., & Doherty, W.J.(2012). Reasons for divorce and openness to marital reconciliation. *Journal of Divorce & Remarriage, 53*(6), 453-463.

Hiekel, N., Liefbroer, A. C., & Poortman, A-R.(2014). Understanding deiversity in the meaning of cohabitation across Europe. *European Journal of Population, 2*, 113-133.

John H. Harvey · Mark A. Fine 공저, 문희경 번역(2013). 상처입은 가족을 위한 심리학: 이혼가족을 위한 상실과 성장의 이야기. 북하우스.

Kadushin A. & Martin, J.(1988). *Child welfare Services*(4th ed.). Macmillan PublishingCompany.

Kadushin, A.(1980). *Child welfare services*(3rd ed.). New York: Macmillan.

Min, J., Johnson, M.D., Anderson, J.R.,& Yurkiw, J.(2022). Support exchanges between adult children and their parents across lfie transitions. *Journal of Marriage and Family, 84*(2), 367-392.

NASW(2013). NASW Standars for Social Work Case Management.

Nicksic, N., Person, E., & Gifford, B.(2020). Balancing Work and Caregiving Responsibilities. IBI(Intergrated Benefits Institute).

Rindfuss, R. R., & VandenHeuvel, A.(1990). Cohabitation: A precursor to marriage or an alternative to being signle? *Population Development Review, 16*(4), 703-726.

Silva, N., Pereira, M., Canavarro, M.C., Montgomery, R., & Carona, C.(2020). The Applicability of the “Revised Burden Measure” in Pediatric Settings: Measuring Parents’ Caregiving Burdens and Uplifts. *J Child Fam Stud, 29*, 3302-3315.

Simone, M. D. (1996). Birth mother loss: Contributing factors to unresolved grief. *Clinical Social Work Journal, 24*(1), 65-76.

Stephen A. Anderson · Ronald M. Sabatelli 공저, 정문자 · 정현숙 · 정혜영 · 전영주 · 정유진 공역(2016). 다세대 발달관점의 가족관계. 학지사.

Thompson, C. A., Beauvais, L. L., & Lyness, K. S.(1999). When work-family benefits are not enough : Then influence of work-family culture on benefit utilization, organizational attachment, and work-familyb conflict, *Journal of Vocational Behavior, 54*, 392-415

Zimmerman, S.L.(1995). *Understanding Family Policy: Theories & Application*. CA: Sage Publications.

〈신문기사〉

경향신문(2022. 04. 03). 결혼이주여성 절반은 경제활동인구…그마저도 ‘인종화된 노동’. 이혜리 기자.

세계일보(2023. 6. 27). ‘일하는 엄마 · 육아하는 아빠’… 가정 · 직장내 성평등 통해 출산율 ↑ [심층기획-‘저출생과 분투’ 스웨덴 · 독일을 가다]. 이정한 기자.

시사저널(2016. 10. 21). 결혼제도가 사라진다. 이민우 기자.

시사저널(2024. 08. 29). 비혼 출산 역대 최대…동거에 ‘쿨’한 유럽 닮아가는 한국. 공성윤 기자.

아시아경제(2023. 9. 12). 유럽의 코리빙, ‘따로 또 같이’ 주거의 출발. 이보람 써드에이지 대표.

조선일보(2020. 05. 21). 코로나로 많아진 가족과의 시간, 왜 행복하지 않을까. 오피니언 컬럼(이런생각 저런생각). 왕석순.

조선일보(2023. 11. 04). "다문화가족 대신 이주민으로 불러주세요"..통합위, 명칭 통일. 김동하 기자.

프레시안(2023.4.26). 혈연 · 혼인 없어도 '가족' … 생활동반자법 최초 발의됐다. 한예섭 기자

한겨레(2023. 01. 18). "가정폭력 신고 2번, 죽음 못 막았다…'피해자 의사 존중'의 덫", 이주빈 기자.

한겨레(2024. 03.12.). "이주여성 '성폭력 상담' 40% 늘었는데…왜인지도 모른다". 최윤아 기자.

〈인터넷 검색〉

Merriam-Webster Dictionary(2024). Dictionary. 2024년 9월 검색.

강득구 의원실 보도자료 (2022). 다문화 고등학생 학업 중단 학생 21년 182명 →22년 293명 2배 가까이 증가. 2024년 9월 검색.

강북구가족센터 홈페이지.

국가법령정보센터(2024). 다문화가족지원법. 2024년 9월 검색.

______________(2024). 가정폭력방지및 피해자 보호 등에 관한 법률. 2024년 9월 검색.

______________(2024). 가정폭력범죄의 처벌 등에 관한 특례법. 2024년 9월 검색.

______________(2024). 결혼중개업의 관리에 관한 법률. 2024년 9월 검색.

______________(2024). 노인복지법. 2024년 9월 검색.

______________(2024). 아동학대범죄의 처벌 등에 관한 특례법. 2024년 9월 검색.

______________(2024). 헌법. 2024년 9월 검색.

국립국어원 표준국어대사전 홈페이지(2024)

국립국어원(2024). 표준국어대사전-가족복지. 2024년 9월 검색.

다음(2018). 한국어 사전-폭력. 2018년 8월 검색.

___(2018). 한국어 사전-학대. 2018년 8월 검색.

대한민국 정책브리핑(www.korea.kr) (2024.2.5.)

보건복지부 홈페이지. 2024.

사회복지용어대백과사전(2024). 더 나은 복지세상-가족복지. 2024년 9월 검색.

아동권리보장원 홈페이지. 2024.

여성가족부 블로그. 가족친화인증제. 2024.4.30.

여성가족부(2021). "건강가정 · 다문화가족지원센터", 이제 "가족센터"로 불러주세요 : 「2021년 가족사업 안내」 개정 ('21.10.13. 시행). 2024년 9월 검색.

여성가족부(2024). 2024년 가족사업 안내(1권). 2024년 9월 검색.

여성가족부(2024). 국내 및 국제결혼중개업체 공시 현황(2023년 5월말 기준). 2024년 9월 검색.

우리말샘(2024). 다문화가족. 2024년 9월 검색.

정부 24 (https://www.gov.kr/portal/onestopSvc/multicultSvcListR). 가족 · 다문화 지원 서비스. 2024년 9월 검색.

통계청(2024). KOSIS 다문화가구 구성 및 가구원수별 가구. 2024년 9월 검색.

행정안전부 홈페이지(www.mois.go.kr)

저자약력

이성희

우석대학교 아동사회복지학부 교수

우석대학교 대학원 가족복지학과 주임교수

한국아동가족복지학회 고문

전북가족복지교육원 원장

한은주

서울시 강북구가족센터 센터장

성신여자대학교 대학원 가족상담치료학과 겸임교수

한국가족정책학회 회장

왕석순

전주대학교 가정교육과 교수

한국가정과교육학회 회장

전주대학교 사범대학 학장, 한국생활과학회 회장 역임

한희선

우석대학교 아동사회복지학부 겸임교수

한국평생학습교육원(상담/복지) 원장

계룡 성평등가족상담소 소장 역임

제3판

가족복지론

초 판 1쇄 발행 2019년 2월 28일
제2판 2쇄 발행 2022년 3월 7일
제3판 1쇄 발행 2025년 1월 10일

지 은 이 | 이성희 · 한은주 · 왕석순 · 한희선
펴 낸 이 | 김기섭
편 집 인 | 오선율
펴 낸 곳 | 창지사 www.changJisa.com
08589 서울시 금천구 가산디지털 1로 83 파트너스타워 1차 9층
전화 (02)719-2211~3
팩스 (02)701-9386
등 록 | 1977년 4월 28일 · 제1-421호

ISBN 978-89-426-1909-2 (93330)

값 26,000원